AF618917

Die Reihe
„Wahlen in Deutschland"
wird herausgegeben von

Prof. Dr. Hans Rattinger, Universität Mannheim
Prof. Dr. Sigrid Roßteutscher, Universität Frankfurt a.M.
Prof. Dr. Rüdiger Schmitt-Beck, Universität Mannheim
Prof. Dr. Bernhard Weßels, Wissenschaftszentrum Berlin (WZB)

im Auftrag der Deutschen Gesellschaft für Wahlforschung (DGfW)

Band 3

Sigrid Roßteutscher | Rüdiger Schmitt-Beck |
Harald Schoen | Bernhard Weßels |
Christof Wolf

und

Berend Barkela | Ina Bieber | Katharina Blinzler | Manuela Blumenberg | Jan Eric Blumenstiel |Hannah Bucher | Melanie Dietz | Thorsten Faas | Lea Gärtner | Heiko Giebler | Konstantin Glinitzer | Tobias Gummer | Lilith Heiber | Sascha Huber | Agatha Kratz | Josephine Lichteblau | Michaela Maier | Jürgen Maier | Reinhold Melcher | Maria Preißinger | Simon Richter| Joss Roßmann |Lena Schackmann | Anne Schäfer | Philipp Scherer | Alexander Staudt | Lars-Christopher Stövsand | Anne-Kathrin Stroppe| Aiko Wagner | Alexander Wuttke

Zwischen Polarisierung und Beharrung: Die Bundestagswahl 2017

Die Deutsche Nationalbibliothek verzeichnet diese Publikation in der Deutschen Nationalbibliografie; detaillierte bibliografische Daten sind im Internet über http://dnb.d-nb.de abrufbar.

ISBN 978-3-8487-4518-0 (Print)

ISBN 978-3-8452-8760-7 (ePDF)

1. Auflage 2019

Vorwort

Auf Basis der in der deutschen Wahlstudie (German Longitudinal Election Study, GLES) erhobenen Daten bietet der vorliegende Band eine umfassende Analyse der Bundestagswahl 2017. Die Verfasser[1] sind oder waren ausnahmslos innerhalb der GLES tätig, sei es als Projektmitarbeiter oder als Kooperationspartner im Rahmen einzelner Studienkomponenten. Ihnen allen sei für ihre Bereitschaft gedankt, ihre Beiträge unter großem Zeitdruck zu erstellen.

Das GLES-Projekt, die umfangreichste Wahlstudie in der deutschen Nachkriegsgeschichte, wäre nicht denkbar ohne umfangreiche Vorarbeiten der Deutschen Gesellschaft für Wahlforschung e.V. (DGfW). Dieser wissenschaftliche Verein wurde 2007 gegründet und hat derzeit fast 70 Mitglieder, die zahlreiche Universitäten und Forschungseinrichtungen repräsentieren (siehe http:/www.dgfw.eu). Das erste und wichtigste Ziel der DGfW bestand darin, eine deutsche Wahlstudie dauerhaft zu etablieren. Die Studien zu den Bundestagswahlen 2009, 2013 sind 2017 sind durch die Langfristförderung der Deutschen Forschungsgemeinschaft (DFG) ermöglich worden. Diese großzügige Förderung endete mit der Bundestagswahl 2017. Glücklicherweise ist es gelungen, einen sogenannten „Sondertatbestand" einzuwerben, sodass die deutsche Wahlstudie nun von Bund und Ländern finanziert, zukünftig bei GESIS – Leibniz-Institut für Sozialwissenschaften, durchgeführt werden kann. Allen Mitgliedern der DGfW und von GESIS sei herzlich gedankt für diesen im Jahr 2009, dem Beginn der Förderung durch die Deutsche Forschungsgemeinschaft, erhofften, aber nicht unbedingt zu erwartenden Erfolg! Dank ist daher insbesondere auch der Deutschen Forschungsgemeinschaft auszusprechen, ohne deren Förderung im Langfristprogramm das GLES-Projekt und seine Verstetigung bei GESIS nie zustande gekommen wären.

Dankenswerterweise hat sich der Nomos-Verlag bereit erklärt, gemeinsam mit den Projektverantwortlichen der GLES eine Buchreihe aufzulegen, die im Auftrag der DGfW herausgegeben wird und seit 2009 zu jeder

1 Rollenbezeichnungen wie diese beziehen sich im gesamten Buch stets auf Männer und Frauen gleichermaßen.

Bundestagswahl eine umfassende empirische Analyse veröffentlicht. Der dritte Band dieser Reihe wird hiermit vorgelegt. Beate Bernstein vom Nomos-Verlag sei großer Dank für ihre Unterstützung und intensive Betreuung dieser Publikation. Der DGfW sei herzlich für eine großzügige Geldspende gedankt, die es erlaubt, den Ladenpreis des Buches so zu drücken, dass dieses Buch auch einem breiteren Kreis an Interessenten zugänglich gemacht werden kann. Die Hauptarbeiten bei der Koordination und redaktionellen Bearbeitung des Bandes hat Philipp Scherer, Projektmitarbeiter und Teamleiter an der Goethe-Universität Frankfurt, übernommen. Ihm gebührt größter Dank!

Frankfurt am Main, Mannheim, Berlin
im Juli 2018

Sigrid Roßteutscher
Rüdiger Schmitt-Beck
Harald Schoen
Bernhard Weßels
Christof Wolf

Inhaltsverzeichnis

1. **Einleitung** 11
Sigrid Roßteutscher, Rüdiger Schmitt-Beck, Harald Schoen, Bernhard Weßels und Christof Wolf

2. **Deutschland und die Welt in Aufruhr – Zur Ausgangslage der Bundestagswahl 2017** 15
Ina Bieber und Sigrid Roßteutscher

3. **Der Wahlkampf** 33

3.1 **Die Wahlkampagnen der Parteien und ihr Kontext** 33
Lena M. Schackmann

3.2 **Die Kandidaten und ihr Wahlkampf** 47
Heiko Giebler und Reinhold Melcher

3.3 **Nutzung traditioneller und neuer politischer Informationsquellen im Bundestagswahlkampf 2017** 63
Alexander Staudt und Rüdiger Schmitt-Beck

3.4 **Die Dynamik von Mobilisierung und Meinungswandel im Wahlkampf** 81
Alexander Staudt

3.5 **Eingeschlossen in der Filter Bubble? Politische Kommunikationsnetzwerke im Wahlkampf** 97
Lea Gärtner und Alexander Wuttke

3.6 **Entscheidungsprozesse von Wählern** 111
Maria Preißinger

4.	**Von Bruchlandungen und Höhenflügen: Das Ergebnis der Bundestagswahl 2017** *Melanie Dietz und Sigrid Roßteutscher*	123
5.	**Aspekte des Wählerverhaltens**	145
5.1	**Wahlbeteiligung** *Lars-Christopher Stövsand und Sigrid Roßteutscher*	145
5.2	**Wechselwähler** *Harald Schoen*	157
5.3	**Die Briefwähler** *Josephine Lichteblau und Aiko Wagner*	169
6.	**Die Parteiwahl und ihre Hintergründe**	181
6.1	**Einleitung** *Rüdiger Schmitt-Beck*	181
6.2	**Wahlverhalten sozialer Gruppen** *Bernhard Weßels*	189
6.3	**Parteibindungen** *Anne Schäfer und Alexander Staudt*	207
6.4	**Ideologie** *Philipp Scherer und Lars-Christopher Stövsand*	219
6.5	**Politische Sachfragen** *Agatha Kratz*	229
6.6	**Spitzenkandidaten** *Konstantin Glinitzer und Nils Jungmann*	247

6.7	**Wirtschaftliche Entwicklung** *Irina Bauer und Joss Roßmann*	263
6.8	**Regierungs- und Parteileistung** *Tobias Gummer und Anne-Kathrin Stroppe*	279
6.9	**Populistische Einstellungen** *Heiko Giebler und Aiko Wagner*	295
6.10	**TV-Duelle** *Simon Richter, Berend Barkela, Thorsten Faas, Jürgen Maier und Michaela Maier*	309
6.11	**Koalitions- und strategisches Wählen** *Sascha Huber*	325
6.12	**Die Wahlentscheidung in der Gesamtschau** *Philipp Scherer*	345
7.	**Die Regierungsbildung** *Katharina Blinzler, Manuela S. Blumenberg und Hannah Bucher*	357
8.	**Fazit und Ausblick** *Sigrid Roßteutscher, Rüdiger Schmitt-Beck, Harald Schoen, Bernhard Weßels und Christof Wolf*	375
9.	**Anhänge** *Jan Eric Blumenstiel, Sascha Huber, Lilith Heiber und Philipp Scherer*	385
10.	**Die Autoren**	401

1. Einleitung

Sigrid Roßteutscher, Rüdiger Schmitt-Beck, Harald Schoen, Bernhard Weßels und Christof Wolf

Bundestagswahlen sind in unserer repräsentativen Demokratie das zentrale Mittel, mit dem Bürger über die zukünftige Politik entscheiden und einen Einfluss auf die kommende Regierung ausüben. Mit der vorliegenden Publikation legt die Projektgruppe der Deutschen Wahlstudie (German Longitudinal Election Study, GLES) die dritte ausführliche Analyse einer Bundestagswahl vor, die für einen breiteren Leserkreis verfasst wurde. Aus verschiedenen Perspektiven untersucht sie die Bundestagswahl vom 24. September 2017. Der erste Band hatte sich unter dem Titel „Zwischen Langeweile und Extremen“ mit der Vorgeschichte und den Ergebnissen der Bundestagswahl 2009 auseinandergesetzt (Rattinger et al. 2011). Der zweite Band erschien mit dem Titel „Zwischen Fragmentierung und Konzentration“ und analysierte die Ereignisse um die Bundestagswahl 2013 (Schmitt-Beck et al. 2014). Für diesen dritten Band haben wir uns entschieden, den Titel „Zwischen Polarisierung und Beharrung“ zu wählen. Im Wahlkampf hat sich ein für Deutschland in den letzten Jahrzehnten unbekanntes Ausmaß der Polarisierung gezeigt, dass nicht zuletzt an der Etablierung der Alternative für Deutschland (AfD) im 19. Bundestag sowie einer signifikanten Steigerung der Wahlbeteiligung abzulesen ist. Mit dem Gegenbegriff der Beharrung weisen wir darauf hin, dass sich aller Politisierung und Polarisierung zum Trotz schlussendlich eine Regierung aus CDU/CSU und SPD formte: eine Wiederholung der Großen Koalition der vorangegangenen Legislaturperiode mit Kanzlerin Angela Merkel in ihrer vierten Amtszeit.

Mit der AfD ist in der Nachkriegsgeschichte Deutschlands erstmalig eine Partei im Bundestag repräsentiert, die sich rechts von CDU/CSU positioniert. Aber auch der FDP, die 2013 noch knapp an der 5-Prozent-Hürde gescheitert war, gelang mit einem deutlichen zweistelligen Ergebnis der Wiedereinzug ins Parlament. Damit sind im aktuellen Bundestag sieben Parteien in sechs Fraktionen vertreten – auch dies ein Novum. Die beiden großen Parteien, CDU/CSU und SPD, die seit 2013 gemeinsam die Regierung stellten, mussten hingegen erhebliche Verluste hinnehmen. War der Prozess der Regierungsbildung schon nach der Wahl 2013 kein einfacher, so gestaltete sich die Suche nach einer Koalition nach der Bundestagswahl 2017 zu einem Marathon. Die sogenannten „Jamaika"-Verhandlungen, also der Versuch ein Bündnis aus CDU/CSU, FDP und Grünen zu formen, scheiterten am Austritt der FDP und kurzzeitig standen sogar Neuwahlen zur Debatte. Da die SPD direkt nach der Wahl, bei der sie herbe Verluste erlitten hatte, kategorisch verkündete in die Opposition zu gehen, entfalte sich ein Drama um die Kehrtwende der SPD. Nach Mitgliederbefragungen und vielen parteiinternen Debatten, die ein großes Medienecho fanden sowie dem Rückzug des SPD-Kanzlerkandidaten Martin Schulz kam es schließlich zur Einigung auf die Fortführung der großen Koalition, die allerdings im Vergleich zur Vorgänger-Koalition von viel weniger Mandaten im Bundestag getragen wird. Am 14. März 2018, fast sechs Monate nach der Bundestagswahl, wurde Angela Merkel vom Bundestag zum vierten Mal hintereinander als Bundeskanzlerin gewählt. Der schwierige und langwierige Prozess der Regierungsbildung wird in diesem Band in einem eigenen Kapitel ausführlich behandelt.

Die GLES wird von der Deutschen Forschungsgemeinschaft (DFG) im Rahmen ihres Langfristprogramms gefördert. Sie untersucht mit einem integrierten Forschungskonzept drei Bundestagswahlen: 2009, 2013 und 2017. Dazu gehören mehrere Untersuchungskomponenten, von den „klassischen" großen, direkt vor und nach der Wahl durchgeführten repräsentativen Querschnittstudien über eine Rolling-Cross-Section-Erhebung während des Wahlkampfes sowie kurzfristige und langfristige Wiederholungsbefragungen, regelmäßige im 3-Monatsrythmus durchgeführte Online-Studien, die während der gesamten Legislaturperiode im Feld sind sowie eine Kandidatenbefragung, Untersuchungen zur Themenagenda in den Medien und zur Berichterstattung in Print- und TV-Nachrichten inklusive einer spezifischen Studie zur Wirkung des TV-Duells zwischen den Kanzlerkandidaten (für eine vollständige Übersicht des Gesamtprojektes siehe Schmitt-Beck et al. 2010; http:/www.gles.eu). Da es gelungen ist, die deutsche Wahlstudie dauerhaft bei GESIS – Leibniz-Institut für Sozialwissenschaften zu institutionalisieren, werden ähnliche Analysen und Bestandaufnahmen auch für zukünftige Bundestagswahlen durchgeführt werden können.

Die 24 Beiträge dieses Bandes, die von insgesamt 37 Autoren verfasst wurden, vermitteln einen umfassenden Überblick über die Vorgeschichte der Bundestagswahl, das Wahlergebnis und seine Hintergründe sowie den anschließenden Prozess der Regierungsbildung. Hierfür nutzen wir unterschiedlichste im Rahmen der GLES erhobene Daten. Die jeweiligen Quellen werden im Anhang dokumentiert und erläutert. Im folgenden Kapitel (Kapitel 2) wird die Vorgeschichte zur Bundestagswahl 2017 analysiert und ein Rahmen gespannt, der die politischen Entwicklungen seit der Bundestagswahl 2013 skizziert. Der Verlauf des Wahlkampfes aus Sicht der Parteien und Wähler ist Thema des dritten Kapitels. In mehreren Kapiteln werden Facetten des Wahlkampfes skizziert: die bundesweiten Wahlkampagnen der Parteizentralen (Kapitel 3.1), die Wahlkampfaktivitäten der Kandidaten (Kapitel 3.2), die Nutzung sozialer Medien im Wahlkampf (Kapitel 3.3), die Entwicklung der öffentlichen Meinung im Wahlkampf (Kapitel 3.4), die politische Kommunikation der Bürger (Kapitel 3.5) sowie schließlich der Verlauf der Entscheidungsprozesse der Wähler im Wahlkampf (Kapitel 3.6). Kapitel 4 präsentiert eine detaillierte Beschreibung des Wahlergebnisses der Bundestagswahl 2017 und ordnet es in die langfristige Entwicklung des deutschen Parteiensystems ein. Im fünften Kapitel werden zentrale Aspekte des Wahlverhaltens genauer analysiert. Dazu gehört die Wahlbeteiligung, die erstmals seit 1998 wieder signifikant gestiegen ist (Kapitel 5.1). Kapitel 5.2 widmet sich dem wechselhaften Wahlverhalten in kurz- und langfristiger Perspektive, in Kapitel 5.3 wird das Wahlverhalten der Briefwähler untersucht, deren Anteil kontinuierlich steigt.

Das sechste Kapitel liefert Einsichten in die Hintergründe der Wahlentscheidungen der Bürger. So untersuchen wir den Einfluss sozialer Merkmale wie Klasse, Beruf, Bildung oder Geschlecht (Kapitel 6.2), die Rolle langfristiger Parteibindungen (Kapitel 6.3) sowie die Bedeutung ideologischer Grundpositionen (Kapitel 6.4) und spezifischer Themen und Sachfragen (Kapitel 6.5). Untersucht werden des Weiteren der Einfluss der Spitzenkandidaten für die Kanzlerposition (Kapitel 6.6), die Bedeutung der Einschätzung der wirtschaftlichen Entwicklung für das Wahlverhalten (Kapitel 6.7) und die Bewertungen der Leistungen der Regierung und Opposition in der vergangenen Legislaturperiode (Kapitel 6.8). Aufgrund der aktuellen Entwicklungen widmet sich ein Kapitel der Rolle von populistischen Einstellungen für das Wahlverhalten (Kapitel 6.9). Kapitel 6.10 analysiert die Bedeutung der TV-Duelle, den vermutlich wichtigsten Einzelereignissen im Wahlkampf. Kapitel 6.11 diskutiert die Bedeutung von Koalitionspräferenzen und strategischen Wählens. In Kapitel 6.12 werden die wichtigsten Befunde nochmals in einer Gesamtschau zusammengetragen.

Kapitel 7 schließt die Untersuchung der Bundestagswahl 2017 mit einer Beschreibung des komplizierten Prozesses der Regierungsbildung, der nie zuvor in der Geschichte der Bundesrepublik länger dauerte als nach der vergangenen Wahl. Ergebnis ist die vierte große Koalition (nach 1966, 2005 und 2013), die wohl selten zumindest seitens eines Partners, der SPD, mit größeren Bedenken eingegangen wurde. In den Anhängen werden das Wahlverfahren und das amtliche Wahlergebnis dargestellt sowie die in den Kapiteln verwendeten Datensätze der GLES dokumentiert.

Literatur

Rattinger, Hans/Roßteutscher, Sigrid/Schmitt-Beck, Rüdiger/Weßels, Bernhard/ Bieber, Ina, Blumenstiel, Jan E./Bytzek, Evelyn/Faas, Thorsten/Huber, Sascha/ Krewel, Mona/Maier, Jürgen/ Rudi, Tatjana/Scherer, Philipp/Steinbrecher, Markus/Wagner, Aiko/Wolsing, Ansgar, Hg. 2011: Zwischen Langeweile und Extremen: Die Bundestagswahl 2009, Baden-Baden: Nomos.

Schmitt-Beck, Rüdiger/Rattinger, Hans/Roßteutscher, Sigrid/Weßels, Bernhard 2010: Die deutsche Wahlforschung und die German Longitudinal Election Study (GLES), in: Faulbaum, Frank/ Wolf, Christof Hg.Gesellschaftliche Entwicklungen im Spiegel der empirischen Sozialforschung. Wiesbaden: VS-Verlag: 141-172.

Schmitt-Beck, Rüdiger/Rattinger, Hans/Roßteutscher, Sigrid/Weßels, Bernhard/ Wolf, Christof/ Bieber, Ina/Blumenberg Manuela S./Blumenstiel, Jan E./Faas, Thorsten/Förster, André/Giebler, Heiko/Glogger, Isabella/Gummer, Tobias/ Huber, Sascha/Krewel, Mona/Lamers, Patrick/Maier, Jürgen/Partheymüller, Julia/Plischke, Thomas/Roßmann, Joss/Schäfer, Anne/Scherer, Philipp /Steinbrecher, Markus/Wagner, Aiko/Wiegand, Elena., Hg. 2014: Zwischen Fragmentierung und Konzentration: Die Bundestagswahl 2013, Baden-Baden: Nomos.

2. Deutschland und die Welt in Aufruhr – Zur Ausgangslage der Bundestagswahl 2017

Ina Bieber und Sigrid Roßteutscher

2.1 Einleitung

Nach der Bundestagswahl 2013 vergingen knapp drei Monate bis das Kabinett der Großen Koalition vereidigt wurde. Bis zu diesem Zeitpunkt dauerte keine Kabinettsbildung in Deutschland länger: Aufgrund des Scheiterns der FDP an der 5-Prozent-Sperrklausel hatte die Union ihren Wunschkoalitionspartner verloren. Die Wähler votierten mit 41,5 Prozent für die Union, weshalb rechnerisch nur drei Regierungsbildungen möglich waren: eine rot-rot-grüne Koalition, eine schwarz-grüne Koalition oder eine Große Koalition. Eine rot-rot-grüne Koalition wurde bereits im Wahlkampf von der SPD ausgeschlossen. Die Union führte daher mit der SPD und den Grünen Sondierungsgespräche, wobei die Gespräche mit den Grünen bereits nach kurzer Zeit erfolglos abgebrochen wurden. Erfolgreich waren dann die Gespräche mit der SPD. Ähnlich wie 2017 waren Spannungen zwischen der koalitionsbereiten SPD-Führung und der kritischen SPD-Basis zu beobachten. Um weitere innerparteiliche Spannungen zu vermeiden wurde 2013 erstmalig ein Mitgliederentscheid über den Eintritt der SPD in eine Große Koalition durchgeführt (Blumenberg/Förster 2014).

Dieses Kapitel skizziert die wichtigsten Ereignisse der 18. Legislaturperiode. Es beschreibt die Ausgangslage der Bundestagswahl 2017 und legt dar, mit welchen Themen und Problemen sich die Parteiführungen und die Wahlkampfmanager bei der Planung der Wahlkampfstrategie zur Bundestagswahl 2017 auseinandersetzen mussten.

2.2 Allgemeine politische Entwicklungen

Zentrales Thema des Wahlkampfes war sicherlich die Flüchtlingspolitik. In Folge der Bürgerkriege im Nahen Osten und des brutalen Vorgehens des Assad-Regimes in Syrien, nicht nur gegen den IS sondern auch die Zivilbevölkerung, flüchteten viele Menschen. Über Ungarn waren Millionen auf dem Weg nach Europa. Aus humanitären Gründen entschied Kanzlerin

Angela Merkel am 4. September 2015 die Flüchtlinge in Deutschland einreisen zu lassen – eine Entscheidung, die das Land bis heute spaltet. Schnell wurde klar, dass Deutschland auf eine derartig hohe Zahl an Geflüchteten nicht vorbereitet war: Es fehlte an Unterkünften, Essen und auch Kleidung. Sicherheitsprüfungen wurden kaum durchgeführt. Engagierte Ehrenamtliche taten ihr Bestes. In, aber vor allem außerhalb Deutschlands, war man von der euphorischen Willkommenskultur positiv überrascht. Deutschland zeigte dem Ausland ein neues, sympathisches Gesicht. Gleichzeitig machten Berichte über kriminelle Geflüchtete, sexuelle Übergriffe und chaotische Verhältnisse in Flüchtlingsunterkünften die Runde. Die Kölner Silvesternacht 2015/2016, bei der es zu massenhaften Delikten und auch sexuellen Übergriffen gekommen war, veränderte das Klima in Deutschland nachhaltig. Insbesondere die zunächst eher verharmlosende Berichterstattung der Polizei und zuständigen Politikern aus Köln und Nordrhein-Westfalen führte zu Empörung und Verunsicherung in der Bevölkerung. Während zuvor die humanitäre Situation der Flüchtlinge und ihr Beitrag für den deutschen Arbeitsmarkt in einer alternden Gesellschaft im Mittelpunkt der Diskussion stand, fokussierte sich die Debatte nun stärker auf Integrationsprobleme, insbesondere hinsichtlich religiöser, kultureller und demokratischer Werte. Teile der Bevölkerung fühlten sich zunehmend verunsichert. Während alle etablierten Parteien die „Wir schaffen das"-Politik von Angela Merkel unterstützten und sowohl nach praktischen Lösungen als auch nach Integrationsmöglichkeiten suchten, erkannte die AfD die Gunst der Stunde: Sie präsentierte sich als einzig wahre Alternative zur Politik der etablierten Parteien. Mit islamkritischen, national-konservativen und rechtspopulistischen Äußerungen sprach die AfD die zentralen Ängste vieler Menschen an.

Doch nicht nur in Deutschland, sondern auch in vielen anderen Ländern sind seit einigen Jahren populistisch-nationale Bewegungen auf dem Vormarsch. In Großbritannien führte der strategische Versuch des konservativen Regierungschefs David Cameron durch einen Volksentscheid die eigene Partei auf einen europafreundlicheren Kurs zu bringen zum Gegenteil: Das britische Volk stimmte bei der Abstimmung über den Verbleib oder Austritt des Vereinigten Königreichs aus der Europäischen Union (sogenannter „Brexit") für den Austritt und sorgte damit in der gesamten Europäischen Union für Verunsicherung hinsichtlich der Zukunftsfähigkeit und Stabilität Europas. Gleichermaßen für viele unerwartet wurde Donald Trump zum Präsidenten der USA gewählt – ein Unternehmer, der im Wahlkampf nicht nur nationalistisch und protektionistisch das Motto

„America first“ propagierte, sondern auch offen sexistisch und rassistisch argumentierte, was seine Beliebtheit in Teilen der US-Bevölkerung eher befeuerte als schadete. Schon die Parlamentswahlen in Ungarn 2014 deuteten darauf hin, dass innerhalb der europäischen Staaten eine neue Ära des Rechtspopulismus gekommen ist. Erst das überraschend schwache Abschneiden der Rechtspopulisten von Geert Wilders in den Niederlanden bei den Wahlen im März 2017 (entgegen der Erwartungen wurden sie mit 13,1 Prozent nur zweitstärkste Partei) und insbesondere die deutliche Niederlage Marine Le Pens gegen Emmanuel Macron bei der Stichwahl der französischen Präsidentschaftswahlen im Mai 2017, erweckten den Eindruck, dass der – je nach Standpunkt – befürchtete oder erhoffte Siegeszug des Rechtspopulismus möglicherweise gebremst sei. In diesem internationalen Kontext fokussierte sich auch in Deutschland spätestens ab Mitte der 18. Legislaturperiode sehr viel Aufmerksamkeit auf die Frage nach der Stärke der AfD.

Nachdem die allgemeinen politischen Entwicklungen dargelegt wurden, richtet sich der Blick nun auf die Arbeit der Großen Koalition zwischen 2013 und 2017.

2.3 Die Große Koalition

Trotz aller anfänglichen Skepsis, die insbesondere an der SPD-Basis vorherrschte, arbeitete die dritte Große Koalition in der Geschichte der Bundesrepublik relativ erfolgreich und konfliktfrei. Dies gilt insbesondere im direkten Vergleich zur schwarz-gelben Vorgängerkoalition, die bereits kurz nach der Regierungsbildung 2013 den Eindruck großer Zerstrittenheit machte. Auch konnten fast alle Ministerinnen und Minister ihr Amt über die gesamte Legislaturperiode behalten, während die schwarz-gelbe Koalition durch außerordentlich viele Rücktritte und Entlassungen gekennzeichnet war (Bieber/Roßteutscher 2014). Damit waren gute Voraussetzungen für kontinuierliches und konsistentes Regierungshandeln gegeben. Dies spiegelte sich auch in der Zufriedenheit der Bürger mit der Regierung und den Regierungsparteien wider, deren Werte – mit Ausnahme der CSU – durchweg deutlich über den Werten der Vorgängerregierung lagen (Bieber/Roßteutscher 2014: 22). Abbildung 1 zeigt, dass die Regierung insgesamt, die CDU und die SPD bis Ende 2016 sehr ähnlich bewertet wurden. Die Werte der CDU lagen stets geringfügig über den Werten der SPD. Erst im Vorfeld der Bundestagswahl im Sommer 2017 sank die Zufriedenheit der Bürger mit der SPD deutlicher ab. Ähnlich wie der FDP in der schwarz-gelben Vorgängerkoalition erging es der CSU in der 18. Legislaturperiode: Sie war die einzige Regierungspartei, mit der die Wähler überwiegend unzufrieden waren. Zwar kam es ab 2016 zu einer leichten Verbesserung der Werte, dennoch dominierte weiterhin Unzufriedenheit. Unübersehbar ist zudem die Kluft zwischen ihr und der Bewertung der Regierung insgesamt und insbesondere der Schwesterpartei CDU. Immerhin hatte Horst Seehofer, damaliger Parteivorsitzender der CSU und bayrischer Ministerpräsident, seine Partei im Kontext der Migrationsdebatte auf einen Kurs gebracht, der dem der Kanzlerin diametral entgegenstand. Horst Seehofer hatte sich dabei auch nicht gescheut, Angela Merkel auf dem Münchner CSU-Parteitag im November 2015 vorzuführen. Nach der Rede Merkels ließ es sich Seehofer nicht nehmen, ihr striktes „Nein" zur Obergrenze zu kommentieren und kritisieren. Merkel stand schier endlos, sichtlich irritiert und regungslos neben Seehofer und musste seine Belehrungen zum Thema Obergrenze über sich ergehen lassen. Mit dieser Positionierung wollte Seehofer die CSU in der Regierung profilieren und der erstarkenden AfD das Wasser abgraben. Wie Abbildung 1 dokumentiert, honorierten die Bürger dies nicht.

Abbildung 1: Zufriedenheit mit der Bundesregierung und den Regierungsparteien in der 18. Legislaturperiode

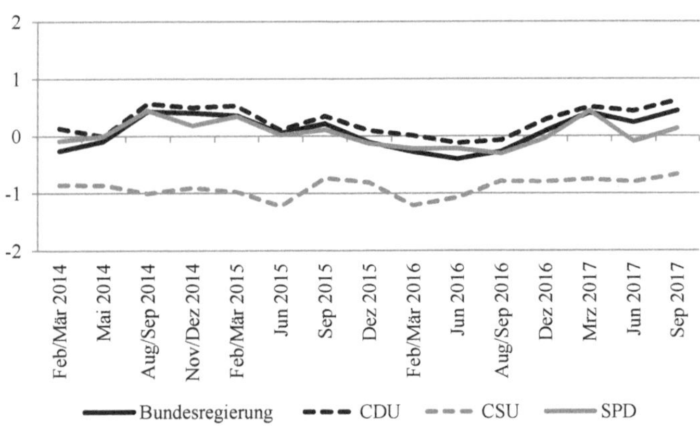

Quelle: GLES-Langfrist-Online-Tracking (ZA5723 – ZA5734; ZA6515 – ZA6817),

Anmerkungen: Skala von -5 „völlig unzufrieden" bis +5 „völlig zufrieden".

Die relative Zufriedenheit mit der amtierenden Regierung zeigte sich auch in der Bewertung unterschiedlicher Koalitionsoptionen (Abbildung 2). Zwar verlor die Große Koalition im Zeitverlauf etwas an Zustimmung, dennoch blieb sie fast über die gesamte Legislaturperiode die Koalitionsoption, die sich die Bürger am ehesten wünschten. Erst im Sommer 2017, also kurz vor der Bundestagswahl, bekam sie Konkurrenz von der schwarz-gelben Koalition, die in der Wertschätzung der Bürger die größte Veränderung erfahren hat. Einen ähnlichen Verlauf erlebte die Bewertung der Jamaika-Koalition, die kurz nach der Bundestagswahl 2013 die mit Abstand am wenigsten geschätzte Option war und im Verlauf der Legislaturperiode kontinuierlich bessere Werte erhielt. Kurz vor der Bundestagswahl 2017 präferierten die Bürger vier Koalitionsmodelle am ehesten: Schwarz-Gelb, Große Koalition, Rot-Grün und Schwarz-Grün. Am unbeliebtesten war mit Abstand eine rot-rot-grüne Koalition, also ein Bündnis aus SPD, den Linken und den Grünen. Abbildung 2 zeigt allerdings auch deutlich, dass auf der Skala von -5 („überhaupt nicht wünschenswert") bis +5 („sehr wünschenswert") nur eine Option zu einem Zeitpunkt – und zwar die Große Koalition im November/Dezember 2014 – im positiven Bereich lag. Alle anderen Bewertungen lagen im negativen Bereich. Ein klarer Koalitionswunsch seitens der Bevölkerung für die Regierungsbildung 2017 kann daher nicht abgelesen werden.

Abbildung 2: Koalitionsbewertungen in der 18. Legislaturperiode

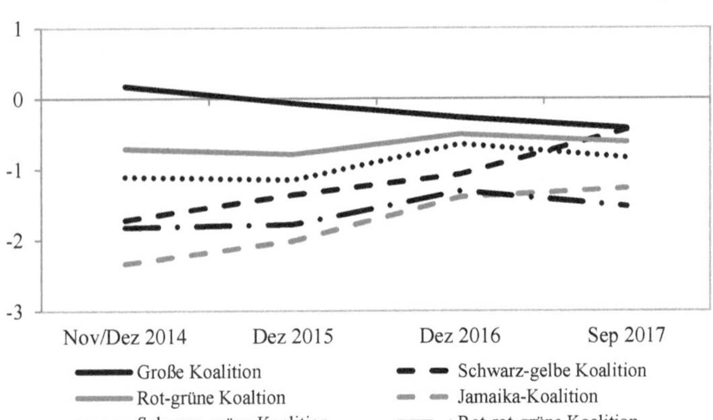

Quelle: GLES-Langfrist-Online-Tracking (ZA5726, ZA5730, ZA5734, ZA6817).

Anmerkungen: Koalitionsbewertung auf Skala von +5 ‚sehr wünschenswert' bis -5 ‚überhaupt nicht wünschenswert'.

2.4 Die Entwicklung der Parteipräferenz

Spätestens seit der Jahreswende 2015/2016 war die Flüchtlingspolitik das dominierende Thema in Deutschland. Sowohl die Regierungsparteien als auch die Oppositionsparteien Die Linke und die Grünen sowie die außerparlamentarisch agierende FDP folgten anfänglich geschlossen Merkels Credo „Wir schaffen das". Einzig die AfD, die zwischen Anfang und Mitte 2015 fast wieder in der Bedeutungslosigkeit zu verschwinden drohte, konnte sich bei diesem Thema einmal mehr als einzige parteiliche Vertretung einer „schweigenden Mehrheit" und somit als Alternative zu den etablierten Parteien präsentieren (Bieber et al. 2018). Unter dem Eindruck der internationalen Erfolge rechtspopulistischer Parteien und Bewegungen schien die Frage nicht mehr ob, sondern nur noch wie stark die AfD im kommenden Bundestag vertreten sein würde. Kritisch diskutiert wurde zudem, ob der Ausfallschritt von Horst Seehofer und seiner CSU nach rechts zur Vermeidung von Stimmverlusten der CSU zu Gunsten der AfD führen würde oder ob der offensichtliche Zwist zwischen den beiden Schwesterparteien der CSU eher schaden würde. Abbildung 3 dokumentiert die Entwicklung der Wahlabsichten im Zeitverlauf.

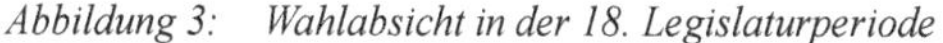

Abbildung 3: Wahlabsicht in der 18. Legislaturperiode

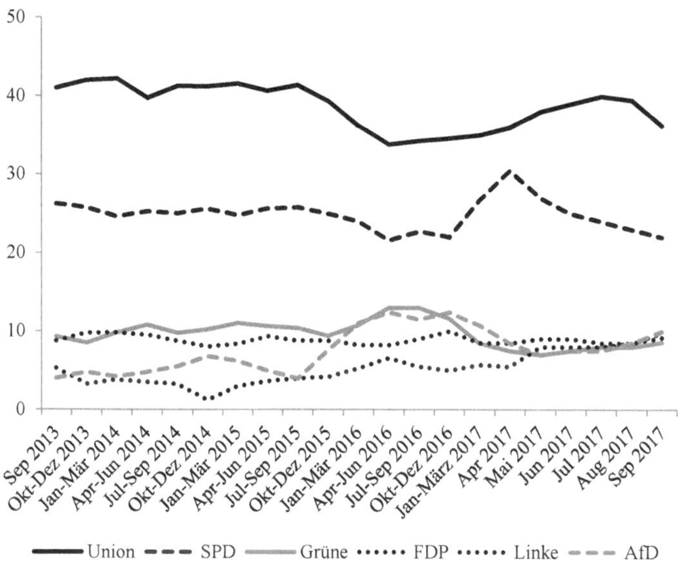

Quelle: Forschungsgruppe Wahlen e.V. 2018a (Projektion).

Anmerkungen: Bei mehreren Erhebungen im selben Zeitraum sind Durchschnittswerte ausgewiesen.

Wie bei den Wahlen 2013 schien der Wahlgewinn der CDU/CSU und eine weitere Kanzlerschaft Angela Merkels von vornherein festzustehen (Bieber/Roßteutscher 2011, 2014). Bis zum Herbst 2015 erreichten CDU/CSU in den Umfragen der Forschungsgruppe Wahlen e.V. (2018a) mehr als 40 Prozent der Stimmen. Mit ungefähr 25 Prozent Stimmanteil war die SPD weit abgeschlagen. Damit schien sich die Situation der vorherigen Großen Koalition, die von 2009 bis 2013 regierte, zu wiederholen: Selbst genuin sozialdemokratische Wahlversprechen, wie zum Beispiel die Durchsetzung des Mindestlohns, wurden seitens des Wählers nicht der SPD gutgeschrieben (Bieber/Roßteutscher 2011). Ab Ende 2015 und im Kontext der zunehmenden Diskussion um Einwanderung und Integration verloren beide Parteien an Zustimmung, allerdings veränderte sich der Abstand zwischen CDU/CSU und SPD kaum.

Doch im Frühjahr 2017 wandelte sich die Konstellation plötzlich und unerwartet und vieles sprach für einen spannenden Wahlkampf: Die SPD nominierte überraschend den Europapolitiker Martin Schulz, der seine Partei und viele Wähler anfänglich in große Euphorie versetze. Der „Schulz-Zug" nahm Fahrt auf. Alles schien plötzlich wieder offen zu sein. Im April 2017 trennte beide Parteien nur noch wenige Prozentpunkte. Doch der Schulz-Effekt erwies sich als Strohfeuer. Schon im Mai 2017 verlor die SPD an Zustimmung und im September, kurz vor der Bundestagswahl, stand die SPD mit knapp 22 Prozent der Stimmen so schlecht da wie vor der Nominierung des Kanzlerkandidaten.

Da aber auch CDU/CSU in der Gunst der Wähler weit von einer absoluten Mehrheit, die sie 2013 nur knapp verfehlt hatten, entfernt waren, stellt sich die Frage nach den Stimmanteilen der „kleinen" Parteien. Nach der Bundestagswahl 2013, als sowohl FDP als auch AfD aufgrund der 5-Prozent-Hürde den Einzug in den Bundestag knapp verfehlten, war der Stimmenanteil der Parteien, die nicht in den Bundestag einziehen konnten mit 15,6 Prozent so hoch wie nie zuvor (Bieber et al. 2014). Bis Ende 2015 lag die FDP weiterhin etwa bei fünf Prozent. Erst seit der Jahreswende 2016 erreichte die Partei, deren Profil ganz auf den Parteivorsitzenden Christian Lindner zugeschnitten war, stabile Werte jenseits der 5-Prozent-Hürde. Die Grünen und Die Linke bewegten sich im gesamten Zeitraum bei Werten um die zehn Prozent. Ihr Einzug in den kommenden Bundestag schien daher gesichert. Unklar war es bis Herbst 2015 für die AfD, ob sie im zweiten Anlauf den Sprung in den deutschen Bundestag schaffen würde. Ihren fast kometenhaften Aufstieg im Vorfeld der Bundestagswahl 2013 hatte sie ihrer Europa- und eurokritischen Position zu verdanken (Bieber/Roßteutscher 2014; Schmitt-Beck 2014). Dieses Thema hatte aber ab 2014 massiv an Bedeutung verloren und die AfD machte eigentlich nur noch durch parteiinterne Querelen, die im Austritt von einem Teil der Gründergeneration um Bernd Lucke im Sommer 2015 ihren Höhepunkt fanden, auf sich aufmerksam (Bieber et al. 2018). Bei diesem parteiinternen Zwist ging es nicht zuletzt um die Frage, wie migrationskritisch und deutschnational sich die Partei aufstellen will. Diese Akzentverschiebung auf national-konservative bzw. rechtspopulistische Positionen fiel quasi zeitgleich mit den Flüchtlingsbewegungen, die ab Sommer 2015 einsetzten. Innerhalb kürzester Zeit, von Herbst 2015 bis Frühjahr 2016, konnte die Partei, die nun aggressiv mit migrationskritischen Positionen warb, ihre Zustimmung innerhalb der Wählerschaft fast verdreifachen. So standen kurz vor der Bundestagswahl 2017 vier „kleine" Parteien – von denen zwei (Die Linke und die Grünen) die Opposition im Bundestag stellten und zwei weitere (FDP und AfD) auf den Wiedereinzug bzw. Ersteinzug in den Bundestag hofften – bei jeweils etwa zehn Prozent. Da der Kampf um die Kanzlerposition zugunsten von Angela Merkel entschieden schien, sollte sich die Spannung im Wahlkampf darauf konzentrieren, welche der kleinen Parteien drittstärkste Kraft werden würde.

Spannend war auch die Frage nach realistischen Koalitionsoptionen. Die AfD verstand sich als Fundamentalopposition und wurde auch von allen anderen Parteien als Regierungspartner kategorisch ausgeschlossen. Ähnlich erging es der Linken, die in Teilen zwar selbst großes Interesse an einer rot-rot-grünen Koalition verkündete, aber von den potentiellen Koalitionspartnern als nicht regierungstauglich betrachtet wurde. Die unter den Bürgern relativ beliebten Zweier-Koalitionen unter Führung einer der beiden „Volksparteien" (also Schwarz-Gelb oder Rot-Grün) hatten nach dem Kollaps des Schulz-Hype und der relativen Schwäche der Unionsparteien keine rechnerische Mehrheit. Möglich blieben somit ausschließlich die Weiterführung der Großen Koalition sowie das Wagnis einer Jamaika-Koalition, die zu Beginn der 18. Legislaturperiode von den Bürgern extrem schlecht bewertet wurde, sich aber zunehmend größerer Beliebtheit erfreute.

Da wechselnde Stimmungen auch durch faktische Wahlergebnisse ausgelöst werden, soll im Folgenden ein Blick auf den Ausgang der Landtagswahlen geworfen werden, die zwischen der Bundestagswahl 2013 und der Bundestagswahl 2017 stattfanden. Da drei Parteien, die SPD, die FDP und die AfD, insbesondere von solchen Stimmungsschwankungen betroffen waren, wird der Fokus auf ihr Abschneiden bei diesen Landtagswahlen gelegt. Die ersten Landtagswahlen nach der Bundestagswahl 2013 fanden im August und September 2014 in Sachsen, Brandenburg und Thüringen statt. Die FDP ist in allen drei Fällen deutlich an der 5-Prozent-Hürde gescheitert, mit miserablen 1,5 Prozent in Brandenburg und 3,8 Prozent in Sachsen. Für die SPD waren diese Wahlen ein Wechselbad der Gefühle: In Brandenburg wurde sie mit fast 32 Prozent stärkste Partei und stellte den Ministerpräsidenten einer rot-roten Regierung. In Sachsen und Thüringen erreichte sie kaum mehr als 12 Prozent der Stimmen und landete damit abgeschlagen hinter CDU und Linken auf Platz 3. Sie konnte jedoch zumindest mehr Stimmen auf sich vereinigen als die AfD, die in Sachsen und

Thüringen circa 10 Prozent und in Brandenburg etwas über 12 Prozent der Wähler für sich gewinnen konnte.

Tabelle 1: Landtagswahlen 2013 bis 2017 – Ergebnisse in Prozent der Stimmen

Jahr/ Monat	Land	CDU/ CSU	SPD	AfD	FDP	Linke	Grüne	weitere im Landtag vertretene Parteien
2014/08	Sachsen	39,4	12,4	9,7	(3,8)	18,9	5,7	
2014/09	Brandenburg	23,0	31,9	12,2	(1,5)	18,6	6,2	FW: 2,7
2014/09	Thüringen	33,5	12,4	10,6	(2,5)	28,2	5,7	
2015/02	Hamburg	15,9	45,6	6,1	7,4	8,5	12,3	
2015/05	Bremen	22,4	32,8	5,5	6,6	9,5	15,1	BIW: 3,2
2016/03	Baden-Württemberg	27,0	12,7	15,1	8,3	(2,9)	30,3	
2016/03	Rheinland-Pfalz	31,8	36,2	12,6	6,2	(2,8)	5,3	
2016/03	Sachsen-Anhalt	29,8	10,6	24,3	(4,9)	16,3	5,2	
2016/09	Mecklenburg-Vorpommern	19,0	30,6	20,8	(3,0)	13,2	(4,8)	
2016/09	Berlin	17,6	21,6	14,2	6,7	15,6	15,2	
2017/03	Saarland	40,7	29,6	6,2	(3,3)	12,8	(4,0)	
2017/05	Schleswig-Holstein	32,0	27,2	5,9	11,5	(3,8)	12,9	SSW: 3,3
2017/05	Nordrhein-Westfalen	33,0	31,2	7,4	12,6	(4,9)	6,4	

Quelle: Landeswahlleiter, zitiert nach Zicht/Cantow 2018.

Anmerkungen: Sonstige Parteien, die keine Landtagssitze gewonnen haben, sind nicht ausgewiesen. Graue Hinterlegung bedeutet, dass diese Partei(en) nach der Wahl die Regierung bildeten. Klammern bedeuten, dass diese Partei(en) aufgrund der Sperrklausel kein Mandat gewonnen haben.

Im Februar und Mai 2015 folgten die Wahlen in den Stadtstaaten Hamburg und Bremen. In beiden historisch sozialdemokratisch geprägten Städten ging die SPD als stärkste Partei hervor. In Hamburg konnte Olaf Scholz sogar fast 46 Prozent der Stimmen gewinnen. In beiden Ländern wurde eine rot-grüne Koalition geschlossen. Der FDP gelang der Einzug in die Bürgerschaften mit Stimmanteilen um die sieben Prozent, aber auch die AfD erreichte den Einzug in die Stadtvertretungen, wenn auch in Bremen denkbar knapp mit 5,5 Prozent.

Waren die Wahlergebnisse in Hamburg (16 Prozent) und Bremen (22 Prozent) für die CDU schon ein herber Dämpfer, so endete die Landtagswahl in Baden-Württemberg im März 2016 in einem Debakel. Die Grünen mit dem amtierenden Ministerpräsidenten Winfried Kretschmann gingen als stärkste Kraft hervor und die CDU musste erstmals als Juniorpartner in eine grün-geführte Regierung eintreten. Die FDP erreichte in ihrem Stammland immerhin etwas über acht Prozent der Stimmen, landete jedoch hinter der AfD, die 15 Prozent der Wähler für sich gewinnen konnte. Eine Katastrophe war die Wahl in Baden-Württemberg für die bisherige Regierungspartei SPD: Ihre Wählerschaft schrumpfte auf knapp 13 Prozent.

Hingegen wurde die SPD bei den parallel stattfindenden Wahlen in Rheinland-Pfalz mit über 36 Prozent stärkste Kraft und Malu Dreyer in ihrem Amt als Ministerpräsidentin bestätigt. Jedoch musste dieses Mal neben den Grünen auch die FDP, die mit circa sechs Prozent der Stimmen den Einzug in den Landtag schaffte, als Koalitionspartner in die Regierung aufgenommen werden. Die AfD konnte auch in Rheinland-Pfalz mit fast 13 Prozent einen Erfolg erzielen.

Bei den gleichzeitig stattfindenden Wahlen in Sachsen-Anhalt wurde die AfD mit über 24 Prozent der Stimmen erstmals zweitstärkste Kraft hinter der CDU, die knapp 30 Prozent der Stimmen auf sich vereinigen konnte. Der FDP gelang der Einzug in den Landtag nicht und die SPD erreichte kaum mehr als zehn Prozent. Durch das starke Abschneiden der AfD in Sachsen-Anhalt reichten die gemeinsamen Stimmenanteile der CDU und SPD nicht aus, um eine „Große Koalition“ zu schließen, weshalb eine Regierungskoalition nur durch Einbindung der Grünen gebildet werden konnte. Diese drei gleichzeitig stattfindenden Wahlen am 13. März 2016 waren somit ein Wechselbad der Gefühle für viele Parteien und sprechen dagegen, dass – wie so oft behauptet – der Bundestrend die Ergebnisse einer Landtagswahl bestimmen würde.

Es folgten im September 2016 Wahlen in Mecklenburg-Vorpommern und Berlin. In Mecklenburg-Vorpommern wurde die SPD klar stärkste Partei (fast 31 Prozent), der FDP und auch den Grünen misslang der Einzug ins Parlament und die AfD erreichte mit 20,8 Prozent erstmals mehr Stimmenanteile als die CDU, die nur auf 19 Prozent kam.

Die letzten Wahlen vor der Bundestagswahl 2017 fanden in Westdeutschland statt: Im März 2017 im Saarland sowie im Mai 2017 in Schleswig-Holstein und Nordrhein-Westfalen. Diese Wahlen sind besonders interessant, weil sie als Stimmungsmesser und Vorboten für die Bundestagswahl im Herbst gewertet wurden. In der Strategie der SPD sollten diese Landtagswahlen etappenweise zum Bundestagswahlsieg führen. Während die SPD die krachende Niederlage im Saarland (über 40 Prozent für die CDU und weniger als 30 Prozent für die SPD) als Unfall in einem kleinen, bundespolitisch wenig bedeutsamen Land zu kaschieren versuchte, schienen die Niederlagen in Schleswig-Holstein (27 Prozent für die SPD und 32 Prozent für die CDU) und vor allem in ihrem „Stammland" Nordrhein-Westfalen (31 Prozent für die SPD zu 33 Prozent für die CDU) die SPD-Wahlkampagne endgültig ins Wanken zu bringen. Damit war auch das Schicksal der SPD-Hoffnungsträgerin Hannelore Kraft, die für diese Niederlage die Verantwortung übernehmen musste, besiegelt. Während die FDP im Saarland den Einzug ins Parlament klar verfehlte, erzielte sie in Schleswig-Holstein und Nordrhein-Westfalen jeweils zweistellige Ergebnisse um die 12 Prozent. Die AfD hingegen musste einen deutlichen Dämpfer hinnehmen, obwohl sie den Einzug in alle drei Länderparlamente als großen Erfolg zu feiern versuchte. Mit Ergebnissen zwischen 6,2 (Saarland), 5,9 (Schleswig-Holstein) und 7,4 Prozent (Nordrhein-Westfalen) blieb sie allerdings weit hinter ihren Erwartungen und den bisherigen Erfolgen zurück.

2.5 Kanzlerkandidaturen

Wie 2009 und 2013 zeichnete sich in der SPD erst kurz vor der Bundestagswahl ab, wer Kanzlerkandidat werden sollte. Nach den Niederlagen von Franz-Walter Steinmeier 2009 und Peer Steinbrück 2013 standen die Zeichen für den Parteivorsitzenden Sigmar Gabriel nicht schlecht, selbst gegen Angela Merkel als Kanzlerkandidat anzutreten. Gabriel war in der Bevölkerung jedoch nicht sehr beliebt und parteiintern in Teilen umstritten. So verzichtete Gabriel am 24. Januar 2017 auf die Kandidatur und schlug Martin Schulz als Kanzlerkandidaten und zukünftigen Parteivorsitzenden vor. Nur wenige Tage später, am 29. Januar, wurde er vom SPD-Parteivorstand einstimmig zum Kandidaten nominiert. Im März folgte ein außerordentlicher Bundesparteitag, auf dem Martin Schulz mit 100 Prozent der Stimmen zum Parteivorsitzenden und Kanzlerkandidaten gekürt wurde – ein fulminantes und in der Nachkriegsgeschichte der SPD einmaliges Ergebnis. Doch die Anfangseuphorie hielt nicht lange, wie Abbildung 4 zu entnehmen ist: Nur im Januar und Februar 2017 erzielte Schulz bei der Politikerbeurteilung höhere Werte als Merkel. Bereits im März verschlechterten sich die Werte deutlich und im Mai 2017 lag Schulz eindeutig hinter Merkel und wurde sogar schlechter eingestuft als Gabriel, dessen Werte sich nach dem „Verzicht" kontinuierlich verbesserten.

Abbildung 4: Politikerbeurteilung (Mittelwerte)

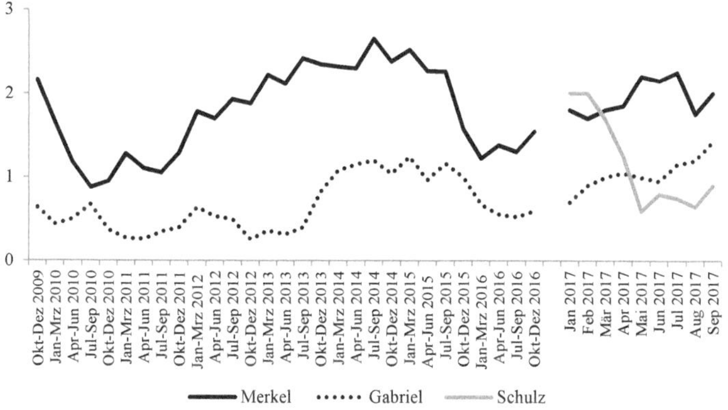

Quelle: Forschungsgruppe Wahlen e.V. 2018b.

Anmerkungen: Politikerbeurteilung auf Skala von +5 ‚halte sehr viel von …' bis -5 ‚halte gar nichts von …'. Bei mehreren Erhebungen im selben Zeitraum sind Durchschnittswerte ausgewiesen.

Ein ähnlicher Verlauf ist bei der Entwicklung der Kanzlerpräferenz in der Wählerschaft zu sehen (Abbildung 5). Da bereits Ende 2016 neben Sigmar Gabriel auch Martin Schulz als potentieller Kanzlerkandidat der SPD gehandelt wurde, fragte der ARD-Deutschlandtrend in einer Bevölkerungsumfrage bereits zu diesem Zeitpunkt, ob sie Angela Merkel oder Martin Schulz als Kanzler präferieren würden. Zu diesem Zeitpunkt lag Martin Schulz noch deutlich hinter Angela Merkel zurück. In Folge seiner offiziellen Nominierung kam es zu einem massiven Anstieg der SPD-Werte. Im Frühjahr 2017 lag Martin Schulz fast 15 Prozentpunkte vor der amtierenden Kanzlerin. Während in CDU/CSU viele Mandatsträger aufgrund dieser Entwicklung zunehmend beunruhigt waren, blieb Merkel bei ihrem Kurs. Der Aufschwung der SPD und ihres neuen Spitzenmannes endete so schnell wie er begonnen hatte: Schon im Mai 2017 lag Merkel in der Gunst der Bürger wieder vorne und dieser Vorsprung sollte sich bis zur Bundestagswahl vergrößern. Kurz vor der Wahl betrug der Vorsprung von Merkel zu Schulz 27 Prozentpunkte.

Abbildung 5: Entwicklung der Kanzlerpräferenz (in Prozent)

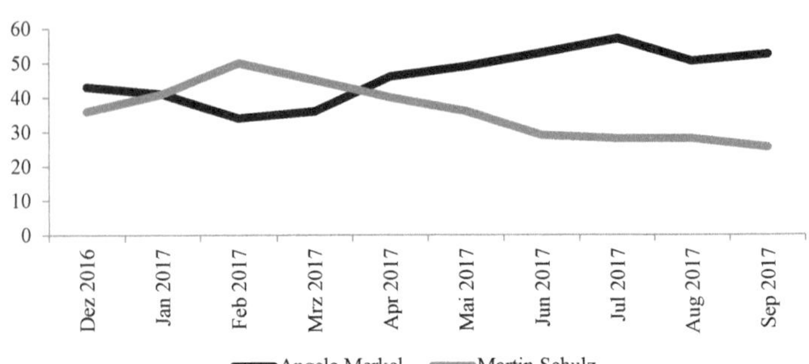

Quelle: ARD-DeutschlandTREND. Dezember 2016 bis September 2017. Infratest Dimap 2017.

Anmerkungen: Bei mehreren Erhebungen im selben Zeitraum sind Durchschnittswerte ausgewiesen.

2.6 Fazit

Wie schon bei den Bundestagswahlen zuvor schien nichts die CDU/CSU und Kanzlerin Angela Merkel davon abhalten zu können, aus der Bundestagswahl 2017 als Siegerin hervorzugehen. Auch der Aufsteiger der Bundestagswahl 2013, die AfD, schien aufgrund interner Querelen nicht länger eine ernsthafte Konkurrenz um Wählerstimmen zu sein. Dies änderte sich ab Sommer 2015. Im Kontext der zunehmenden Debatte um Migration und Integration überzeugte der nun klar migrationskritische und rechtspopulistische Appell der AfD viele Wähler und sie erreichte bei Landtagswahlen zweistellige Ergebnisse. In Mecklenburg-Vorpommern und Sachsen gelang es ihr sogar zur zweitstärksten Partei zu werden. Unter dem Eindruck der AfD-Erfolge versuchte sich die CSU unter Seehofer als Gegenpol zu Merkels Credo des „Wir schaffen das“ zu positionieren. In der Folge kam es zu Konflikten über die Flüchtlingspolitik innerhalb der Unionsparteien, die sich beim Thema Einführung einer Obergrenze zuspitzten. Da die CSU schließlich doch mit der CDU gemeinsam in den Wahlkampf zog, war es im Vorfeld der Bundestagswahl eine der spannenden Fragen, ob sich dieser Merkel-kritische Kurs für die CSU auszahlen und sie in Bayern tatsächlich ein signifikant besseres Ergebnis als die CDU im Rest des Landes erzielen würde.

Eine zweite überraschende Wendung ergab sich aus der Nominierung des Europapolitikers Martin Schulz, der statt Sigmar Gabriel, den alle bis Ende 2016 für den kommenden Kanzlerkandidaten hielten, für die SPD ins Rennen geschickt wurde. Kurzfristig zahlte sich dieser Überraschungs-Coup aus und die SPD und ihr neuer Kandidat überflügelten CDU/CSU und Angela Merkel in der Gunst der Wähler. Nach den Niederlagen der SPD im Saarland, Schleswig-Holstein und vor allem Nordrhein-Westfalen hatte sich der Schwung der Kampagne verbraucht und der „Schulz-Zug" kam zum Stehen. Die SPD rutschte auf ihr relativ schlechtes Ausgangsniveau zurück.

Spätestens seit Anfang 2016 und der ab dann stabilen Prognosen für FDP und AfD jenseits der 5-Prozent-Hürde schien zudem klar, dass der zukünftige Bundestag bunter werden würde. Aller Voraussicht nach würde er sich aus sechs – zählt man die CSU, die sich zumindest zeitweise als eigenständige Partei zu profilieren versuchte, sogar aus sieben – Parteien zusammensetzen. Doch gerade die Vielzahl der voraussichtlich im Bundestag vertretenen Parteien machte die Suche nach verlässlichen Koalitionspartnern vor, während und auch nach dem Wahlkampf schwierig: Die AfD war der Paria im System, mit der keine Partei koalieren wollte und die sich selbst als Fundamentalopposition bewarb. Das Koalitionsangebot der Linken hatte die SPD als nicht akzeptabel zurückgewiesen. Die klassischen Zweier-Koalitionen Schwarz-Gelb und Rot-Grün waren weit von rechnerischen Mehrheiten entfernt. So schienen im Vorfeld der Bundestagswahl 2017 – ähnlich wie 2013 – nur zwei Optionen denkbar: eine innovative Jamaika-Koalition aus CDU/CSU, FDP und Grünen, die seit Ende Juni 2017 relativ reibungslos in Schleswig-Holstein im Amt war, sowie die Fortführung der Großen Koalition – was eigentlich keiner der beiden Koalitionspartner ernsthaft wünschte.

Literatur

Bieber, Ina/Roßteutscher, Sigrid 2011: Große Koalition und Wirtschaftskrise: zur Ausgangslage der Bundestagswahl 2009, in: Rattinger, Hans/Roßteutscher, Sigrid/Schmitt-Beck, Rüdiger/Weßels, Bernhard/Bieber, Ina, Blumenstiel, Jan E./ Bytzek, Evelyn/Faas, Thorsten/Huber, Sascha/Krewel, Mona/Maier, Jürgen/ Rudi, Tatjana/Scherer, Philipp/Steinbrecher, Markus/Wagner, Aiko/Wolsing, Ansgar, Hg., Zwischen Langeweile und Extremen: Die Bundestagswahl 2009. Baden-Baden: Nomos-Verlagsgesellschaft, 17–31.

Bieber, Ina/Roßteutscher, Sigrid 2014: Dominante Union und taumelnde FDP: Zur Ausgangslage der Bundestagswahl 2013, in: Schmitt-Beck, Rüdiger/Rattinger, Hans/Roßteutscher, Sigrid/Weßels, Bernhard/Wolf, Christof/Bieber, Ina/Blumenberg Manuela S./Blumenstiel, Jan E./Faas, Thorsten/Förster, André/Giebler, Heiko/Glogger, Isabella/Gummer, Tobias/Huber, Sascha/Krewel, Mona/Lamers, Patrick/Maier, Jürgen/Partheymüller, Julia/Plischke, Thomas/Roßmann, Joss/ Schäfer, Anne/Scherer, Philipp /Steinbrecher, Markus/Wagner, Aiko/Wiegand, Elena, Hg., Zwischen Fragmentierung und Konzentration: Die Bundestagswahl 2013, Baden-Baden: Nomos-Verlagsgesellschaft, 19-33.

Bieber, Ina/Roßteutscher, Sigrid/Scherer, Philipp 2014: Die Wähler der Kleinparteien, in: Schmitt-Beck, Rüdiger/Rattinger, Hans/Roßteutscher, Sigrid/Weßels, Bernhard/Wolf, Christof/Bieber, Ina/Blumenberg Manuela S./Blumenstiel, Jan E./Faas, Thorsten/Förster, André/Giebler, Heiko/Glogger, Isabella/Gummer, Tobias/Huber, Sascha/Krewel, Mona/Lamers, Patrick/Maier, Jürgen/Partheymüller, Julia/Plischke, Thomas/Roßmann, Joss/Schäfer, Anne/Scherer, Philipp /Steinbrecher, Markus/Wagner, Aiko/Wiegand, Elena, Hg., Zwischen Fragmentierung und Konzentration: Die Bundestagswahl 2013, Baden-Baden: Nomos-Verlagsgesellschaft, 155-167.

Bieber, Ina/Roßteutscher, Sigrid/Scherer, Philipp 2018: Die Metamorphosen der AfD-Wählerschaft: Von einer euroskeptischen Protestpartei zu einer (r)echten Alternativen? Politische Vierteljahresschrift 59(3), 434-461.

Blumenberg, Manuela/Förster, André 2014: Die Regierungsbildung, in: Schmitt-Beck, Rüdiger/Rattinger, Hans/Roßteutscher, Sigrid/Weßels, Bernhard/Wolf, Christof/Bieber, Ina/Blumenberg Manuela S./Blumenstiel, Jan E./Faas, Thorsten/ Förster, André/Giebler, Heiko/Glogger, Isabella/Gummer, Tobias/Huber, Sascha/ Krewel, Mona/Lamers, Patrick/Maier, Jürgen/Partheymüller, Julia/Plischke, Thomas/Roßmann, Joss/Schäfer, Anne/Scherer, Philipp /Steinbrecher, Markus/ Wagner, Aiko/Wiegand, Elena, Hg., Zwischen Fragmentierung und Konzentration: Die Bundestagswahl 2013, Baden-Baden: Nomos-Verlagsgesellschaft, 341-353.

Infratest Dimap (2017): ARD-DeutschlandTREND: Direktwahl Bundeskanzler/-in, Erhebungszeitraum Dezember 2016 bis September 2017, September II 2017/KW 37. Berlin: Infratest Dimap. [https://www.infratest-dimap.de/umfragen-analysen/bundesweit/ard-deutschlandtrend/2017/september-ii/] <4.10.2018>.

Forschungsgruppe Wahlen 2018a: Politbarometer, Projektionen, Erhebungszeitraum: 5.9.2013 bis 29.9.2017, Mannheim: Forschungsgruppe Wahlen e.V..

Forschungsgruppe Wahlen 2018b: Politbarometer, Beurteilung der wichtigsten Politiker, Erhebungszeitraum: 2.10.2009 bis 29.9.2017, Mannheim: Forschungsgruppe Wahlen e.V.

Zicht, Wilko/Cantow, Matthias 2018: Wahlergebnisse. [https://www.wahlrecht.de/ergebnisse/index.htm] <22.01.2019>.

Schmitt-Beck, Rüdiger 2014: Euro-Krise, Wirtschaftspessimismus und Einwanderungsskepsis: Hintergründe des Beinah-Wahlerfolgs der Alternative für Deutschland (AfD) bei der Bundestagswahl 2013, in: Zeitschrift für Parlamentsfragen (1), 94-112.

3. Der Wahlkampf

3.1 Die Wahlkampagnen der Parteien und ihr Kontext

Lena M. Schackmann

3.1.1 Einleitung

Wahlkämpfe stellen eine wichtige Phase des demokratischen Prozesses dar. In ihnen stellen die Parteien sich selbst, ihre Kandidaten und ihre politische Agenda ausführlich den Bürgern vor, um sie von sich zu überzeugen und zu einer entsprechenden Stimmabgabe zu motivieren (Klingemann/Voltmer 1998). Die Parteien verbinden damit das Ziel, bei der anstehenden Wahl den eigenen Stimmenanteil zu maximieren und möglicherweise Teil einer neuen Regierung zu werden. Drei Akteursgruppen sind während Wahlkämpfen von hoher Bedeutung: Parteien, Wähler und Massenmedien stehen in ständigem Kontakt und Austausch miteinander. Die Parteien möchten ihre Botschaften aktiv an die Wähler übermitteln. Neben ihren eigenen Kommunikationsanstrengungen spielt dabei auch die Vermittlung ihrer Kampagnenbotschaften durch die Massenmedien eine bedeutsame Rolle. Den Medien kommt dadurch eine essenzielle Brückenfunktion zu (Schmitt-Beck 2007). Die Stimmberechtigten verfolgen diese Informationen mit unterschiedlich starkem, oftmals im Wahlkampfverlauf wachsendem Interesse. Gleichzeitig erhalten Politiker aber auch ausgewählte Rückmeldungen von den Bürgern, wobei den veröffentlichten Ergebnissen von Meinungsumfragen besondere Bedeutung zukommt. Außerdem suchen Politiker auch bei Wahlveranstaltungen und dergleichen den direkten Austausch mit den Wählern (Klingemann/Voltmer 1998).

Das vorliegende Kapitel beschäftigt sich mit den Kampagnen der Parteien zur Bundestagswahl 2017 und ihrer Darstellung in den klassischen Massenmedien. Die gewonnenen Erkenntnisse basieren insbesondere auf Auswertungen der Berichterstattung sowie auf gezielten Recherchen zu Eigenheiten der Wahlkämpfe der verschiedenen Parteien. Aus Platzgründen muss auf Einzelnachweise aller genutzten Medienquellen verzichtet werden.

3.1.2 Die Rolle der Meinungsumfragen

Zu Beginn des Jahres 2017 wurde von Seiten der Medien zunächst ein äußerst spannender Wahlkampf prophezeit, da durch die als überraschend empfundene Kanzlerkandidatur des früheren Präsidenten des Europäischen Parlaments Martin Schulz für die SPD Abwechslung in der anstehenden Auseinandersetzung mit Amtsinhaberin Angela Merkel erwartet wurde. Dieser Eindruck wurde durch die sehr guten Umfragewerte der SPD unterstützt. Allerdings folgte im Frühling bereits ein schneller Absturz der Partei in den Umfragen (siehe Kapitel 2).

Abbildung 1: Parteienunterstützung in demoskopischen Umfragen

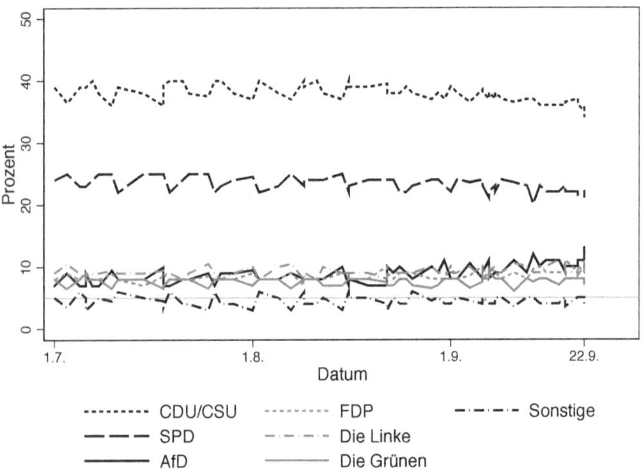

Quelle: www.wahlrecht.de.

Anmerkung: Die Abbildungen umfassen publizierte Umfrageergebnisse von Emnid, forsa, Forschungsgruppe Wahlen, Gesellschaft für Markt und Sozialforschung, Infratest dimap, INSA, Institut für Demoskopie Allensbach; bei Publikation mehrerer Ereignisse am selben Tag wurden Durchschnitte gebildet.

Abbildung 1 zeigt die Ergebnisse der „Sonntagsfrage", die die beabsichtigte Wahlentscheidung der Wählerschaft in den letzten drei Monaten des Wahlkampfs ermittelt. Abbildung 2 zeigt die addierten Zustimmungswerte der Parteien für einzelne, potentielle Koalitionen. Diese Umfrageergebnisse wurden in verschiedenen Medien publiziert und breit diskutiert. Den Abbildungen zufolge konnte die Meinungsforschung in den entscheidenden Monaten vor dem Urnengang nur von wenig Bewegung in der öffentlichen Meinung berichten. In der Wahlkampfphase wurde allgemein mit einem Triumph von Merkel über Schulz gerechnet, da die Union stets über deutlich mehr Unterstützung verfügte als die SPD. Außerdem gab es für die SPD keine realistische Koalitionsoption. Rot-Grün galt zu keinem Zeitpunkt als mögliches Szenario und selbst Rot-Rot-Grün bewegte sich deutlich unter 45 Prozent. Allerdings wurde diese Koalitionsoption auch nie aktiv von Sozialdemokraten der ersten Reihe befürwortet. Eine sogenannte Ampel-Koalition, d.h. ein Bündnis zwischen SPD, FDP und Grünen, wurde von keinem der beteiligten Akteure ernsthaft in Betracht gezogen. Eine weitere Große Koalition, aufgrund der Kräfteverhältnisse unter erneuter Führung der amtierenden Kanzlerin, verfügte hingegen stets über ausreichend Zustimmung in den Umfragen, in der Regel über 60 Prozent.

Abbildung 2: Unterstützung für potentielle Koalitionen in demoskopischen Umfragen (addierte Umfragewerte der Parteien)

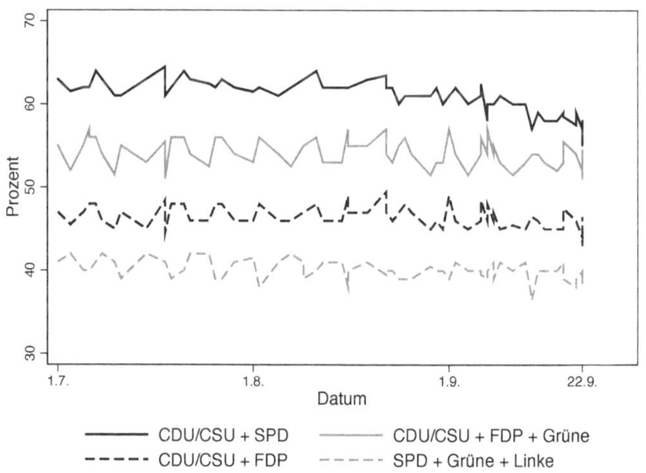

Quelle: www.wahlrecht.de.

Anders als die SPD verfügte die Union damit über mindestens eine realistische Koalitionsoption, in der sie die Führungsposition einnehmen konnte. Ihre Umfragewerte lagen fast ohne Ausnahme zwischen 35 und 40 Prozent. Neben der Großen Koalition gab es laut Umfragen zwischenzeitlich auch ausreichend Unterstützung für die Wiederauflage eines schwarz-gelben Bündnisses. Die Umfragewerte von Union, FDP und Grünen zusammen signalisierten über den gesamten Zeitraum stets eine Mehrheit für ein „Jamaika"-Bündnis. Entsprechend konnten sich Angela Merkel und die Union als wahrscheinliche Wahlsieger und künftige Regierungsspitze einrichten. Dies wurde auch bei der Frage der Kanzlerpräferenz unterstrichen: Wurde Schulz im Februar 2017 noch von einer knappen Mehrheit als künftiger Kanzler bevorzugt, herrschte im März Gleichstand – bevor Angela Merkel sich ihre Führung zurück erkämpfte und beinahe stetig bis zum Wahltag ausbaute (Forschungsgruppe Wahlen 2017).

Neben Bündnis 90/Die Grünen sowie der Linken wurde auch der FPD und der AfD in sämtlichen Umfragen in den drei Monaten vor der Wahl der Sprung über die Fünfprozent-Hürde prophezeit. Die von diesen Parteien erzielten Wahlergebnisse entsprachen weitgehend den schon vor der Wahl von den Meinungsumfragen vermeldeten Unterstützungswerten (siehe Abbildung 1). Alle vier Parteien lagen dabei stets relativ eng beieinander. Mit Bezug auf die ausbleibende Dynamik der publizierten Umfrageergebnisse reihte sich somit auch die Bundestagswahl 2017 letztendlich in die Serie „langweiliger" Wahlkämpfe ein, die 2009 begann: Wenig Bewegung führte zu einem erwartbaren Ergebnis, insbesondere was die Kanzlerwahl angeht. Dennoch tat sich mit der AfD ein neuer, interessanter Faktor hervor, der auch bei der Wahl zu einer Stimmenverteilung führte, die in dieser Form nicht erwartet wurde: das für viele überraschend starke Abschneiden der AfD und Ergebnisse für die beiden großen Parteien, die noch unterhalb der prognostizierten Umfragewerte lagen.

3.1.3 Allgemeine Entwicklungen

Nach zwei Wahlkämpfen, in denen die Parteien und ihre Kandidaten immer mehr digitale Möglichkeiten der politischen Kommunikation nutzten (Krewel 2014), konnten auch bei den Kampagnen 2017 einige Innovationen beobachtet werden. Inzwischen ist es selbstverständlich, dass jeder Abgeordnete und Kandidat über eigene Seiten in den sozialen Netzwerken, wie Facebook und Twitter, verfügt und regelmäßig über seine Tätigkeiten und Veranstaltungen informiert. Ebenso bieten die Parteien alle wahlrelevanten Informationen online an. Vor der Wahl gaben die meisten Parteien Absichtserklärungen ab, auf den Einsatz sogenannter „Social Bots“ in den sozialen Netzwerken zu verzichten: Hierbei handelt es sich um Nutzerkonten in sozialen Medien, die den Anschein regulärer Nutzer erwecken, aber tatsächlich automatisiert handeln, um die digitale Wahlkampfkommunikation zu beeinflussen, beispielsweise durch Kommentare oder künstliches Hochtreiben der Zahlen von „Likes“ (Vowe 2017).

Neben diesen allgemeinen Entwicklungen finden sich allerdings einige Unterschiede zwischen den Parteien: Während sich bei den meisten Parteien online vor allem Wiederholungen dessen finden, was sie auch über die „klassischen“ Medienkanäle sowie Wahlkampfauftritte kommunizieren, setzt beispielsweise die AfD beinahe ausschließlich auf einen Online-Austausch mit ihren Anhängern. Zudem können neue Strategien beobachtet werden, insbesondere das sogenannte „Microtargeting“ (Hegelich 2018). Hierbei geht es darum, gezielt bestimmte Wählergruppen anzusprechen, um diese zur Wahlteilnahme zu bewegen. Während dieses Instrument in anderen Ländern bereits verbreitet zum Einsatz kommt, stehen dem in Deutschland nicht nur datenschutzrechtliche Hindernisse entgegen, sondern auch ein Mangel an Erfahrung auf Seiten der Parteien. Genutzt wird das „Microtargeting“ vor allem bei der Erstellung von Online-Werbung als auch bei postalischen Aussendungen und Haustürwahlkämpfen. Letztere erfreuen sich bereits seit den 1950er Jahren in verschiedenen demokratischen Ländern großer Beliebtheit (Norris 1997). Dennoch erfuhr diese Maßnahme ein „Update“, indem vermehrt Apps eingesetzt wurden. Die hierfür verwendeten Datensätze, die sowohl aus öffentlichen als auch kommerziellen Quellen zusammengesetzt wurden, konnten weiter spezifiziert werden, indem das erhaltene Feedback an die Wahlkämpfer durch die Wähler direkt eingespeist wurde.

Die aufgrund ihrer Bedeutung bei einigen Wahlkämpfen der jüngeren Zeit in anderen Ländern viel kritisierten und gefürchteten „Fake News“ nahmen keinen nennenswerten Teil der Berichterstattung zur Bundestagswahl 2017 ein (Sängerlaub 2017). Auch wenn online vereinzelt Falschmeldungen, gezielt oder aus Versehen, verbreitet wurden, nahmen sie nicht den Raum ein, der ihnen beispielsweise in den US-amerikanischen Präsidentschaftswahlen eingeräumt wurde. Dies lag nicht zuletzt daran, dass traditionelle Presseerzeugnisse sowie Fernsehnachrichten nach wie vor großes Vertrauen genießen.

Die Etats der Bundesparteien für den Wahlkampf im Jahr 2017 ähneln denen der beiden vergangenen Bundestagswahlkämpfe. Die hier zusammengetragenen Informationen basieren auf Berichten der Parteien sowie auf Mediendarstellungen. Die verwendeten Gelder entstammen zu unterschiedlichen Anteilen den Mitgliederbeiträgen der Parteien, privaten Spenden, der öffentlichen Parteienfinanzierung, „selbsterwirtschafteten Einnahmen" sowie mitunter der Aufnahme von Krediten (Bundesministerium des Inneren, für Bau und Heimat 2018). Für die CDU wurde ein Etat von ca. 20 Millionen Euro ermittelt, was der Höhe von 2013 entspricht. Die CSU gibt ihr Budget aus „taktischen Gründen" nicht preis, allerdings vermuten Schätzungen, dass neun Millionen Euro aufgewendet wurden. Bei der SPD lagen 24 Millionen Euro für den Wahlkampf bereit, eine Steigerung um eine Million Euro im Vergleich zur letzten Bundestagskampagne. Die AfD reagierte nicht auf Medienanfragen zu ihrem Wahlkampfetat, vermutet wurden jedoch Ausgaben von circa drei Millionen Euro, was gegenüber ihrer ersten Kampagne 2013 eine Erhöhung um 700.000 Euro bedeuten würde. Die FDP steigerte ihre Ausgaben um eine Million Euro gegenüber 2013, und ging mit fünf Millionen Euro ins Rennen. Die Linke gab bekannt, dass sie 6,5 Millionen aufwendete, was einen Anstieg von zwei Millionen Euro bedeutete. Die Grünen wendeten 5,5 Millionen Euro auf, was ihrem Etat bei der letzten Bundestagswahl entspricht. Insgesamt blieben die Budgets also in etwa gleich oder steigerten sich geringfügig.

Was besonders sichtbare Kampagnenereignisse anlangt, sind neben den klassischen Auftaktveranstaltungen der Parteien und dem TV-Duell der beiden Kanzlerkandidaten diesmal auch eine Reihe an Diskussionsrunden im Fernsehen mit den Spitzenkandidaten der kleineren Parteien zu erwähnen, die von den Sendern ebenfalls als „Duelle" vermarktet wurden (siehe Kapitel 6.10). Besondere Aufmerksamkeit erhielten diese Auseinandersetzungen, da man sich Aussagen über künftige mögliche Koalitionen erhoffte.

Anders als 2009 und 2013 setzten 2017 mehrere Ereignisse Akzente im Wahlkampf, die nicht der ritualisierten Choreographie traditioneller Parteiveranstaltungen und TV-„Events" entsprachen. Am 30. Juni wurde unter anderem auf Betreiben der SPD, die versuchte ein Signal der Eigenständigkeit gegenüber dem Regierungspartner zu setzen, überraschend die „Ehe für alle" vom Bundestag beschlossen. Lediglich vier Tage vorher hatte Angela Merkel angeregt, die Abstimmung als Gewissensentscheidung freizugeben und so die Abgeordneten von ihrer Fraktionsdisziplin zu entbinden. Es wurde weithin vermutet, dass die Kanzlerin damit ein Thema „abhaken" wollte, das in den Koalitionsverhandlungen nach der Wahl für Streitigkeiten hätte sorgen können. In der ersten Juliwoche fand zudem der G20-Gipfel in Hamburg statt. Die gewaltsamen Auseinandersetzungen zwischen Demonstranten und Sicherheitskräften löste eine Diskussion über das Verhalten der Polizei sowie den Umgang mit Linksextremismus aus. Anfang August wurde überraschend Niedersachsen zum Zentrum nationaler Berichterstattung, als die Grünen-Abgeordnete Elke Twesten mit ihrem Übertritt zur CDU die rot-grüne Regierung um ihre Mehrheit brachte. Im dadurch ausgelösten vorzeitigen Landtagswahlkampf nahm die Zusammenarbeit zwischen der niedersächsischen Regierung und dem VW-Konzern schnell eine zentrale Rolle ein, als bekannt wurde, dass sich SPD-Ministerpräsident Stephan Weil mit der Konzernführung über den Inhalt einer Regierungserklärung abgestimmt hatte. Vor dem Hintergrund anhaltender Debatten über die sogenannte „Dieselkrise“ fand dies auch überregional große Aufmerksamkeit. Des Weiteren sorgten verschiedene führende Vertreter der AfD für Kontroversen, darunter die Parteivorsitzende Frauke Petry, die ihre Immunität als Landtagsabgeordnete verlor und im Wahlkampf von ihrer eigenen Partei in den Hintergrund gedrängt wurde sowie der Spitzenkandidat Alexander Gauland, der Kritik auf sich zog mit der Erklärung, die Integrationsbeauftragte der Bundesregierung Aydan Özoguz (SPD) in Anatolien „entsorgen“ zu wollen.

3.1.4 Die Wahlkampagnen der Parteien

Blickt man auf die Kampagnen der einzelnen Parteien, fällt auf, dass die Union konsequent auf Kanzlerin Merkel als ihr Aushängeschild setzte. Diese Personalisierung ist bereits seit 2009 zu beobachten und übersteigt in der Regel den Grad der anderen Parteien (Krewel 2014). Die Wähler gaben der CDU/CSU in der Auswahl ihrer Strategie recht: 70 Prozent der Wähler sagten in der letzten Woche vor der Wahl, dass Angela Merkel für das Abschneiden der Union „hilfreich“ sei. Mit 32 Prozent fanden weniger als die Hälfte der Befragten ihren sozialdemokratischen Kontrahenten Schulz für das Abschneiden der SPD hilfreich (Forschungsgruppe Wahlen 2017: 31). Allerdings schlug der Spitzenkandidatin auch eine Menge Ablehnung durch Kritiker der Regierungspolitik entgegen, die ihrem Unmut lautstark auf Wahlveranstaltungen der Union Luft machten. Die Strategie der sogenannten „asymmetrischen Demobilisierung“, welche die Union bei den letzten beiden Bundestagswahlkämpfen eingesetzt hatte, kam erneut zur Anwendung: Dabei wurde es von Seiten der Union beinahe gänzlich vermieden, mit konkreten Aussagen und Forderungen dem Gegner eine Angriffsfläche zu bieten (Schmidt 2014). So wollten CDU/CSU dafür sorgen, dass kein richtiger inhaltlicher Diskurs entstehen konnte, damit die anderen, konkurrierenden Parteien weniger Chancen hatten, ihre potentiellen Wähler davon zu überzeugen, den Weg zur Wahlurne tatsächlich auf sich zu nehmen und für sie zu stimmen. Beispielsweise wurden Vorschläge für eine Rentenreform angekündigt, die aber erst nach der Wahl veröffentlicht werden sollten. Auf den Wahlplakaten dominierte neben Angela Merkels Gesicht der Spruch „Für ein Deutschland, in dem wir gut und gerne leben" (für die sozialen Netzwerke unter dem Kürzel „fedidwgugl" zusammengefasst). Die CSU war stärker als früher auf Eigenständigkeit bedacht. Sie hielt spezifische Forderungen, die ihre Schwesterpartei nicht teilte, in einem eigenen „Bayernplan" fest: Hier ging es neben der Forderung nach bundesweiten Volksabstimmungen vor allem um eine Obergrenze für die Anzahl geflüchteter Menschen, die in Deutschland Asyl erhalten sollten. Allerdings verkündete Parteichef Seehofer im Laufe des Wahlkampfes, dass diese Forderung kein Ausschlusskriterium mehr für künftige Koalitionen sei. Darüber hinaus gab es keine allgemeinen Koalitionsaussagen der Union, lediglich eine Zusammenarbeit mit AfD und Linken wurde konsequent ausgeschlossen. Die Kanzlerin betonte ebenso wie andere Unionspolitiker vor allem, dass der Fokus darauf liege, stärkste Kraft zu bleiben. Die Wahlkampfzentrale der CDU, die in die Parteizentrale integriert war, wurde von Kanzleramtsminister Peter Altmaier geleitet, was für Kritik aufgrund der Vermischung seiner Ämter sorgte. Außerdem installierte die CDU in Berlin ein „begehbares Wahlprogramm", das von etwa 12.000 Menschen besucht wurde. Beim Haustürwahlkampf zielte die Partei insbesondere auf Familien und Konservative ab und klopfte an 600.000 Türen, wobei die Anzahl der tatsächlich angetroffenen Personen weit darunterlag.

Auch wenn die *SPD* etwas weniger stark auf ihren Vorsitzenden und Kanzlerkandidaten Martin Schulz setzte, so stand die Kampagne anfänglich doch unter dem Eindruck des „Schulz-Hypes", der vor allem im Internet nach der Bekanntgabe seiner Kandidatur ausgelebt wurde: Scherzhafte Bilder und kurze Witze wurden über die sozialen Netzwerke verteilt, die den ehemaligen Präsidenten des Europaparlaments auf dem „Schulzzug" in das Kanzleramt fahren sehen wollten. Jedoch war es dabei nicht immer einfach, klar zwischen begeisterter Unterstützung und belustigter Ablehnung zu unterscheiden. Die Wahlkampfzentrale, die unter dem Titel „Kampa" arbeitete, wurde in der Parteizentrale eingerichtet. Geleitet wurde sie zunächst von Generalsekretärin Katarina Barley, bevor diese als neue Familienministerin berufen wurde und der kommissarische Generalsekretär Hubertus Heil das Ruder übernahm. Auch die SPD setzte, wie die Union, auf den Haustürwahlkampf. Nach eigenen Angaben klingelten die sozialdemokratischen Wahlkämpfer 2,5 Millionen Mal an den Türen von Wählern. Auf den Plakaten der SPD war oft Martin Schulz im Gespräch mit Bürgern zu sehen, begleitet von Forderungen u.a. zu den Themen Europa, Bildung, gerechte Bezahlung und Rente. In seinen Auftritten setzte Schulz von Beginn an auf das Thema der sozialen Gerechtigkeit und warf in diesem Zusammenhang der Kanzlerin vor, sich nicht für die Sorgen aller Mitbürger zu interessieren. Konkrete Koalitionsaussagen während des Wahlkampfs vermied Schulz ebenso wie andere Sozialdemokraten, lediglich eine Zusammenarbeit mit der AfD wurde unter allen Umständen ausgeschlossen.

Die Kampagne der *FDP* war nahezu vollkommen auf ihren Parteichef und Spitzenkandidaten Christian Lindner zugeschnitten. Plakatierung, TV-Spots und Internetwerbung machten schnell klar, warum bezüglich der Liberalen sehr häufig von einer „One-Man-Show“ die Rede war: Lindner dominierte auf allen Kanälen. Zu Diskussionsrunden wurden so gut wie keine anderen Vertreter der Partei eingeladen, Wahlkampfevents waren nicht selten ausschließlich um den Spitzenkandidaten herum organisiert. #DenkenWirNeu lautete ein wichtiges Leitmotiv der FDP-Kampagne. Eine Zweitstimmenkampagne zugunsten der Liberalen wurde weder von der Union noch der FDP selbst ins Auge gefasst. Im Laufe des Jahres 2017 zweifelte kaum jemand am Wiedereinzug der FDP in den Bundestag. Neben den stabilen Umfragewerten bekräftigten auch die souveränen Auftritte Lindners diese Erwartung. Darüber hinaus vermied der Parteichef eine klare Koalitionsaussage und versicherte, dass die Liberalen vor allem für ein gutes eigenes Ergebnis kämpften. Thematisch lagen die Schwerpunkte neben Digitalisierung und Bildung auf der Forderung nach einem Einwanderungsgesetz. Daneben setzte auch die FDP unter der Leitung des Bundesgeschäftsführers Marco Buschmann auf einen Haustürwahlkampf, der dafür sorgen sollte, gezielt Parteianhänger anzusprechen, sodass sie tatsächlich ihre Stimme für die Partei abgeben würden. Daneben wurden „Zielgruppenbriefe“ versendet, um diese Strategie erfolgreich zu untermauern.

Wie bereits 2013 führten *die Grünen* vor dem Wahlkampf eine Urwahl der Spitzenkandidaten durch, bei der Katrin Göring-Eckardt von Beginn an als einzige Frau gesetzt war. Im verbleibenden Wettbewerb setzte sich Cem Özdemir knapp gegen Robert Habeck durch. Organisiert wurde die

Kampagne von Wahlkampfmanager Robert Heinrich und Bundesgeschäftsführer Michael Kellner aus der Parteizentrale heraus, nachdem die Grünen mit einer Auslagerung im Jahr 2013 keine guten Erfahrungen gemacht hatten. Bei der Erstellung des Wahlprogramms „Zukunft wird aus Mut gemacht“ hatten die Mitglieder die Möglichkeit sich über die Online-Plattform „Wurzelwerk“ einzubringen. Auch die Grünen setzten auf zielgerichtete Wahlwerbung im Online-Marketing und im Haustürwahlkampf. In der Wahlkampfzentrale arbeitete eine „Netzfeuerwehr“, die schnell auf gezielte Provokationen, „Fake News“ und dergleichen reagieren konnte. Die Plakate enthielten Slogans wie: „Umwelt ist nicht alles. Aber ohne Umwelt ist alles nichts“. Als Zielgruppen wurden Wähler anvisiert, die sich für ihre Themenschwerpunkte interessierten: Dabei setzten die Grünen vor allem auf erneuerbare Energien, Landwirtschaft, Klima, Familie, Gleichstellung sowie Flüchtlinge und innere Sicherheit. Abgesehen vom letzten Thema, bezüglich dessen sie eine Reform des Sicherheitsapparates forderten, deckten sie damit ihr klassisches Spektrum ab. Bei Koalitionsaussagen hielt sich die Partei zurück, aber es wurde Bereitschaft signalisiert nach der Wahl mit der Union zu verhandeln. Außerdem gab es unterschiedliche, teils widersprüchliche Stellungnahmen was die künftige Beziehung zur FDP anging.

Die Kampagne *der Linken* stand unter Slogans wie „Die Zukunft, für die wir kämpfen: Sozial. Gerecht. Für alle.“. 2013 hatte die Partei noch acht Spitzenkandidaten, dieses Mal waren es mit Sahra Wagenknecht und Dietmar Bartsch lediglich zwei. Unter der Leitung von Bundesgeschäftsführer Matthias Höhn im „Wahlquartier“ der Parteizentrale organisierte auch die Linke einen Haustürwahlkampf. Dabei im Fokus standen vor allem Erwerbslose, Gewerkschafter, Angestellte in prekären Arbeitsverhältnissen sowie Gering- und Durchschnittsverdiener. Thematisch passend zu diesem Profil akzentuierte die Partei erneut vor allem soziale Themen: Bildung, Gesundheit, Pflege und die Forderung nach mehr Umverteilung. Die Plakate der Partei waren vergleichsweise minimalistisch gehalten: Ein Wort in besonders großer und bunter Schrift wurde durch eine knappe Forderung und mitunter durch ein Gesicht der Spitzenkandidaten ergänzt (beispielsweise: „Respekt – Renten mit Niveau“). Koalitionen, in denen die Partei nach der Wahl gerne regieren würde, wurden nicht genannt.

Der Bundestagswahlkampf im Jahr 2017 war der erste Wahlkampf, bei dem die *Alternative für Deutschland* (AfD) mit einer klaren Aussicht auf den Einzug in den Bundestag antrat. Parteiinterne Debatten entbrannten um die Frage, wie weit die Rhetorik der Partei zur rechten Seite des Spektrums hin ausgerichtet werden sollte und – damit zusammenhängend – wie die Machtaufteilung zwischen der moderater auftretenden Parteichefin Petry und den mit ihr im Streit liegenden, stärker die rechte Flanke ansprechenden Spitzenkandidaten Alice Weidel und Alexander Gauland nach der Wahl aussehen sollte. Die Streitigkeiten spiegelten sich auch in der Kampagnenorganisation wider, deren Vorsitz in der heißen Wahlkampfphase wechselte. Darüber hinaus drang wenig aus der Wahlkampfzentrale nach außen. Ein organisierter Haustürwahlkampf fand nicht statt, strategisch und finanziell setzte die AfD vor allem auf das Internet. Dieser Kommunikationskanal wurde allerdings nicht zentral gesteuert, verschiedene Aufgaben wurden dezentral von Parteimitgliedern und -anhängern übernommen. Während die Bundespartei den Einsatz von „Social Bots“ in Abrede stellte, wurde von Journalisten und Wissenschaftlern vermutet, dass diese dennoch von Parteianhängern der AfD eingesetzt wurden. Thematisch setzte die AfD vor allem auf Immigrationskritik, aber auch das 2013 zentrale Thema eines Austritts aus der Währungsunion spielte eine Rolle. Darüber hinaus wurde eine Stärkung deutscher Grenzen sowie einer deutschen Identität gefordert, zu der auch eine Ablehnung des Islams gehöre. Ferner wurden Volksabstimmungen nach Schweizer Vorbild angestrebt. Insbesondere Nichtwähler, Protestwähler, Gegner der europäischen Integration, wertkonservative Bürger und Menschen mit unterdurchschnittlichem Einkommen sollten mit diesen Themen angesprochen werden. Außerdem wurde gezielte Werbung an russischstämmige Wahlberechtigte gerichtet.

3.1.5 Fazit

Es gab im Wahlkampf 2017 keine Rückkehr zu den konfliktreichen und spannungsgeladenen Auseinandersetzungen früherer Jahrzehnte. Vielmehr war auch dieser Wahlkampf in weiten Teilen durch die politische Gedämpftheit gekennzeichnet, die schon 2009 und 2013 bei Beobachtern das Wort „Langeweile“ als Charakterisierung hervorrief. Zwar stand der amtierenden Bundeskanzlerin Angela Merkel in der Person des SPD-Spitzenkandidaten Martin Schulz im Frühjahr des Wahljahres für kurze Zeit ein Herausforderer gegenüber, der ihr gefährlich zu werden schien. Doch schon vor Beginn der „heißen“ Wahlkampfphase waren sowohl die Unterstützung des Herausforderers als auch seiner Partei wieder auf das vorherige niedrige Niveau abgerutscht. Der Wahlkampf war infolgedessen erneut vom erwartbaren Ausgang der Kanzlerwahl wie auch fehlenden einschneidenden Ereignissen gekennzeichnet (Krewel 2014). Auch fand kein

„Lagerwahlkampf" zwischen linken und rechten Blöcken statt. Ebenso wurden konkrete Koalitionsaussagen allgemein vermieden, da die Bündnisbildung sich in einem Parlament mit nunmehr sieben Parteien als schwierig gestalten würde. Es zeigten sich in diesem Wahlkampf allerdings auch deutliche Anzeichen wachsender parteipolitischer Polarisierung. Mit der rechtspopulistischen AfD gesellte sich eine neue, den etablierten Parteien gegenüber sehr kritisch und provokant auftretende Partei zu den politischen Kräften mit Aussicht auf Mandate im nächsten Bundestag. Sie setzte im Wahlkampf stark auf Online-Medien, aber auch die anderen Parteien intensivierten ihre diesbezüglichen Aktivitäten. Innovative Strategien des „Microtargeting" wurden sowohl in den sozialen Netzwerken als auch im Haustürwahlkampf verstärkt eingesetzt.

Literatur

Bundesministerium des Inneren, für Bau und Heimat 2018: Parteienfinanzierung. [https://www.bmi.bund.de/DE/themen/verfassung/parteienrecht/parteienfinanzierung/parteienfinanzierung-node.html] <1.5.2018>.

Forschungsgruppe Wahlen 2017: Eine Analyse der Wahl vom 24. September 2017: Berichte der Forschungsgruppe Wahlen e.V., Mannheim, Nr. 170.

Hegelich, Simon 2018: Verunsicherung und Misstrauen: Online-Manipulationen im Zuge der Bundestagswahl, in: Forschung & Lehre 1/2018.

Klingemann, Hans-Dieter/Voltmer, Katrin 1998: Politische Kommunikation als Wahlkampfkommunikation, in: Jarren, Otfried/Sarcinelli, Ulrich/Saxer, Ulrich, Hg., Politische Kommunikation in der demokratischen Gesellschaft: Ein Handbuch mit Lexikonteil, Opladen, Wiesbaden: Westdeutscher Verlag, 396-405.

Krewel, Mona 2014: Die Wahlkampagnen der Parteien und ihr Kontext, in: Schmitt-Beck, Rüdiger/Rattinger, Hans/Roßteutscher, Sigrid/Weßels, Bernhard/Wolf, Christof/Bieber, Ina/Blumenberg Manuela S./Blumenstiel, Jan E./Faas, Thorsten/Förster, André/Giebler, Heiko/Glogger, Isabella/Gummer, Tobias/Huber, Sascha/Krewel, Mona/Lamers, Patrick/Maier, Jürgen/Partheymüller, Julia/Plischke, Thomas/Roßmann, Joss/Schäfer, Anne/Scherer, Philipp/Steinbrecher, Markus/Wagner, Aiko/Wiegand, Elena, Hg., Zwischen Fragmentierung und Konzentration: Die Bundestagswahl 2013, Baden-Baden: Nomos, 35-45.

Norris, Pippa 1997: Introduction: The Rise of Postmodern Political Communications?, in: Norris, Pippa, Hg., Politics and the Press: The News Media and their Influences, Boulder: L. Rienner Publishers, 744-764.

Sängerlaub, Alexander 2017: Verzerrte Realitäten: Die Wahrnehmung von "Fake News" im Schatten der USA und der Bundestagswahl, in: Stiftung Neue Verantwortung, Oktober 2017.

Schmidt, Manfred G. 2014: Erfolg der "asymmetrischen Demobilisierung"?: Deutschlands Sozialstaat, die schwarz-gelbe Sozialpolitik und die Bundestagswahl 2013, in: Jesse, Eckhard/Sturm, Roland, Hg., Bilanz der Bundestagswahl 2013, Baden-Baden: Nomos, 549-572.

Schmitt-Beck, Rüdiger 2007: New Modes of Campaigning, in: Dalton, Russell J./ Klingemann, Hans-Dieter, Hg., Oxford Handbook of Political Behavior, Oxford: Oxford University Press, 744-764.

Vowe, Gerhard 2017: Wie verändern sich Wahlkämpfe in der Onlinewelt?, in: Media Perspektiven 12/2017, 607-615.

Wahlrecht.de 2018: Sonntagsfrage Bundestagswahl. [http://www.wahlrecht.de/umfragen/index.htm] <1.5.2018>.

3.2 Die Kandidaten und ihr Wahlkampf

Heiko Giebler und Reinhold Melcher

3.2.1 Einleitung

Allgemeine Wahlen sind zwar eine notwendige, aber keine hinreichende Bedingung, um ein politisches System als demokratisch bezeichnen zu können. Erst ein unterschiedliches Angebot an Parteien, Personen und Inhalten ermöglicht es den Bürgern, tatsächlich *wählen* zu können. Um aus einem solchen Angebot eine möglichst optimale Auswahl treffen zu können, sei es in Bezug auf politische Inhalte, Personen oder mögliche Koalitionsregierungen, sind Informationen notwendig. Hierzu dienen Wahlkämpfe, in denen sich die Parteien und ihre Kandidaten dem Wahlvolk präsentieren. Der Rückgang stabiler Parteibindungen, die Bürgern bisher als innere Richtschnur im politischen Wettbewerb gedient haben, führt dazu, dass Wahlkämpfe als Quelle von Informationen für die Bürger an Bedeutung gewinnen.

Als zentrale Informationsquelle fungieren die politischen Parteien und ihre Kandidaten, etwa durch den Versand von Informationsmaterial, durch Plakate oder durch Straßenwahlkampf bzw. Medien, welche über diese und andere Aspekte des Wahlkampfes berichten. Neben Wahlkampfhelfern treten vor allem Kandidaten selbst als primäre Multiplikatoren von Information in Erscheinung. Sie sind das Bindeglied zwischen der Partei als Organisation und der potentiellen Wählerschaft.

In diesem Kapitel wird zum einen betrachtet, wer kandidierte und wie gut diese Personen die Bevölkerung repräsentieren. Zum anderen wird die individuelle Wahlkampfführung der Kandidaten untersucht, die bei der Bundestagswahl 2017 um einen Sitz im Deutschen Bundestag konkurrierten. Wahlkampfführung selbst lässt sich durch verschiedene Merkmale charakterisieren. Dieser Beitrag richtet den Fokus auf vier Merkmale: (1) Dauer und Intensität, (2) eingesetzte Mittel, (3) Inhalte und Stil sowie (4) Personalisierung, d.h. die Frage, ob die Wahlkampfführung eher auf den individuellen Kandidaten selbst oder auf die jeweilige Partei ausgerichtet war.

Die Datengrundlage bildet die nach der Wahl durchgeführte Kandidatenstudie des GLES-Projektes, welche alle Kandidaten der aktuell im

Bundestag vertretenen Parteien umfasste. Die Struktur und Darstellung der Ergebnisse orientiert sich am etablierten Vorgehen von Giebler und Wüst (2011a), Giebler (2014) und Giebler und Lichteblau (2016), wobei die letztere Arbeit als Studie zur Bundestagswahl 2013 auch eine zentrale Quelle der Kontextualisierung im Sinne eines Zeitvergleichs darstellt.

3.2.2 Wer kandidierte?

Wir beginnen unsere Beschreibung der Kandidaten und ihrer Wahlkämpfe mit einem Blick auf deren soziodemographisches Profil. Tabelle 1 zeigt die Verteilung von vier Merkmalen der Kandidaten insgesamt sowie nach Parteizugehörigkeit getrennt. Die Geschlechterverteilung unterscheidet sich zwischen der Kandidatenschaft der Parteien teilweise erheblich. Zwischen Grünen und SPD auf der einen Seite sowie FDP und AfD auf der anderen klafft eine große Lücke: Während die Grünen fast an die Bevölkerungsverteilung heranreichen, ist nicht einmal jeder achte Kandidat der AfD weiblich. Dies lässt sich zu einem Teil auf die Mitgliederstrukturen der Parteien zurückführen, die ebenfalls deutliche Unterschiede aufweisen. Relevant ist jedoch auch, inwiefern parteiinterne Quoten bzw. bewusste Strategien von Parteien zur Herstellung von Geschlechtergerechtigkeit bei der Aufstellung von Kandidaten herangezogen wurden. Deutlich wird dies u.a. an den Werten der SPD und der Grünen. Mit insgesamt etwa 32 Prozent ist der Anteil an Kandidatinnen zwar im Vergleich zu 2013 leicht gestiegen (Giebler 2014), liegt aber weiterhin weit unter dem Bevölkerungsanteil an wahlberechtigten Frauen, was vor allem dem geringen Kandidatinnenanteil der bürgerlichen und rechten Parteien geschuldet ist. Der Unterrepräsentation liegt damit wohl eine ideologische Dimension zugrunde: So ist es kein Zufall, dass mit dem Einzug der AfD und der FDP in den Bundestag die Quote der Mandatsträgerinnen stark abgenommen hat.

Das durchschnittliche Alter der Kandidaten betrug 47 Jahre und ist damit zwar geringer als das Durchschnittsalter der wahlberechtigen Bevölkerung sowie der Wahlbevölkerung mit jeweils 52 Jahren, aber auch deutlich höher als das mittlere Alter der erwerbstätigen Wahlbevölkerung von 44 Jahren (gewichtete Mittelwerte auf Grundlage des GLES-Vor- und Nachwahlquerschnitts). Wie schon 2013 weist die AfD erneut das höchste Durchschnittsalter auf (Giebler 2014). Der Bildungsgrad wiederum liegt weit über jenem der wahlberechtigten Bevölkerung. 67 Prozent der Kandidaten verfügen über einen Hochschulabschluss, weitere 15 Prozent über

Abitur. Interessant erscheint hier die Tatsache, dass die Kandidaten der beiden im politischen Spektrum als am extremsten zu bezeichnenden Parteien, die Linke und die AfD, die niedrigsten Bildungsabschlüsse aufweisen. Im Fall der Linken mag dies u.a. an der großen Bedeutung früherer, maßgeblich gewerkschaftlich geprägter WASG-Politiker in der aktiven Parteimitgliedschaft liegen. Für die AfD ergibt sich ein weiterer Hinweis auf den seit 2015 anhaltenden Wandel von der ‚Professorenpartei' unter Lucke hin zu einer noch rechtspopulistischeren Partei; der Kandidatenanteil mit Abitur oder Hochschulabschluss ist im Vergleich zu 2013 um 20 Prozentpunkte gesunken (Giebler 2014).

Schließlich sind in Tabelle 1 noch Angaben zum Anteil von Kandidaten nicht-deutscher Herkunft ausgewiesen. Dabei handelt es sich um Personen, bei denen mindestens ein Elternteil bei Geburt nicht die deutsche Staatsangehörigkeit besessen hat. Wie schon beim Frauenanteil ergeben sich klare Unterschiede zwischen der Kandidatenschaft der bürgerlichen und rechten Parteien mit Werten deutlich unter dem Bevölkerungsschnitt einerseits und den Kandidaten der verbleibenden Parteien mit bis zu 17 Prozent (Die Linke) anderseits. Interessant erscheint diesbezüglich auch das Ergebnis einer Analyse von Wüst (2014), die aufzeigt, dass zumindest im linken Parteienspektrum ein positiver Zusammenhang zwischen der Aufstellung von Kandidaten mit Migrationshintergrund und dem Anteil von Personen ausländischer Herkunft im Wahlkreis existierte.

Zusammenfassend lässt sich somit bezüglich der soziodemographischen Merkmale auf der einen Seite festhalten, dass die Kandidatenschaft im Vergleich zur Wahlbevölkerung „männlicher", jünger und höher gebildet ist und in geringerem Umfang aus Personen nicht-deutscher Herkunft besteht. Unter sozialdemographischen Gesichtspunkten kann sie damit nicht als repräsentatives Spiegelbild der Gesellschaft gesehen werden. Auf der anderen Seite ist aber auch zu konstatieren, dass sich die Kandidaten der hier betrachteten Parteien deutlich voneinander unterscheiden und somit die deskriptive Repräsentation für bestimmte Bevölkerungsgruppen und bestimmte Parteien deutlich besser als für andere ausfällt.

Tabelle 1: Deskriptive Repräsentation (Soziodemographische Merkmale)

	Anteil Kandidatinnen (in %)	Alter (Durchschnitt)	Anteil Bildungsgrade (in %)			Anteil nichtdeutsche Herkunft (in %)
			max. Realschulabschluss	Abitur	Hochschulabschluss	
CDU/CSU	34	48	14	12	74	7
SPD	41	47	17	14	69	13
AfD	12	52	31	13	56	9
FDP	22	45	9	18	73	5
DIE LINKE	36	47	27	19	54	17
Grünen	47	45	11	19	70	12
Gesamt	32	47	18	15	67	10

Quelle: Bundeswahlleiter 2017, GLES-Kandidaten-Studie 2017 (ZA6814).

Anmerkungen: Die Informationen zum Alter und Geschlecht wurden den offiziellen Listen des Bundeswahlleiters entnommen (Bundeswahlleiter 2017) und liegen damit für alle 2516 Kandidaten vor. Die restlichen Zahlen basieren auf der GLES-Kandidatenumfrage 2017 (N = 779), deren Daten durch die Nutzung von Anpassungsgewichten möglichst repräsentative Ergebnisse und damit Aussagen ermöglichen. Entsprechende Gewichte wurden für alle Berechnungen in diesem Kapitel verwendet.

Für das Funktionieren und die Qualität einer repräsentativen Demokratie stellt dies nicht unbedingt ein Problem dar. Bereits Pitkin (1967) unterscheidet verschiedene Repräsentationskonzepte und führt die deskriptive Repräsentation auf der Basis sozialstruktureller Merkmale nur als eine mögliche Form auf, der jedoch das entscheidende Element der Handlungsorientierung fehle, welche wiederum für eine sinnvolle Bewertung der Performanz von Politikern unabdingbar sei (Pitkin 1967: 68).

Stattdessen erweist sich das Konzept der substantiellen Repräsentation für moderne Demokratien als passender; Politiker treten zur Wahl mit dem Angebot an, die Interessen ihrer jeweiligen Wählerschaft zu vertreten. Es geht also konkret um politische Präferenzen und politische Programme und somit um die substantielle Passfähigkeit zwischen Parteien und Wählerschaft, welche die Repräsentationsqualität bestimmen und nicht um ein demographisches Abbild der Gesellschaft.

Bis heute stellt die Links-Rechts-Dimension das zentrale Element des politischen Wettbewerbs in Deutschland dar; ein übergeordnetes „Super-thema", das in der politischen Landschaft als Orientierungshilfe fungiert und unter welches sich eine Vielzahl zentraler Streitfragen moderner Gesellschaften subsummieren lassen. Entsprechend eignet sich die Links-Rechts-Dimension besonders gut, um die Qualität substantieller Repräsentation zu überprüfen (Lichteblau/Wagner 2014).

In Abbildung 1 werden mithilfe geglätteter Histogramme sowohl die Verteilung der Links-Rechts-Selbstpositionierung der Bürger vor der Bundestagswahl (hell unterlegte Kurve) als auch der Kandidaten (dunkel unterlegte Kurve) abgetragen. Je höher die jeweilige Linie, desto mehr Personen der jeweiligen Gruppe positionieren sich an dieser Stelle auf der Links-Rechts-Dimension. Perfekte substantielle Repräsentation der Bevölkerung durch die Kandidatenschaft läge mithin dann vor, wenn beide Verteilungen identisch wären.

Abbildung 1: Substantielle Repräsentation (Links-Rechts-Dimension)

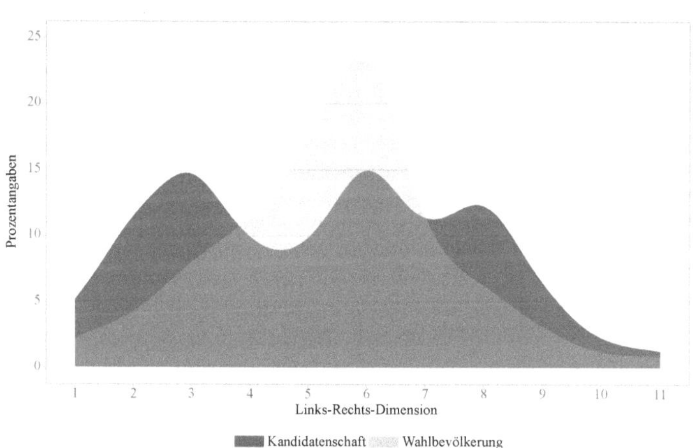

Quelle: GLES-Kandidaten-Studie 2017 (ZA6814), GLES-Vorwahl-Querschnittsbefragung (ZA6800).

Anmerkungen: Die dunkel unterlegte Kurve gibt die Verteilung der Kandidaten wieder (N = 796). Informationen über die Bevölkerung wurden dem Vorwahlquerschnitt der GLES entnommen (hell unterlegte Kurve; N = 2015).

Das ist in Abbildung 1 ganz klar nicht der Fall; die Bevölkerung konzentriert sich deutlich stärker um den Skalenmittelpunkt (einem Wert 6). Bei den Kandidaten haben wir es hingegen mit einer dreigipfligen Verteilung zu tun. Die Maximalwerte der Skalenwerte liegen bei 3, 6 und 8, was auf die Existenz unterschiedlicher politischer Lager hinweist. Die Bevölkerung tendierte dagegen viel stärker zu moderaten Positionen, während die Kandidatenschaft eher zu den Polen der Skala strebte, was auf Defizite im Sinne substantieller Repräsentation verweist. Im Vergleich zu 2013 fällt zudem auf, dass eine noch stärkere Polarisierung der Kandidatenschaft existiert; fast 25 Prozent der Kandidaten betrachten sich selbst als rechts oder sehr rechts (ein Wert von 8 oder höher auf der Skala).

Differenziert man nach Parteien (nicht graphisch ausgewiesen), so wird deutlich, dass Asymmetrien zwischen Wähler- und Kandidatenschaft besonders bei der AfD und der CDU/CSU vorliegen. Die Kandidaten dieser Parteien stufen sich im Schnitt deutlich weiter rechts ein (zwei Skalenpunkte Unterschied zwischen den Modalwerten beider Verteilungen) als es die entsprechenden Wähler tun. Aber auch die Kandidatenschaft der Linken verteilt sich anders als die Wählerschaft der Partei – allerdings sind hier die Kandidaten deutlich weiter links. Es muss also auch diesbezüglich festgehalten werden, dass sich Kandidaten und Bürger eher unterscheiden, auch wenn dies nicht für alle Parteien gleichermaßen gilt.

3.2.3 Wahlkampfdauer und -intensität

Zentrale Kennzahlen für die Beschreibung eines Wahlkampfs sind dessen Dauer sowie die Intensität, mit der er geführt wird (Giebler/Wüst 2011a). Nicht jeder kann oder will über einen längeren Zeitraum hinweg in Vollzeit Wahlkampf betreiben, und auch die zeitlichen und finanziellen Ressourcen sind unterschiedlich verteilt. Tabelle 2 macht deutlich, wie groß das individuelle Engagement der Kandidaten insgesamt war, und dass sich dieses auch im Vergleich zur vergangenen Wahl und der Wahl 2009 (Giebler 2014: 53) noch gesteigert hat. Mehr als drei Viertel der Kandidaten machen Wahlkampf in Vollzeit und wiederum fast 80 Prozent von diesen für mehr als drei Monate. Für die individuellen Wahlkämpfe von Kandidaten haben sich zudem die aufgewandten Eigenmittel und die zeitlichen Ressourcen pro Woche im letzten Monat vor der Wahl als aussagekräftige Indikatoren der Kampagnenintensität erwiesen (Wüst et al. 2006; Giebler/Wüst 2011b; Giebler/Wüst 2011a). Die Kandidaten gaben mehr als 15.000 Euro aus und waren mehr als 40 Stunden pro Woche aktiv.

Die Tabelle gibt außerdem darüber Auskunft, wie sich die Kandidaten der verschiedenen Parteien bei der Bundestagswahl 2017 unterschieden haben. Die Selbsteinschätzung, dass der Wahlkampf in Vollzeit erfolgte, war am häufigsten bei der SPD und der Linken, aber mit 63 Prozent bei der CDU/CSU nur mäßig verbreitet. Eher spät begann der Vollzeitwahlkampf hingegen bei FDP und AfD. Das meiste Geld gaben Kandidaten der sog. Volksparteien aus, wohingegen AfD, Grüne und FDP mit 9000 bis 10.000 Euro im Mittelfeld liegen. Für die Linke ergibt sich lediglich ein Wert von etwa 4000 Euro. Bezogen auf die zeitlichen Ressourcen waren Kandidaten aus dem linken Spektrum eher in der Lage oder bereit, viel Zeit in den Wahlkampf zu investieren. Hier liegen FDP und AfD mit nur etwa 35 Stunden deutlich unter dem Schnitt aller Parteien.

Tabelle 2: Wahlkampfdauer und Ressourceneinsatz

	Beginn mehr als 3 Monate vor der Wahl	Vollzeitwahlkampf	Ressourcen	
	Anteil (in %)	Anteil (in %)	Geld (in Euro)	Zeit (in Std. pro Woche)
CDU/CSU	79	63	22.112	40
SPD	87	80	28.268	50
AfD	71	77	9183	36
FDP	69	70	10.052	34
DIE LINKE	77	82	4097	39
Die Grünen	76	71	9384	41
Gesamt	77	73	15.119	40

Quelle: GLES-Kandidaten-Studie 2017 (ZA6814).

Anmerkungen: N = 729.

Insgesamt zeigt sich, dass sich die Kandidaten der AfD, wie bereits Analysen der Europawahl 2014 (Giebler und Lichteblau 2016) vermuten lassen, bezogen auf Wahlkampfdauer und -intensität an die älteren Parteien angenähert haben. Nichtsdestotrotz ist die Partei eher am unteren Spektrum einzuordnen, was vielleicht aber auch daran liegt, dass sich digitale Kampagnen anders organisieren und sich somit mit den vorliegenden Indikatoren nicht perfekt erfassen lassen. Auffällig ist zudem die Tatsache, dass die SPD-Kandidaten wie auch schon 2013 mit Abstand die höchste

Dauer und Intensität aufweisen (Giebler 2014), aber erneut scheinbar kein positiver Effekt auf das Wahlergebnis zu erkennen ist. Vielleicht ist es aber auch gerade das hohe Engagement der SPD-Kandidaten, welches die Partei vor einer noch größeren Katastrophe am Wahlsonntag bewahrt hat.

3.2.4 Wahlkampfmittel

Wie aber haben die Kandidaten Wahlkampf betrieben und wie haben sie ihre Ressourcen eingesetzt? Im Verlauf eines Wahlkampfes kommen viele unterschiedliche Mittel zum Einsatz, um politische Positionen oder persönliche Qualitäten zu kommunizieren. Diese können drei Kategorien zugeordnet werden, die einer chronologischen Ordnung folgen, aber auch unterschiedliche Funktionsweisen widerspiegeln: „vormoderne", „moderne" und „postmoderne" Wahlkampfmittel (Norris 2000; Giebler/Wüst 2011b). Bei sogenannten vormodernen Mitteln handelt es sich um nichtelektronische Kommunikationsmedien wie Plakate, Infomaterial, Wahlkampfstände oder öffentliche Reden. Mit der universellen Verbreitung elektronischer Massenmedien gewannen aber zunehmend moderne Mittel an Bedeutung. Zu diesen zählen allen voran Interviews und Werbung in Radio und Fernsehen, wodurch Wahlkämpfe stärker der Logik und den Strategien der Werbeindustrie folgen. Im Wesentlichen betroffen sind davon aber zumeist eher die Spitzenkandidaten. Postmoderne Wahlkämpfe schließlich nutzen primär das Internet als Medium, etwa in Form von sozialen Netzwerken wie Facebook und Twitter.

Bei der Bundestagswahl 2017 setzten die Kandidaten im Wahlkampf vor allem auf vor- und postmoderne Mittel. In Abbildung 2 stellen die Balken den Anteil der Kandidatenschaft dar, welcher das entsprechende Mittel während des Wahlkampfes genutzt hat. Zur besseren Übersichtlichkeit werden lediglich die zehn am häufigsten verwendeten Wahlkampfmittel aufgeführt. Fast alle Kandidaten griffen auf die vormodernen Mittel des Wahlkampfstandes, der Bereitstellung von parteispezifischem Informationsmaterial, aber auch Treffen mit der Parteiorganisation zurück. Es ist wohl auch kein Zufall, dass primär Wahlkampfmittel verwendet wurden, die eng mit dem zentralen Wahlkampf der Parteien verbunden sind. Wahlkampfzentralen übernehmen schließlich nicht nur die Koordination, sondern stellen oftmals auch sowohl das Informationsmaterial als auch die Unterstützung für Wahlkampfstände bereit. Zusätzlich finden sich noch vier weitere postmoderne Mittel in der Abbildung. Auf Rang vier liegt das einzige Wahlkampfmittel, das sich eher dem modernen Instrumentarium der Wahlkampfführung zuordnen lässt: Interviews und Pressemitteilungen. Zwar werden diese auch schon seit langem im Wahlkampf genutzt, verfügen aber aufgrund der Diversifikation der Medienlandschaft und der gesteigerten Zugänglichkeit über einen modernen bis postmodernen Charakter. Es finden sich in der Abbildung auch zwei Wahlkampfmittel, die als postmodern klassifiziert werden können: Kandidatenwatch/Wahl-O-Mat und Facebook. Beide kamen bereits bei den Wahlen 2009 (Giebler/Wüst 2011b: 144) und 2013 häufig zum Einsatz (Giebler 2014: 55). Eine Zunahme postmoderner Wahlkampfmittel und damit des internetbasierten Wahlkampfes kann somit nicht festgestellt werden.

Im Allgemeinen wird deutlich, dass die Kandidaten auf eine Vielzahl unterschiedlicher Mittel zurückgegriffen haben – auch wenn vormoderne Mittel klar dominierten. Selbst das lediglich am zehnthäufigsten genutzte Wahlkampfmittel kam noch immer in mehr als zwei von drei individuellen Wahlkämpfen zum Einsatz. Dies bestätigt frühere Befunde zu Wahlkämpfen in Deutschland, aber auch über den deutschen Kontext hinaus (Wüst et al. 2006; Giebler/Wüst 2011b; Giebler/Wüst 2011a; Giebler 2014; Giebler/Lichteblau 2016), dass die Kandidaten im Durchschnitt mehr als 10 unterschiedliche Wahlkampfmittel verwenden.

Abbildung 2: Nutzungshäufigkeit einzelner Wahlkampfmittel

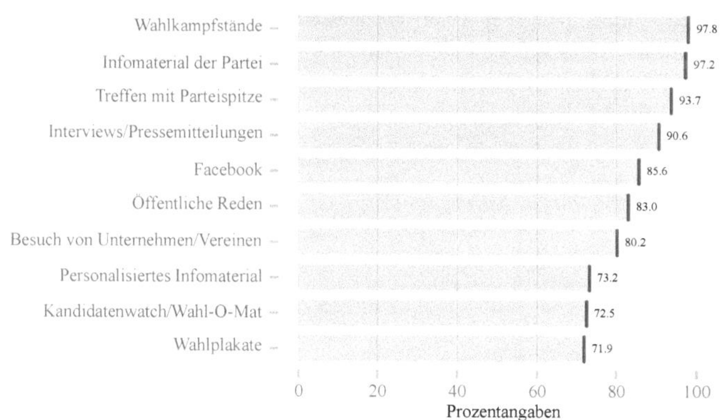

Quelle: GLES-Kandidaten-Studie 2017 (ZA6814).

Anmerkungen: N = 778.

3.2.5 Wahlkampfinhalte

Was aber wurde über die Vielzahl der verwendeten Mittel eigentlich kommuniziert? Mit welchen Inhalten versuchten Kandidaten, Stimmen zu gewinnen? Abbildung 3 visualisiert die durchschnittlich zugeschriebene Relevanz verschiedener Aspekte in der individuellen Wahlkampfkommunikation. Auch hier gibt es natürlich viele unterschiedliche Dinge, die ein Kandidat betonen kann. In der Grafik sind jene 5 Themen abgebildet, die insgesamt am stärksten hervorgehoben wurden, und es zeigt sich, dass in den individuellen Kampagnen vor allem sachliche Aspekte und weniger Persönlichkeit und Charakter im Vordergrund standen.

Die meiste Betonung erfuhr, wie auch schon 2013, das Wahlprogramm der eigenen Partei, also das, wofür die Partei im entsprechenden Wahlkampf stand (Giebler 2014: 57). Jenseits einer gewissen Personalisierungstendenz ist und bleibt Deutschland eine Parteiendemokratie, was letztlich auch durch die Kandidaten in den Vordergrund gestellt wird. Mit in etwa gleich starker Betonung im Wahlkampf folgen vier weitere Faktoren, die sich entweder auf persönliche Themen oder Eigenschaften beziehen oder aber das Wahlprogramm und die Leistungsbilanz anderer Parteien betreffen. Im Gegensatz zu 2013 wurde damit vergleichsweise viel über andere Parteien und deren Personal gesprochen, ein deutliches Anzeichen dafür, dass negativer Wahlkampf, also die Abwertung von und Angriffe auf politische Konkurrenz, in Deutschland an Relevanz gewonnen hat. Die AfD war hier sicherlich eine relevante Größe, aber auch die Konstellation der Großen Koalition hat vor allem den Oppositionsparteien viel Angriffsfläche geboten.

Abbildung 3: Themenbetonung im Wahlkampf

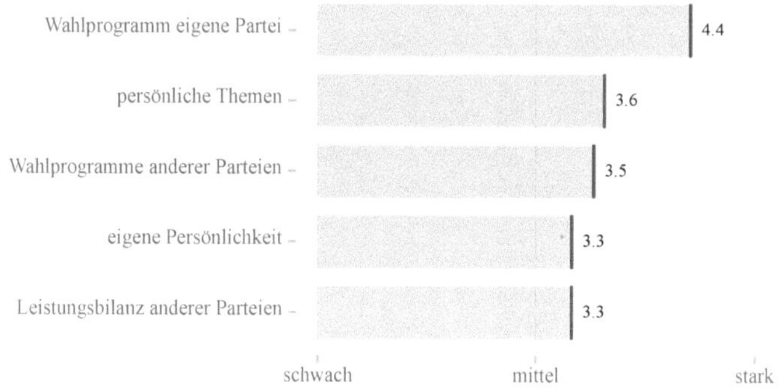

Quelle: GLES-Kandidaten-Studie 2017 (ZA6814).

Anmerkungen: N = 781.

Nichtsdestotrotz zeigt Abbildung 4, dass weiterhin positiver Wahlkampf bei den Parteien überwog. In der Abbildung sind jeweils die durchschnittlichen Stärken der Betonung von positiven und negativen Inhalten abgetragen. Die Kandidatenschaften aller Parteien liegen oberhalb der Neutralitätsgeraden, was auf mehr positiven als negativen Wahlkampf hindeutet. Die Verteilung der Parteien, insbesondere der Regierungsparteien, aber auch der AfD folgen dabei den Erwartungen und dem Eindruck, den der Wahlkampf vermittelt hat: CDU/CSU und SPD neigten als Regierungsparteien stärker zur positiven Wahlkampfführung und somit u.a. zur Betonung der eigenen Leistungen aus der vorangegangenen Legislaturperiode. Oppositionsparteien und insbesondere die AfD betonten demgegenüber stärker die wahrgenommenen Fehler und Defizite der anderen Parteien.

Abbildung 4: Positive und negative Wahlkampfführung nach Parteien

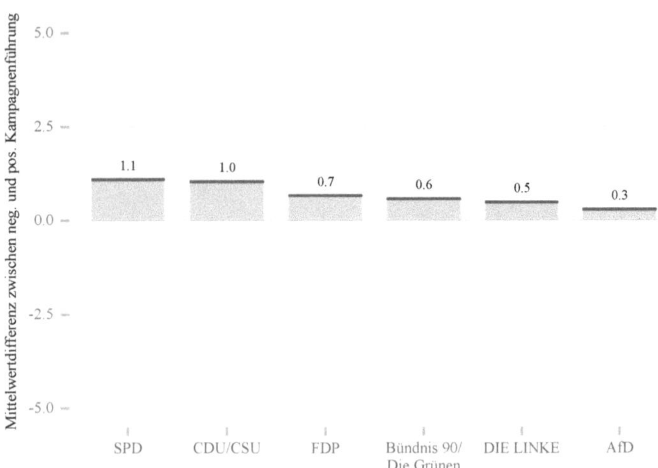

Quelle: GLES-Kandidaten-Studie 2017 (ZA6814).

Anmerkungen: N = 792. Die Reihung der Parteien ergibt sich nicht aus den Stimmanteilen, sondern aus der Mittelwertdifferenz zwischen positiver und negativer Wahlkampfführung. Für jeden Kandidaten wurde auf Basis von jeweils fünf Items der Mittelwert für die Stärke der positiven sowie der negativen Kampagnenführung berechnet. Die Differenz aus positivem und negativem Indexwert gibt Auskunft über die Kampagnenführung insgesamt. Auf Grundlage der individuellen Indexwerte wurde anschließend für jede Partei ein gewichteter Mittelwert gebildet.

3.2.6 Wahlkampffokus

Der Wahlkampffokus – ob auf sich selbst als Person oder aber auf die vertretene Partei ausgerichtet – kann für eine übergeordnete Charakterisierung individueller Wahlkämpfe herangezogen werden (Zittel/Gschwend 2008; Giebler/Weßels 2013; Giebler et al. 2014). Auf Grundlage der bislang dargestellten Kriterien zur Beschreibung individueller Wahlkämpfe kann nicht immer klar entschieden werden, inwiefern Kandidaten den Fokus auf sich selbst oder die eigene Partei gelegt haben. So kann eine Person zwar inhaltlich über das Parteiprogramm sprechen, dabei aber sehr wohl die eigene Rolle bei der Entwicklung einzelner Punkte oder auch die individuelle Perspektive auf einzelne Aspekte des Programms betonen.

Dasselbe gilt auch für unterschiedliche Wahlkampfmittel: Kandidaten können sich entscheiden, eher personalisierte oder eher parteibezogene Mittel zu verwenden.

Die Frage, ob der Fokus eher auf die Person oder die Partei gelegt wird, hängt maßgeblich von zwei Faktoren ab. Zentral ist der Typ der Kandidatur: Tritt eine Person lediglich im Wahlkreis an, ist ausschließlich die Erststimme entscheidend für ihren Erfolg oder Misserfolg bei der Wahl, wodurch ein stärker personalisierter Wahlkampf sinnvoll erscheint. Listenkandidaten müssen hingegen daran interessiert sein, den Zweitstimmenanteil ihrer Partei zu maximieren, was einen Fokus auf die Partei nahelegt. Bei Doppelkandidaturen lässt sich keine eindeutige Aussage über sinnvolles strategisches Verhalten machen, da sie oftmals sowohl zur Absicherung von Spitzenpersonal als auch pro forma zur flächendeckenden Sichtbarkeit verwendet werden. Dadurch entstehen folglich völlig unterschiedliche Logiken des Wahlkampfs. Daneben spielt aber auch die Frage eine Rolle, für welche Partei eine Person kandidiert. In Deutschland verteilen sich die Direktmandate primär zwischen den Unionsparteien und der SPD, weshalb es für Kandidaten anderer Parteien nur in den seltensten Fällen sinnvoll ist, auf einen personenorientierten Wahlkampf zu setzen, da dies zu Lasten der Zweitstimme und damit der einzigen Chance, ein Mandat zu erringen, geschieht (Giebler et al. 2014).

Abbildung 5: Wahlkampffokus

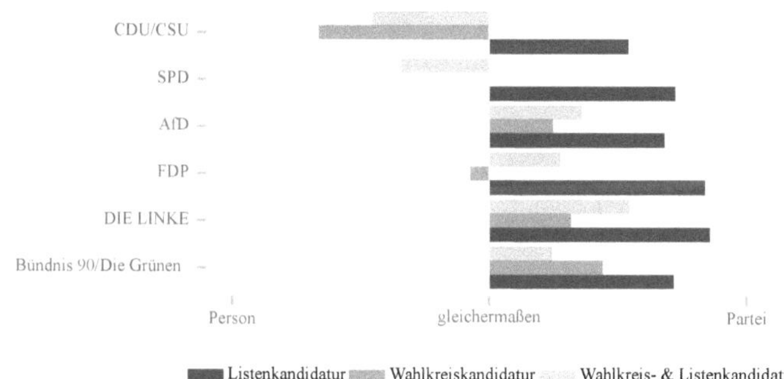

Quelle: GLES-Kandidaten-Studie 2017 (ZA6814).

Anmerkungen: N = 787. Da kein Wahlkreiskandidat der SPD die Frage beantwortet hat, fehlt der entsprechende Wert in der Abbildung. Alle anderen Mittelwerte beruhen auf mindestens 13 bis teilweise über 50 Fällen.

Ein Blick in Abbildung 5 bestätigt diese Vermutungen. Einen stark auf die Person bezogenen Wahlkampffokus gab es nur bei Kandidaten der großen Parteien. Bei ihnen zeigten sich markante Unterschiede in Abhängigkeit vom Typ der Kandidatur. Für alle anderen Partei-Kandidaturtyp-Kombinationen, mit Ausnahme der reinen Wahlkreiskandidaten der FDP, lag der Fokus klar auf der Partei. Über alle Parteien hinweg waren Listenkandidaten, ganz der Logik des deutschen Wahlsystems folgend, bedacht, Stimmen vor allem für die Partei zu gewinnen. Im Vergleich zu 2013 lässt sich zwar konstatieren (Giebler 2014), dass sich der Fokus auf die Partei etwas abgeschwächt hat, aber sowohl die deutsche Tradition der Parteiendemokratie als auch Kandidaturtyp und Wahlsystem dennoch die erwartete Prägekraft aufweisen.

3.2.7 Fazit

Wahlkämpfe sind mehr als das TV-Duell und die Großveranstaltungen der Parteien. Es sind vor allem auch die Aktivitäten der Kandidaten selbst, die Inhalte kommunizieren, um Stimmen kämpfen und als Multiplikatoren für eine generelle Mobilisierung im Vorfeld einer Wahl sorgen. Wie die dargestellten Ergebnisse belegen, unterscheiden sich sowohl die Art des Wahlkampfes als auch die Kandidatenschaft in sozialstruktureller wie auch in ideologischer Hinsicht. Völlig plausibel erscheint vor diesem Hintergrund, dass individuelle Wahlkämpfe nicht nur Effekte auf die Wahlbeteiligung, sondern auch das Wahlverhalten insgesamt zeitigen.

Im Großen und Ganzen hat sich die deskriptive Repräsentation der Bevölkerung etwas verbessert, die substantielle hingegen eher verschlechtert. Individuelle Wahlkämpfe wurden für 2017 im Vergleich zu den Vorgängerwahlen nicht neu erfunden; viele Charakteristika sind nach wie vor relativ stabil, und es lässt sich z.B. kaum ein Hinweis auf eine stärkere Digitalisierung der Wahlkämpfe finden. Wir sehen hingegen etwas mehr Personalisierung und auch eine stärkere Einbindung negativer Kampagnenmittel. Nichtsdestotrotz zeigt sich, ganz im Gegensatz zu anderen Aspekten der Bundestagswahl 2017, eher Stabilität als Wandel auf Grundlage unserer Ergebnisse. Gleichsam kann aber auch, betrachtet man das finanzielle und zeitliche Engagement der Kandidaten oder aber auch die Vielseitigkeit der individuellen Wahlkämpfe, geschlussfolgert werden, dass Politiker weder faul und abgehoben sind noch, dass sich Parteien nicht unterscheiden.

Literatur

Bundeswahlleiter 2017: Wahl zum 19. Deutschen Bundestag am 24. September 2017: Sonderheft Wahlbewerber: Die Wahlbewerberinnen und Wahlbewerber für die Wahl zum 19. Deutschen Bundestag, Wiesbaden: Der Bundeswahlleiter.

Giebler, Heiko 2014: Die Kandidaten im Wahlkampf, in: Schmitt-Beck, Rüdiger/ Rattinger, Hans/Roßteutscher, Sigrid/Weßels, Bernhard/Wolf, Christof/Bieber, Ina/Blumenberg Manuela S./Blumenstiel, Jan E./Faas, Thorsten/Förster, André/ Giebler, Heiko/Glogger, Isabella/Gummer, Tobias/Huber, Sascha/Krewel, Mona/ Lamers, Patrick/Maier, Jürgen/Partheymüller, Julia/Plischke, Thomas/Roßmann, Joss/Schäfer, Anne/Scherer, Philipp/Steinbrecher, Markus/Wagner, Aiko/ Wiegand, Elena, Hg., Zwischen Fragmentierung und Konzentration: Die Bundestagswahl 2013, Baden-Baden: Nomos, 47-60.

Giebler, Heiko/Lichteblau, Josephine 2016: Individuelle Kandidatenkampagnen bei der Bundestagswahl 2013 und der Europawahl 2014 im Vergleich, in: Tenscher, Jens/Rußmann, Uta, Hg., Vergleichende Wahlkampfforschung: Studien anlässlich der Bundestags- und Europawahlen 2013 und 2014, Wiesbaden: Springer VS, 75-100.

Giebler, Heiko/Weßels, Bernhard 2013: Campaign Foci in European Parliamentary Elections: Determinants and Consequences, in: Journal of Political Marketing 12, 53-76.

Giebler, Heiko/Weßels, Bernhard/Wüst, Andreas M. 2014: Does Personal Campaigning Make a Difference?, in: Weßels, Bernhard/Rattinger, Hans/Roßteutscher, Sigrid/Schmitt-Beck, Rüdiger, Hg., Voters on the Run or on the Move?, Oxford: Oxford University Press, 140-164.

Giebler, Heiko/Wüst, Andreas M. 2011a: Campaigning on an Upper Level?: Individual Campaigning in the 2009 European Parliament Elections in its Determinants, in: Electoral Studies 30, 53-66.

Giebler, Heiko/Wüst, Andreas M. 2011b: Individuelle Wahlkämpfe bei der Europawahl 2009: Länderübergreifende und ebenenspezifische Befunde, in: Tenscher, Jens, Hg., Kampagnen nach Wahl, Wiesbaden: VS Verlag, 121-152.

Lichteblau, Josephine/Wagner, Aiko 2014: Gelungene Repräsentation: Die Rolle sozialer und politischer Übereinstimmung, in: Mitteilungen des Instituts für Parteienrecht und Parteienforschung 20, 53-63.

Norris, Pippa 2000: A Virtuous Circle: Political Communications in Postindustrial Societies, Cambridge: Cambridge University Press.

Pitkin, Hanna F. 1967: The Concept of Representation, Berkely: University of California Press.

Wüst, Andreas M. 2014: Immigration into Politics: Immigrant-origin Candidates and Their Success in the 2013 Bundestag Election, in: German Politics and Society 32, 1-15.

Wüst, Andreas M./Schmitt, Hermann/Gschwend, Thomas/Zittel, Thomas 2006: Candidates in the 2005 Bundestag election: mode of candidacy, campaigning and issues, in: German Politics 15, 420-438.

Zittel, Thomas/Gschwend, Thomas 2008: Individualised Constituency Campaigns in Mixed-member Electoral Systems: Candidates in the 2005 German Elections, in: West European Politics 31, 978-1003.

3.3 Nutzung traditioneller und neuer politischer Informationsquellen im Bundestagswahlkampf 2017

Alexander Staudt und Rüdiger Schmitt-Beck

3.3.1 Einleitung

Wahlkämpfe sind Perioden verstärkter politischer Kommunikation. Die Parteien und ihre Kandidaten bemühten sich auf unterschiedlichste Weise – von Fernsehwerbung bis Hausbesuchen – um die Gunst der Bürger (siehe Kapitel 3.1 und 3.2). Aber auch die traditionellen Nachrichtenmedien weiten ihre politischen Informationsangebote deutlich aus, sowohl im Bereich der redaktionellen Berichterstattung als auch durch zahlreiche Sonderformate wie Zeitungsbeilagen oder Sondersendungen zur Wahl. Zudem bietet heute das Internet eine kaum überschaubare Fülle wahlbezogener Informationsangebote. Den Bürgern eröffnet das die Möglichkeit, auf zahlreiche Informationsquellen zurückzugreifen, um am Wahltag eine kundige Entscheidung zu treffen (allgemein zum deutschen Mediensystem: Pürer 2015; Beck 2018, zur Bedeutung von Medien bei Wahlen: Schulz 2015).

In den letzten Jahren hat sich insbesondere die Bedeutung des Internets als Quelle politischer Information bei Wahlen stark erhöht. Neben die traditionellen Angebote von Presse und Rundfunk sind dadurch vielfältige Möglichkeiten getreten, sich online über das wahlpolitische Geschehen zu unterrichten, etwa in Form redaktionell betreuter Nachrichten-Webseiten wie Spiegel-Online, deren Funktionslogik konventionellen Nachrichtenmedien ähnelt, durch innovative „Informationslotsen" mit neutral-dokumentarischem Anspruch, die offline kaum Entsprechungen haben (z.B. der Wahl-O-Mat; allgemein zu sogenannten „voting advice applications" Garzia/Marschall 2012), zunehmend aber auch mittels hybrider Kommunikationsformen über soziale Netzwerke, in denen sich Informationen unterschiedlichster Provenienz, von privaten Nutzerkommentaren bis zu weitergeleiteten Nachrichten, aber auch Pseudo- oder gar Falschinformationen unterschiedlichsten Ursprungs in schwer unterscheidbarer Weise mischen. Vor dem Hintergrund klandestiner Kommunikationsaktivitäten interessierter Akteure im Wahlkampf zur amerikanischen Präsidentschaftswahl 2016, bei denen mit manipulativer Absicht erfundene „Fake"-Nachrichten über soziale Netzwerke verbreitet wurden, die das Wahlergebnis möglicherweise im Sinne der Urheber auch spürbar beeinflusst haben (Gunther et al. 2018), sowie ähnlicher Vorkommnisse bei anderen Wahlen der jüngsten Vergangenheit, wird insbesondere die Rolle sozialer Netzwerke in Wahlkämpfen zunehmend mit Besorgnis gesehen (Schweiger 2017).

Doch wie wichtig waren die Online-Medien bei der Bundestagswahl 2017 als Alternative zu den herkömmlichen Mediengattungen? Wie viele Wähler wurden von ihnen erreicht und welche Wähler waren das? Diesen Fragen geht das vorliegende Kapitel nach. Wir betrachten zunächst alle Mediengattungen gemeinsam, um einen Gesamteindruck von der Versorgung der Wählerschaft mit wahlrelevanten politischen Informationen zu gewinnen. Dann wechseln wir zu einer feinkörnigeren Perspektive, indem wir innerhalb der Mediengattungen unterschiedliche Angebotsformen differenzieren und zudem analysieren, wie sich das Nutzungsverhalten der Wähler im Verlauf des Wahlkampfes entwickelt hat. Im letzten Schritt fragen wir, von welchen Bestimmungsgrößen die Nutzung der verschiedenen Informationsquellen abhing: Wie stark beeinflussten demographische Merkmale wie Geschlecht, Alter und Bildung sowie motivationale Faktoren wie Parteibindungen und politisches Interesse die Nutzung der verschiedenen traditionellen und neuen Informationsmedien, und inwieweit war die Nutzung von Online-Angeboten mit der Nutzung traditioneller Massenmedien verknüpft?

Den Analysen in diesem Beitrag liegen die Daten der Rolling Cross-Section Wahlkampfstudie des GLES-Projektes zugrunde. Diese ermöglichen es, Veränderungen der Mediennutzung über den Bundestagswahlkampf 2017 hinweg zu untersuchen.

3.3.2 Politische Informationsmedien im Wahlkampf 2017

Wir beginnen die Analyse mit einer Gesamtbetrachtung der Nutzung medial vermittelter Informationen im Bundestagswahlkampf 2017. Tabelle 1 stützt sich auf die Angaben unserer Befragungspersonen zu denjenigen dieser Medien, die sie in der Woche, welche der Befragung vorausging, an mindestens einem Tag genutzt haben. Die Betrachtung schließt drei Mediengattungen ein: Tageszeitungen, Fernsehnachrichten sowie Online-Informationsangebote. Letztere werden nicht nur global betrachtet, sondern auch differenziert in Nachrichtenseiten und soziale Netzwerke.

Tabelle 1: Nutzung politischer Informationsmedien

	Prozent
Mindestens ein Informationsmedium	96,0
Fernsehnachrichten/Tageszeitungen	92,5
Fernsehnachrichten gesamt	82,3
Fernsehnachrichten ausschließlich	12,7
Tageszeitungen gesamt	69,3
Tageszeitungen ausschließlich	4,5
Online-Quellen	39,3
Online-Nachrichten gesamt	35,2
Online-Nachrichten ausschließlich	2,0
Soziale Netzwerke gesamt	13,6
Soziale Netzwerke ausschließlich	0,3
N	7507

Quelle: GLES-Rolling Cross Section-Wahlkampfstudie 2017 (ZA6803).

Dieser Analyse zufolge wurde im Wahlkampf 2017 fast jeder Wähler von mindestens einem politischen Informationsmedium erreicht. Tageszeitungen und Fernsehnachrichten als traditionelle Nachrichtenträger nutzten insgesamt knapp 93 Prozent der Befragten. Das Fernsehen war die am häufigsten genannte Mediengattung. 82 Prozent der Befragten gaben an, während der Vorwoche mindestens eine Nachrichtensendung geschaut zu haben. Ebenfalls sehr stark genutzt wurden Tageszeitungen, sie wurden von fast 70 Prozent der Befragten an mindestens einem Wochentag gelesen. Über das Internet informierten sich hingegen lediglich etwa 40 Prozent der Befragten. 35 Prozent der Befragten gaben an, sich über eine Online-Nachrichtenseite zu informieren, mit 21 Prozent am häufigsten auf Spiegel-Online. Dahinter folgten Online-Informationsportale (web.de, t-online.de) mit zwölf Prozent, die Online-Auftritte überregionaler Tageszeitungen (faz.net, taz.de), sowie Wochenzeitungen (zeit.de), und der öffentlich-rechtlichen Sender (tagesschau.de, heute.de, phoenix.de) mit jeweils elf Prozent. Unter anderem auch über soziale Netzwerke informierten sich 14 Prozent der Befragten; neun von zehn Befragten verwendeten dabei Facebook, knapp sechs Prozent den Kurznachrichtendienst Twitter. Im Vergleich zur Wahl 2013 (Partheymüller/Schäfer 2013) signalisieren diese Zahlen einen deutlichen Anstieg der Bedeutung des Internets als

Nachrichtenquelle im Wahlkampf, aber gleichzeitig reicht diese nach wie vor nicht an die traditionellen Medien heran. Eine analoge Rangfolge der Bedeutung der verschiedenen Mediengattungen zeigt sich, wenn man die Betrachtung auf die ausschließliche Nutzung bestimmter Informationsangebote konzentriert. Knapp 14 Prozent der Befragten bezogen ihre Informationen ausschließlich aus dem Fernsehen, fünf Prozent nur aus Tageszeitungen. Online-Nachrichtenplattformen fungierten für lediglich zwei Prozent der Befragten als einzige Informationsquelle, soziale Netzwerke für weniger als ein Prozent. Die große Mehrzahl der Bürger nutzte jedoch mehrere Mediengattungen, um sich über den Wahlkampf zu informieren. Exklusivnutzung bestimmter Angebote war selten. Auch wenn die Bedeutung von Online-Quellen in den vergangenen Jahren gewachsen ist (van Eimeren/Koch 2016), dominierten somit auch im Wahlkampf 2017 nach wie vor die traditionellen Mediengattungen. Nur sehr wenige Bürger nahmen ausschließlich Online-Quellen in Anspruch, um Nachrichten über das wahlpolitische Geschehen zu erhalten.

3.3.3 Nutzungsintensität von Nachrichtenmedien im Zeitverlauf

Im nächsten Schritt betrachten wir die Hintergründe dieses Gesamttableaus genauer, indem wir mehrere Differenzierungen vornehmen. Erstens unterscheiden wir innerhalb der traditionellen Mediengattungen verschiedene Angebotstypen nach dem Kriterium ihrer Informationsqualität. Die Tageszeitungen differenzieren wir dabei in die drei Marktsegmente der überregionalen Qualitätspresse (Frankfurter Allgemeine Zeitung, Süddeutsche Zeitung, Frankfurter Rundschau, Die Welt, Die Tageszeitung), der Lokal- und Regionalpresse sowie der Boulevardpresse (vertreten durch die BILD-Zeitung als einzige überregionale Zeitung dieses Typs). Bei Fernsehnachrichten betrachten wir einerseits die öffentlich-rechtlichen Sender ARD und ZDF, andererseits die reichweitenstärksten Privatsender RTL und SAT.1. Zweitens betrachten wir die Nutzungsintensität der verschiedenen Medien in differenzierter Weise. Einerseits unterscheiden wir Personen, welche das betreffende Medium mindestens einmal in der Vorwoche genutzt haben, von jenen, die dieses Medium gar nicht genutzt haben, andererseits differenzieren wir in einem separaten Schritt die Nutzer nach der Häufigkeit ihrer Zuwendung in der Vorwoche. Drittens nutzen wir aus, dass unsere Daten die Möglichkeit eröffnen, über die Dauer des Wahlkampfes nachzuverfolgen, wie sich diese beiden Kenngrößen für die Nutzungsintensität der verschiedenen Medien im Verlauf des Wahlkampfes entwickelt haben. Dies vermittelt einen Eindruck von der Stabilität bzw. Dynamik der Zuwendung zu den verschiedenen Medien. Da es sich bei Wahlkämpfen um Abfolgen mehr oder weniger dramatischer politischer Ereignisse handelt, ist es von Interesse zu untersuchen, ob diese Dynamik Veränderungen der Mediennutzung nach sich zieht. Bestimmte Wahlkampfereignisse – beispielsweise das TV-Duell – aber auch das Herannahen des Wahltags selbst könnten bei den Bürgern zu einem größeren Informationsbedürfnis führen, das sich in einer veränderten Nutzung von Medienangeboten widerspiegelt. Die Abbildungen 1a und 1b zeigen die Ergebnisse dieser Analyse für die traditionellen Mediengattungen Presse und Rundfunk.

Für die Berechnung der Häufigkeit des Nachrichtenschauens wurde die Anzahl der Tage über die betreffenden Sender (ARD/ZDF, RTL/Sat.1) hinweg addiert. Dadurch ergibt sich eine Skala mit einem theoretisch möglichen Maximalwert von 14, wenn Befragte täglich die Nachrichtensendungen beider öffentlich-rechtlichen bzw. beider Privatsender geschaut haben.

Abbildung 1a: Nutzung traditioneller Nachrichtenmedien im Wahlkampfverlauf

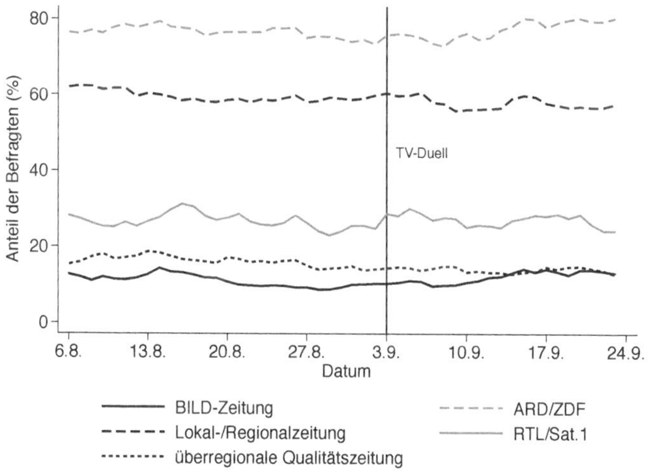

Quelle: GLES-Rolling Cross Section-Wahlkampfstudie 2017 (ZA6803).

Abbildung 1b: Nutzungshäufigkeit traditioneller Nachrichtenmedien im Wahlkampfverlauf

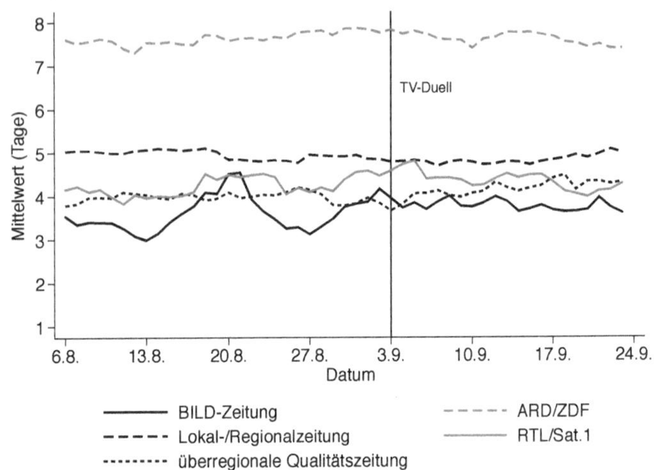

Quelle: GLES-Rolling Cross Section-Wahlkampfstudie 2017 (ZA6803).

Wir haben bereits in Tabelle 1 gesehen, dass die Fernsehnachrichten im Bundestagswahlkampf 2017 die insgesamt wichtigste Informationsquelle darstellten. Abbildung 1a zeigt, dass zu dieser dominanten Rolle, mit einer Reichweite von alleine fast 80 Prozent der Befragten, vor allem die Nachrichtensendungen der öffentlich-rechtlichen Sender beitrugen. Mit rund 30 Prozent lag die Reichweite der Privatsender weit unterhalb dieser Marke. Bedeutsame Veränderungen im Wahlkampf sind für die Fernsehnachrichtensendungen nicht erkennbar, sie verharrten durchgängig auf demselben Niveau. Stabilität bei der Nutzung von Fernsehnachrichten zeigt sich nicht nur hinsichtlich der Frage, ob überhaupt Nachrichten geschaut wurden, sondern auch, wie oft diese Fernsehnachrichten von denjenigen, die sie beachtet haben, in der Woche angesehen wurden. Wie in Abbildung 1b erkennbar, stellten über den gesamten Zeitraum die Nachrichtensendungen von ARD und ZDF nicht nur die von den meisten Befragten gesehene, sondern auch die von ihren Zuschauern am häufigsten in Anspruch genommene Informationsquelle dar. Im wöchentlichen Durchschnitt sahen die Befragten etwas mehr als eine Sendung pro Tag, und zwar stabil über die gesamte Dauer des Wahlkampfes. Die Nachrichtensendungen der Privatsender RTL und Sat.1 hingegen wurden im Schnitt an nur vier Tagen in der Woche angesehen. Die Verlaufskurve dieser Sender ist allerdings weniger statisch als jene der öffentlich-rechtlichen Sender; Anfang September stieg die Nutzungshäufigkeit dieser Sendungen von vier auf fünf Tage pro Woche. Das könnte mit dem TV-Duell der Kanzlerkandidaten am 3. September zusammenhängen; möglicherweise erhöhte die intensive Vorberichterstattung zu diesem Ereignis, das ja auch von den Privatsendern übertragen wurde, das Informationsbedürfnis der Zuschauer. Trotz dieser kleinen Schwankung erweist sich das Sehen von Fernsehnachrichten jedoch als insgesamt sehr stabiles, mutmaßlich habitualisiertes Informationsverhalten.

Über 60 Prozent der Befragten lasen eine Lokal- oder Regionalzeitung, etwas über 15 Prozent gaben an, eine überregionale Qualitätszeitung zu lesen. Die BILD-Zeitung lasen zwischen zehn und 15 Prozent der Befragten, bei leichtem Anstieg in den letzten zwei Wochen vor der Wahl. Für Qualitäts- und Regional- bzw. Lokalzeitungen zeigt sich hingegen über den Wahlkampf hinweg ein sehr stabiles Leseverhalten. Abbildung 1b macht deutlich, dass Lokal- und Regionalzeitungen im Vergleich zu den übrigen Zeitungen nicht nur von den meisten Befragten genutzt, sondern auch mit durchschnittlich fünf Tagen in der Woche am häufigsten gelesen wurden. Auch auf dieser Ebene unterlag ihre Lektüre kaum zeitlichen Veränderungen. Dasselbe gilt für überregionale Qualitätszeitungen, die allerdings von ihren Nutzern etwas seltener gelesen wurden. Erneut zeigen sich jedoch größere Schwankungen bei der BILD-Zeitung. Anfang August lag die wöchentliche Lektürehäufigkeit bei über drei Tagen, um dann zum 20. August hin kurzfristig auf über vier Tage anzusteigen. Es ist unklar, worauf dies zurückzuführen ist. Der zweite Anstieg, der am 3. September seinen Höhepunkt fand und anschließend auf einem Niveau von vier Tagen in der Woche verharrte, dürfte hingegen mit dem TV-Duell der Kanzlerkandidaten zu tun haben, aber auch mit der allgemeinen Intensivierung des Wahlkampfes in den letzten Wochen vor der Wahl (siehe Kapitel 3.4). Insgesamt deuten auch die Charakteristika der Zeitungslektüre auf ein stark habitualisiertes Informationsverhalten hin. Das Lesen von Tageszeitungen dürfte eine Frage langfristig stabiler Angewohnheiten sein, die kaum durch den Wahlkampf beeinflusst werden. Die größere Beweglichkeit in der Zuwendung zur BILD-Zeitung könnte nicht zuletzt damit zusammenhängen, dass diese Zeitung nicht im Print-Abonnement zu beziehen ist.

Die Schaubilder 2a und 2b zeigen die entsprechenden Informationen für Online-Informationsquellen. Zusätzlich zu den in Tabelle 1 schon eingeführten Angeboten werden hier auch Online-Informationslotsen berücksichtigt. Diese bieten zwar keine Nachrichten, gehören aber auch nicht zur Parteienkommunikation, sondern wollen neutrales Orientierungswissen bereitstellen. Beispiele sind der von der Bundeszentrale für politische Bildung betriebene Wahl-O-Mat (Bundeszentrale für politische Bildung 2017) oder die Seite abgeordnetenwatch.de.

Die Nutzungsniveaus sämtlicher Online-Quellen für wahlpolitische Informationen liegen, wie auch schon durch Tabelle 1 angedeutet, deutlich unterhalb jener der traditionellen Nachrichtenmedien. Zudem erfolgte die Inanspruchnahme dieser Informationsangebote offenkundig dynamischer als jene der traditionellen Medien. Wie in Abbildung 2a deutlich wird, waren Nachrichtenseiten im Internet die meistgenutzte Online-Informationsquelle im Bundestagswahlkampf. Der Anteil an Befragten, die auf solchen Nachrichtenseiten Berichte über das politische Geschehen in Deutschland verfolgten, schwankte im Wahlkampfverlauf zwischen gut 30 und knapp 40 Prozent: Im August nutzten im Schnitt etwa 32 Prozent der Befragten Online-Nachrichtenseiten. Anfang September stieg der Leseranteil in einem ersten Schritt auf 35 Prozent an und stabilisierte sich in den letzten drei Wochen vor der Wahl bei 37 Prozent. Dieser Anstieg deutet an, dass die Bürger in der intensiven Wahlkampfphase ihren politischen Informationsbedarf verstärkt auch mithilfe von Berichten auf Online-Nachrichtenseiten deckten. Gleichzeitig weist Abbildung 2b darauf hin, dass sich die Lesefrequenz politischer Nachrichtenseiten über den Wahlkampf hinweg kaum veränderte: Diese lag im gesamten Zeitraum bei etwa viereinhalb Mal in der Woche.

Abbildung 2a: Nutzung von Online-Informationsangeboten im Wahlkampfverlauf

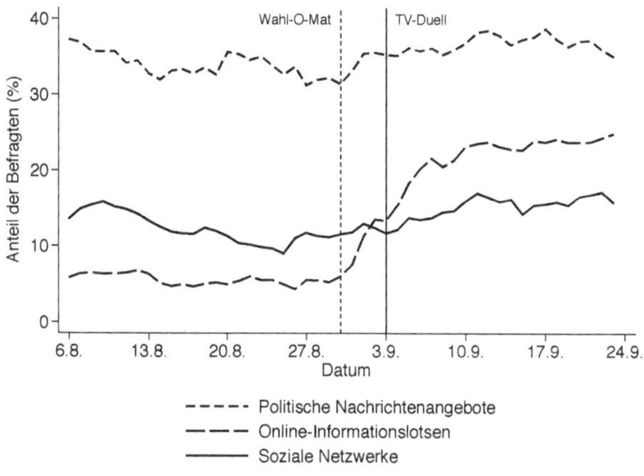

Quelle: GLES-Rolling Cross Section-Wahlkampfstudie 2017 (ZA6803).

Abbildung 2b: Nutzungshäufigkeit von Online-Informationsangeboten im Wahlkampfverlauf

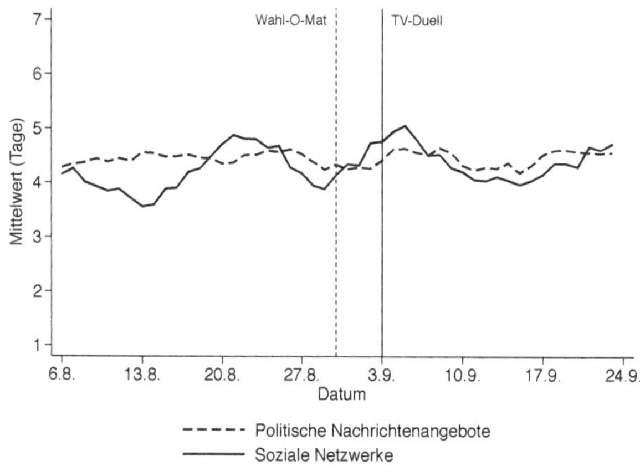

Quelle: GLES-Rolling Cross Section-Wahlkampfstudie 2017 (ZA6803).

Die Nutzung sozialer Netzwerke für Zwecke politischer Information hingegen war stets deutlich schwächer ausgeprägt, wie in Abbildung 2a deutlich wird. Das korrespondiert mit Befunden aus der international vergleichenden Forschung, der zufolge Deutschland zu den Ländern gehört, in denen soziale Netzwerke eine vergleichsweise geringe Bedeutung als Quellen aktueller politischer Information besitzen (Hölig/Hasebrink 2016). Darüber hinaus lassen sich anhand von Abbildung 2a unterschiedliche Nutzungsphasen auch für soziale Netzwerke unterscheiden: Die erste Phase, die etwa bis zum 27. August anhielt, war von einer relativ geringen, teilweise sogar eher rückläufigen Nutzung in der Größenordnung von anfänglich 15, später dann eher zehn Prozent gekennzeichnet. Eine Trendumkehr wurde Ende August erkennbar, als die Verwendung sozialer Netzwerke kontinuierlich wieder auf rund 17 Prozent anstieg. Dieser Anstieg fiel zeitlich mit der Vor- und Nachberichterstattung zum TV-Duell zusammen, und scheint eine intensivere Informationsnutzung stimuliert zu haben. Nach einem leichten Rückgang kam es dann erneut zu einem Anstieg in ungefähr gleicher Höhe zum Wahlkampfende hin, was mit der allgemeinen Intensivierung des Wahlkampfs zusammenhängen dürfte. Insgesamt scheint das politische Informationsverhalten in sozialen Netzwerken stärker auf variable situative Rahmenbedingungen zu reagieren als die Beachtung politischer Nachrichtenseiten. Dies wird auch an der Nutzungshäufigkeit sozialer Netzwerke erkennbar, die zwischen knapp dreieinhalb und fünf Tagen in der Woche variierte (siehe Abbildung 2b). Demgegenüber noch weit größere Veränderungen zeigen sich für die Nutzung von Online-Informationslotsen zur Bundestagswahl. Wie in Abbildung 2a ersichtlich, stieg der Anteil derjenigen Befragten, die solche Angebote nutzten, von anfänglich etwa fünf Prozent auf über 20 Prozent in den letzten beiden Wahlkampfwochen an. Der sprunghafte Anstieg dürfte vor allem eine Folge der Freischaltung des Wahl-O-Mats am 30. August sein.

Insgesamt weist die Lektüre politischer Online-Nachrichtenseiten sowie die Nutzung sozialer Netzwerke und politischer Informationslotsen ein stärker situativ geprägtes Informationsverhalten auf als die traditionellen Nachrichtenmedien Fernsehen und Zeitungen. Die Nutzung sozialer Netzwerke und Verwendung politischer Informationslotsen scheint dabei besonders stark von Wahlkampfereignissen beeinflusst zu sein. Traditionelle Informationsquellen zeichneten sich dagegen – mit kleineren Unterschieden zwischen unterschiedlichen Nachrichtenanbietern – stärker durch eine gewohnheitsmäßige Nutzung aus.

3.3.4 Hintergründe der Mediennutzung

Wer nutzte während des Wahlkampfes welche Medien wie intensiv? Diese Frage sollen die nachfolgenden Analysen beantworten. In den Tabellen 2 und 3 sind die Effekte unterschiedlicher Bestimmungsgrößen auf die Nutzung von Nachrichtenmedien sowie – nur bezogen auf diejenigen, die das tun – auf die wöchentliche Nutzungshäufigkeit dargestellt. Berechnet wurde diese mittels binärer logistischer Regressionen (Nutzung) bzw. linearer Regressionen (Nutzungshäufigkeit bei den Nutzern). Modelliert wird jeweils die Bedeutung demographischer Eigenschaften wie Alter, Geschlecht, und Bildung sowie politikbezogener, mutmaßlich die Motivation zur Auseinandersetzung mit Politik fördernder Merkmale wie der Parteineigung, dem Interesse an Politik allgemein und speziell am Wahlkampf sowie politischen Gesprächen. Um dem über Zeit veränderlichen Charakter des Mediennutzungsverhaltens Rechnung zu tragen, wird der Erhebungstag als zusätzliche Bestimmungsgröße in den Modellen berücksichtigt. Bei der Analyse von Nutzung und Nutzungshäufigkeit von Online-Informationsquellen wird außerdem auch die Nutzung der verschiedenen traditionellen Nachrichtenmedien einbezogen.

Wie in Tabelle 2 deutlich wird, spielte bei der Zeitungslektüre vor der Bundestagswahl das Bildungsniveau eine gewichtige Rolle. Personen mit Hochschulreife wiesen im Vergleich zu weniger hoch Gebildeten eine um zwölf Prozentpunkte erhöhte Wahrscheinlichkeit auf, überregionale Qualitätszeitungen zu lesen, während ihre Neigung, zur BILD-Zeitung oder auch einer Regional- oder Lokalzeitung zu greifen, geringer ausfiel als bei weniger Gebildeten. Gleichzeitig schauten Hochgebildete mit geringerer Wahrscheinlichkeit Nachrichtensendungen von RTL und Sat.1. Lokal- und Regionalzeitungen, aber auch Nachrichtensendungen des öffentlich-rechtlichen Fernsehens wurden von älteren Befragten (über 40 Jahren) weitaus eher genutzt als von jüngeren, und im Falle der Nutzung auch häufiger zur Kenntnis genommen. Auffällig ist zudem, dass sowohl die BILD-Zeitung als auch Qualitätszeitungen von Männern etwas eher gelesen wurden als von Frauen. Lediglich Nachrichten des Privatfernsehens wurden von Frauen etwas häufiger geschaut als von Männern. Bindungen an politische Parteien sowie allgemeines politisches Interesse begünstigten in unterschiedlichem Ausmaß einerseits das Lesen von Regional- und Lokalzeitungen sowie das Sehen von Nachrichten auf ARD oder ZDF. Das politische Interesse senkte jedoch andererseits die Neigung, Nachrichtensendungen des Privatfernsehens einzuschalten. Für alle traditionellen Nachrichtenangebote spielten zudem ein spezifisches Interesse am Wahlkampf und die Häufigkeit politischer Gespräche eine förderliche Rolle. Für den Erhebungstag als Maß des Zeitablaufs sehen wir nur zwei statistisch bedeutsame Effekte; sie signalisieren eine leichte Abnahme der Zuwendung zu zwei Informationsquellen im Wahlkampfverlauf: überregionale Qualitätszeitungen auf der einen Seite, Nachrichten des Privatfernsehens auf der anderen.

Die Nutzung von Online-Nachrichtenmedien hing ebenfalls eng mit demographischen Merkmalen zusammen (Tabelle 3). Die Wahrscheinlichkeit, Online-Informationsquellen zu nutzen, war durchgängig bei unter 40-Jährigen deutlich größer als bei älteren Befragten. Das zeigt sich besonders deutlich bei der Nutzung politischer Nachrichtenseiten und bei sozialen Netzwerken, in geringerer Ausprägung aber auch bei der Nutzung von Informationslotsen im Internet. Der weniger deutliche Einfluss des Alters auf die Verwendung von Online-Informationslotsen deutet des Weiteren an, dass ältere Personen etwas eher den Weg ins Internet finden, wenn es um punktuelle Informationssuche geht, wie sie bei der Verwendung von Instrumenten wie dem Wahl-O-Mat unterstellt werden kann. Alle Online-Informationsangebote, insbesondere aber Nachrichtenseiten, wurden zudem von Männern deutlich eher genutzt als von Frauen. Ein höheres Niveau formaler Bildung begünstigte zudem die Nutzung von Nachrichtenseiten, aber auch von Informationslotsen. Für den Erhalt politischer Informationen über soziale Netzwerke ist hingegen kein Zusammenhang mit dem Bildungsniveau feststellbar. Parteibindungen begünstigten lediglich die Verwendungshäufigkeit sozialer Netzwerke zur politischen Informationsgewinnung, das allgemeine und wahlkampfspezifische politische Interesse zeigte hingegen ebenso wie politische Gespräche positive Effekte auf die Nutzung von Online-Informationsquellen.

Einen Effekt der Zeit sehen wir nur für Online-Informationslotsen; er spiegelt die ausgeprägte Nutzungsdynamik, die schon in Schaubild 2a ersichtlich geworden war. Für die anderen Online-Informationsquellen zeigen sich keine Trends; wir haben zwar oben gesehen, dass deren Nutzung durchaus dynamischen Charakter besaß, doch hat diese Variabilität offenkundig nicht zu einer statistisch bedeutsamen längerfristigen Niveauänderung geführt. Im unteren Teil von Tabelle 3 wird erkennbar, wie die Nutzung von Online-Informationsquellen mit der Nutzung traditioneller Nachrichtenmedien verknüpft war. Ein deutlicher Zusammenhang bestand zwischen der Nutzung von Online-Nachrichtenseiten und dem Lesen von Qualitätszeitungen; wer das tat, nutzte mit einer um knapp 19 Prozentpunkte erhöhten Wahrscheinlichkeit auch das Internet, um sich aktuelle

Nachrichten zu verschaffen. Geringfügig erhöht war aber auch die Neigung dieser Personen, sich in sozialen Netzwerken über Politik zu informieren. Befragte, die öffentlich-rechtliche Nachrichtensendungen schauten, neigten hingegen dazu, politische Online-Nachrichtenseiten oder soziale Netzwerke eher zu meiden. Einen positiven Effekt auf die Nutzung sozialer Netzwerke zu Zwecken politischer Informationsgewinnung hatte hingegen das Sehen von Nachrichtensendungen bei den Privatsendern RTL oder SAT.1.

3.3.5 Fazit

Den Wählern stand im Wahlkampf zur Bundestagswahl 2017 eine große Vielfalt politischer Nachrichtenmedien zur Verfügung, mithilfe derer sie sich über das politische Geschehen informieren konnten. Fast alle Bürger nutzten mindestens eine Nachrichtenquelle, um sich über Politik auf dem Laufenden zu halten, und die allermeisten davon mehr als eine. Lediglich ein Fünftel der Wähler bezog politische Informationen aus einer einzigen Quelle. Zwar dominierten insgesamt traditionelle Nachrichtenanbieter wie das Fernsehen und die Tagespresse das Informationsverhalten der Bürger. Gleichwohl stellten jedoch Online-Medien ebenfalls eine vielfach genutzte Informationsquelle dar. Sie werden zwar nach wie vor von weniger Wählern genutzt als die traditionellen Nachrichtenmedien, aber ihre Bedeutung ist im Vergleich zur Bundestagswahl 2013 (Partheymüller/ Schäfer 2013) deutlich gewachsen. 40 Prozent der Wähler nutzten zumindest gelegentlich Nachrichtenseiten von Anbietern wie Spiegel-Online; von sozialen Netzwerken, unter denen Facebook mit großem Abstand dominierte, bezogen zehn bis 15 Prozent politische Informationen – bei starker Überlappung in der Nutzung der beiden Angebotsformen.

Unsere Analyse zeigte auch einige interessante Unterschiede im Nutzungsverhalten. Die Lektüre von Regional- und Lokal-, aber auch überregionalen Qualitätszeitungen erfolgte offenbar in stark habitualisierter Weise, Veränderungen in der generellen Nutzung sowie Lektürehäufigkeit in Reaktion auf die dynamische Entwicklung des Wahlkampfes waren kaum festzustellen. Bei Lesern der BILD-Zeitung war dies etwas anders, sie unterlag stärkeren Schwankungen. Zuschauer der Nachrichtensendungen von ARD und ZDF änderten ihr Sehverhalten im Verlauf des Wahlkampfes ebenfalls kaum. Leichte, situativ bedingte Veränderungen deuteten sich hingegen bei den Zuschauern der Nachrichtensendungen von RTL und SAT.1 an. Insgesamt dominierte jedoch bei allen traditionellen Nachrichtenmedien ein habitualisiertes Informationsverhalten. Deutlich mehr Schwankungen in der Mediennutzung zeigten sich bei Online-Nachrichtenseiten, sozialen Medien und insbesondere Online-Informationslotsen. Insbesondere die Verwendung von Informations-Tools wie dem Wahl-O-Mat nahm mit näher rückendem Wahltermin stark zu – sicherlich in erheblichem Maße bedingt durch die Verfügbarkeit, die erst wenige Wochen vor dem Wahltermin gegeben war. Aber auch die Nutzung sozialer Netzwerke stieg mit Herannahen des Wahltags etwas an.

Zentrale Bestimmungsgrößen bei der Nutzung unterschiedlicher Medien waren das Alter, der Bildungsabschluss, in gewissem Ausmaß das Geschlecht, aber auch motivationale Faktoren. Während sich ältere Wähler stark an regionalen und lokalen Tageszeitungen sowie den Nachrichten von ARD und ZDF orientierten, erwiesen sich die Online-Informationsquellen eher als Domäne der Jüngeren. Wurden einige Quellen eher von höher Gebildeten genutzt (darunter insbesondere die Qualitätspresse und Online-Nachrichtenseiten), so erreichten andere – allen voran die Nachrichten des Privatfernsehens – eher geringer Gebildete. Bemerkenswert ist, dass letztere die einzige Nachrichtenquelle darstellten, welche von Frauen etwas intensiver genutzt wurde als von Männern, während etliche andere Informationsquellen, darunter alle Online-Angebote, umgekehrt von Männern mehr Zuwendung erfuhren als von Frauen. Hohes Interesse an Politik im Allgemeinen und am Wahlkampf im Besonderen erhöhten insgesamt die Wahrscheinlichkeit, sich politisch zu informieren.

Tabelle 2: Bestimmungsgrößen der Nutzung und Nutzungshäufigkeit traditioneller Nachrichtenmedien

	Bild-Zeitung		Lokal/Regional-zeitungen		überregionale Qualitätszeitungen		Öffentlich-rechtl. TV-Sender		Private TV-Sender	
	Nutzung	Häufigk.	Nutzung	Häufigk.	Nutzung	Häufigk.	Nutzung	Häufigk.	Nutzung	Häufigk.
Geschlecht: weiblich	-6,2[c]	0,2	-1,1	-0,2[a]	-5,3[c]	-0,1	-1,5	0,2	-0,0	0,5[b]
40-65 Jahre	-1,6	0,2	24,2[c]	1,3[c]	-4,8[c]	-0,1	21,4[c]	2,8[c]	4,2[a]	1,1[c]
über 65 Jahre	-1,3	0,6[a]	32,8[c]	2,0[c]	-5,7[c]	0,2	33,6[c]	5,2[c]	0,4	1,6[c]
Bildung: Abitur	-4,0[c]	-0,2	-4,2[b]	0,0	11,9[c]	0,3	0,2	-0,0	-15,6[c]	-0,9[c]
Parteiidentifikation: vorhanden	-0,6	0,1	7,0[c]	0,1	2,3[a]	-0,1	6,3[c]	0,4[a]	-3,1	0,1
Politisches Interesse: hoch	-1,6	0,2	3,7[a]	0,6[c]	10,5[c]	0,9[c]	4,5[b]	1,2[c]	-7,2[c]	0,1
Interesse am Wahlkampf: hoch	1,3	0,6[b]	7,2[c]	0,3[c]	1,8	0,0	3,0[a]	0,7[c]	3,6[a]	0,3
Gespräche über Politik: geführt	0,1	0,0	11,7[c]	0,1	5,5[c]	-0,1	8,0[c]	0,3[a]	5,1[c]	-0,2
Erhebungstag	0,0	0,0	-0,1	0,0	-0,1[c]	0,0	-0,0	0,0	-0,1[a]	0,0
Nagelkerke R^2/Adj. R^2	0,03	0,04	0,12	0,15	0,18	0,04	0,17	0,25	0,06	0,07
N	6822	728	6605	4029	6624	1399	6740	5340	6726	1539

Quelle: GLES-Rolling Cross Section-Wahlkampfstudie 2017 (ZA6803).

Anmerkungen: Die Werte in den Spalten zur Nutzung unterschiedlicher Medien geben an, um wieviel sich die Nutzungswahrscheinlichkeit in Abhängigkeit der in den Zeilen ausgewiesenen Merkmale verändert. Die Werte in den Spalten bezüglich der Nutzungshäufigkeit geben analog die Veränderung der wöchentlichen Nutzungshäufigkeiten (Tage in der Woche) an.

a $p < 0.05$, b $p < 0.01$, c $p < 0.001$ (siehe Anhang 4).

Tabelle 3: Bestimmungsgrößen der Nutzung und Nutzungshäufigkeit von Online-Informationsquellen

	Politische Nachrichtenseiten		Soziale Netzwerke		Informationslotsen
	Nutzung	Häufigkeit	Nutzung	Häufigkeit	Nutzung
Geschlecht: weiblich	-13,3[c]	-0,3[a]	-2,3[a]	0,0	-1,8[a]
40-65 Jahre	-26,6[c]	0,5[c]	-27,7[c]	0,2	-13,7[c]
über 65 Jahre	-41,0[c]	0,2	-34,3[c]	-1,0[b]	-19,5[c]
Bildung: Abitur	12,7[c]	0,1	-0,2	-0,1	4,8[c]
Parteiidentifikation: vorhanden	-0,2	-0,1	0,7	0,4[a]	-0,7
Politisches Interesse: hoch	14,7[c]	0,9[c]	2,0	0,9[c]	3,8[c]
Interesse am Wahlkampf: hoch	8,1[c]	0,2	3,8[c]	0,1	5,3[c]
Gespräche über Politik: geführt	16,1[c]	0,3[a]	5,2[c]	0,1	4,7[c]
BILD-Zeitung: genutzt	3,3	0,2	1,1	0,2	0,6
Lokal/Regionalzeitung: genutzt	0,0	-0,3[b]	-0,4	0,1	1,1
Qualitätszeitung: genutzt	18,5[c]	0,4[b]	2,5[a]	-0,1	1,0
Öffentlich-rechtliche Nachrichten: genutzt	-4,9[a]	-0,4[b]	-3,7[b]	-0,2	0,4
Private Nachrichten: genutzt	-1,9	-0,2	4,8[c]	-0,2	-1,7
Erhebungstag	-0,1	0,0	0,0	0,0	0,3[c]
Nagelkerke R^2/Adj. R^2	0,28	0,09	0,26	0,07	0,27
N	6336	2698	6304	898	6366

Quelle: GLES-Rolling Cross Section-Wahlkampfstudie 2017 (ZA6803).

Anmerkungen: Die Werte in den Spalten zur Nutzung unterschiedlicher Medien geben an, um wieviel sich die Nutzungswahrscheinlichkeit in Abhängigkeit der in den Zeilen ausgewiesenen Merkmale verändert. Die Werte in den Spalten bezüglich der Nutzungshäufigkeit geben analog die Veränderung der wöchentlichen Nutzungshäufigkeiten (Tage in der Woche) an.

a: $p < 0,05$; b: $p < 0,01$; c: $p < 0,001$ (siehe Anhang 4).

Literatur

Beck, Klaus 2018: Das Mediensystem Deutschlands: Strukturen, Märkte, Regulierung, 2. Auflage, Wiesbaden: Springer VS.

Bundeszentrale für politische Bildung 2017: „Wahl-O-Mat Bundestagswahl 2017". [https://www.bpb.de/politik/wahlen/wahl-o-mat/] < 30.9.2017>.

van Eimeren, Birgit/Koch, Wolfgang 2016: Nachrichtenkonsum im Netz steigt an – auch klassische Medien profitieren, in: Media Perspektiven 5, 277-285.

Garzia, Diego/Marschall, Stefan 2012: Voting Advice Applications under review: the state of research, in: International Journal of Electronic Governance 5, 203-222.

Gunther, Richard/Beck, Paul A./Nisbet, Eric C. 2018: Fake News May Have Contributed to Trump's 2016 Victory, Columbus/OH: Ohio State University. [https://www.documentcloud.org/documents/4429952-Fake-News-May-Have-Contributed-to-Trump-s-2016.html] <18.10.2018>.

Hölig, Sascha/Hasebrink, Uwe 2016: Nachrichtennutzung über soziale Medien im internationalen Vergleich: Ergebnisse des Reuters Institute Digital News Survey 2016, in: Media Perspektiven 11, 534-548.

Partheymüller, Julia/Schäfer, Anne 2013: Das Informationsverhalten der Bürger im Bundestagswahlkampf 2013, in: Media Perspektiven 12, 574-588.

Pürer, Heinz 2015: Medien in Deutschland: Presse – Rundfunk – Online, Konstanz: UVK.

Schulz, Winfried 2015: Medien und Wahlen, Wiesbaden: Springer VS.

Schweiger, Wolfgang 2017: Der (des)informierte Bürger im Netz: Wie soziale Medien die Meinungsbildung verändern, Wiesbaden: Springer VS.

3.4 Die Dynamik von Mobilisierung und Meinungswandel im Wahlkampf

Alexander Staudt

3.4.1 Einleitung

Zahlreiche politische Beobachter bezeichneten den Bundestagswahlkampf 2017 über die Sommermonate hinweg als sehr ruhig, wenn nicht sogar langweilig, schleppte er sich doch wie der „Valium-Wahlkampf" von 2009 (Krewel et al. 2011a) oder der Bundestagswahlkampf 2013 „während der Sommermonate nur müde dahin" (Partheymüller 2014, Krewel 2014). In der „heißen" Wahlkampfphase vier Wochen vor der Wahl kam durch mediale Ereignisse, Debatten und intensivierte Wahlkampfanstrengungen der Parteien allerdings doch noch Spannung auf. Angesichts dieser Zunahme politischer Kommunikation und Berichterstattung stellt sich die Frage, inwieweit sich die (schlussendlich doch eintretende) Wahlkampfdynamik auf die Wähler auswirkte.

Der vorliegende Beitrag beleuchtet dazu zwei Teilfragen. Zuerst wird der Frage nachgegangen, ob und in welcher Weise der Wahlkampf 2017 die Bürger mobilisieren konnte, sich mit Politik im Allgemeinen und dem Wahlkampf im Besonderen auseinanderzusetzen. Anschließend wird untersucht, inwieweit sich Einstellungen, Wahrnehmungen, und Wahlabsichten der Bürger über den Wahlkampf hinweg verändert haben.

Allen Auswertungen in diesem Beitrag liegen die Daten der Rolling Cross-Section Wahlkampfstudie des GLES-Projektes zugrunde, die eine dynamische Betrachtung der öffentlichen Meinung erlauben, und folglich Rückschlüsse auf Mobilisierung und Meinungsentwicklung im Bundestagswahlkampf 2017 ermöglichen.

3.4.2 Mobilisierung

Zur Sicherung eines möglichst guten Wahlergebnisses unternehmen Parteien in Wahlkämpfen aktive Mobilisierungsversuche (Rosenstone und Hansen 1993), um gezielt ihre Anhänger zur Wahlurne zu bringen. Aufgrund des generellen Rückgangs der Wahlbeteiligung in Deutschland haben die Parteien, wie auch schon 2013, verstärkt auf die persönliche Kontaktierung von Wählern gesetzt (Nielsen 2012). Als prominentes Beispiel hierfür sei der Haustürwahlkampf der SPD genannt. Gleichzeitig zu den verstärkten Mobilisierungsanstrengungen der Parteien weiten die Massenmedien im Wahlkampf ihr politisches Informationsangebot aus und erleichtern so den Bürgern den Zugang zu politischen Informationen. Damit der Wahlkampf auch für diejenigen Personen interessant wird, die sich sonst nur wenig mit Politik auseinandersetzen, wählen die Massenmedien gezielt Formate, die den Wahlkampf in einem personalisierten und dramatisierten Licht erscheinen lassen (Maier und Faas 2011), beispielsweise das TV-Duell der Kanzlerkandidaten oder die Debatte der Spitzenkandidaten der kleinen Parteien (siehe Kapitel 6.10).

Abbildung 1: Politische Involvierung

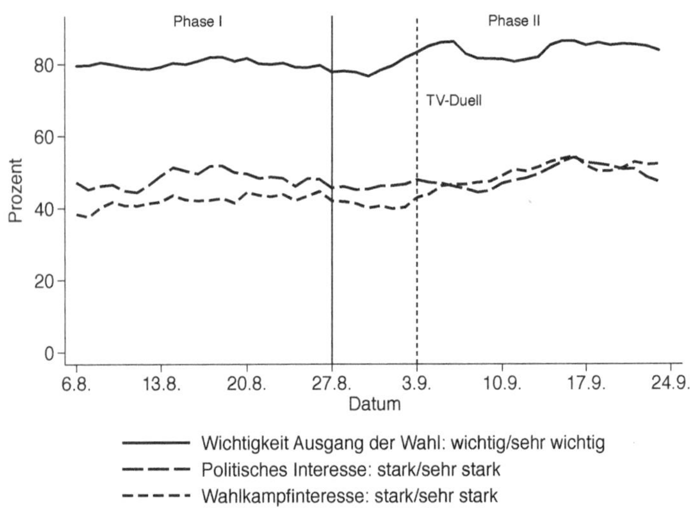

Quelle: GLES-Rolling Cross Section-Wahlkampfstudie 2017 (ZA6803).

Zur Überprüfung, inwieweit die Wahlkampagnen der Parteien sowie das veränderte mediale Informationsangebot bei der Bundestagswahl 2017 die Bürger motiviert haben, sich stärker mit Politik auseinanderzusetzen, werden in Abbildung 1 drei zentrale Aspekte politischer Involvierung dargestellt: (a) Wie wichtig den Bürgern der Ausgang der Wahl war, (b) wie sehr sie sich für Politik im Allgemeinen, (c) und wie sehr sie sich für den

Wahlkampf im Besonderen interessierten. Diese Orientierungen gelten als wichtige Voraussetzung für die Wahlteilnahme. Die in Abbildung 1 sowie allen nachfolgenden Abbildungen abgetragenen Daten basieren jeweils auf nach Schulbildung gewichteten Durchschnittswerten über sieben Tage (nachlaufende gleitende Durchschnitte). Zusätzlich wurde in den Abbildungen der Wahlkampf in zwei Phasen aufgeteilt: Phase I (beginnend mit dem 6. August 2017) zeichnet sich durch den Beginn verstärkter Kommunikation der Parteien durch den Plakatwahlkampf aus. In dieser Phase beginnen ebenfalls die Wahlkampftouren der Spitzenpolitiker. In Phase II, der „heißen" Wahlkampfphase, kommen zusätzlich die Rundfunkwerbung und der Straßenwahlkampf als weitere Kommunikationsformen der Parteien hinzu (im Wahljahr 2017 ab 27. August). Die Medienberichterstattung nimmt ebenfalls deutlich zu, Medienereignisse wie etwa das TV-Duell oder Wahlsondersendungen fallen in diesen Zeitraum.

Abbildung 1 zeigt, dass eine große Mehrheit der Befragten – wie schon 2013 – dem Wahlausgang über den gesamten Wahlkampf hinweg eine hohe oder sehr hohe Wichtigkeit zuschrieb. Diese wahrgenommene Wichtigkeit nahm darüber hinaus in der heißen Wahlkampfphase um das TV-Duell am 3.9. herum nochmals merklich zu. Im Vergleich dazu interessierte sich ein deutlich geringerer Anteil der Befragten stark oder sehr stark für Politik im Allgemeinen bzw. für den Wahlkampf im Besonderen. Das Interesse am Wahlkampf fiel zunächst bis Anfang September geringer aus als das allgemeine Politikinteresse. Erst nach dem TV-Duell, in der „heißen Phase" (II), stieg das Wahlkampfinteresse deutlich um mehr als zehn Prozentpunkte an und glich sich etwa zehn Tage vor der Wahl dem allgemeinen politischen Interesse an. Dieser Verlauf deutet an, dass die Wahlbevölkerung dem Wahlkampf in der Anfangsphase eher gleichgültig gegenüberstand, dieser allerdings durch intensivierte Kampagnenanstrengungen der Parteien sowie Medienberichterstattung in der „heißen" Schlussphase das Interesse der Öffentlichkeit verstärkt auf sich ziehen konnte.

Gleichwohl ist für die Mobilisierung der Wähler nicht ausschließlich die politische Involvierung, also die Wichtigkeit des Wahlausgangs sowie Politik- und Wahlkampfinteresse, bedeutsam, sondern auch, wie sich ihre Beteiligungsabsicht und das beabsichtigte Verhalten an der Wahlurne entwickeln. Insbesondere muss das politische Angebot für die Wähler klar differenzierbare Entscheidungsalternativen bieten, da andernfalls Unentschlossenheit, und, daraus resultierend, Stimmenthaltung drohen (siehe Kapitel 5.1). Abbildung 2 zeigt, wie sich die Unentschlossenheit hinsichtlich der Erst- und Zweitstimme sowie der Neigung zur Nichtwahl im Wahlkampf entwickelt hat. Die Neigung zur Nichtwahl veränderte sich – anders als noch 2009 und 2013 – über den gesamten Zeitraum hinweg kaum (vgl. Krewel et al. 2011a, Krewel et al. 2011b, Partheymüller 2014). Dafür verringerte sich die Unentschlossenheit hinsichtlich der Erst- und Zweitstimme in der „heißen" Schlussphase vier Wochen vor der Wahl deutlich um 15 Prozentpunkte. Die Intensivierung des Wahlkampfes führte anscheinend, wie auch schon 2009 und 2013, zu einer Erhöhung der politischen Mobilisierung.

Abbildung 2: Nichtwahl und Unentschlossenheit

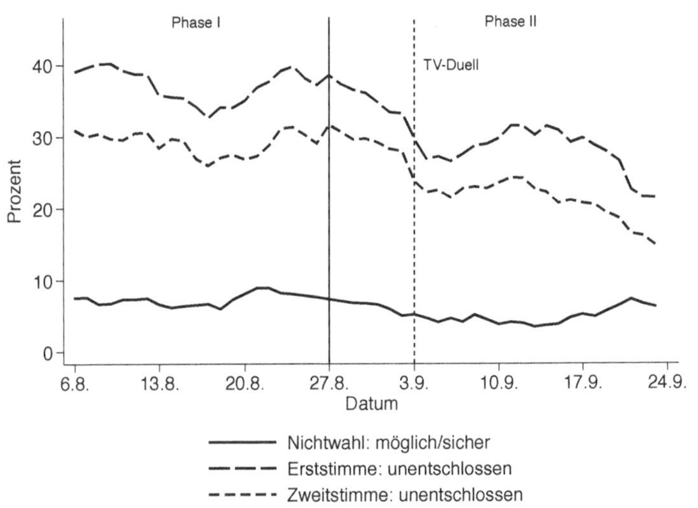

Quelle: GLES-Rolling Cross Section-Wahlkampfstudie 2017 (ZA6803).

3.4.3 Bewertungen von Parteien, Kandidaten, und Koalitionen

Eine mögliche Ursache für das zunächst begrenzte Interesse der Bürger am Wahlkampf kann darin gesehen werden, dass das Ergebnis der Bundestagswahl für viele schon vor Beginn des Wahlkampfs feststand: Veröffentlichten Meinungsumfragen zufolge konnten weder CDU/CSU noch SPD genug Stimmen auf sich vereinen, um eine „kleine Koalition" mit einer ihnen ideologisch nahestehenden Partei zu bilden (Cantow et al. 2017), sodass eine Fortsetzung der Großen Koalition unter einer Kanzlerschaft Angela Merkels als höchst wahrscheinlich, wenn nicht sogar unausweichlich, erschien.

Abbildung 3: Zufriedenheit mit den Leistungen der Bundesregierung und der Regierungsparteien

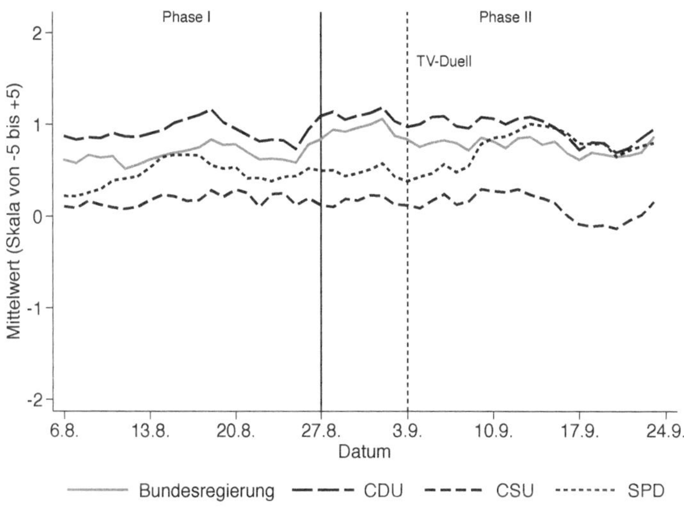

Quelle: GLES-Rolling Cross Section-Wahlkampfstudie 2017 (ZA6803).

In den nachfolgenden Abbildungen gehe ich der Frage nach, ob sich dieser vermutlich sicher geglaubte Ausgang der Wahl auch in der Bewertung von Parteien, Kandidaten, und Koalitionen niedergeschlagen hat oder ob diese Bewertungen im Verlauf des Wahlkampfes Veränderungen unterworfen waren. Abbildung 3 bildet die Zufriedenheit der Bürger mit den Leistungen der Bundesregierung sowie der einzelnen Regierungsparteien im Wahlkampf 2017 ab. Während die Bürger die Bundesregierung insgesamt überwiegend positiv bewerteten, zeigten sich für die einzelnen Regierungsparteien differenzierte Bewertungen. Die CDU beispielsweise wurde, wie schon 2013, über den Wahlkampf hinweg positiver bewertet als die Bundesregierung insgesamt. Veränderungen im Zeitverlauf waren dabei kaum festzustellen. Deutlich schlechter, wenngleich immer noch positiv, fielen im Vergleich dazu die Bewertungen der CSU aus. Ähnlich wie bei der CDU blieben diese über den Wahlkampf hinweg stabil. Bei den

Bewertungen der SPD hingegen zeigten sich bemerkenswerte Veränderungen. Anfang August waren die Bewertungen von SPD und CSU kaum unterscheidbar. Ab der ersten Septemberwoche verbesserten sich die Werte der SPD jedoch deutlich und näherten sich schließlich jenen der CDU so stark an, dass sie kurz vor der Wahl von deren sehr guten Bewertungen nicht mehr unterscheidbar waren. Anscheinend konnte die SPD den Bürgern in der „heißen“ Schlussphase (insbesondere in den Wochen nach dem TV-Duell) vermitteln, dass sie einen ähnlich positiven Beitrag zur Regierungsarbeit geleistet hatte wie die CDU.

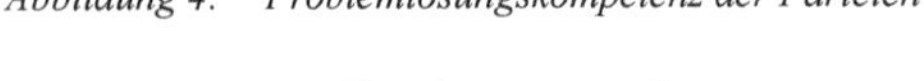
Abbildung 4: Problemlösungskompetenz der Parteien

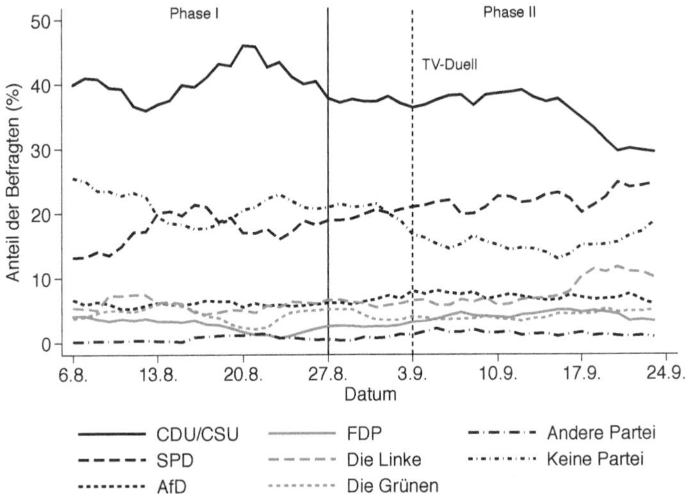

Quelle: GLES-Rolling Cross Section-Wahlkampfstudie 2017 (ZA6803).

Hinsichtlich der Frage, welche Partei aus Sicht der Befragten auch zukünftig die wichtigsten politischen Probleme des Landes lösen könne, erreichte die CDU/CSU – ähnlich wie bei der Wahl 2013 – sehr hohe Werte (siehe Abbildung 4). Die Union wurde zu Beginn der Beobachtungsperiode von 40 Prozent der Befragten für die kompetenteste Partei gehalten und verfügte damit über einen deutlichen Kompetenzvorsprung von 25 Prozentpunkten gegenüber der SPD. Im Verlauf des Wahlkampfes verringerte sich dieser allerdings deutlich: Die Kompetenzbewertungen der SPD stiegen über den gesamten Zeitraum von unter 15 auf über 25 Prozent. Gleichzeitig sanken die Kompetenzwerte der CDU/CDU in den letzten Wochen vor der Wahl deutlich ab. Kurz vor der Wahl lag der Vorsprung der Kompetenzbewertungen der CDU/CSU auf die SPD bei nur noch etwa fünf Prozentpunkten. Beachtenswert ist dabei auch, dass der Anteil derjenigen, die keine Partei für kompetent hielten, bis Anfang August höher war als der Anteil derjenigen, die die SPD für kompetent hielten. Insgesamt sank der Anteil derjenigen, die keine Partei für kompetent hielten, während des Wahlkampfes aber nur leicht ab. Wie bei den vorangegangenen Bundestagswahlen 2009 und 2013 wurde insgesamt vorwiegend den großen Parteien Kompetenz zur Lösung der wichtigsten politischen Probleme zugesprochen. Von den kleinen Parteien weisen AfD und Linke höhere Kompetenzwerte auf als die FDP, der – wie schon 2013 (Partheymüller 2014) – besonders wenige Befragte Kompetenz hinsichtlich der Lösung des wichtigsten politischen Problems in Deutschland zusprachen.

Abbildung 5: Allgemeine Bewertung der Parteien

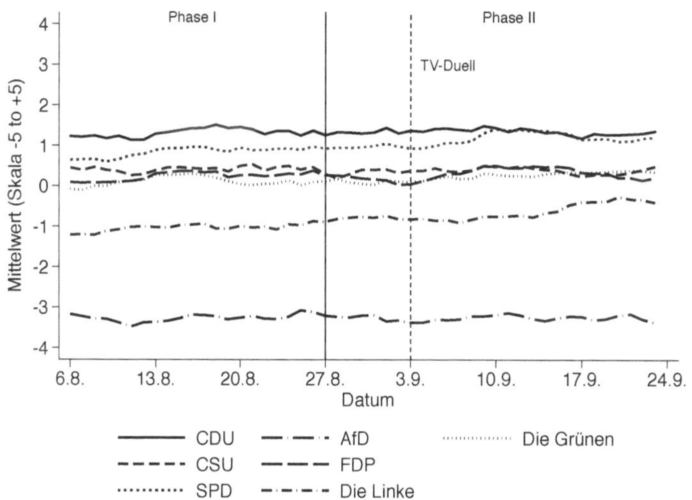

Quelle: GLES-Rolling Cross Section-Wahlkampfstudie 2017 (ZA6803).

Anders als bei der Problemlösungskompetenz zeigten sich bei den allgemeinen Parteibewertungen zwischen den beiden großen Parteien deutlich geringere Unterschiede. Wie in Abbildung 5 ersichtlich, wurde die CDU von den Bürgern im Schnitt am besten bewertet, lag aber nur knapp vor der SPD. Insbesondere in der Woche nach dem TV-Duell stieg die Bewertung der SPD so weit an, dass sie kaum mehr von der CDU unterschieden werden konnte, und verblieb bis zur Wahl auf diesem Niveau. Danach folgten etwa gleichauf die CSU, FDP, und die Grünen. Die Linke hingegen wurde, wenn auch nicht ganz so stark wie noch 2013, deutlich negativer bewertet. Allerdings ist über den gesamten Wahlkampf hinweg ein positiver Trend in der Bewertung der Linken erkennbar. Von allen Parteien mit Abstand am negativsten wurde allerdings die 2013 erstmals zur Bundestagswahl angetretene AfD bewertet. Insgesamt zeichneten sich, abgesehen vom Anstieg der SPD-Bewertungen nach dem TV-Duell, die Bewertungen der Parteien über den Wahlkampf hinweg als äußerst stabil aus. Der Wahlkampf scheint im Lichte dieses Befundes die allgemeinen Parteibewertungen der Bürger kaum beeinflusst zu haben.

Abbildung 6: Allgemeine Bewertungen der Spitzenpolitiker

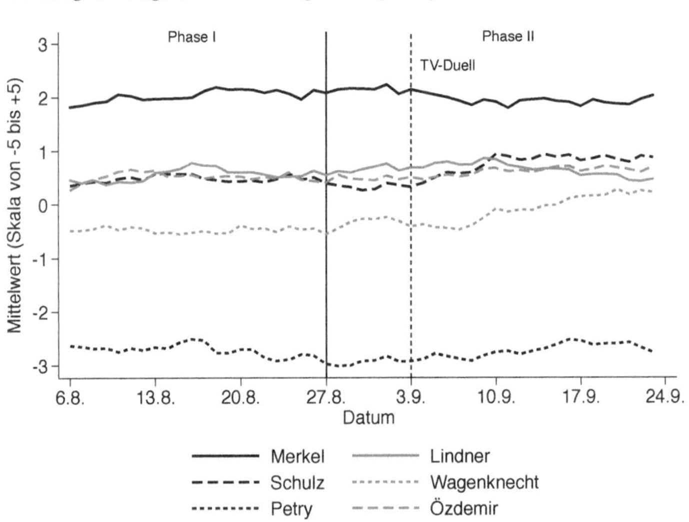

Quelle: GLES-Rolling Cross Section-Wahlkampfstudie 2017 (ZA6803).

Wie sieht das Bild hinsichtlich der Bewertungen des politischen Spitzenpersonals aus? Wie Abbildung 6 zeigt, ragte Bundeskanzlerin Merkel bezüglich Popularität verglichen mit den übrigen Kandidaten klar hervor, ein Befund, der sich schon 2009 und 2013 gezeigt hatte (siehe Kapitel 6.6). Besonders auffällig ist zudem die sehr große Stabilität ihrer Popularität über den gesamten Wahlkampf hinweg. Die Beurteilungen von SPD-Kanzlerkandidat Martin Schulz fallen im Vergleich deutlich niedriger aus. Bis Ende August verblieben seine Werte stabil auf einem vergleichsweise niedrigen, wenngleich noch positiven Niveau. Über einen langen Zeitraum waren die Popularitätswerte von Schulz kaum von denen von Grünen-Kandidat Cem Özdemir und FDP-Kandidat Christian Lindner unterscheidbar. Zeitweise wurde Schulz sogar negativer bewertet als Lindner und Özdemir. Erst Anfang September, mit Beginn der „heißen" Phase des Wahlkampfs, und insbesondere in der Woche nach dem TV-Duell, stiegen Schulz' Popularitätswerte deutlich an. Özdemirs Werte hingegen blieben über die gesamte Beobachtungszeit unverändert. Analog verhielt es sich mit den Popularitätswerten von FDP-Chef Lindner. Linken-Kandidatin Sahra Wagenknecht wies im Vergleich zu den Kandidaten von SPD, Grünen, und FDP insgesamt niedrigere Popularitätswerte auf. Mit Beginn der „heißen" Phase Ende August bis kurz vor der Wahl verbesserte sich ihre Popularität allerdings deutlich, am 23. September lag sie fast gleichauf mit Christian Lindner und Cem Özdemir. Von allen Kandidaten wurde die AfD-Vorsitzende Frauke Petry deutlich am negativsten bewertet. Insgesamt zeigen die Kandidatenbewertungen im Wahlkampf ein differenziertes Bild. Intensivierte Kampagnenanstrengungen sowie Medienereignisse in der „heißen" Phase haben offenbar deutlich die Bewertungen von SPD-Kandidat Martin Schulz und Linken-Kandidatin Sahra Wagenknecht beeinflusst; die Popularität der übrigen Kandidaten blieb hingegen unverändert.

Angesichts der in Abbildung 5 aufgezeigten unterschiedlichen Bewertungen der einzelnen Bundesparteien stellt sich die Frage, welche dieser Parteien nach Ansicht der Wähler am ehesten auch die nächste Regierung stellen sollten, und wie sich diese Präferenzen während des Wahlkampfes entwickelten (siehe Kapitel 6.11). Wie in Abbildung 7 erkennbar, wiesen von den zahlreichen Koalitionen, die 2017 im Wahlkampf thematisiert wurden, lediglich zwei positive Bewertungen auf, eine Große Koalition sowie eine Koalition aus CDU/CSU und FDP. Insbesondere die Große Koalition, die bereits zu Beginn des Beobachtungszeitraums populärer war als die Alternative einer schwarz-gelben Koalition, gewann am Anfang des Wahlkampfs noch an Wertschätzung hinzu. Die Einschätzungen einer schwarz-gelben Koalition änderten sich im Wahlkampfverlauf hingegen nicht. Die Urteile über Schwarz-Grün, „Ampel" und „Jamaika" lagen nicht weit auseinander und allesamt im negativen Bereich der Skala. Wie in Abbildung 7 erkennbar, wurde die „Jamaika"-Option in der „heißen" Wahlkampfphase ab Ende August von den Bürgern zunehmend wohlwollender gesehen und überholte immerhin die „Ampel"-Variante einer Regierungszusammenarbeit. Dennoch kamen die Bewertungen dieses unerprobten Koalitionsmodells niemals in die Nähe der Urteile über die beiden Optionen der Großen und der christlich-liberalen Koalition, die den Wählern aus vorangegangenen Amtsperioden schon bekannt waren (siehe Kapitel 7). Die Einbindung der Linken in eine „rot-rot-grüne" Bundesregierung wurde im Vergleich dazu negativer beurteilt, jedoch bei Weitem nicht mehr so negativ wie noch 2013 (Partheymüller 2014). Mit Abstand am wenigsten von den Bürgern erwünscht war eine Koalition unter Einschluss der AfD. Über den gesamten Beobachtungszeitraum hinweg wies diese Option die negativsten Bewertungen und nur sehr geringe Schwankungen auf.

Abbildung 7: Wünschbarkeit von Koalitionen

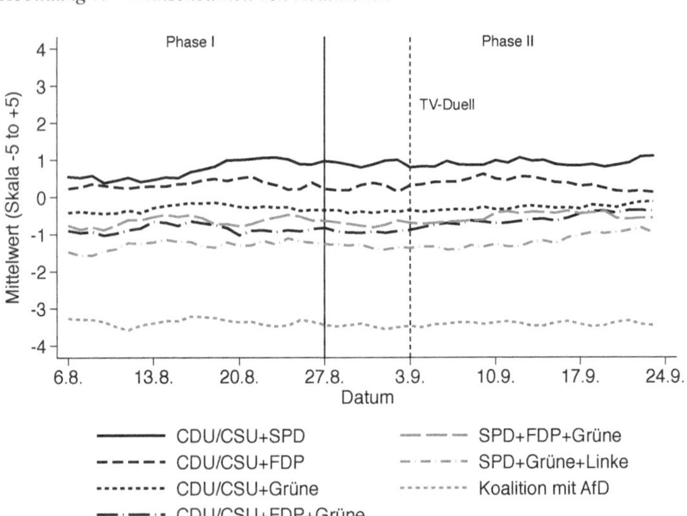

Quelle: GLES-Rolling Cross Section-Wahlkampfstudie 2017 (ZA6803).

3.4.4 Erwartungen zu Koalitionen und dem Wahlausgang

Nachdem im vorangegangenen Abschnitt die Bewertungen der Bürger von Parteien, Kandidaten, und Koalitionen während des Wahlkampfs im Mittelpunkt standen, beleuchte ich nun die Erwartungen, die sich die Bürger über den Wahlkampf hinweg bezüglich des Einzugs der kleinen Parteien (AfD, FDP, Grüne, Linke) in den Bundestag sowie der Zusammensetzung der zukünftigen Bundesregierung gebildet haben.

Abbildung 8: Erwarteter Einzug in den Bundestag

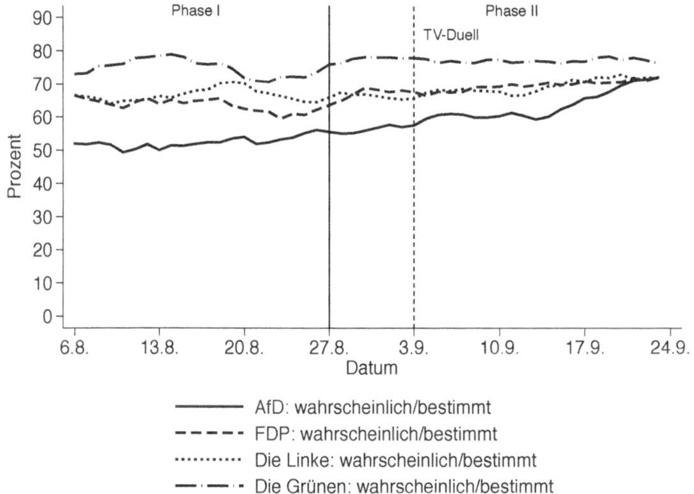

Quelle: GLES-Rolling Cross Section-Wahlkampfstudie 2017 (ZA6803).

Abbildung 8 zeigt die von den Bürgern während des Wahlkampfs wahrgenommenen Einzugswahrscheinlichkeiten der kleinen Parteien in den Bundestag. Über 75 Prozent der Befragten hielten den Einzug der Grünen in den Bundestag für wahrscheinlich oder sicher. Über den gesamten Wahlkampf hinweg zeichnete sich diese Einschätzung als höchst stabil aus. Ähnlich bei der Partei Die Linke: Auch hier hielten 65 Prozent der Befragten den Einzug für wahrscheinlich oder sicher. 2013 lagen diese Erwartungen hingegen lediglich bei 50 Prozent. Deutlich mehr Veränderung unterworfen waren 2017 die Einzugserwartungen der Bürger hinsichtlich der FDP und der AfD, jener beiden Parteien also, die zu dieser Zeit nicht im Bundestag vertreten waren und nach erneutem (FDP) bzw. erstmaligem (AfD) Einzug strebten. Erwarteten etwa 60 Prozent der Befragten Anfang August, dass die FDP wahrscheinlich oder sicher in den Bundestag einziehen würde, so stieg dieser Anteil bis zur Wahl deutlich auf 70 Prozent (2013 waren dies lediglich 50 Prozent der Befragten); der große Teil des Anstiegs fand dabei erkennbar in der vierten Augustwoche statt. Am stärksten aber veränderten sich über den Wahlkampf hinweg die Einzugserwartungen für die AfD. Bis zum 20. August erwartete nur etwa die Hälfte der Befragten, dass die AfD wahrscheinlich oder sicher in den Bundestag einziehen würde. Im darauffolgenden Zeitraum allerdings – der mit der AfD-Wahlkampftour zusammenfällt – stieg dieser Anteil auf über 70 Prozent an, und erreichte damit vor der Wahl dasselbe Niveau wie die FDP und Die Linke (2013 lagen die Einzugserwartungen für die AfD lediglich bei etwa 15 Prozent). Unmittelbar vor der Wahl unterschieden sich die Wahlerwartungen für die verschiedenen kleinen Parteien kaum noch. Im deutlichen Kontrast zur letzten Bundestagswahl schätzten die Bürger 2017 die Einzugschancen der kleinen Parteien deutlich höher ein. Dieser Befund lässt sich unter anderem durch veröffentlichte Meinungsumfragen erklären: Über den gesamten Wahlkampfverlauf lag der geschätzte Stimmenenteil von AfD, FDP, Grünen, und Linken deutlich über der Fünf-Prozent-Hürde (Arzheimer 2017).

Abbildung 9 stellt die Entwicklung der Koalitionserwartungen im Zeitverlauf dar (siehe Kapitel 6.11). Bereits am Anfang des Wahlkampfs rechneten über 40 Prozent der Befragten mit einer Fortsetzung der Großen Koalition. Diese Erwartung stieg in der Woche nach dem TV-Duell auf deutlich über 50 Prozent an, näherte sich anschließend aber wieder von oben der 50 Prozent-Marke. Anders als noch 2013 erwartete lediglich ein Viertel der befragten Bürger anfänglich eine schwarz-gelbe Koalition (2013: 40 Prozent). Über den Feldverlauf hinweg sank allerdings die Erwartung eines Regierungsbündnisses aus CDU/CSU und FDP von 25 auf unter 15 Prozent, und spiegelte so relativ genau die zunehmende Erwartung einer erneuten Großen Koalition wider. Ein Jamaika-Bündnis aus Unionsparteien, Grünen, und FDP erwarteten stets nicht mehr als drei Prozent der Befragten. Allen übrigen Koalitionsoptionen, etwa einer rot-grünen Koalition oder einer Koalition unter Beteiligung der AfD, wurden ebenfalls kaum Chancen eingeräumt, und sie verblieben über den gesamten Zeitraum im niedrigen einstelligen Bereich. In den Augen der Wählerschaft erschienen somit nur zwei Koalitionsoptionen realistisch: die Große Koalition und Schwarz-Gelb. Gleichwohl wies die Große Koalition einen großen Vorsprung zur christlich-liberalen Koalition auf, der sich im Zeitverlauf noch verstärkte.

Abbildung 9: Erwartete Zusammensetzung der nächsten Bundesregierung

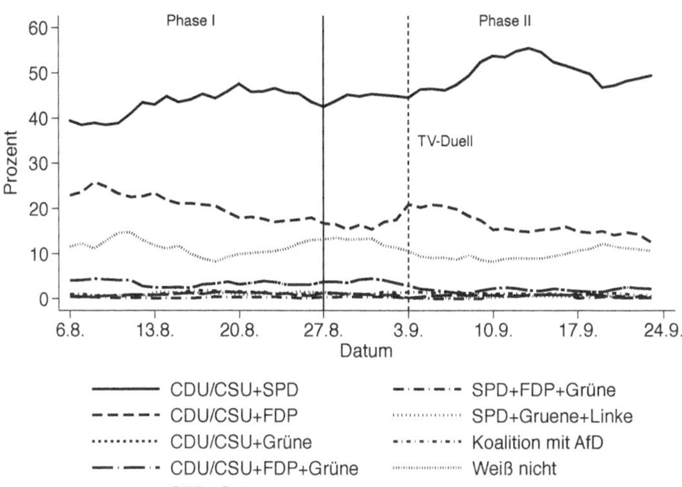

Quelle: GLES-Rolling Cross Section-Wahlkampfstudie 2017 (ZA6803).

3.4.5 Wahlabsichten

Nachdem in den vorangegangenen Abschnitten die Entwicklung der Bewertungen und Wahrnehmungen über den Wahlkampf hinweg beleuchtet wurde, untersuche ich schließlich, wie sich der Wahlkampf auf die Parteipräferenzen der Bürger auswirkte. In Abbildung 10 ist die Entwicklung der Wahlabsichten für die Zweitstimmen abgetragen. Die Prozentuierung erfolgt unter Einschluss der in Abbildung 2 gesondert ausgewiesenen unentschlossenen Wähler. Die CDU/CSU wies mit über 25 Prozent von allen Parteien die größte Unterstützung bei den Wählern auf. Die im Vergleich zu anderen Parteien anfänglich schon hohe Unterstützung stieg in der beobachteten Zeit bis zur Wahl im Schnitt nur noch sehr leicht an, fluktuierte über den Beobachtungszeitraum aber teils deutlich. Die SPD gewann in der „heißen" Wahlkampfphase etwa fünf Prozentpunkte hinzu, und erreichte so etwa 20 Prozent.

Die Wahlabsichten für die Grünen und die AfD lagen über den gesamten Wahlkampf bei acht bzw. sechs Prozent der Befragten, unterlagen in der ersten Phase aber Schwankungen. Deutlich mehr Dynamik ist dafür bei der Linken und der FDP erkennbar. Bis Mitte August etwa wies die Linken-Wahlabsicht einen leicht negativen Trend auf; erst Anfang September, zu Beginn der intensiven Wahlkampfphase der Linken (Auftaktkundgebung am 1. September), kehrte sich dieser Trend um. Ihr Zuspruch wuchs um insgesamt fünf Prozentpunkte. Die Wahlabsicht der FDP zeichnete sich durch einen ähnlichen Aufwärtstrend aus, der mit der „heißen“ Wahlkampfphase der FDP am 8. September begann. So konnte auch die FDP über den Wahlkampf hinweg einen Zuwachs von fünf Prozentpunkten verbuchen.

Abbildung 10: Entwicklung der Wahlabsichten (Zweitstimmen)

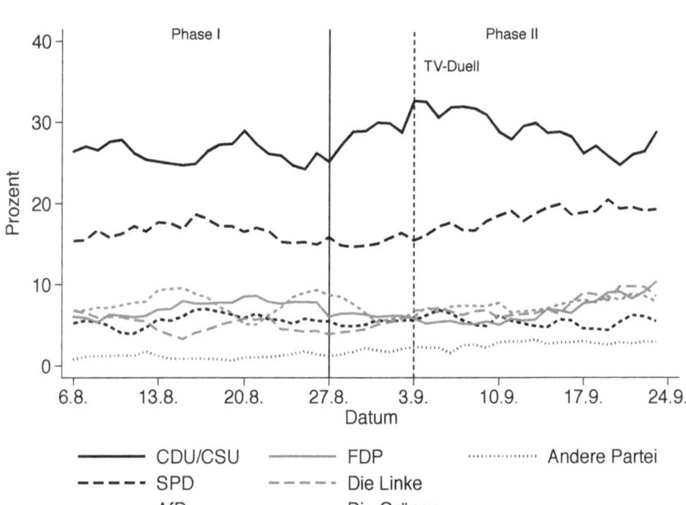

Quelle: GLES-Rolling Cross Section-Wahlkampfstudie 2017 (ZA6803).

3.4.6 Fazit

Der Bundestagswahlkampf 2017 rief anfänglich – vergleichbar mit den Wahlkämpfen 2009 und 2013 – nur wenig Resonanz bei den Bürgern hervor. Plakataktionen und Wahlkampfauftritte von Spitzenkandidaten bewirkten im August kaum Veränderungen in der öffentlichen Meinung. Erst vier Wochen vor der Wahl, als die Parteien ihre Kampagnen mit Wahlwerbespots und Haustürwahlkampf intensivierten, und die Massenmedien ihr politisches Informationsangebot ausweiteten, zeigten sich deutliche Dynamiken. Wie auch schon in vorangegangenen Wahljahren entfaltete der Bundestagswahlkampf 2017 eine mobilisierende Wirkung, die sich in der deutlichen Verringerung der Unentschlossenheit der Wähler hinsichtlich ihrer Erst- und Zweitstimmen zeigte. Gleichzeitig scheinen Medienereignisse wie das Fernsehduell oder die Debatte der Kandidaten von AfD, FDP, Grünen, und Linken nur kleine Verschiebungen von Bewertungen, Wahrnehmungen, und Wahlabsichten zur Folge gehabt zu haben. Lediglich bei der SPD bzw. ihrem Spitzenkandidaten Martin Schulz folgten auf das TV-Duell Veränderungen der Partei- respektive Kandidatenbewertungen.

Angesichts dieser Befunde wird sehr deutlich, dass dem Wahlkampf – wie bereits 2009 und 2013 – keine gewaltige, aber doch spürbare Rolle zukam, zunächst unentschlossene Wähler an die Wahlurnen zu bringen. Durch die Wahlkampagnen der Parteien, den Haustürwahlkampf, und zusätzliche politische Informationsangebote in den Massenmedien wurde auch 2017 wieder ein Kontext geschaffen, innerhalb dessen sich die Bürger über das politische Angebot informieren, sich ihrer politischen Präferenzen gewahr werden, und schließlich eine für sie geeignete Wahl treffen konnten.

Literatur

Arzheimer, Kai 2017: State of the German polls: It's the final surveys. [http://www.kai-arzheimer.com/state-german-polls-final-surveys/] <30.09.2017>.

Cantow, Matthias/Fehndrich, Martin/Schneider, Andreas/Zicht, Wilko 2017: Wahlumfragen zur Bundestagswahl: Sonntagsfrage (Wahlumfrage, Umfragen). [http://www.wahlrecht.de/umfragen/index.htm] <30.09.2017>.

Krewel, Mona 2014: Die Wahlkampagnen der Parteien und ihr Kontext, in: Schmitt-Beck, Rüdiger/Rattinger, Hans/Roßteutscher, Sigrid/Weßels, Bernhard/Wolf, Christof/Bieber, Ina/Blumenberg Manuela S./Blumenstiel, Jan E./Faas, Thorsten/Förster, André/Giebler, Heiko/Glogger, Isabella/Gummer, Tobias/Huber, Sascha/Krewel, Mona/Lamers, Patrick/Maier, Jürgen/Partheymüller, Julia/Plischke, Thomas/Roßmann, Joss/Schäfer, Anne/Scherer, Philipp/Steinbrecher, Markus/Wagner, Aiko/Wiegand, Elena, Hg., Zwischen Fragmentierung und Konzentration: Die Bundestagswahl 2013, Baden-Baden: Nomos, 35-45.

Krewel, Mona/Schmitt-Beck, Rüdiger/Wolsing, Ansgar 2011a: The Campaign and its Dynamics at the 2009 German General Election, in: German Politics 20, 28-50.

Krewel, Mona/Schmitt-Beck, Rüdiger/Wolsing, Ansgar 2011b: Geringe Polarisierung, unklare Mehrheiten und starke Personalisierung: Parteien und Wähler im Wahlkampf, in: Rattinger, Hans/Roßteutscher, Sigrid/Schmitt-Beck, Rüdiger/Weßels, Bernhard/Bieber, Ina/Blumenstiel, Jan E./Bytzek, Evelyn/Faas, Thorsten/Huber, Sascha/Krewel, Mona/Maier, Jürgen/Rudi, Tatjana/Scherer, Philipp/Steinbrecher, Markus/Wagner, Aiko/Wolsing, Ansgar, Hg., Zwischen Langeweile und Extremen: Die Bundestagswahl 2009, Baden-Baden: Nomos, 33-57.

Maier, Jürgen/Faas, Thorsten 2011: 'Miniature Campaigns' in Comparison: The German Televised Debates, 2002-2009, in: German Politics 20, 75-91.

Nielsen, Rasmus K. 2012: Ground Wars: Personalized Communication in Political Campaigns, Princeton: Princeton University Press.

Partheymüller, Julia 2014: Die Dynamik von Mobilisierung und Meinungswandel im Wahlkampf, in: Schmitt-Beck, Rüdiger/Rattinger, Hans/Roßteutscher, Sigrid/Weßels, Bernhard/Wolf, Christof/Bieber, Ina/Blumenberg Manuela S./Blumenstiel, Jan E./Faas, Thorsten/Förster, André/Giebler, Heiko/Glogger, Isabella/Gummer, Tobias/Huber, Sascha/Krewel, Mona/Lamers, Patrick/Maier, Jürgen/Partheymüller, Julia/Plischke, Thomas/Roßmann, Joss/Schäfer, Anne/Scherer, Philipp/Steinbrecher, Markus/Wagner, Aiko/Wiegand, Elena, Hg., Zwischen Fragmentierung und Konzentration: Die Bundestagswahl 2013, Baden-Baden: Nomos, 73-100.

Rosenstone, Steven/Hansen, John M. 1993: Mobilization, Participation and Democracy in America, New York: Macmillan Publishing.

3.5 Eingeschlossen in der Filter Bubble? Politische Kommunikationsnetzwerke im Wahlkampf

Lea Gärtner und Alexander Wuttke

3.5.1 Einleitung

Seit dem 3. März 2011 ist der Begriff der Filter Bubbles in der Welt und befeuert eine bis heute andauernde Debatte über das politische Kommunikationsverhalten von Bürgern in modernen Demokratien. Eli Pariser popularisierte den Begriff mit einem Vortrag auf der TED-Konferenz 2011, der sich seitdem an Millionen von Zuschauer verbreitete. Filter Bubbles ergeben sich aus der algorithmischen Anpassung von digitalen Nachrichtendiensten, Suchergebnissen und sozialen Netzwerken an die persönlichen Vorlieben der Nutzer. Laut Pariser (2011a, b, c) könnten diese Blasen zur Folge haben, dass Menschen nicht mehr mit Informationen konfrontiert werden, die wichtig sind um die Welt zu verstehen, sondern nur mit solchen, die zu ihrem bereits vorgefertigten Weltbild passen. Filter Bubbles beschreiben also die Tendenz, sich in eine Informationsumgebung einzuigeln, in der wir wie in einer Echokammer nur das widergespiegelt bekommen, was wir ohnehin bereits glauben. Parisers TED-Talk löste eine rege öffentliche Diskussion aus. Selbst der Europarat und Berater der Europäischen Kommission warnten vor den negativen Folgen, die die Filterung von Inhalten im Internet für die Meinungsvielfalt und somit auch für die Demokratie nach sich ziehen könnte (Vīķe-Freiberga et al. 2013; Council of Europe 2012).

Mittlerweile setzen sich auch viele wissenschaftliche Arbeiten mit diesen Thesen auseinander. Deren Befunde zeichnen ein weniger brisantes Bild individueller Kommunikationsumgebungen, als es die oftmals laute Debatte in und über soziale Medien vermuten ließ. Zuiderveen Borgesius et al. fassen die bisherigen Analysen in einer Meta-Studie zusammen und schlussfolgern, dass „es derzeit wenige empirische Belege gibt, die zur Sorge über Filter Bubbles Anlass geben“ (2016: 10). Obwohl sich die Debatte über Filter Bubbles zunächst auf die Informationsflüsse im Internet fokussierte, stellte eine Reihe von Studien fest, dass sich in den persönlichen Offline-Kommunikationsnetzwerken von Wählern deutlich weniger gegenläufige Meinungen finden, als in den beargwöhnten digitalen Netzwerken (Barnidge 2017; Gentzkow/Shapiro 2011). Vaccari (2018) zeigt darüber hinaus, dass die Tendenz zu undurchlässigen Kommunikationsnetzwerken in Deutschland besonders ausgeprägt ist. Finden sich die echten Filter Bubbles also nicht im Internet, sondern im direkten sozialen Umfeld von Wählern? Mit anderen Worten, suchen sich Wähler Gesprächspartner, die die gleiche Meinung vertreten wie sie selbst, sodass sie den falschen Eindruck gewinnen, es gäbe keine anderen Ansichten zu politischen Fragen?

Dieser Gedanke ist durchaus nicht neu und wurde bereits lange vor der Verbreitung des Internets in der Politikwissenschaft diskutiert. Schon Lazarsfeld et al. (1944) demonstrierten in ihrer Untersuchung der amerikanischen Präsidentschaftswahl 1940 die Bedeutung von Diskussionsnetzwerken für die Herausbildung von individuellen Wahlabsichten. Ihrer Studie zufolge verstärkt sich die Abgrenzung zwischen den Wählern unterschiedlicher Parteien im Verlauf des Wahlkampfes, fällt aber nach der Wahl schnell auf ihr ursprüngliches Niveau zurück. Außerdem sei die Auswahl von Diskussionspartnern durch das soziale und geografische Umfeld beschränkt, sodass die Autoren keine undurchlässigen oder dauerhaften Filter Bubbles erwarten. Stimmen diese Annahmen noch in einer Welt, in der Menschen sowohl sozial als auch geografisch deutlich mobiler sind als vor fast achtzig Jahren? Oder befinden sich deutsche Wähler, wie von Vaccari (2018) vermutet, längst in analogen Filter Bubbles? Um diese Fragen zu beantworten untersucht das vorliegende Kapitel die Kommunikationsnetzwerke deutscher Wähler auf die Existenz von Filter Bubbles, wobei neben einer statischen Betrachtung auch mögliche Dynamiken im Wahlkampfverlauf untersucht werden.

Um Struktur und Umfang der Gesprächsnetzwerke deutscher Wähler zu untersuchen, werden Daten aus einer Wiederholungsbefragung ausgewertet, die im Rahmen der German Longitudinal Election Study (GLES) im Onlinemodus durchgeführt wurde (Roßteutscher et al. 2018). Erstmals im Herbst 2016 wurden 18.079 Wahlberechtigte zu ihren politischen Einstellungen befragt. Es wurde versucht, die Teilnehmer sechs weitere Male vor der Bundestagswahl am 24. September und noch einmal nach der Bundestagswahl zu befragen, wobei nicht alle Befragte an allen Befragungswellen teilgenommen haben. Im Juli 2017 wurde die Stichprobe vor der fünften Welle um weitere 3960 Befragte aufgestockt. In jeder dieser Wellen wurden die Befragten gebeten anzugeben, an wie vielen Wochentagen sie über Politik gesprochen haben. Daraufhin konnten sie bis zu drei ihrer politischen Gesprächspartner, sowie deren vermutete Parteiwahlabsicht und einige weitere Information angeben. Diese Daten erlauben es, Umfang und Dynamik des Kommunikationsverhaltens deutscher Wähler zu betrachten und zu untersuchen, inwieweit Filter Bubbles in diesen Gesprächsnetzwerken erkennbar sind, beziehungsweise Wähler sich gezielt Gleichgesinnte zum politischen Austausch suchen.

3.5.2 Kommunikationsnetzwerke deutscher Wähler

Im Durchschnitt sprechen Wähler an 2,3 Tagen pro Woche mit anderen Personen über Politik. Um zu untersuchen, ob sich Bürger in ihrem politischen Kommunikationsverhalten unterscheiden, zeigt Abbildung 1 die Verteilung der Häufigkeit politischer Gespräche unter den befragten Wählern am Beispiel der ersten Erhebungswelle ein Jahr vor der Bundestagswahl. 19 Prozent der Befragten geben an, an keinem Tag der zurückliegenden Woche über Politik gesprochen zu haben, wohingegen fünf Prozent täglich über Politik sprachen. Die Abbildung belegt somit, dass sich die Häufigkeit politischer Gespräche zwischen den Befragten stark unterscheidet, die allermeisten Wähler aber zumindest hin und wieder über politische Themen sprechen. Die Häufigkeit politischer Diskussionen ist über die Erhebungswellen hinweg stabil, das heißt Bürger sprechen im Wahlkampf nicht mehr über Politik als vor dem Wahlkampf.

Abbildung 1: Allgemeine politische Diskussionshäufigkeit deutscher Wähler im Oktober 2016

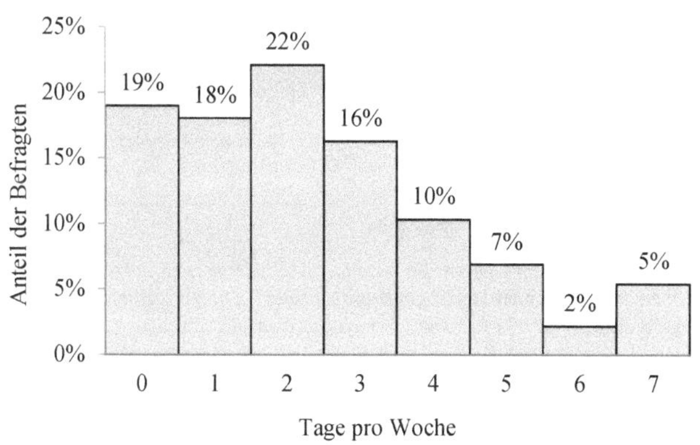

Quelle: GLES-Wahlkampfpanel 2017 (ZA6804).

Mit wem tauschen sich die deutschen Wähler über politische Angelegenheiten aus? Unter allen Gesprächspartnern ist etwa jeder fünfte ein (Ehe-)Partner, unter den zuerst genannten Personen sogar jeder zweite (nicht abgebildet). Es ist wenig überraschend, dass der Partner oder die Partnerin eine besondere Stellung einnehmen und Befragten häufig zuerst in den Sinn kommen, wenn sie gefragt werden, mit wem sie über Politik diskutieren. Die Wichtigkeit dieses sozialen Kontakts spiegelt sich auch in der durchschnittlichen Anzahl der Tage im Erhebungszeitraum wider, an denen Befragte mit ihrem Ehepartner über Politik gesprochen haben, nämlich an 4,1 Tagen pro Woche. Insgesamt betrachtet werden Verwandte mit 27 Prozent der angegebenen Diskussionspartner am häufigsten genannt, gefolgt von Freunden mit 24 Prozent (siehe Tabelle 1). Arbeitskollegen und Bekannte oder Nachbarn werden eher seltener angegeben, allerdings sprechen Befragte, die einen Arbeitskollegen als Diskussionspartner angegeben haben, mit 2,7 Tagen pro Woche verhältnismäßig häufig mit diesem. Insgesamt legen diese Befunde nahe, dass Politik im engen Kreis mit Freunden und Verwandten besprochen wird und weniger unter entfernten Bekannten.

Tabelle 1: Beziehungen deutscher Wähler zu ihren Diskussionspartnern

Beziehung	Anteil der Diskussionspartner	Diskussionshäufigkeit
Ehepartner/Partner	21%	4,1
Freunde	24%	2,5
Verwandte	27%	2,6
Arbeitskollegen	14%	2,7
Bekannte/Nachbarn	9%	2,4
Andere	4%	2,3

Quelle: GLES-Wahlkampfpanel 2017 (ZA6804).

Anmerkungen: Der Anteil der Diskussionspartner gibt an, wie viel Prozent der Gesprächspartner zu den genannten Beziehungstypen gehören. Die Diskussionshäufigkeit gibt die durchschnittliche Anzahl der Tage pro Woche über alle Befragungswellen hinweg an, an denen Befragte mit Diskussionspartnern des angegebenen Beziehungstyps über Politik gesprochen haben.

Wir haben bereits gesehen, dass Menschen sich unterschiedlich häufig mit Politik auseinandersetzen. Es ist denkbar, dass sich solche Unterschiede auch zwischen den Anhängern verschiedener politischer Parteien finden. Haben die Wähler der sogenannten Volksparteien möglicherweise größere Kommunikationsnetzwerke, weil sich in ihrem sozialen Umfeld mehr Gleichgesinnte finden? Diskutieren Wähler von Parteien am linken und rechten Rand öfter über Politik, weil sie am politischen Geschehen in Deutschland mehr auszusetzen haben? Um diese Fragen zu beantworten, wurden die Größe der Netzwerke und die durchschnittliche Diskussionshäufigkeit für die Wähler unterschiedlicher Parteien getrennt berechnet.

Tabelle 2: Kommunikationsnetzwerke von Parteiwählern

Partei	Netzwerkgröße	Diskussionshäufigkeit
CDU/CSU	2,4	2,5
SPD	2,5	2,6
AfD	2,5	3,0
FDP	2,4	2,6
Linke	2,4	2,7
Grüne	2,4	2,4
Gesamt	2,4	2,6

Quelle: GLES-Wahlkampfpanel 2017 (ZA6804).

Anmerkungen: Die Netzwerkgröße gibt an, wie viele Diskussionspartner die Wähler einer Partei im Durchschnitt genannt haben. Die Diskussionshäufigkeit bezieht sich auf die durchschnittliche Anzahl der Tage pro Woche über alle Befragungswellen hinweg, an denen Wähler einer Partei über Politik gesprochen haben.

Tabelle 2 zeigt, dass sich die Anhänger verschiedener Parteien in der durchschnittlichen Größe ihrer Gesprächsnetzwerke in Bezug auf den gesamten Erhebungszeitraum nicht unterscheiden. Mit Blick auf die Diskussionshäufigkeit ergibt sich aber ein anderes Bild. Zum einen sprechen Wähler, die eine Parteiwahlabsicht angaben, insgesamt etwas mehr über Politik als ein durchschnittlicher Befragter, nämlich etwa 2,6 statt 2,3 Tage pro Woche (nicht abgebildet). Zum anderen diskutieren Wähler der Linken und der AfD mit 2,7 bzw. 3 Tagen pro Woche tatsächlich etwas häufiger über Politik als die der anderen Parteien. Am wenigsten diskutieren Wähler der Grünen, die aber immerhin noch an 2,4 Tagen pro Woche mit anderen Personen über Politik sprechen. Im Hinblick auf ihre Größe und die Häufigkeit des Austauschs unterscheiden sich die Kommunikationsnetzwerke der Parteiwähler somit nur geringfügig.

Zusammenfassend diskutieren Wähler tendenziell im engeren sozialen Umfeld über Politik und Parteiwähler sprechen etwas häufiger über Politik als unentschlossene Wähler, wobei sich die Kommunikationsnetzwerke von Wählern verschiedener Parteien nicht wesentlich unterscheiden. Können wir also davon ausgehen, dass viele Wähler in Filter Bubbles stecken, weil sie sich hauptsächlich in ihrem engeren sozialen Umfeld über Politik unterhalten? Da die Enge der Beziehung nicht notwendigerweise ein Indikator für politische Übereinstimmung ist (Bello/Rolfe 2014), lassen die bisherigen Ergebnisse keine Rückschlüsse über die Verbreitung von Filter Bubbles zu. Um die Ausgangsfrage zu beantworten, wird im folgenden Abschnitt daher der Homogenitätskoeffizient als neuer Indikator für die Existenz von Filter Bubbles in Kommunikationsnetzwerken eingeführt.

3.5.3 Filter Bubbles in den Kommunikationsnetzwerken deutscher Wähler

Insgesamt betrachtet sind die Kommunikationsnetzwerke deutscher Wähler verhältnismäßig homogen, das heißt Wähler tauschen sich hauptsächlich mit Wählern gleicher Meinung aus. Der Anteil der Befragten in Netzwerken, in denen eine Mehrheit der Diskussionspartner die Parteiwahlabsicht des Befragten teilen, beträgt etwa 42 Prozent und steigt auf 46 Prozent, wenn auch solche Kommunikationsnetzwerke gezählt werden, die aus nur einem Diskussionspartner bestehen. Auf den ersten Blick mag diese Zahl nicht sonderlich hoch erscheinen. Immerhin befinden sich mehr als die Hälfte der Wähler demnach in Kommunikationsnetzwerken, in denen die meisten Diskussionspartner andere Parteien zu wählen beabsichtigen. Berücksichtigt man jedoch, dass es in Deutschland deutlich mehr als zwei Parteien gibt, sollte die Wahrscheinlichkeit, sich in einem Netzwerk mit Wählern der gleichen Partei zu befinden, merklich geringer ausfallen als 50 Prozent. Gäbe es keine Tendenz zu Filter Bubbles, müsste die Wahrscheinlichkeit, einen Wähler der eigenen Partei als Diskussionspartner zu haben, dem Anteil der Wähler dieser Partei unter allen Befragten entsprechen. Erreicht beispielsweise die SPD in der Bundestagswahl 20 Prozent der Stimmen, dann sollte bei einer zufälligen Verteilung der Gesprächspartner jeder fünfte Diskussionspartner von SPD-Wählern ebenfalls eine SPD-Wahlabsicht äußern. Fällt dieser Wert höher aus sprechen SPD-Wähler häufiger mit anderen SPD-Wählern als anhand des Anteils von SPD-Anhängern in der Gesamtbevölkerung zu erwarten wäre. Dies würde auf eine Neigung hindeuten, Wähler der eigenen Partei als Gesprächspartner zu bevorzugen.

Genau diese Stärke der Bevorzugung von gleichgesinnten Diskussionspartnern misst der Homogenitätskoeffizient. Dieser berücksichtigt die Kräfteverteilung der Parteien in der Bevölkerung, also ihren Stimmenanteil, und gibt an, wie wahrscheinlich es ist, einen Diskussionspartner mit der gleichen Parteiwahlabsicht zu haben, im Vergleich zur Wahrscheinlichkeit in einem zufällig zusammengesetzten Gesprächsnetzwerk. In Bezug auf das Beispiel bedeutet das, dass alle Kommunikationsnetzwerke von SPD-Wählern auf den Anteil von Gesprächspartnern untersucht wurden, die ebenfalls die SPD wählen. Um den Homogenitätskoeffizienten zu erhalten, wurde der durchschnittliche Prozentsatz der Gleichgesinnten in den Kommunikationsnetzwerken von SPD-Wählern durch den Stimmenanteil der SPD geteilt. Entspricht der Prozentsatz der Gleichgesinnten dem Stimmenanteil in der Gesamtbevölkerung, wäre der Homogenitätskoeffizient eins. Liegt der Anteil der Gleichgesinnten allerdings höher, beispielsweise bei 40 Prozent, wäre der Homogenitätskoeffizient zwei, das heißt SPD-Wähler würden doppelt so viele andere SPD-Wähler in ihrem Kommunikationsnetzwerk haben wie in einem zufällig aus der Bevölkerung ausgewählten Netzwerk. Der Homogenitätskoeffizient misst also, wie sehr Befragte das Gespräch mit Gleichgesinnten dem Austausch mit Andersdenkenden vorziehen.

Bei der Untersuchung von Filter Bubbles auf Twitter fanden Colleoni et al. (2014) heraus, dass sich die Neigung zu gleichgesinnten Netzwerken zwischen Wählern verschiedener amerikanischer Parteien unterscheidet. Welche Unterschiede sind für deutsche Wähler zu erwarten? Laut einer aktuellen Studie des Umfrageinstituts YouGov (Caspari 2017) sind die Wähler der Grünen besonders weltoffen und interessiert an anderen Meinungen, sodass für diese Wählergruppe ein niedriger Homogenitätskoeffizient zu erwarten ist. Im Gegensatz hierzu könnten Wähler von Parteien am äußeren ideologischen Rand, wie die der AfD und der Linken, sich stärker von den Wählern anderer Parteien abgrenzen. Gerade Wählern der AfD wird häufig nachgesagt, in ihrer Informationssuche und -verarbeitung besonders starke Verzerrungen aufzuweisen. So seien sie sehr anfällig für Fake-News, die mit ihrem Weltbild übereinstimmen (Sängerlaub 2017), und da eine Wir-gegen-Die-Mentalität zum Gründungsmythos der AfD als populistischer Anti-Eliten-Partei gehört, könnte auch die Neigung zu gleichgerichteten Gesprächsnetzwerken unter AfD-Wählern besonders stark sein. Nachdem sich die CDU/CSU und die SPD gerade in den letzten

Jahren als Parteien der Mitte präsentiert haben, dürften die Ansichten ihrer Wähler dagegen gegenüber vielen anderen Parteien anschlussfähig sein, was einen eher niedrigen Homogenitätskoeffizienten erwarten lässt. Gäbe es unter Parteianhängern keine besondere Neigung mit Gleichgesinnten zu sprechen, müsste der Homogenitätskoeffizient eins betragen.

Tabelle 3: Homogenitätskoeffizienten nach Parteien

Partei	Homogenitätskoeffizient
CDU/CSU	3,0
SPD	2,5
AfD	4,1
FDP	2,6
Linke	2,5
Grüne	3,3
Gesamt	2,8

Quelle: GLES-Wahlkampfpanel 2017 (ZA6804).

Anmerkungen: Der Homogenitätskoeffizient gibt an, um welchen Faktor der Anteil der Diskussionspartner, die die gleiche Parteiwahlabsicht haben wie der Befragte, im Durchschnitt über alle Wellen hinweg gegenüber einem zufälligen Netzwerk erhöht ist.

Tabelle 3 zeigt, dass Wähler aller Parteien gleichgesinnte Gesprächspartner in ihrem Diskussionsnetzwerk bevorzugen. Im Durchschnitt haben Parteiwähler über alle Erhebungswellen hinweg eine im Vergleich zu einem zufälligen Netzwerk um den Faktor 2,8 erhöhte Wahrscheinlichkeit, einen Wähler der eigenen Partei als Diskussionspartner zu haben. Was sind die praktischen Folgen dieser starken Neigung, Wähler der eigenen Partei gegenüber anderen Gesprächspartnern zu bevorzugen? Greifen wir das obige Beispiel auf und nehmen an, dass jeder fünfte Befragte die SPD wählen möchte. Spielt die Parteizugehörigkeit keine Rolle, wäre also zu erwarten, dass bei SPD-Wählern 20 Prozent der Gesprächspartner ebenfalls der SPD ihre Stimme geben. Der SPD-Homogenitätskoeffizient von 2,5 gibt jedoch an, dass 50 Prozent der Gesprächspartner von SPD-Anhängern auch die SPD wählen. SPD-Wähler tauschen sich also häufig mit anderen SPD-Wählern aus und erfahren somit von den Ansichten Andersdenkender zumindest im Rahmen politischer Gespräche wenig. Diese Neigung zu Filter Bubbles ist unter AfD-Wählern mit einem Homogenitätskoeffizienten von 4,1 am stärksten ausgeprägt, unter den Anhängern anderer Parteien jedoch auch stark verbreitet. Entgegen den Erwartungen weisen Wähler der Grünen den zweithöchsten Homogenitätskoeffizienten auf. Der Homogenitätskoeffizient der SPD ist erwartungsgemäß niedrig, der Wert für die CDU/CSU fällt dagegen höher aus. Hier könnte die konservative Ausrichtung der CDU/CSU eine Rolle spielen, deren Wähler abgesehen von der extremen AfD keine Berührungspunkte rechts von der eigenen Partei haben und auch bei weiter links verorteten Parteien weniger Anschlusspunkte als SPD-Wähler finden dürften. Insgesamt betrachtet belegen die Ergebnisse in Tabelle 2 die Existenz von Filter Bubbles, die für Wähler der AfD, der Grünen und der CDU/CSU anscheinend besonders undurchlässig sind.

Filter Bubbles sind vor allem problematisch, wenn sie dauerhaft vorhanden sind. Lazarsfeld et al. (1944) nahmen dagegen an, dass die Neigung zu gleichgesinnten Gesprächspartnern ein Nebenprodukt des Wahlkampfes wäre und insofern nur kurzzeitig aufträte. Nachdem Kommunikationsnetzwerke in diesem Abschnitt statisch auf die Existenz von Filter Bubbles hin untersucht wurden, wird daher im nächsten Abschnitt die dynamische Entwicklung im Verlauf des Wahlkampfes analysiert.

3.5.4 Entwicklung von Filter Bubbles im Wahlkampf

Eine notwendige Voraussetzung für die Herausbildung von Filter Bubbles im Verlauf des Wahlkampfes ist, dass die untersuchten Kommunikationsnetzwerke grundsätzlich instabil sind. Das heißt, Wähler sprechen nicht immer mit denselben Personen, sondern wechseln im Verlauf des Wahlkampfes ihre Netzwerke zumindest teilweise aus. Eine Analyse der Verweildauer von Diskussionspartnern in den Kommunikationsnetzwerken deutscher Wähler zeigt, dass nur rund 7,5 Prozent der Befragten ein stabiles Kommunikationsnetzwerk haben, also niemals ihre Diskussionspartner wechseln. Im Gegenzug nennen knapp 59 Prozent der befragten Wähler in der jeweils folgenden Welle ein komplett neues Netzwerk. Diese niedrige Stabilität bietet gute Voraussetzungen für eine Entwicklung von Filter Bubbles im Wahlkampfverlauf, da Wähler über Zeit ihre Diskussionspartner mit abweichenden Parteiwahlabsichten durch solche mit einer übereinstimmenden Parteipräferenz ersetzen könnten.

Abbildung 2: Filter Bubbles im Wahlkampfverlauf

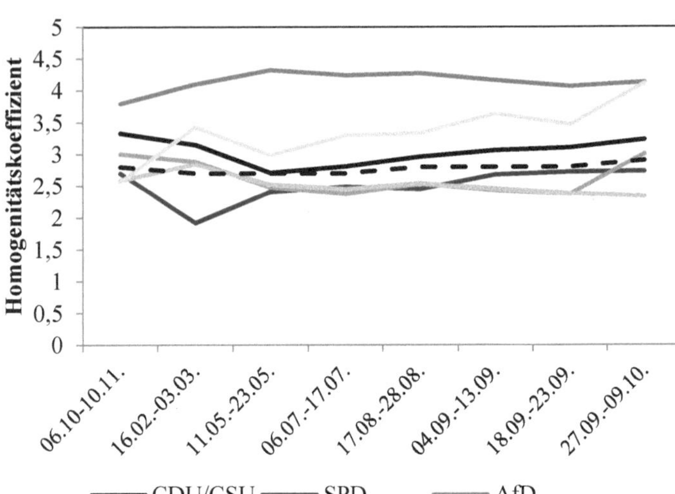

Quelle: GLES-Wahlkampfpanel 2017 (ZA6804).

Dennoch zeigt Abbildung 2, dass sich die Filter Bubbles in den Kommunikationsnetzwerken deutscher Wähler, von kleineren Schwankungen abgesehen, nicht erst im Wahlkampfverlauf entwickeln. Interessanterweise werden die Filter Bubbles der Wähler der Grünen und der FDP direkt nach der Wahl noch einmal deutlich undurchlässiger. Die kurzzeitige Schwächung der Filter Bubbles in den Kommunikationsnetzwerken von SPD-Wählern im Februar 2017 könnte auf den sogenannten Schulz-Effekt zurückgehen. Zwischen September 2016 und Februar 2017 waren die Wähler in großer Bewegung und viele der Befragten wechselten ihre Wahlabsicht gegenüber der SPD, ohne jedoch in dieser relativ kurzen Zeit ihre Kommunikationsnetzwerke anzupassen. Insgesamt lässt sich aber weder ein Trend zu einer Verdichtung der Filter Bubbles im Wahlkampfverlauf feststellen, noch bedeutende parteispezifische Trends. Diese Ergebnisse zeigen, dass Filter Bubbles nicht nur in Wahlkampfphasen auftreten, sondern sie im Gegenteil in der grundsätzlichen Struktur der Kommunikationsnetzwerke deutscher Wähler verankert sind.

3.5.5 Fazit

Filter Bubbles sind in aller Munde. Da jüngere Forschungsergebnisse zeigen, dass Filter Bubbles online weniger verbreitet sind als zunächst befürchtet, rücken zunehmend die persönlichen Kommunikationsnetzwerke der Wähler in den Fokus. Dieses Kapitel untersuchte das Gesprächsverhalten deutscher Wähler und insbesondere die Existenz von politischen Filter Bubbles in diesen Netzwerken. Anhand einer mehrwelligen Befragung der gleichen Personen vor, während und nach dem Wahlkampf wurde untersucht, mit wem sich deutsche Wähler über Politik austauschen, ob sie dabei Gleichgesinnte bevorzugen und inwieweit der fortschreitende Wahlkampf sich auch im Gesprächsverhalten niederschlägt. Bei den allermeisten Menschen ist Politik zumindest hin und wieder Gesprächsthema, wobei sich die deutschen Wähler stark darin unterscheiden, wie oft sie sich über politische Fragen austauschen. Wenn das Gespräch auf Politik kommt, dann meistens im engeren sozialen Kreis, also mit dem Ehepartner oder Freunden. Dabei sprechen Wähler auffällig häufig mit Gleichgesinnten. Die Neigung zu gleichgesinnten Gesprächsnetzwerken betrifft Wähler aller Parteien, ist jedoch bei Anhängern der AfD und der Grünen besonders stark ausgeprägt. Die Wahrscheinlichkeit, dass sich ein AfD-Wähler einen weiteren AfD-Wähler zum politischen Gespräch auswählt, ist vier Mal so hoch wie es die Häufigkeit von AfD-Wählern in der Bevölkerung erwarten ließe.

Diese Filter Bubbles entwickeln sich nicht erst im Verlauf des Wahlkampfes, sondern sind in den alltäglichen Kommunikationsstrukturen deutscher Wähler verankert. Gleichwohl gilt es zu bedenken, dass die Überrepräsentation Gleichgesinnter in den Gesprächsnetzwerken deutscher Wähler nicht notwendigerweise Ausweis einer Neigung sind, gegenläufige Ansichten zu vermeiden. Die Konzentration von Gleichgesinnten mag in Teilen darauf zurückzuführen sein, dass Parteien in bestimmten geografischen und sozialen Lagen besonders häufig vertreten sind und sich deswegen auch ihre Anhänger überproportional oft in den gleichen Gesprächsnetzwerken finden. Ungeachtet der Frage, ob Filter Bubbles sozialstrukturell begründet sind oder in bewussten oder unbewussten Entscheidungen ihre Ursache haben, bleibt festzuhalten, dass Wähler in ihren Gesprächen eine politische Gleichstimmigkeit wahrnehmen, die die tatsächliche Vielfalt in der deutschen Bevölkerung nicht widerspiegelt. Sind viele Wähler also blind für die Sichtweisen und Argumente anderer, weil sie in Kommunikationsnetzwerken stecken, in denen nur ihre eigene Meinung reflektiert wird? Eine derart pessimistische Sichtweise würde die tatsächliche Situation übermäßig dramatisieren. Denn nur jeder dritte Wähler spricht ausschließlich mit Anhängern derselben Partei. Die überwiegende Mehrheit der Bürger wird in ihren politischen Gesprächen also durchaus mit anderen Auffassungen und Weltsichten konfrontiert.

Literatur

Barnidge, Matthew 2017: Exposure to Political Disagreement in Social Media Versus Face-to-Face and Anonymous Online Settings, in: Political Communication 34, 302-321.

Bello, Jason/Rolfe, Meredith 2014: Is Influence Mightier Then Selection?: Forging Agreement in Political Discussion Networks During a Campaign, in: Social Networks 36, 134-146.

Caspari, Lisa 2017: Grünen-Wähler: Weitgereiste Bücherfreunde, in: Zeit Online, 10.8.2017. [http://www.zeit.de/politik/deutschland/2017-07/gruene-waehler-vergleich-spd/komplettansicht] <24.3.2018>.

Colleoni, Elanor/Rozza, Alessandro/Arvidsson, Adam 2014: Echo Chamber or Public Sphere?: Predicting Political Orientation and Measuring Political Homophily in Twitter Using Big Data, in: Journal of Communication 64, 317-332.

Council of Europe 4.4.2012: Recommendation CM/Rec(2012)3 of the Committee of Ministers to Member States on the Protection of Human Rights With Regard to Search Engines.

Gentzkow, Matthew/Shapiro, Jesse M. 2011: Ideological Segregation Online and Offline, in: The Quaterly Journal of Economics 126, 1799-1839.

Lazarsfeld, Paul F./Berelson, Bernard/Gaudet, Hazel 1944: The People's Choice: How the Voter Makes Up his Mind in a Presidential Campaign, New York: Duell, Sloan and Pearce.

Pariser, Eli 2011a: Beware Online „Filter Bubbles“, Vortrag bei der TED2011 Konferenz in Long Beach, CA, 3.3.2011.

Pariser, Eli 2011b: The Filter Bubble: What the Internet Is Hiding From You, New York: The Penguin Press.

Pariser, Eli 2011c: The Filter Bubble: How the New Personalized Web Is Changing What We Read and How We Think, New York: The Penguin Press.

Roßteutscher, Sigrid/Schmitt-Beck, Rüdiger/Schoen, Harald/Weßels, Bernhard/Wolf, Christof/Preißinger, Maria et al. 2018: Wahlkampf-Panel 2017 (GLES): Gesis Data Archive. doi:10.4232/1.13150.

Sängerlaub, Alexander 2017: Verzerrte Realitäten: Die Wahrnehmung von „Fake News" im Schatten der USA und der Bundestagswahl. [https://www.stiftung-nv.de/de/publikation/verzerrte-realit%C3%A4ten-%E2%80%9Efake-news%E2%80%9C-im-schatten-der-usa-und-der-bundestagswahl] <4.4.2018>.

Vaccari, Christian 2018: How Prevalent are Filter Bubbles and Echo Chambers on Social Media?: Not as Much as Conventional Wisdom Has It. [https://cristian-vaccari.com/2018/02/13/how-prevalent-are-filter-bubbles-and-echo-chambers-on-social-media-not-as-much-as-president-obama-thinks/] <20.3.2018>.

Vįke-Freiberga, Vaira/Däubler-Gmelin, Herta/Hammersley, Ben/Pessoa Maduro, Luís M.P. 2013: A Free and Pluralistic Media to Sustain European Democracy. [https://ec.europa.eu/digital-single-market/sites/digital-agenda/files/HLG%20Final%20Report.pdf] <26.3.2018>.

Zuiderveen Borgesius, Frederik J./Trilling, Damian/Möller, Judith/Bodó, Balász/de Vreese, Claes H./Helberger, Natali 2016: Should We Worry About Filter Bubbles?, in: Internet Policy Review 5, 1-16.

3.6 Entscheidungsprozesse von Wählern

Maria Preißinger

3.6.1 Einleitung

Bürger unterscheiden sich nicht nur darin, welche Parteien sie wählen, sondern auch darin, wie sie zu ihrer endgültigen Entscheidung gelangen. Der Weg zur endgültigen Wahlentscheidung kann entweder ein Pfad mit zahlreichen Abbiegungen sein, auf dem ein Wähler vorläufige Entscheidungen mehrmals verwirft, bevor er sich endgültig festlegt, oder eine gerade Straße, die ohne Umwege hin zu einem vorbestimmten Ziel führt. Dieses Kapitel beleuchtet die Entscheidungsabläufe von Wählern bei der Bundestagswahl 2017.

Um Entscheidungsprozesse untersuchen zu können, brauchen wir zu mehreren Zeitpunkten im Wahljahr Informationen darüber, welche Partei ein Wähler wählen möchte, und welche Partei er letztlich bei der Bundestagswahl gewählt hat. Genau solche Informationen liefert das GLES-Wahlkampfpanel zur Bundestagswahl 2017, das dieselben wahlberechtigten Bürger über ein Jahr lang mehrmals zu ihren politischen Einstellungen und Wahlabsichten befragte. Die Teilnehmer des GLES-Wahlkampfpanels wurden vom 6. Oktober 2016 bis zum 9. Oktober 2018 insgesamt achtmal befragt, siebenmal vor der Wahl – im Oktober 2016 sowie im Jahr 2017 im Februar, Mai, Juli, August und zweimal im September – sowie einmal direkt nach der Wahl. Insgesamt beteiligten sich 7.323 Personen an allen acht Umfragen. Mit diesen Daten können wir Wahlentscheidungsprozesse in außergewöhnlich detaillierter Weise untersuchen, weil der Untersuchungszeitraum nicht nur die heiße Phase des Wahlkampfes abdeckt, sondern schon früher beginnt. Obwohl in der deutschen Wahlforschung umstritten ist, wann der Wahlkampf genau beginnt und die „normale" Zeit der Legislaturperiode endet (Schoen 2007), können wir uns recht sicher sein, dass zum Zeitpunkt der ersten Befragung im Oktober 2016 noch kein Wahlkampf herrschte: Keine der deutschen Parteien hatte zu diesem Zeitpunkt einen Kandidaten für das Amt des Bundeskanzlers nominiert und Wahlkampfprogramme waren noch lange nicht verabschiedet. Mit dieser Vorwahlkampfmessung ist also sichergestellt, dass wir das volle Potential der Wahlkampfdynamik untersuchen können, weil wir auf jeden Fall nicht zu spät mit unserer Beobachtung angefangen haben.

Mit acht Befragungszeitpunkten und jeweils mehreren Parteien zur Auswahl gibt es sehr viele verschiedene Entscheidungsabläufe. Deswegen stellen wir im nächsten Abschnitt zwei Möglichkeiten vor, Entscheidungsprozesse zusammenzufassen: nach der Art des Entscheidungswegs sowie nach dem Zeitpunkt der endgültigen Wahlentscheidung. In Abschnitt 3.6.3 zeigen wir, zu welchem Ergebnis die verschiedenen Entscheidungsprozesse führten, also welche Parteien Bürger mit unterschiedlichen Entscheidungsabläufen letztlich wählten. In Abschnitt 3.6.4 gehen wir der Frage nach, durch welche politischen Merkmale sich erklären lässt, wer durch welchen Prozess zu seiner endgültigen Wahlentscheidung gelangen wird.

3.6.2 Verschiedene Entscheidungsprozesse bei der Bundestagswahl 2017

Wir unterscheiden in diesem Kapitel in Anlehnung an die klassische Typologie von Lazarsfeld und Kollegen (1948) vier Entscheidungstypen: stabile Parteiwähler, Kristallisierer, Schwankende und Parteiwechsler. Diese Entscheidungstypen schließen nur Personen ein, die sich tatsächlich an der Wahl beteiligt haben. Nichtwähler werden in diesem Kapitel nicht untersucht.

Stabile Parteiwähler wissen schon vor dem Wahlkampf, welche Partei sie wählen möchten, ändern diese Präferenz nicht und machen am Wahltag tatsächlich ihr Kreuzchen bei dieser Partei. Kristallisierer sind vor Beginn des Wahlkampfes noch unentschieden, das heißt, sie wissen noch nicht, welche Partei sie wählen werden, oder sie möchten gar nicht wählen gehen. Sie legen sich erst im Verlauf des Wahlkampfes auf eine Partei fest. Parteiwechsler und Schwankende starten mit einer Wahlabsicht für eine bestimmte Partei in den Wahlkampf, ändern diese aber im Verlauf des Wahlkampfes mindestens einmal. Parteiwechsler wählen am Wahltag eine andere Partei als vor Beginn des Wahlkampfes beabsichtigt, während Schwankende wieder zu ihrer anfänglichen Partei zurückkehren. Übertragen auf die Bundestagswahl 2017 mit den uns zur Verfügung stehenden Beobachtungszeitpunkten aus dem GLES-Wahlkampfpanel sind in Tabelle 1 Beispiele für diese Kategorisierung dargestellt. Person 1 ist ein stabiler Parteiwähler: Zu allen Beobachtungszeitpunkten wurde die AfD als Wahlabsicht und schließlich als gewählte Partei angegeben. Person 2 war im Oktober 2016 noch unentschlossen, wollte danach kurzzeitig

Bündnis'90/Die Grünen wählen, um sich letztlich noch einmal für Die Linke umzuentscheiden. Deswegen wird sie als Kristallisierer klassifiziert. Person 3 ist von ihrer anfänglichen Absicht, die CDU zu wählen, im Sommer abgerückt, ist jedoch letztlich zur CDU zurückgekehrt und wird deswegen als Schwankender eingestuft. Person 4 ist von der CDU dauerhaft zur FDP gewechselt und wird deswegen als Parteiwechsler eingestuft. Bei der Bundestagswahl 2017 waren 33 Prozent der Wähler stabile Parteiwähler, gefolgt von 28 Prozent Parteiwechslern sowie 22 Prozent Kristallisierern und 18 Prozent Schwankenden.

Tabelle 1: Beispielmuster für Entscheidungstypen bei der Bundestagswahl 2017

		2016				2017			
		Okt	Feb	Mai	Jul	Aug	Sep I	Sep II	Wahltag
1	Stabiler Parteiwähler	AfD	AfD	AfD	AfD	AfD	AfD	AfD	AfD
2	Kristallisierer	ue[1]	ue[1]	Grüne	Grüne	Linke	Linke	Linke	Linke
3	Schwankende	CDU	CDU	CDU	ue[1]	FDP	FDP	FDP	CDU
4	Parteiwechsler	CDU	CDU	CDU	ue[1]	FDP	FDP	FDP	FDP

Quelle: GLES-Wahlkampfpanel 2017 (ZA6804).

Anmerkungen: Die tatsächliche Wahlentscheidung wurde im Nachwahlinterview vom 27. September bis zum 09. Oktober 2017 erhoben. 1 „ue" steht für „unentschieden".

Ein weiterer Weg, Entscheidungsabläufe zu charakterisieren, ist, herauszufinden, wann Wähler ihre Wahlabsicht nicht mehr verändert haben, wann sie sich also auf die Partei festgelegt haben, der sie letztlich ihre Stimme bei der Bundestagswahl gegeben haben (Lazarsfeld et al. 1948). Diesen Zeitpunkt nennen wir den Zeitpunkt der finalen Wahlentscheidung. In Tabelle 2 ist das Vorgehen zur Feststellung des Zeitpunkts der Wahlentscheidung beispielhaft erklärt.

Tabelle 2: Beispiele zur Messung des Zeitpunkts der endgültigen Wahlentscheidung

	2016	2017						
	Okt	Feb	Mai	Jul	Aug	Sep I	Sep II	Wahltag
1	SPD	SPD	SPD	SPD	SPD	SPD	SPD	SPD
2	ue[1]	CSU	CSU	CSU	CSU	CSU	CSU	CSU
3	ue[1]	AfD	AfD	CDU	ue[1]	AfD	AfD	AfD
4	SPD	FDP	FDP	SPD	SPD	SPD	ue	SPD

Quelle: GLES-Wahlkampfpanel 2017 (ZA6804).

Anmerkungen: Der Zeitpunkt der endgültigen Wahlentscheidung wurde in dieser Tabelle grau hinterlegt. 1 „ue" steht für unentschieden.

Person 1 hat während des gesamten Untersuchungszeitraums niemals ihre Wahlabsicht verändert – nach unserer Definition liegt ihr Zeitpunkt der Wahlentscheidung also im Oktober 2016. Person 2 hat sich im Februar nach anfänglicher Unentschiedenheit auf die CSU festgelegt, nach Februar ihre Wahlabsicht also nicht mehr geändert. Ihr Zeitpunkt der finalen Wahlentscheidung liegt im Februar. Person 3 ist von Oktober bis August zwischen Unentschiedenheit, AfD und CDU geschwankt. Ihr Zeitpunkt der Wahlentscheidung liegt im frühen September. Person 4 wollte im Oktober die SPD wählen, ist im Februar zur FDP umgeschwenkt, um im Juli wieder zur SPD zurückzukehren. Kurz vor der Wahl im späten September war die Person noch einmal unentschlossen – ihre Entscheidung stand also erst am Wahltag endgültig fest. Deswegen bezeichnen wir ihren Entscheidungszeitpunkt als „Wahltag". Wie in Tabelle 3 zu sehen ist, haben 33 Prozent der Befragten bereits ein Jahr vor der Bundestagswahl, im Oktober 2016, ihre endgültige Wahlentscheidung getroffen, während sich von Februar bis August des Wahljahres nur jeweils weniger als zehn Prozent der Wähler final entschieden haben. Mit Beginn der heißen Wahlkampfphase im Sommer sind die Anteile wieder auf zwölf Prozent angestiegen. Fast 20 Prozent konnten sich bis zu ihrem letzten Vorwahlinterview nicht festlegen und haben erst am Wahltag entschieden, welche Partei sie wählen werden.

Tabelle 3: Zeitpunkt der endgültigen Wahlentscheidung bei der Bundestagswahl 2017

	Anteil (in Prozent)
Okt 2016	33
Feb 2017	6
Mai 2017	6
Jul 2017	5
Aug 2017	7
Anfang Sept 2017	12
Ende Sept 2017	12
Wahltag	19
Anzahl der Befragten	6515

Quelle: GLES-Wahlkampfpanel 2017 (ZA6804).

Wann haben sich die jeweiligen Entscheidungstypen endgültig auf eine Partei festgelegt? Stabile Parteiwähler haben per Definition einen Entscheidungszeitpunkt von Oktober 2016. Parteiwechsler und Kristallisierer können sich unserer Definition zufolge frühestens im Februar und Schwankende frühestens im Mai 2017 entschieden haben. Wie in Abbildung 1 dargestellt, gibt es darüber hinaus weitere Unterschiede zwischen den Entscheidungstypen. Über 30 Prozent der Kristallisierer haben sich erst am Wahltag endgültig entschieden. Unter den Parteiwechslern liegt dieser Anteil bei 28 Prozent, unter den Schwankenden sogar nur bei 23 Prozent. Kristallisierer scheinen sich also etwas später entschieden zu haben als andere Entscheidungstypen.

Abbildung 1: *Entscheidungszeitpunkte von Kristallisierern, Schwankenden und Parteiwechslern bei der Bundestagswahl 2017*

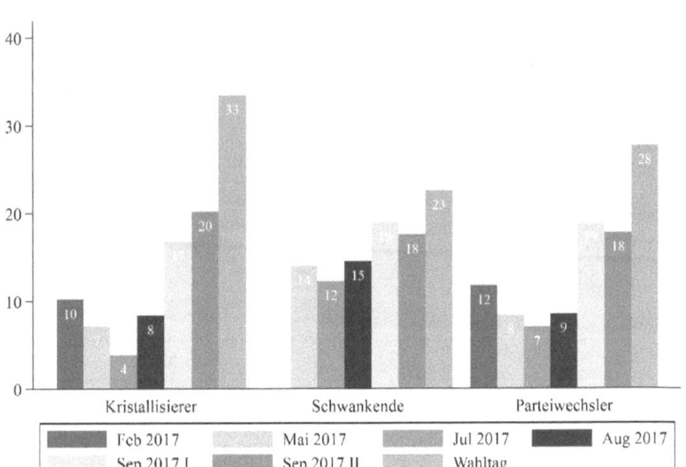

Quelle: GLES-Wahlkampfpanel 2017 (ZA6804).

Anmerkungen: Anteile in Prozent.

3.6.3 Unterschiedliche Wege zu unterschiedlichen Zielen

Um zu zeigen, dass der Weg, der zur finalen Wahlentscheidung eingeschlagen wird, durchaus Folgen haben kann, an welchem Ziel Wähler am Wahltag landen, haben wir in Abbildung 2 dargestellt, wie viel Prozent der letztlichen Wähler einer bestimmten Partei welchem Entscheidungstyp angehören. Wie zu sehen ist, gibt es starke Unterschiede. Während 45 Prozent der AfD-Wähler stabile Parteiwähler sind, sind es bei der FDP gerade mal 21 Prozent. Über 40 Prozent der letztlichen FDP-Wähler sind Parteiwechsler, das heißt, sie hatten im Oktober 2016 noch eine andere Partei als die FDP zu wählen beabsichtigt und wurden erst im Laufe des Wahlkampfes davon überzeugt, die FDP zu wählen. Der Anteil der Kristallisierer ist unter den Wählern anderer Parteien am größten: 42 Prozent dieser Wählergruppe wussten knapp ein Jahr vor der Bundestagswahl noch nicht, welche Partei sie wählen sollen, oder wollten sich gar nicht an der Wahl beteiligen, und haben sich erst im Verlauf des Wahljahres auf eine Partei festgelegt, die am Ende nicht in den neuen Bundestag eingezogen ist.

Abbildung 2: Zugehörigkeit zu Entscheidungstypen getrennt nach der endgültigen Wahlentscheidung bei der Bundestagswahl 2017

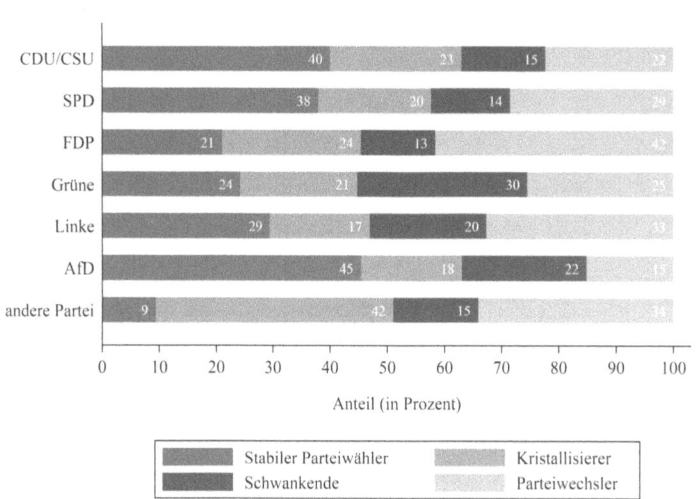

Quelle: GLES-Wahlkampfpanel 2017 (ZA6804).

Abbildung 3 zeigt, wie viel Prozent der jeweiligen Parteiwähler sich zu welchem Zeitpunkt entschieden haben. Da wir bereits gesehen haben, dass sich nur wenige Personen von Februar bis August entschieden haben, sind diese Zeitpunkte der Übersichtlichkeit halber zusammengefasst. Die Balken für den Entscheidungszeitpunkt Oktober 2016 stimmen natürlich wieder mit den Anteilen der stabilen Parteiwähler aus Abbildung 2 überein. Erneut gibt es große Unterschiede zwischen den Parteiwählergruppen. Während unter den CDU/CSU-Wählern nur 14 Prozent kurz vor dem Wahltag ihre Wahlabsicht noch einmal geändert haben, sind es unter den Wählerinnen von Parteien, die nach der Wahl nicht in den Bundestag einziehen konnten, etwa 35 Prozent. Auch 24 Prozent der Grünen-Wähler hatten in ihrem letzten Interview vor der Bundestagswahl noch eine andere Partei zu wählen beabsichtigt und sich am Wahltag dann doch für die Grünen entschieden. Insgesamt scheint es bei den kleinen Parteien – außer der AfD – im Vergleich zu den beiden Volksparteien, CDU/CSU und SPD, eine Tendenz zu späten Entscheidungszeitpunkten zu geben.

Abbildung 3: Entscheidungszeitpunkte getrennt nach der endgültigen Wahlentscheidung bei der Bundestagswahl 2017

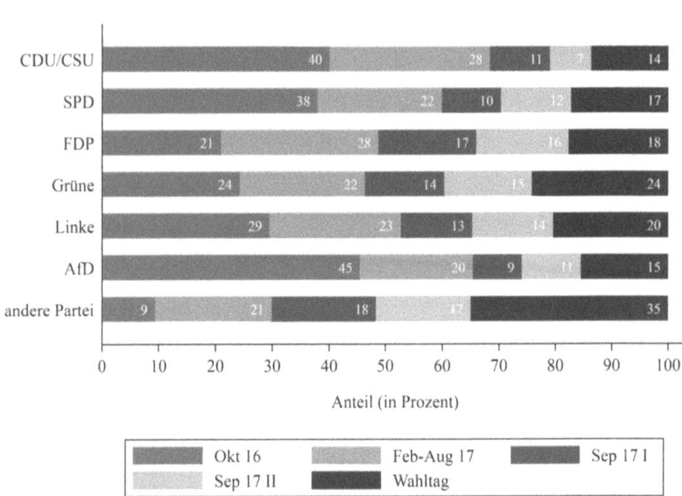

Quelle: GLES-Wahlkampfpanel 2017 (ZA6804).

3.6.4 Wer schlägt welchen Weg ein?

Nun stellt sich die Frage, wie sich erklären lässt, welche Bürgerinnen und Bürger im Wahljahr welchen Entscheidungsprozess durchlaufen werden. Das allgemeine politische Interesse sowie der Umstand, ob sich jemand mit einer politischen Partei identifiziert oder nicht, können Hinweise darauf liefern, über welchen Prozess ein Wähler zu seiner endgültigen Entscheidung gelangt. Beide Merkmale wurden im Oktober 2016, also bevor der Wahlkampf begann, gemessen. Dazu haben wir unsere Studienteilnehmer gefragt, wie stark sie sich allgemein für Politik interessieren. Personen, die „weniger stark" und „überhaupt nicht" angegeben haben, betrachten wir als Niedriginteressierte und grenzen sie von Personen ab, die mit „mittelmäßig", „stark" oder „sehr stark" geantwortet haben. Wer auf die Frage „Wie ist das bei Ihnen: Neigen Sie – ganz allgemein – einer bestimmten Partei zu?" „nein, keiner Partei" geantwortet hat, betrachten wir als Person ohne Parteiidentifikation.

Während über die Hälfte der Kristallisierer keine Bindung zu einer Partei hat, sind es unter den stabilen Parteiwählern gerade mal sieben Prozent.

Bei Schwankenden und Parteiwechslern liegt der Anteil der Personen ohne Parteiidentifikation dazwischen und ist etwa gleich groß. Des Weiteren sind Kristallisierer weitaus häufiger nur niedrig politisch interessiert als stabile Parteiwähler. Schwankende und Parteiwechsler sind hinsichtlich des politischen Interesses wiederum zwischen Kristallisierern und stabilen Parteiwählern einzuordnen und unterscheiden sich kaum voneinander. Während wir mit Hilfe der Parteibindung und des politischen Interesses vor dem Wahlkampf gut vorhersagen können, ob jemand ein Kristallisierer oder ein stabiler Parteiwähler sein wird, können wir weniger gut unterscheiden, ob jemand auf dem Weg des Parteiwechslers oder des Schwankenden zu seiner endgültigen Wahlentscheidung gelangen wird.

Abbildung 4: *Anteil der Befragten ohne Parteiidentifikation und mit niedrigem politischem Interesse getrennt nach Entscheidungstypen bei der Bundestagswahl 2017 (in Prozent)*

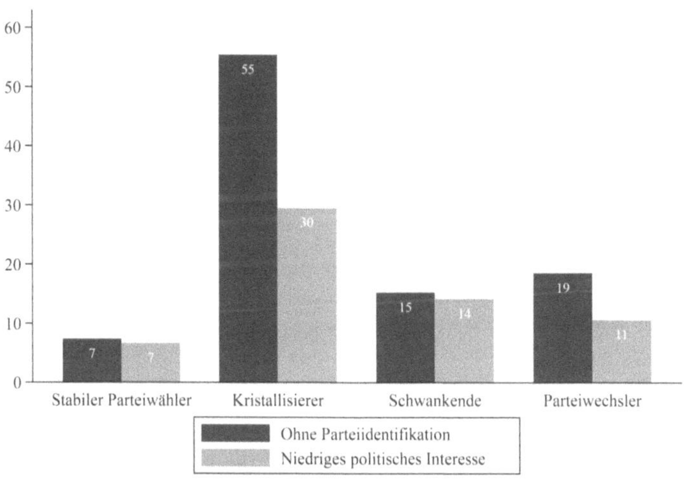

Quelle: GLES-Wahlkampfpanel 2017 (ZA6804).

Bezüglich des Zeitpunkts der endgültigen Wahlentscheidung zeigt sich ein klareres Bild: Der Anteil an Personen ohne Parteiidentifikation liegt unter den Wählern, die sich erst spät für eine Partei entscheiden, deutlich höher als unter denjenigen, deren Wahlentscheidung schon früh feststeht. Ähnliches gilt für das politische Interesse.

Abbildung 5: Anteil der Befragten ohne Parteiidentifikation und mit niedrigem politischem Interesse getrennt nach Entscheidungszeitpunkt bei der Bundestagswahl 2017 (in Prozent)

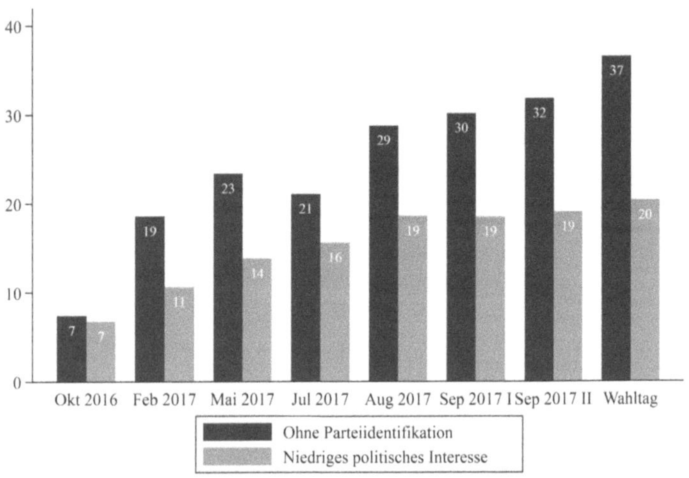

Quelle: GLES-Wahlkampfpanel 2017 (ZA6804).

3.6.5 Fazit

Dieses Kapitel nutzte das GLES-Wahlkampfpanel, um die Entscheidungsprozesse von Wählern bei der Bundestagswahl 2017 zu untersuchen. Rund ein Drittel der Wähler waren stabile Parteiwähler, das heißt, sie hatten sich bereits rund ein Jahr vor der Wahl auf eine Partei festgelegt und haben im Laufen des Wahlkampfes diese Wahlabsicht nicht verändert. Ein etwas kleinerer Anteil war ein Jahr vor der Wahl noch unentschieden und konnte erst im Laufe des Wahlkampfes eine Partei nennen. Jeweils rund ein Fünftel waren Parteiwechsler und Schwankende. Während sich von Februar bis August nur wenige Wähler endgültig entschieden, welche Partei sie wählen werden, taten dies etwa 40 Prozent in den letzten vier Wochen vor der Wahl. Es gibt starke Unterschiede, durch welche Prozesse die Wähler unterschiedlicher Parteien zu ihrer Wahlentscheidung gekommen sind: Überdurchschnittliche viele AfD-Wähler hatten sich bereits ein Jahr vor der Wahl auf die AfD festgelegt, während dies nur auf unterdurchschnittlich viele FDP-, Grünen- und Linken-Wähler zutraf. Das allgemeine politische Interesse sowie der Umstand, ob sich jemand mit einer politischen Partei identifiziert oder nicht, können Hinweise darauf liefern, über welchen Prozess ein Wähler zu seiner endgültigen Entscheidung gelangt. Politisch niedrig interessierte Bürger entscheiden sich eher später als hoch interessierte und finden häufig über den Weg des Kristallisierers zu ihrer endgültigen Wahlentscheidung. Gleiches gilt für Bürger ohne Bindung zu einer bestimmten politischen Partei.

Literatur

Lazarsfeld, Paul Felix/Berelson, Bernard/Gaudet, Hazel 1948: The people's choice: how the voter makes up his mind in a presidential campaign, 2. Auflage, New York: Columbia Univ. Press.

Schoen, Harald 2007: Ein Wahlkampf ist ein Wahlkampf ist ein Wahlkampf?: Anmerkungen zu Konzepten und Problemen der Wahlkampfforschung, in: Jackob, Nikolaus, Hg., Wahlkämpfe in Deutschland: Fallstudien zur Wahlkampfkommunikation 1912 – 2005, Wiesbaden: VS Verlag für Sozialwissenschaften, 34–45.

4. Von Bruchlandungen und Höhenflügen: Das Ergebnis der Bundestagswahl 2017

Melanie Dietz und Sigrid Roßteutscher

4.1 Einleitung

Nach dem jähen Ende des Hypes um SPD-Kanzlerkandidat Martin Schulz zeichnete sich bereits im Frühsommer 2017 ab, dass Angela Merkel bei der Bundestagswahl 2017 als Kanzlerin bestätigt werden würde. Dennoch war das Ergebnis für die Unionsparteien mehr als enttäuschend, da sie massive Verluste an Zweitstimmen hinnehmen mussten. Auch die SPD, die bis zum Schluss und in Widerspruch zu allen Wahlprognosen auf ein kleines Wunder hoffte, blieb höchst ernüchtert zurück. Ganz im Gegensatz zu 2013 als FDP und AfD knapp den Einzug in den Bundestag verfehlten, waren die „kleinen“ Parteien die großen Gewinner der Bundestagswahl 2017 (Bieber et al. 2014). Mit der AfD gelang erstmals seit Gründung der Bundesrepublik einer rechtspopulistischen Partei der Einzug in den Bundestag – und das mit einem deutlich zweistelligen Ergebnis.

In diesem Kapitel wird das Wahlergebnis dieser erstaunlichen Bundestagswahl aus unterschiedlichen Perspektiven dargestellt. Aus Gründen der Kontinuität wurden dabei Textpassagen aus vorangegangen Publikationen aus der Reihe „Wahlen in Deutschland“ zu den Bundestagswahlen 2009 und 2013 übernommen (Blumenstiel 2011, 2014). Die Darstellung beginnt mit einem Vergleich der Erst- und Zweitstimmenergebnisse der Bundestagswahlen 2013 und 2017, bei dem auch regionale Besonderheiten des Stimmverhaltens beleuchtet werden. Es folgen eine Betrachtung der langfristigen Entwicklung der Zweitstimmenergebnisse sowie eine Darstellung der Bundestagswahlergebnisse seit 1990 in absoluten Zahlen. Anschließend werden Kennziffern für die wichtigsten Eigenschaften des deutschen Parteiensystems präsentiert, aus denen auf die Auswirkungen der Bundestagswahl 2017 auf die Wettbewerbsstruktur der deutschen Parteienlandschaft geschlossen werden kann.

4.2 Das Ergebnis der Bundestagswahl 2017

4.2.1 Das Zweitstimmenergebnis

Der Wahlabend am 24. September 2017 sorgte für ein denkwürdiges Ergebnis, das zunächst eine große Unsicherheit über die zukünftige Regierungsbildung hinterließ. Klar war jedoch, dass sich die Parteienlandschaft im Bundestag in ihrer Zusammensetzung und Größe deutlich verändern würde. Insgesamt zogen sieben Parteien in den 19. Bundestag ein, so viele wie seit 1953 nicht mehr. Dabei trat die *Union* wie bei der vorangegangenen Wahl 2013 auch 2017 als stärkste Partei hervor, womit Angela Merkel zum vierten Mal in Folge das Amt der Bundeskanzlerin bekleiden würde. Die Freude war jedoch getrübt. Trotz des eindeutigen Auftrags zur Regierungsbildung mussten beide Unionsparteien – sowohl einzeln als auch gemeinsam – das zweitschlechteste Ergebnis seit den ersten Bundestagswahlen im Jahr 1949 für sich verzeichnen. Gemeinsam kamen sie auf 33,0 Prozent der Zweitstimmen und blieben damit hinter den eigenen Erwartungen und den Prognosen bekannter Umfrageinstitute zurück, die einen Stimmenanteil von 36 bis 37 Prozent vorhersagten. Mit 26,8 Prozent konnte die *CDU* zwar erneut die meisten Zweitstimmen auf sich vereinen. Sie verlor jedoch 7,3 Prozentpunkte im Vergleich zur Bundestagwahl 2013 und musste im Vergleich zu allen anderen Parteien sowohl absolut als auch relativ den größten Zweitstimmenverlust hinnehmen. Ein ähnlich schmerzliches Schicksal erfuhr die Schwesterpartei *CSU*. Auf Landesebene verlor sie 10,5 Prozentpunkte und stürzte auf für ihre Verhältnisse desaströse 38,8 Prozent der Zweitstimmen. Erstmals seit 1949 fiel die CSU in Bayern somit unter die Marke von 40 Prozent und verzeichnete bundesweit mit 6,2 Prozent der Zweitstimmen ihr bislang zweitschlechtestes Wahlergebnis. Die herben Verluste der Unionsparteien spiegeln sich auch in der Sitzverteilung wider. In einem rekordverdächtig großen 19. Bundestag mit insgesamt 709 Sitzen bildet die Union mit 246 Abgeordneten weiterhin die größte Fraktion. Im Vergleich zur Bundestagswahl 2013 musste sie jedoch 65 Sitze abgegeben, wobei die CDU 55 und die CSU zehn Sitze einbüßten.

Tabelle 1: Ergebnis der Bundestagswahl 2017

	Erststimmen		Zweitstimmen		Sitzverteilung im Bundestag	
	2017	+/-	2017	+/-	2017	+/-
CDU/CSU	37,2	-8,1	33,0	-8,5	246	-65
CDU	30,2	-7,0	26,8	-7,3	200	-55
CSU	7,0	-1,1	6,2	-1,2	46	-10
CSU (in Bayern)	44,2	-9,8	38,8	-10,5		
SPD	24,6	-4,8	20,5	-5,2	153	-40
AfD	11,5	+9,6	12,6	+7,9	94[a]	+94
FDP	7,0	+4,6	10,7	+5,9	80	+80
Die Linke	8,6	+0,3	9,2	+0,6	69	+5
Bündnis 90/Die Grünen	8,0	+0,7	8,9	+0,5	67	+4
Sonstige	3,1	-4,1	5,0	-5,9	0	

Quelle: Thiel 2018.

Anmerkungen: Angaben in Prozent; +/-: Veränderung gegenüber der Bundestagswahl 2013 in Prozentpunkten (Spalten Erststimme und Zweitstimme) bzw. in absoluten Zahlen (Spalte Sitzverteilung im Bundestag).

a Kurz nach der Bundestagswahl 2017 erklärten zwei AfD-Abgeordnete ihren Rückzug aus der Partei, weshalb sich die Sitzanzahl der AfD im 19. Bundestag auf 92 reduzierte.

Auch für die *SPD* gestaltete sich der Wahlabend 2017 als ein äußerst bitteres Erwachen. Zwar waren die Verluste mit 5,2 Prozentpunkten geringer als bei der Union, allerdings musste die SPD mit 20,5 Prozent der Zweitstimmen ihr schlechtestes Ergebnis überhaupt bei einer Bundestagswahl hinnehmen. Die Hoffnung, dass Kanzlerkandidat Martin Schulz die SPD wieder auf einen erfolgreicheren Weg brächte, schwand bereits mit der Landtagswahl in Nordrhein-Westfalen im Mai 2017. Hier musste die rotgrüne einer schwarz-gelben Koalition weichen (siehe Kapitel 2). Obwohl sich die SPD schon vor der Bundestagswahl im Umfragetief befand, gestaltete sich das Wahlergebnis 2017 für die SPD und ihr Personal als Erdrutsch ins Bodenlose. Zwar schmälert sich durch die ebenfalls starken Verluste der Union der Abstand zwischen den beiden großen Parteien, doch ihr Vorhaben, sich wieder auf Augenhöhe mit der Union zu treffen, verfehlte die SPD deutlich. Aufgrund des Stimmenverlustes verkleinerte sich die Fraktion der Sozialdemokraten im Vergleich zur Bundestagswahl 2013 um 40 Sitze auf 153 Abgeordnete.

Vom schwachen Abschneiden der beiden großen Parteien profitierten entsprechend die kleineren Mitbewerber. Allen voran galt die *Alternative für Deutschland* (*AfD*) als eindeutige Gewinnerin der Bundestagswahl 2017. In ihrem zweiten Anlauf erlangte die Partei 12,6 Prozent der Zweitstimmen. Mit einem Stimmenzuwachs von 7,9 Prozentpunkten – dem größten aller Parteien – schaffte sie damit erstmalig den Einzug in den Bundestag. Seit 1949 ist nun erstmals eine rechtspopulistische Partei im Bundestag vertreten. Dementsprechend dominierte das Abschneiden der AfD die an den Wahlabend anschließenden Debatten über das Wahlergebnis. Darüber hinaus übernahm die AfD – nach dem Regierungseintritt der SPD – als drittstärkste Partei im Bundestag mit zunächst 94 Abgeordneten auch die Rolle der Oppositionsführerin. Kurz nach der Bundestagwahl erklärten sowohl die ehemalige AfD-Vorsitzende Frauke Petry, als auch der über die nordrheinwestfälische Landesliste gewählte Mario Mieruch ihren Parteiaustritt, wodurch sich die Abgeordnetenzahl der AfD auf 92 verringerte.

Neben dem Triumph der AfD herrschte vor allem bei der *FDP* am Wahlabend große Freude. Mit einem zweistelligen Ergebnis von 10,7 Prozent meldete sie sich nach vier Jahren in der außerparlamentarischen Opposition mit 80 Abgeordneten gestärkt in den Bundestag zurück.

Mit den Grünen und der Linken konnten auch die beiden kleineren Bundestagsparteien an Stimmen dazugewinnen. *Die Linke* verbesserte ihr Ergebnis im Vergleich zur vorangegangenen Wahl 2013 um 0,6 Prozentpunkte auf 9,2 Prozent und vergrößerte ihre Fraktion um fünf Sitze auf nun 69 Abgeordnete. Die seit 2005 kontinuierlich im Bundestag vertretene Partei ist somit zu einem festen Bestandteil der deutschen Parteienlandschaft geworden. Jedoch konnte der Wahlerfolg trotz des Stimmenzuwachses von der Parteispitze nicht ungetrübt als solcher verbucht werden. Übernahm Die Linke in der vergangenen Legislaturperiode als drittgrößte Fraktion im Bundestag noch die Funktion der Oppositionsführung, musste sie diese nun an die AfD abtreten.

Auch *Bündnis 90/Die Grünen* zogen aus dem Wahlergebnis eine positive Bilanz. Die Grünen gewannen 0,5 Prozentpunkte im Vergleich zu 2013 hinzu und verzeichneten mit 8,9 Prozent das zweitbestes Ergebnis ihrer Geschichte. Mit dem Gewinn von vier weiteren Sitzen im Bundestag vergrößerte sich die Fraktion der Grünen auf 67 Abgeordnete. Trotz der verfehlten Wahlkampfziele, ein zweistelliges Ergebnis zu erreichen und sich vor der AfD zu platzieren, ergab sich für die Partei nach zwölf Jahren wieder die Möglichkeit der Regierungsbeteiligung in Form einer Jamaika-Koalition. Letztendlich scheiterten die Sondierungsgespräche mit Union und FDP (siehe Kapitel 7). Somit reihte sich die Partei ungewollt zurück in die

Riege der Oppositionsparteien ein und bildete, wie bereits in der vorherigen Legislaturperiode, erneut die kleinste Bundestagsfraktion, wenn auch mit nur zwei Sitzen weniger als Die Linke.

Alle sonstigen bei der Bundestagswahl 2017 angetretenen Parteien erhielten zusammen fünf Prozent der Zweitstimmen, ein deutlich geringerer Anteil als noch bei der Wahl 2013. Damals gingen aufgrund des knappen Scheiterns von FDP und AfD an der 5-Prozent-Hürde mehr als 15 Prozent der Wählerstimmen an Parteien, die nicht im Bundestag vertreten waren. Unter den sonstigen Parteien konnten die Freien Wähler und Die PARTEI mit jeweils einem Prozent die meisten Zweitstimmen auf sich vereinen. Dabei überwand die Satirepartei um Martin Sonneborn erstmalig die 0,5 Prozent-Hürde auf Bundesebene und erlangte damit Anspruch auf staatliche Finanzmittel. Diesen Status verlor hingegen die Piratenpartei. Mit einem Verlust von 1,8 Prozentpunkten vereinte sie lediglich 0,4 Prozent der Zweitstimmen auf sich. Ein herber Verlust für die Piraten. Das Ergebnis markierte das endgültige Abrutschen in die politische Bedeutungslosigkeit der Partei in Deutschland. In den zwei Jahren zuvor musste sie bereits ihre Sitze in allen vier Landtagen, in denen die Partei vertreten war, abgeben. Auch der Stimmenanteil der rechten Parteien – die AfD ausgeschlossen – schrumpfte deutlich im Vergleich zur vorherigen Bundestagswahl von 1,7 auf 0,4 Prozent. Zum einen traten die Republikaner nicht mehr an, um ihre Kräfte für die anstehende Europawahl 2019 zu bündeln. Zum anderen lösten sich die DVU und „pro Deutschland" bereits im Vorfeld auf oder fusionierten mit der NPD. Der gesamte Stimmanteil der rechten Parteien belief sich somit auf das Ergebnis der NPD, die einen Anteil von 0,4 Prozent der Zweistimmen erreichte. Die übrigen Parteien, namentlich die Tierschutzpartei, ÖDP, MLPD, AD-DEMOKRATEN, Tierschutzallianz, DiB, DM, Gesundheitsforschung, V-Partei[3], BP und BGE, erreichten insgesamt 2,1 Prozent der Zweitstimmen.

Nach wie vor gibt es auch nach der achten gemeinsamen Wahl zum deutschen Bundestag deutliche Unterschiede im Wahlverhalten zwischen *Ost- und Westdeutschland.* Mit Ausnahme der Linken und der AfD erzielten alle im Bundestag vertretenen Parteien in den alten Bundesländern (einschließlich West-Berlins) bessere Ergebnisse als in den neuen Bundesländern. Im Westen konnten die Union mit 34,1 Prozent knapp sieben und die Sozialdemokraten mit 21,9 Prozent acht Prozentpunkte mehr Wählerstimmen erlangen als in Ostdeutschland. Auch die FDP verzeichnete einen West-Bonus von knapp vier Prozentpunkten und kam auf 11,4 Prozent, während die Grünen in Westdeutschland mit 9,8 Prozent fast doppelt so stark waren wie in Ostdeutschland. Diese Ost-West-Unterschiede waren auch 2013 in ähnlichem Ausmaß vorzufinden. Wie bei bisherigen Bundestagswahlen erzielte die Linke auch 2017 mit 17,8 Prozent einen deutlich höheren Zweitstimmenanteil in den neuen Bundesländern, wo sie sich als Volkspartei versteht. Aber auch in Westdeutschland kam sie mit 7,4 Prozent über die Fünf-Prozent-Hürde. Allerdings musste die Partei sich 2017 der AfD geschlagen geben, die im Osten mit 21,9 Prozent einen mehr als doppelt so großen Stimmanteil wie im Westen (10,7 Prozent) erreichte. Nach der Bundestagswahl 2013, bei der ost- und westdeutsche Bürger noch fast im selben Umfang die AfD wählten, schnitt sie in Ostdeutschland noch vor den Linken als Partei mit dem zweithöchsten Stimmanteil ab.

Noch deutlichere regionale Unterschiede sind in den einzelnen *Bundesländern* zu erkennen. So erstreckten sich die Zweitstimmenanteile der Union von 22,7 Prozent in Berlin bis zu 38,8 Prozent in Bayern. Überdurchschnittliche Ergebnisse erzielte die CDU dabei in Rheinland-Pfalz (35,9 Prozent), Niedersachsen (34,9 Prozent), Baden-Württemberg (34,4 Prozent), Schleswig-Holstein (34,0 Prozent) und Mecklenburg-Vorpommern (33,1 Prozent). Dagegen blieben die Christdemokraten in Nordrhein-Westfalen (32,6 Prozent), im Saarland (32,4 Prozent), in Hessen (30,9 Prozent), Sachsen-Anhalt (30,3 Prozent), Thüringen (28,8 Prozent), Hamburg (27,2 Prozent), Sachsen (26,9 Prozent), Brandenburg (26,7 Prozent) und Bremen (25,1) unter dem Bundesdurchschnitt von 33 Prozent. Die Ergebnisse der SPD betrugen eine ähnlich große Spannweite von 10,5 Prozent (Sachsen) bis 27,4 Prozent (Niedersachsen). Ähnlich hohe Zweitstimmenanteile wie in Niedersachsen konnten im Saarland (27,1 Prozent), Bremen (26,8 Prozent) und Nordrhein-Westfalen (26 Prozent) erreicht werden. In den ostdeutschen Bundesländern sowie in Bayern und Baden-Württemberg blieben die Sozialdemokraten unter 20 Prozent. Die Alternative für Deutschland erhielt in allen ostdeutschen Flächenländern prozentual mehr Zweitstimmen als auf Gesamtbundesebene mit Ergebnissen zwischen 18,6 (Mecklenburg-Vorpommern) und 27 Prozent (Sachsen). Bis auf Hamburg, Schleswig-Holstein, Niedersachsen und Nordrhein-Westfalen, wo jeweils trotzdem die Fünf-Prozent-Hürde übertroffen werden konnte, errang die Partei zweistellige Resultate. Die FDP verzeichnete ihr bestes Wahlergebnis in Nordrhein-Westfalen (13,1) und konnte sich in den alten Bundesländern bis auf Bremen (9,3 Prozent), Niedersachen (9,3 Prozent) und Saarland (7,6 Prozent) über jeweils mindestens zehn Prozent der Zweitstimmen freuen. Sie erreichte hingegen ihre schlechtesten Ergebnisse in den neuen Bundesländern mit dem geringsten Stimmenanteil von 6,2 Prozent in Mecklenburg-Vorpommern. Die Linke konnte wie bisher ihre besten Resultate mit Zweitstimmenanteilen zwischen 16,1 Prozent (Sachsen) und 18,8 Prozent (Berlin) in Ostdeutschland verzeichnen, wobei sie deutlich an Stimmen einbüßte. Darüber hinaus erzielte Die Linke auch in Bremen, Hamburg und im Saarland zweistellige Ergebnisse und erlangte in den übrigen Bundesländern mindestens sechs Prozent der Zweitstimmen. Ein deutlich differenzierteres Muster ergab sich bei den Grünen, die ihr bestes Ergebnis in Hamburg (13,9 Prozent) verzeichneten und zweistellige Stimmenanteile in Baden-Württemberg (13,5 Prozent), Berlin (12,6 Prozent), Schleswig-Holstein (12 Prozent) und Bremen (11,1 Prozent) einfahren konnten. Bis auf Berlin und Brandenburg verfehlte die Partei hingegen in den neuen Bundesländern die Fünf-Prozent-Hürde. In den übrigen Bundesländern erreichten die Grünen zwischen sechs und zehn Prozent.

4.2.2 Das Erststimmenergebnis

Die Zweitstimme entscheidet über die Sitzverteilung und somit das Mehrheitsverhältnis im Bundestag. Die *Erststimme* hingegen ist für die Direktkandidaten der Parteien von Bedeutung, da sie anhand einer einfachen Mehrheit bestimmt, wer als unmittelbar gewählter Abgeordneter einen Wahlkreis im Bundestag vertritt. Bei der Bundestagswahl 2017 war Deutschland in 299 Wahlkreise aufgeteilt. Aufgrund verschobener Bevölkerungsanteile auf Kosten Thüringens bekam Bayern mit Starnberg-Landsberg-Germering einen weiteren und damit 46. Wahlkreis. Während sich zwischen den einzelnen Wahlen von 2005 bis einschließlich 2013 deutliche Verschiebungen in den Erststimmenmehrheiten ergaben, ähnelten sich die Ergebnisse in den einzelnen Wahlkreisen der Wahl 2017 und 2013 (siehe Abbildung 1). Die eindeutige Nord-Süd-Teilung zwischen SPD und der Unionsparteien nach der Bundestagswahl 2005 verblasste 2009 allmählich und wich schließlich 2013 einer CDU/CSU-Dominanz, welche 2017 in ähnlicher Form erneut vorzufinden war.

Abbildung 1: Gewonnene Wahlkreise nach Parteien 2005, 2009, 2013, 2017

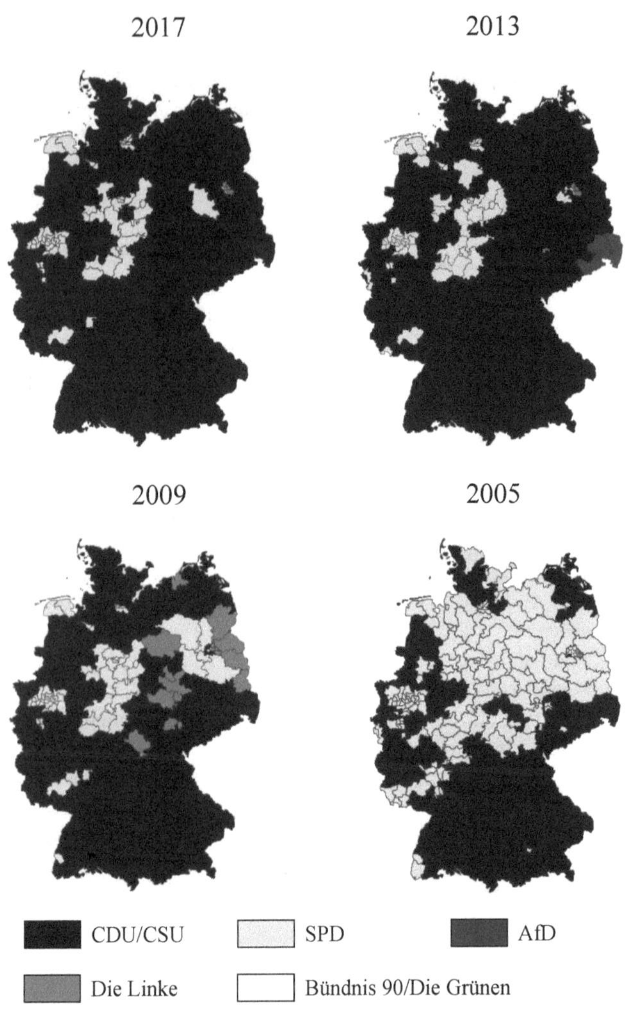

Quelle: Der Bundeswahlleiter 2005, 2009, 2013, 2017.

Insgesamt konnte die *Union* 231 Direktmandate und damit 77 Prozent aller Wahlkreise gewinnen. Dabei fielen 185 auf die *CDU*, die in Baden-Württemberg, Thüringen, Sachsen-Anhalt und Mecklenburg-Vorpommern alle Wahlkreise erringen konnte, insgesamt jedoch im Vergleich zu 2013 sechs Direktmandate verlor. Die *CSU* entschied alle 46 Direktmandate in Bayern für sich. Nachdem die Sozialdemokraten seit 2005 kontinuierlich weniger Wahlkreise für sich entscheiden konnten, stagnierte 2017 die Zahl der direkt gewählten Abgeordneten der *SPD* bei 59. Diese Wahlkreise konnten vor allem in Nordhessen, im Ruhrgebiet und im südlichen Niedersachsen sowie in Bremen und Hamburg errungen werden. Insgesamt drei Direktmandate entfielen auf die *AfD*, die sie alle in Sachsen gewinnen konnte und die nach der vorherigen Bundestagswahl 2013 noch an die CDU fielen. Da die AfD-Vorsitzende Frauke Petry ihren Austritt aus der Partei bekannt gab und fortan als Fraktionslose dem Bundestag angehörte, konnte die AfD jedoch lediglich zwei der drei gewonnenen Direktmandate für sich beanspruchen. *Die Linke* konnte 2017 im Vergleich zu 2013 einen Wahlkreis mehr gewinnen und entsandt insgesamt fünf direkt gewählte Abgeordnete in den Bundestag. Seit 2002 war das einzige Direktmandat der *Grünen* im Wahlkreis Berlin–Friedrichshain–Kreuzberg–Prenzlauer Berg Ost in fester Hand von Hans-Christian Ströbele. Bei der Bundestagswahl 2017 wechselte lediglich das Personal und Canan Bayram entschied den Wahlkreis erneut für die Grünen. Die *FDP* konnte hingegen keine direkt gewählten Abgeordneten in den Bundestag entsenden.

Das deutsche Wahlsystem mit einem Zweistimmenwahlrecht sieht die Möglichkeit vor, dass die Wähler ihre Erst- und Zweitstimme auf zwei verschiedenen Parteien verteilen können. Die Nutzung des *Stimmensplittings* hat im Verlauf der Bundestagswahlen seit 1949 erheblich zugenommen (Abbildung 2). Bis 1980 waren es stets weniger als zehn Prozent der Wähler, die diese Möglichkeit in Anspruch nahmen. Seitdem stieg der Anteil stetig: Von 15,6 Prozent im Jahr 1990 auf ein knappes Viertel der Wähler 2005. Bei der Bundestagswahl 2017 wurde schließlich mit 27,3 Prozent der bisher höchste Anteil an Stimmensplittern erreicht. Für den Anstieg des Stimmensplittings im Zeitverlauf gibt es verschiedene Erklärungen. In der Politikwissenschaft besteht Uneinigkeit darüber, ob vermehrtes Splitting als Ausdruck taktischer Erwägungen und damit als besonders wohlüberlegtes Wahlverhalten anzusehen ist oder im Gegenteil ein Ausdruck der Unkenntnis des Wahlsystems darstellt (Schoen 1998). Dass ein beachtlicher Teil der Wähler nicht über die Bedeutung der Erst-

und Zweitstimmen informiert ist, spricht eher für die zweite Sichtweise (Schmitt-Beck 1993).

Abbildung 2: Anteil gesplitteter Stimmzettel seit 1957

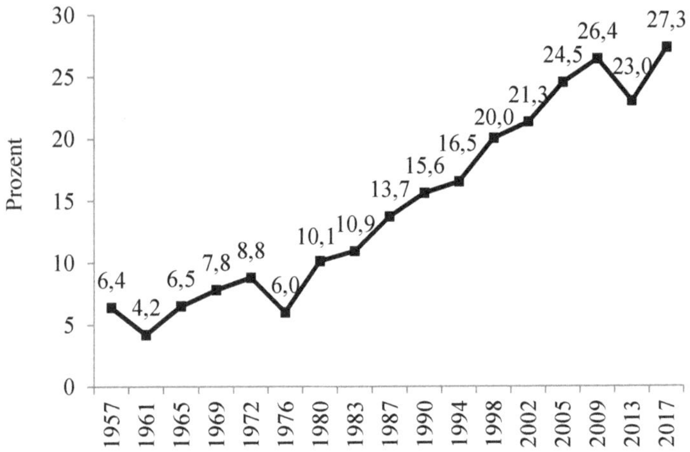

Quelle: 1957 bis 1990, 2002 bis 2017: Thiel 2018. 1994, 1998: Hilmer/Schleyer 2000.

Daneben lassen sich aber einige Gründe anführen, warum der Anteil der Stimmensplitter nicht nur aus Unwissenheit angestiegen sein könnte. Erstens hat sich seit den 1970er Jahren die Zahl der im Bundestag vertretenen Parteien erhöht. Bestand der Bundestag damals nur aus drei Fraktionen (Union, SPD und FDP), sind aktuell sechs Fraktionen im deutschen Parlament vertreten (Union, SPD, AfD, FDP, Die Linke und Bündnis 90/Die Grünen). Damit erhöhte sich rein rechnerisch die Anzahl der möglichen Stimmenkombinationen. Zweitens hat sich der Zweitstimmenanteil der kleineren Parteien im Zeitverlauf deutlich erhöht. Die meisten Direktmandate gewinnen jedoch nach wie vor die beiden großen Parteien. Insbesondere Anhänger der kleinen Parteien müssen sich damit auseinandersetzen, dass die Direktkandidaten ihrer bevorzugten Parteien in den meisten Fällen kaum Chancen haben, den Wahlkreis für sich zu entscheiden. Beispielsweise kann es für einen FDP-Unterstützer sinnvoll erscheinen, nur die Zweitstimme der FDP zu geben und mit der Erststimme den aussichtsreicheren Kandidaten eines möglichen Koalitionspartners – in diesem Fall der CDU/CSU – ihrer Partei zu wählen. Für Anhänger der großen Parteien kann es im Gegenzug günstig erscheinen, nur die Erststimme dem Kandidaten der eigenen Partei zu geben, die Zweitstimme dem bevorzugten Koalitionspartner. Zum einen können solche „Leihstimmen" einem designierten Wunschpartner helfen, die Fünf-Prozent-Hürde zu überwinden (siehe auch Kapitel 6.11). Zum anderen konnte bis zur Wahlrechtsreform 2013 mit Stimmensplitting versucht werden, bewusst Überhangmandate zu erzeugen, um so der gewünschten Koalition einen Vorteil zu verschaffen. Bei der Wahl 2009 haben beispielsweise CDU-Erststimmenwähler in Baden-Württemberg, die mit der Zweitstimme die FDP gewählt haben, dazu beigetragen, dass die CDU in diesem Bundesland zehn dieser Überhangmandate bekommen hat.

Im Februar 2013 wurde allerdings ein neues Wahlrecht im Bundestag verabschiedet, nachdem das alte für verfassungswidrig erklärt worden war (Behnke 2014). Wie das 2013 neu eingeführte System der Sitzverteilung funktioniert, wird im Anhang genauer beschrieben (siehe Anhang 1). Nach der Wahlrechtsreform bleibt die Möglichkeit der Entstehung von Überhangmandaten bestehen. Diese werden jedoch nun durch Ausgleichsmandate für die anderen Parteien ausgeglichen. Bei der Bundestagswahl 2017 fielen mehr Überhangmandate an als bei jeder vorherigen Wahl. Von insgesamt 46 zusätzlichen Mandaten fielen 43 auf die Unionsparteien. Dabei wurden die meisten Überhangmandate von der CDU in Baden-Württemberg (elf) und von der CSU in Bayern (sieben) gewonnen. Weitere CDU-Überhänge ergaben sich in Sachsen-Anhalt (vier), in Brandenburg, Sachsen, Hessen, Thüringen, Rheinland-Pfalz und Schleswig-Holstein (jeweils drei), in Mecklenburg-Vorpommern (zwei) sowie im Saarland (eins). Die Sozialdemokraten errangen in Hamburg (zwei) und Bremen (eins) weitere Mandate. Somit beanspruchten die drei Parteien in den jeweiligen Bundesländern mehr Mandate, als ihnen gemäß der Verteilung des Ländersitzkontingents zustanden. Um die erworbene Anzahl an Mandaten und das bundesweite Verhältnis der Zweitstimmen der einzelnen Parteien zu gewährleisten, werden Ausgleichsmandate verteilt. Bei der Bundestagswahl 2017 erhielten somit die SPD 19, die FDP 15, die AfD elf sowie Die Linke und die Grünen jeweils zehn zusätzliche Mandate, die erneut über die jeweiligen Landeslisten vergeben wurden. Dadurch vergrößerte sich der Bundestag von gesetzlich vorgesehenen 598 auf 709 Sitze und überschritt erstmalig die Grenze von 700 Abgeordneten. In der vorherigen Legislaturperiode bestand der Bundestag aus 631 Abgeordneten.

4.3 Die Wahl 2017 im langfristigen Vergleich

Wie in vielen anderen Ländern ist auch in Deutschland seit längerer Zeit eine sinkende *Wahlbeteiligung* zu beobachten (siehe Kapitel 5.1). Zwischen 1949 und 1969 lag die Wahlbeteiligung bei Bundestagswahlen zwischen 78,5 und 87,8 Prozent und erreichte 1972 mit 91,1 Prozent ihren höchsten Stand. Seitdem sank die Beteiligungsrate stetig und verzeichnete bei den ersten gesamtdeutschen Wahlen nach der Wiedervereinigung im Jahr 1990 mit 77,8 Prozent ihren bis dahin geringsten Wert. Kurzzeitig schien der Abwärtstrend durch einen leichten Zuwachs bei den Wahlen 1998 auf 82,2 Prozent aufgehalten. Allerdings setzte sich die zuvor beobachtete Entwicklung des Wählerschwunds fort, 2009 sank die Wahlbeteiligung mit 70,8 Prozent auf einen historischen Tiefpunkt. Entgegen des allgemein zu beobachteten Rückgangs stieg die Wahlbeteiligung 2013 zunächst wieder leicht auf 71,5 Prozent und 2017 auf 76,2 Prozent an. Diese Werte markieren allerdings in der Gesamtbetrachtung weiterhin die zweit- und drittschlechtesten Wahlbeteiligungsraten seit der Gründung der Bundesrepublik (Lamers/Roßteutscher 2014).

Um das Ergebnis der Bundestagswahl 2017 im *langfristigen Vergleich* einzuordnen, sind in Abbildung 3 die Ergebnisse aller Bundestagswahlen seit 1949 dargestellt. Deutlich zeigt sich, dass der Erfolg der CDU/CSU bei der Bundestagswahl 2013 hinsichtlich des Zweitstimmenergebnisses eine Ausnahme und keine Trendwende markierte. Das Ergebnis von 2017, welches das zweitschlechteste der Partei in der Geschichte der Bundesrepublik war, bestätigt den seit Mitte der 1980er Jahre zu beobachtenden Trend zu geringeren Stimmanteilen. Nur 1949, bei der ersten freien Wahl nach Ende des zweiten Weltkriegs, erreichte die Union einen geringeren Stimmenanteil. Die SPD, die nach der Bundestagswahl 2013 noch hoffen konnte, den negativen Trend gestoppt zu haben, sank auf ihr Allzeittief seit Gründung der Bundesrepublik. Während sie in den 1970er und 1990er sowie Anfang 2000er Jahren auf Augenhöhe mit der Union konkurrierte, ist die Kluft zwischen beiden „Volksparteien“ seit der Bundestagswahl 2009 wieder erheblich größer geworden – obwohl auch die Union massive Verluste hinnehmen musste. Ob die abermalige Große Koalition zwischen CDU/CSU und SPD diese Abwärtsspirale fortsetzen wird oder ob die Parteien, aufgrund erfolgreichen Regierungshandelns bei der Wählerschaft wieder stärker punkten können, bleibt abzuwarten.

Abbildung 3: Zweitstimmenergebnisse bei Bundestagswahlen seit 1949

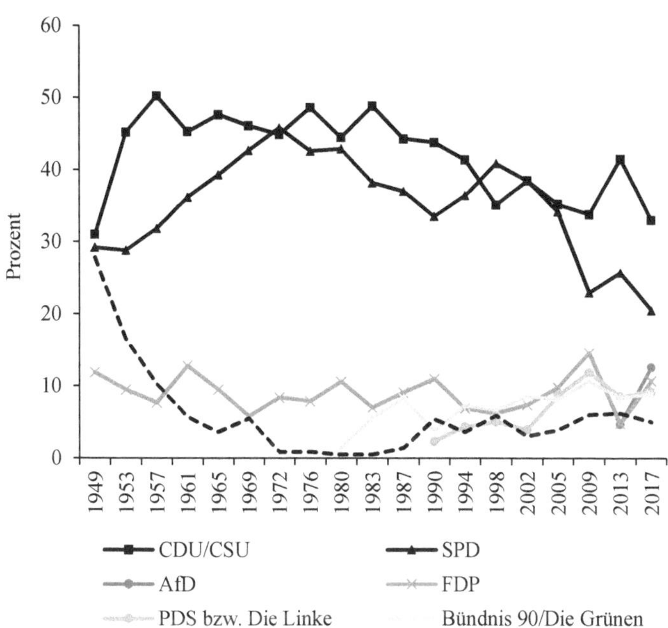

Quelle: Thiel 2018.

Die FDP konnte sich mit 10,7 Prozent der Zweitstimmen nicht nur von dem Misserfolg von 2013 rehabilitieren, sondern erzielte damit auch ein aus der Sicht der Partei komfortables zweistelliges Ergebnis. Das Wahlergebnis der Grünen ist aus langfristiger Betrachtung ebenfalls wenig spektakulär, liegt aber knapp über dem Durchschnitt der Ergebnisse seit dem Wiedereinzug der Partei in den Bundestag im Wahljahr 1994. 1990 war sie nur durch acht Abgeordnete der ostdeutschen Partei Bündnis 90 im Parlament vertreten, da die westdeutschen Grünen, die bei dieser Wahl separat für Ost- und Westdeutschland geltende Fünf-Prozent-Hürde nicht überspringen konnten. Nach ihrem Scheitern an der 5-Prozent-Hürde im Wahljahr 2002, ist Die Linke seit 2005 kontinuierlich im Bundestag vertreten und konnte 2009 mit einem Zweitstimmenanteil von 11,9 Prozent ihr bislang bestes Ergebnis verzeichnen. Während die Partei 2013 erstmals einen leichten Dämpfer erhielt, verzeichnete sie 2017 wieder einen leichten Stimmenzuwachs von 0,6 Prozent – ein aus ihrer Sicht durchaus zufriedenstellendes Ergebnis trotz einer Herausforderung von rechts, die ihr manche Stimme möglicherweise populistisch gesinnter Wähler kostete (siehe Kapitel 6.9). Die AfD, die sich erst kurz vor der Bundestagswahl 2013 gründete, ist mit dem größten Zuwachs an Stimmen, fast acht Prozent, und dem erstmaligen Einzug in den Bundestag die Gewinnerin dieser Wahl.

Über die Sitzverteilung im Bundestag bestimmen die relativen *Stimmanteile* der Parteien, welche die 5-Prozent-Hürde überwunden haben. Ein Blick auf absolute Stimmen vermittelt daher eine andere Perspektive auf die Stärke der Parteien. Tabelle 2 zeigt, dass die Union seit 1990 bis 2009 kontinuierlich Wählerstimmen verloren hat, insgesamt ein Nettoverlust von fast 6 Millionen Wählern. Ihr beachtlicher Wahlerfolg von 2013 ist darauf zurückzuführen, dass gegenüber 2009 3,4 Millionen Wähler (zurück) gewonnen werden konnten. Diese Wähler hat sie aber 2017 fast vollständig wieder verloren.

Tabelle 2: Wahlergebnisse bei Bundestagswahlen seit 1990 (in Millionen Zweitstimmen)

Jahr	CDU/ CSU	SPD	AfD	FDP	PDS/ Linke	Grüne	Sonstige	Nicht-wähler
1990	20,4	15,5	-	5,1	1,1	1,8	2,6	13,4
1994	19,5	17,1	-	3,3	2,1	3,4	1,7	12,7
1998	17,3	20,2	-	3,1	2,5	3,3	2,9	10,8
2002	18,5	18,5	-	3,5	1,9	4,1	1,5	12,9
2005	16,6	16,2	-	4,6	4,1	3,8	2,0	13,8
2009	14,7	10,0	-	6,3	5,2	4,6	2,6	18,2
2013	18,1	11,3	2,1	2,1	3,8	3,7	2,7	17,6
2017	15,3	9,5	5,9	5,0	4,3	4,2	2,3	14,7

Quelle: Thiel 2018.

Die SPD, die mit dem Wahlgewinn Gerhard Schröders 1998 ihr mit Abstand bestes Ergebnis seit der Wiedervereinigung erreichte, muss seitdem deutliche Stimmenverluste verkraften. Wählten sie 2002 noch 18,5 Millionen Wahlberechtigte, so schrumpfte dieser Zuspruch auf 9,5 Millionen bei der Bundestagswahl 2017 – nahezu eine Halbierung der Stimmen. Die FDP verlor zwischen 2009 und 2013 fast vier Millionen Wählerstimmen und schied aus dem Bundestag aus. 2017 konnte sie zwar nicht das Rekordergebnis von 2009 wiederholen, erreichte aber mit fünf Millionen Wählern ihr drittbestes Ergebnis seit der Wiedervereinigung. Die Ergebnisse der Linkspartei zeugen von einer Etablierung seit der Bundestagswahl 2005 mit einem Stimmanteil jenseits der vier Millionen und damit deutlich mehr als 2002. Damals votierten mehr als zwei Millionen Wahlberechtigte für Die Linke. Mit Ausnahme der Wahl 1990 als die Grünen in Westdeutschland an der damals separaten Sperrklausel scheiterten, erreichten sie kontinuierlich zwischen 3,3 Millionen (1998) und 4,6 Millionen (2009) der Stimmen. Die 4,2 Millionen Wähler, die 2017 für die Grünen stimmten, markieren somit das zweitbeste Ergebnis der Partei nach 2009. Die AfD trat bislang nur zweimal zur Bundestagswahl an. Im Abstand von einer Legislaturperiode konnte sie allerdings ihren absoluten Zweitstimmenanteil von 2,1 Millionen auf 5,9 Millionen Stimmen 2017 nahezu verdreifachen. Auf sonstige Parteien entfallen relativ stabil ungefähr zwei Millionen Wählerstimmen. Eine interessante Perspektive bietet darüber hinaus die Betrachtung der absoluten Zahl der Nichtwähler. Zwischen 1990 und 1998 verringerte sich die Zahl der Wahlabstinenten von 13,4 auf 10,8 Millionen, was aufgrund des absoluten Stimmenzuwachses vor allem der SPD zugutekam. Seitdem stieg die Anzahl der Nichtwähler bis 2009 auf 18,2 Millionen. Damit machten 2009 so viele Wahlberechtigte wie noch nie keinen Gebrauch ihrer Stimme. Mit der Bundestagswahl 2017 konnten wieder im größeren Umfang Wähler zum Gang an die Wahlurne motiviert werden (siehe Kapitel 5.1). Die Zahl von 14,7 Millionen Nichtwählern markiert jedoch den dritthöchsten Wert seit den ersten gesamtdeutschen Wahlen 1990.

4.4 Das Parteiensystem Deutschlands/Implikationen für die Entwicklung des deutschen Parteiensystems

Bisher wurden die einzelnen Parteien betrachtet. Abschließend soll der Blick nun auf das Parteiensystem insgesamt gerichtet werden. Dadurch soll verdeutlicht werden, wie der politische Wettbewerb zwischen den Parteien strukturiert ist und wie er sich über die Zeit verändert hat. Ein Parteiensystem wird nicht allein durch die Anzahl der in einem politischen System relevanten Parteien charakterisiert, sondern ebenso durch die zwischen den Parteien bestehenden Verhältnisse und Beziehungen. Hierzu gibt es unterschiedliche Kennziffern, mit denen die Eigenschaften eines Parteiensystems beschrieben werden können (Niedermayer et al. 2006; Blumenstiel 2014). Im Folgenden sollen vier relativ einfache Maße betrachtet werden, welche die wesentlichen Entwicklungen der deutschen Parteienlandschaft gut veranschaulichen (Tabelle 3).

Tabelle 3: Kennziffern des deutschen Parteiensystems seit 1949

Jahr	Effektive Parteienzahl (Fragmentierung)	Stimmanteil Union + SPD	Asymmetrie	Volatilität
1949	4,8	60,2	1,8	-
1953	3,3	74,0	16,4	8,5
1957	2,8	82,0	18,4	4,9
1961	2,8	81,5	9,1	7,2
1965	2,6	86,9	8,3	4,4
1969	2,5	88,8	3,4	4,3
1972	2,4	90,7	-0,9	3,5
1976	2,4	91,2	6,0	3,7
1980	2,5	87,4	1,6	3,6
1983	2,6	87,0	10,6	8,4
1987	2,9	81,3	7,3	5,3
1990	3,1	77,3	10,3	4,6
1994	3,2	77,8	5,0	6,8
1998	3,3	76,0	-5,8	6,4
2002	3,2	77,0	0,0	5,0
2005	3,8	69,4	1,0	7,6
2009	4,7	56,8	10,8	11,6
2013	3,9	67,2	15,8	13,0
2017	4,8	53,5	12,5	14,3

Die erste wichtige Eigenschaft eines Parteiensystems ist die *Fragmentierung*, in der sich das Ausmaß der Zersplitterung bzw. Konzentration des Parteiensystems spiegelt. Ein häufig verwendetes Maß hierfür ist die Zahl effektiver Parteien (Laakso/Taagepera 1979). Dieses Maß, das dem Kehrwert der Summe der quadrierten Stimmanteile aller Parteien entspricht, wird von der Anzahl und den Größenverhältnissen sowohl der parlamentarisch vertretenen als auch der übrigen Parteien beeinflusst. Existieren in einem Parteiensystem beispielweise fünf Parteien, die bei einer Wahl alle exakt 20 Prozent der Stimmen erhalten, beträgt die effektive Parteienzahl ebenfalls fünf. Ist aber eine Partei sehr dominant, nähert sich die Maßzahl dem Wert eins an. Für Parteiensysteme mit zwei dominanten Großparteien bietet sich als zusätzliches Maß für Fragmentierung bzw. Konzentration der gemeinsame Stimmanteil der beiden großen Parteien an, im deutschen Fall also von CDU/CSU und SPD (Blumenstiel 2014).

Bei der ersten Bundestagswahl nach Ende des Zweiten Weltkriegs 1949 nahm das Fragmentierungsmaß einen vergleichsweise hohen Wert von 4,8 an und der gemeinsame Stimmanteil der Volksparteien war mit etwa 60 Prozent eher gering. Da zu diesem Zeitpunkt die bundesweite 5-Prozent-Hürde noch nicht eingeführt war, verteilten sich viele Stimmen auf kleinere Parteien. Nach deren Einführung 1953 kam es zu der beabsichtigen Konzentration im deutschen Parteiensystem. Zwischen 1961 und 1983 bestand der Bundestag nur aus den drei Fraktionen Union, SPD und FDP, wobei stets mindestens vier Fünftel der Stimmen für die beiden großen Parteien abgegeben wurden. Für die Zeit dieses stabilen Dreiparteiensystems nimmt die effektive Parteienzahl konstant Werte um 2,5 an und reflektiert damit auch die Dominanz der Großparteien. Der Einzug von Bündnis 90/Grünen in den Bundestag 1983 sowie der PDS 1990 resultierten in zunächst nur leicht steigenden Werten für die effektive Parteienzahl. Dieser Anstieg fand mit dem hohen Stimmanteil der kleineren Parteien bei der Bundestagswahl 2009 einen ersten Höhepunkt. Der Wert für die effektive Parteienzahl stieg auf 4,7 und CDU/CSU und SPD kamen gemeinsam nur auf 56,8 Prozent der Stimmen. Aufgrund der Verluste der FDP und den Zugewinnen der „Volksparteien" verringerte sich das Maß für die effektive Parteienzahl 2013 auf 3,9 (Blumenstiel 2014). Die beiden großen Parteien konnten 2013 wieder 67,2 Prozent der Stimmen auf sich vereinen. Diese Tendenz zur Konzentration war jedoch kurzlebig. Im Wahljahr 2017 erreichte das Maß für effektive Parteien den Wert von 1949: 4,8. Mit anderen Worten, 2017 ist die Fragmentierung so hoch wie bei den ersten Wahlen nach Ende des Zweiten Weltkrieges. Die beiden „Großen" – CDU/CSU und SPD – konnten zudem zusammen nur 53,5 der Stimmen für sich gewinnen – ein Wert, der deutlich unter den 60,2 Prozent liegt, die beide Parteien bei der ersten Wahl 1949 erreichten und der auch noch deutlich unter dem bisherigen Tief von 56,8 Prozent bei der Bundestagswahl 2009 liegt.

Eine weitere wichtige Eigenschaft eines Parteiensystems ist die sogenannte *Asymmetrie*. Diese gibt Aufschluss über das Stärkeverhältnis der beiden großen Parteien untereinander und wird für Deutschland berechnet, indem der Stimmenanteil der SPD vom Stimmenanteil der Unionsparteien abgezogen wird. Positive Werte bedeuten somit einen Vorsprung von CDU/CSU, negative einen Vorsprung der SPD. Bei 16 von 19 Bundestagswahlen seit Ende des Zweiten Weltkriegs konnte die Union einen größeren Stimmanteil erreichen als die SPD. Im Jahr 2002 lagen beide gleichauf, nur aus den Wahlen 1972 (Willy Brandt) und 1998 (Gerhard Schröder) ging die SPD als stärkste Partei hervor. Langfristig betrachtet besteht im deutschen Parteiensystem somit eine ausgeprägte Asymmetrie zugunsten von CDU/CSU. Obwohl die Union starke Stimmenverluste hinnehmen musste, wird diese Dominanz auch 2017 fortgesetzt. Da die Stimmverluste der SPD etwas geringer waren, verkleinert sich die Kluft im Vergleich zu 2013 (15,8 Prozent) ein wenig, weist mit 12,5 aber immer noch auf einen deutlichen Vorsprung der Union hin.

Schließlich soll als letzte Eigenschaft die *Volatilität* des deutschen Parteiensystems betrachtet werden. Unter Volatilität versteht man, wie stark sich die Anteile der Parteien zwischen zwei Wahlen verändern. Gemessen wird also, ob die Wahlergebnisse relativ konstant sind oder aber starken Schwankungen unterliegen. Sie wird meist mit dem sogenannten Pedersen-Index gemessen (Pedersen 1979). Dieser wird berechnet, indem die relativen Gewinne und Verluste aller im Parlament vertretenen Parteien im Vergleich zur vorherigen Wahl summiert und durch zwei dividiert werden (Blumenstiel 2014). Da bei der Bundestagswahl 2013 beide „Volksparteien“ Stimmen hinzugewannen und die „Kleinen“ durchweg verloren haben, ergab sich damals ein bisheriges Höchstmaß an Volatilität von 13,0, das den bereits hohen Wert von 11,6 im Jahr 2009 noch einmal deutlich steigerte. Aufgrund der massiven Verluste der „Großparteien“ anlässlich der Bundestagswahl 2017 und den ebenfalls durchgängigen Gewinnen der „Kleinen“ erreicht das Volatilitätsmaß 2017 den bisherigen Spitzenwert von 14,3. Niemals waren die Schwankungen im Wahlverhalten so groß wie bei der letzten Bundestagswahl. Insgesamt stechen die vergangenen drei Bundestagswahlen hervor, bei denen das Volatilitätsmaß jeweils zweistellige Ergebnisse annahm. Diese Wahlen stehen damit in deutlichem Kontrast zu den 1960er und 1970er Jahren, als Werte zwischen drei und vier Prozent von einem sehr konstanten Wahlverhalten in Deutschland zeugten.

4.5 Fazit

Das Ergebnis der Bundestagswahl war wenig überraschend – auch wenn die Verluste der Unionsparteien deutlich stärker ausfielen als vorhergesagt. Dass Angela Merkel die nächste Kanzlerin sein würde, zeichnete sich nach dem Kollaps des Martin Schulz-Hypes im Frühsommer 2017 ab und stand definitiv nach den für die SPD verlorenen Wahlen in Nordrhein-

Westfalen fest. So spitzte sich der Wahlkampf in den letzten Wochen vor der Wahl auf die Frage zu, welche der kleinen Parteien als drittgrößte Fraktion in den Bundestag einziehen würde. Alle vier – AfD, FDP, die Linke und Grüne – waren über Monate stabil über der 5-Prozent-Marke und lagen in den Prognosen sehr eng beieinander. Andererseits ist das Wahlergebnis als Zäsur im deutschen Parteiensystem zu betrachten. Erstmalig nach 1945 gelang einer rechtspopulistischen Partei der Einzug in den Bundestag – und dies mit einem deutlich zweistelligen Ergebnis. Bisherige Erfolge von Rechtsparteien wie NPD, Republikanern oder DVU verpufften nach Achtungserfolgen bei Landtagswahlen recht schnell, bei Bundestagswahlen waren sie bisher immer klar gescheitert. Der Polarisierung des Parteiensystems durch die AfD ist schließlich erstmals seit langem ein signifikanter Anstieg der Wahlbeteiligung zu verdanken (siehe Kapitel 5.1).

Im aktuellen Bundestag sind daher sechs Fraktionen und sieben Parteien (rechnet man CDU und CSU getrennt) vertreten. Auch das ist ein Rekord seit Einführung der Sperrklausel im Jahr 1953. Statt der 598 gesetzlich vorgesehenen Vertreter, sind nun 709 Abgeordnete im 19. Bundestag vertreten. Da keine Einigung erzielt werden konnte, wie die Ausgleichsmandate, die aufgrund der Wahlrechtsreform zwingend notwendig wurden, einzuschränken seien, war eine Aufblähung des aktuellen Bundestags nicht zu vermeiden. Auch hinsichtlich der Qualität des Parteienwettbewerbs ist der Ausgang der Bundestagswahl 2017 mehr als außergewöhnlich. Nie zuvor waren die „Großen" so klein. Nur 53,5 Prozent der Wählerstimmen konnten CDU/CSU und SPD auf sich vereinigen. Dies reichte zwar für eine knappe absolute Mehrheit, war aber kaum eine Große Koalition im traditionellen Sinne. Die Volatilität des Wählerverhaltens hat zudem einen neuen Höhepunkt erreicht. Nie zuvor waren Schwankungen von einer Wahl zur nächsten so häufig wie zwischen 2013 und 2017, nachdem bereits die beiden Wahlen zuvor von außergewöhnlich hoher Volatilität gekennzeichnet waren.

Literatur

Behnke, Joachim 2014: Das neue Wahlgesetz im Test der Bundestagswahl 2013, in: Zeitschrift für Parlamentsfragen 45, 17-37.

Bieber, Ina/Roßteutscher, Sigrid/Scherer, Philipp 2014: Die Wähler der Kleinparteien, in: Schmitt-Beck, Rüdiger/Rattinger, Hans/Roßteutscher, Sigrid/Weßels, Bernhard/Wolf, Christof/Bieber, Ina/Blumenberg, Manuela S./Blumenstiel, Jan E./Faas, Thorsten/Förster, André/Giebler, Heiko/Glogger, Isabella/Gummer, Tobias/Huber, Sascha/Krewel, Mona/Lamers, Patrick/Maier, Jürgen/Partheymüller, Julia/Plischke, Thomas/Roßmann, Joss/Schäfer, Anne/Scherer, Philipp /Steinbrecher, Markus/Wagner, Aiko/Wiegand, Elena, Hg., Zwischen Fragmentierung und Konzentration: Die Bundestagswahl 2013, Baden-Baden: Nomos, 155-176.

Blumenstiel, Jan Eric 2011: Abstürze, Rekorde, Überhänge und andere Superlative: Das Ergebnis der Bundestagswahl 2009, in: Rattinger, Hans/Roßteutscher, Sigrid/Schmitt-Beck, Rüdiger/Weßels, Bernhard/Bieber, Ina/Blumenstiel, Jan E./ Bytzek, Evelyn/Faas, Thorsten/Huber, Sascha/Krewel, Mona/Maier, Jürgen/ Rudi, Tatjana/Scherer, Philipp/Steinbrecher, Markus/Wagner, Aiko/Wolsing, Ansgar, Hg., Zwischen Langeweile und Extremen: Die Bundestagswahl 2009, Baden-Baden: Nomos, 59-76.

Blumenstiel, Jan Eric 2014: Merkels Triumph und der Albtraum der FDP: Das Ergebnis der Bundestagswahl 2013, in: Schmitt-Beck, Rüdiger/Rattinger, Hans/ Roßteutscher, Sigrid/Weßels, Bernhard/Wolf, Christof/Bieber, Ina/Blumenberg, Manuela S./Blumenstiel, Jan E./Faas, Thorsten/Förster, André/Giebler, Heiko/ Glogger, Isabella/Gummer, Tobias/Huber, Sascha/Krewel, Mona/Lamers, Patrick/Maier, Jürgen/Partheymüller, Julia/Plischke, Thomas/Roßmann, Joss/ Schäfer, Anne/Scherer, Philipp/Steinbrecher, Markus/Wagner, Aiko/Wiegand, Elena, Hg., Zwischen Fragmentierung und Konzentration: Die Bundestagswahl 2013, Baden-Baden: Nomos, 101-117.

Der Bundeswahlleiter 2005: Wahl zum 16. Deutschen Bundestag am 18. September 2005: Heft 3 Endgültige Ergebnisse nach Wahlkreisen, Wiesbaden: Statistisches Bundesamt.

Der Bundeswahlleiter 2009: Wahl zum 17. Deutschen Bundestag am 27. September 2009: Heft 3 Endgültige Ergebnisse nach Wahlkreisen, Wiesbaden: Statistisches Bundesamt. [https://www.bundeswahlleiter.de/dam/jcr/e4056dc0-1c50-4414-bec1-57126534b531/btw09_heft3.pdf] <18.9.2018>.

Der Bundeswahlleiter 2013: Wahl zum 18. Deutschen Bundestag am 22. September 2013: Heft 3 Endgültige Ergebnisse nach Wahlkreisen, Wiesbaden: Statistisches Bundesamt. [https://www.bundeswahlleiter.de/dam/jcr/a832ae2d-3ffc-4805-92c6-c92cc8668d17/btw13_heft3.pdf] <18.9.2018>.

Der Bundeswahlleiter 2017: Wahl zum 19. Bundestag am 24. September 2017: Heft 3 Endgültige Ergebnisse nach Wahlkreisen, Wiesbaden: Statistisches Bundesamt. [https://www.bundeswahlleiter.de/dam/jcr/3f3d42ab-faef-4553-bdf8-ac089b7de86a/btw17_heft3.pdf] <18.9.2018>.

Hilmer, Richard/Schleyer, Nicolas 2000: Stimmensplitting bei der Bundestagswahl 1998: Strukturen, Trend, Motive, in: van Deth, Jan/Rattinger, Hans/Roller, Edeltraud, Hg., Die Republik auf dem Weg zur Normalität?, Opladen: Leske + Budrich, 173-197.

Laakso, Markku/Taagepera, Rein 1979: „Effective“ Number of Parties: A Measure with Application to West Europe, in: Comparative Political Studies 12, 3-27.

Lamers, Patrick/Roßteutscher, Sigrid 2014: Die Wahlbeteiligung, in: Schmitt-Beck, Rüdiger/Rattinger, Hans/Roßteutscher, Sigrid/Weßels, Bernhard/Wolf, Christof/ Bieber, Ina/Blumenberg, Manuela S./Blumenstiel, Jan E./Faas, Thorsten/Förster, André/Giebler, Heiko/Glogger, Isabella/Gummer, Tobias/Huber, Sascha/Krewel, Mona/Lamers, Patrick/Maier, Jürgen/Partheymüller, Julia/Plischke, Thomas/ Roßmann, Joss/Schäfer, Anne/Scherer, Philipp/Steinbrecher, Markus/Wagner, Aiko/Wiegand, Elena, Hg., Zwischen Fragmentierung und Konzentration: Die Bundestagswahl 2013, Baden-Baden: Nomos, 119-131.

Niedermayer, Oskar/Stöss, Richard/Haas, Melanie 2006: Die Parteiensysteme Westeuropas, Wiesbaden: VS Verlag für Sozialwissenschaften.

Pedersen, Mogens N. 1979: The Dynamics of European Party Systems: Changing Patterns of Electoral Votality, in: European Journal of Political Research 7, 1-26.

Schmitt-Beck, Rüdiger 1993: Denn sie wissen nicht, was sie tun …: Zum Verständnis des Verfahrens der Bundestagswahl bei westdeutschen und ostdeutschen Wählern, in: Zeitschrift für Parlamentsfragen, 393-415.

Schoen, Harald 1998: Stimmensplitting bei Bundestagswahlen: eine Form taktischer Wahlentscheidung?, in: Zeitschrift für Parlamentsfragen, 223-244.

Thiel, Georg 2018: Repräsentative Wahlstatistik zur Bundestagswahl 2017, Statement des Bundeswahlleiters Dr. Georg Thiel am 26. Januar 2018 in Berlin. [https://www.bundeswahlleiter.de/dam/jcr/9d64fb87-0d12-478b-88ed-df4b6ad0e2a1/btw17_rws_pk_statement.pdf] <18.9.2018>.

5. Aspekte des Wählerverhaltens

5.1 Wahlbeteiligung

Lars-Christopher Stövsand und Sigrid Roßteutscher

5.1.1 Einleitung

Wahlen stellen in modernen repräsentativen Demokratien die wichtigste Partizipationsform und die zentrale Quelle politischer Legitimität dar. Die Erfüllung der Ambitionen von Anwärtern auf politische Ämter hängt von den Wahlergebnissen ab. Die so gewählten Amtsträger treffen die für das Gemeinwesen verbindlichen Entscheidungen der nächsten Legislaturperiode. Nicht zuletzt garantieren Wahlen auf diese Weise eine Rückkopplung politischer Eliten an den Wählerwillen. Da die Stimmabgabe mit geringem Aufwand verbunden ist und geringe Ansprüche an den Wähler stellt, ist sie die meistgenutzte unter den verschiedenen Formen der politischen Partizipation und für viele Bürger die einzige Beteiligung am politischen Prozess (van Deth 2009).

Trotz dieser herausragenden Bedeutung von Wahlen für die Entwicklung eines Gemeinwesens nehmen längst nicht alle Bürger ihr Recht wahr, sich an ihnen zu beteiligen. Seit den 1970er Jahren ist der Anteil der Nichtwähler sogar deutlich gestiegen, wobei die Beteiligung zunehmend vom sozialen Status abhängt. Nachdem der Rückgang der Wahlbeteiligung ihren bisherigen Extrempunkt bei der Bundestagswahl 2009 fand, gab es 2013 einen leichten und 2017 einen deutlichen Anstieg. Gleichzeitig warb mit der Alternative für Deutschland (AfD) eine neue Partei um Stimmen. 2013 hatte sie noch knapp die 5-Prozent-Hürde verfehlt, seitdem aber bei Landtagswahlen immer größere Zustimmung bei der Wählerschaft erhalten (siehe Kapitel 2). Ob die steigende Wahlbeteiligung aus den Mobilisierungserfolgen der AfD resultierte, wird im Folgenden zu untersuchen sein.

Dabei wird zunächst die Entwicklung der Wahlbeteiligung im zeitlichen Verlauf und im Kontext ihrer Abhängigkeit vom sozialen Status der Wähler dargestellt. Danach wird die Wahlentscheidung der vormaligen Nichtwähler betrachtet, bevor genauer auf die Ursachen der Wahlteilnahme eingegangen wird.

5.1.2 Die Entwicklung der Wahlbeteiligung

Abbildung 1 zeigt die Entwicklung der Bundestagswahlbeteiligung in Westdeutschland und seit der Wiedervereinigung zusätzlich für Ost- und Gesamtdeutschland. Bei der ersten Bundestagswahl 1949 war die Beteiligung auf Grund von in Kriegsgefangenschaft befindlicher Bürger und der auf die Erfahrung des Nationalsozialismus folgenden politischen Apathie noch vergleichsweise gering. In den darauffolgenden Jahrzehnten lag die Beteiligung durchgehend bei über 80 Prozent mit Höchstwerten von über 90 Prozent in den politisierten 1970er Jahren. Nach dieser Phase setzte ein Trend zu einem steigenden Nichtwähleranteil ein, der 2009 einen historischen Höhepunkt erreichte, als sich nur 70,8 Prozent der Wahlberechtigten beteiligten. Seitdem stieg der Anteil der Wähler von 2009 auf 2013 leicht um 0,7 Prozentpunkte und von 2013 auf 2017 deutlicher um 4,7 Prozentpunkte auf 76,2 Prozent.

Abbildung 1: Wahlbeteiligung bei Bundestagswahlen – 1949 bis 2017

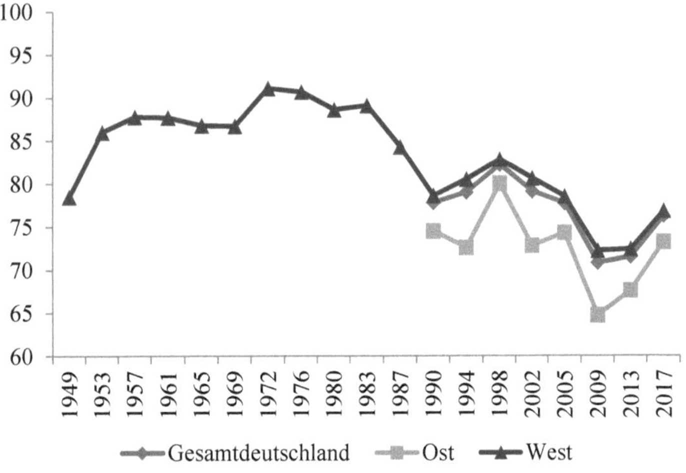

Quelle: Bundeswahlleiter 2017.

Der Vergleich der Beteiligungsraten in West- und Ostdeutschland zeigt, dass es in beiden Landesteilen ähnliche Trends gibt, der Nichtwähleranteil jedoch im Osten stets größer war als im Westen. Der Unterschied erreichte 2002 und 2009 mit jeweils fast 8 Prozentpunkten seinen stärksten Ausdruck und lag 2017 bei vergleichsweise geringen 3,6 Prozentpunkten. Als Ursache des Unterschieds gilt die differente politische Sozialisation, aus der einerseits eine geringere Identifikation der Ostdeutschen mit politischen Parteien und andererseits eine geringere Verbreitung der Norm, dass die Beteiligung an Wahlen zu den Pflichten eines jeden Bürgers gehört, resultiert (Rohrschneider et al. 2013). Im internationalen Vergleich liegt die Wahlbeteiligung in der Bundesrepublik auf einem relativ hohen Niveau (International IDEA 2018).

Abbildung 2 zeigt die Wahlbeteiligung bei der Bundestagswahl 2017 nach Schulabschluss und Altersgruppen. Der Anteil der Wähler unter den Höhergebildeten ist in allen Altersgruppen größer als unter Bürgern mit niedriger Bildung. Dieser Unterschied zwischen Bildungsgruppen variiert jedoch sehr stark nach Alter. In der ältesten Wählergruppe beträgt er weniger als 9 Prozentpunkte, während die Wahlbeteiligung der jüngsten Niedriggebildeten ganze 30 Prozentpunkte unter der Teilnahme der jüngsten Hochgebildeten liegt. Für die Wahlbeteiligung der älteren Bürger spielt der Bildungsabschluss also eine vergleichsweise geringe Rolle, während bei jüngeren Bürgern eine starke Ungleichheit nach Bildungsniveau vorliegt. Auch wenn jüngere Menschen in der Tendenz etwas seltener zur Wahl gehen als vor allem Personen mittleren Alters, waren solche drastischen Beteiligungsunterschiede in den 1980er Jahren noch nicht zu erkennen. Dies betrifft insbesondere die Spreizung nach sozialer Lage und Bildung (Schäfer 2015). Hierin kann man eine umsichgreifende politische Entfremdung des niedriggebildeten Teils der jüngeren Jahrgänge erkennen, die eine generationenspezifische Ungleichheit darstellt und sich nicht mit steigendem Alter auflöst (Abendschön/Roßteutscher 2016; Lamers/Roßteutscher 2014). Allerdings scheint sich im Zuge einer allgemein steigenden Wahlbeteiligung auch die Ungleichheit tendenziell zu verringern. Im Vergleich zu 2013, als in der Gruppe der unter 36-jährigen, die Hochgebildeten und Niedriggebildeten fast 50 Prozentpunkte trennten (Lamers/Roßteutscher 2014), lag die Beteiligungskluft bei der Bundestagswahl 2017 nur noch bei 30 Prozentpunkten.

Abbildung 2: Wahlbeteiligung nach Alter und Bildung

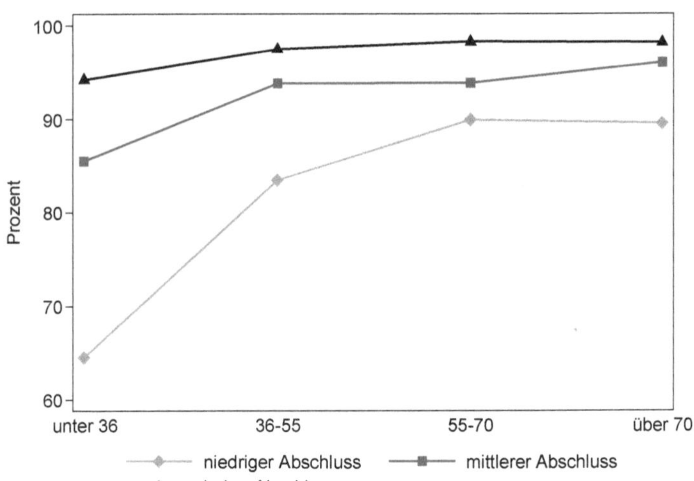

Quelle: GLES-Vor- und Nachwahl-Querschnittsbefragung 2017 [Kumulation] (ZA 6802).

5.1.3 Die Wahlentscheidung vormaliger Nichtwähler

Bei der Bundestagswahl 2013 lag die Wahlbeteiligung bei lediglich 71,5 Prozent. Seit der Gründung der Bundesrepublik wurde nur 2009 ein noch niedrigerer Wähleranteil verzeichnet. 2017 lag die Beteiligungsrate 4,7 Prozentpunkte höher, sodass man davon ausgehen kann, dass eine beträchtliche Zahl ehemaliger Nichtwähler von ihrem Wahlrecht Gebrauch machte. In Folge des syrischen Bürgerkrieges und der rapide angestiegenen Zahl Geflüchteter im Jahr 2015, die zu einer emotional geführten Kontroverse führte, konnte sich die AfD bei verschiedenen Landtagswahlen teils mit deutlich zweistelligen Ergebnissen etablieren und übersprang schließlich bei der Bundestagswahl 2017 die Fünf-Prozent-Hürde (siehe Kapitel 2 und 4). Daher wird in der öffentlichen Debatte mitunter angenommen, dass gerade die AfD, die mit pointierten Positionen und Aussagen zu diesem Thema auftrat, Unzufriedene an die Urne trieb und von der Mobilisierung der Nichtwähler besonders profitieren konnte (Blickle et al. 2017; Vehrkamp 2017; Witsch 2017).

Abbildung 3: Die Wahlentscheidung nach Wahlbeteiligung bei der Bundestagswahl 2013

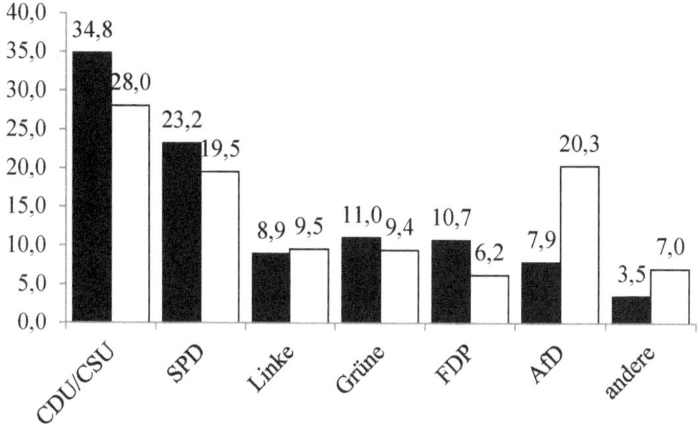

Quelle: GLES-Vor- und Nachwahl-Querschnittsbefragung 2017 [Kumulation] (ZA 6802).

In Abbildung 3 sind die Wahlentscheidungen der vormaligen Nichtwähler den Entscheidungen der Wähler, die bereits 2013 ihre Stimme abgaben, gegenübergestellt. In der Tat ist beim Vergleich der Stimmenanteile der beiden Gruppen zu erkennen, dass die etablierten Parteien unter den Neu-Mobilisierten (weiße Balken in Abbildung 3) schlechter abschneiden als unter denen, die sich schon 2013 beteiligten (schwarze Balken). Der Stimmenanteil der drei Parteien, die seit Gründung der Bundesrepublik die politische Landschaft prägen – CDU/CSU, SPD und FDP – ist in der Gruppe der aktivierten Nichtwähler zwischen 6,8 und 3,7 Prozentpunkte niedriger als in der Vergleichsgruppe. Während die Grünen bei vormaligen Nichtwählern leicht schlechter und die Linke leicht besser abschneidet, beträgt der Stimmanteil der AfD unter den mobilisierten Nichtwählern mehr als das 2,5-fache im Vergleich zur Gruppe der Bürger, die bereits 2013 wählten. Neben der AfD konnte auch die Gruppe der anderen Parteien überproportional viele bisherige Nichtwähler an sich binden. Der Stimmanteil ist doppelt so hoch wie in der Vergleichsgruppe. Neue, bisher nicht etablierte Parteien ziehen häufig politikferne Wähler an, die mit ihrer Stimme einen

Protest gegen die politische Elite im Allgemeinen auszudrücken bestrebt sind (Bieber et al. 2018).

Wenn man allerdings lediglich die Wahlentscheidung der vormaligen Nichtwähler (weiße Balken) betrachtet, wird deutlich, dass die AfD mitnichten die alleinige Profiteurin der verstärkten Nichtwählermobilisierung ist. Gerade mal jeder fünfte vormalige Nichtwähler wählt die neue Partei, während mehr als 70 Prozent einer der fünf etablierten Parteien die Stimme gibt. Allein 28 Prozent entfallen auf die CDU/CSU, also die Partei, deren Spitzenkandidatin wegen ihres „Wir schaffen das!" dermaßen in die Kritik geraten war. Die Frage, ob gerade die AfD von der Mobilisierung der Nichtwähler profitiert, hängt also davon ab, welche Perspektive man einnimmt: In absoluten Zahlen wählen die vormaligen Nichtwähler zu knapp 80 Prozent andere Parteien. Die AfD polarisiert und trägt damit zur Mobilisierung bei, von der auch die etablierten Parteien in einem beträchtlichen Umfang profitieren. Betrachtet man den Unterschied zwischen den regelmäßigen Wählern und den aktivierten Nichtwählern jeder Partei, sticht die AfD als die Partei der vormaligen Nichtwähler hervor. Unabhängig davon, welche Perspektive man einnimmt, bleibt ungewiss, ob die Parteien die mobilisierten Nichtwähler langfristig an sich binden können oder diese neuen Wähler im Zuge einer Etablierung der AfD oder einer veränderten Themenkonjunktur zur politischen Passivität zurückkehren. Diese Frage entscheidet maßgeblich darüber, ob der Trend zur abnehmenden Wahlbeteiligung ein Ende gefunden hat oder wir gegenwärtig lediglich ein Intermezzo erhöhter Beteiligungsbereitschaft erleben, bevor der Nichtwähleranteil wieder ansteigt.

5.1.4 Ursachen der Nichtwahl

Die Nichtwähler-Forschung zeigt, dass die Beteiligung an Wahlen stark von Einstellungen zur Politik, wie der Zufriedenheit mit der Demokratie, dem Interesse an Politik, der Ansicht, dass die Stimmabgabe zu den Pflichten eines jeden Bürgers gehöre und der Sympathie für politische Akteure abhängt (Steinbrecher/Rattinger 2011). Wie bereits in Abbildung 2 dargestellt gibt es jedoch auch deutliche Unterschiede in der Wahlbeteiligung nach sozialen Merkmalen. Analysen weisen auf Eigenschaften wie Alter, Bildung, Erwerbstätigkeit, Wohnort und soziale Netzwerke als wichtige Determinanten der Wahlbeteiligung hin (Lamers/Roßteutscher 2014; Schäfer/Roßteutscher 2015). Diese wirken einerseits direkt auf die Entscheidung an einer Wahl teilzunehmen, andererseits prägen sie die genannten politischen Einstellungen und üben so einen indirekten Einfluss aus. In Tabelle 1 sind die Verteilungen wichtiger politischer, sozialer und räumlich-kommunikativer Merkmale von Wählern und Nichtwählern aufgeführt. Vorweg muss angemerkt werden, dass die Angaben, die auf repräsentativen Befragungen der GLES-Studie basieren, die Nichtwahl deutlich unterschätzt. Der Nichtwähleranteil liegt bei lediglich 7,8 Prozent im Gegensatz zu 23,8 Prozent gemäß der offiziellen Wahlstatistik. Dies ist insbesondere auf die geringe Bereitschaft politikferner Bürger, an politischen Umfragen teilzunehmen, zurückzuführen, aber auch auf Effekte sozialer Erwünschtheit, also die unaufrichtige Antwort zur Vermeidung der unangenehmen Situation, dem Interviewer gegenüber die eigene Nichtbeteiligung an der Wahl zu eröffnen (Steinbrecher/Rattinger 2011; Lamers/Roßteutscher 2014). Aus diesen Gründen wird die Wahlbeteiligung in Wahlstudien stets unterschätzt.

Aus Tabelle 1 gehen deutliche Unterschiede zwischen Wählern und Nichtwählern hervor. Die Betrachtung der politischen Eigenschaften ergibt folgendes Bild: 77,8 Prozent der Bürger, die bei der Bundestagswahl 2017 wählten, gaben an, sich mit einer Partei zu identifizieren. Unter den Nichtwählern lag dieser Anteil mit 47 Prozent deutlich niedriger. Der Vergleich der Anteile der Bürger mit einer starken oder sehr starken Parteiidentifikation zeigt einen nicht minder deutlichen Unterschied. Fast jeder zweite Wähler, aber nicht einmal jeder fünfte Nichtwähler hat eine enge Bindung an eine Partei. Auch hinsichtlich der Zufriedenheit mit der Demokratie in Deutschland existieren starke Differenzen. So ist der Anteil der Zufriedenen und sehr Zufriedenen unter Wählern mit 57 Prozent fast doppelt so groß wie unter Nichtwählern. Umgekehrt ist der Anteil der Personen, die unzufrieden oder sehr unzufrieden sind, unter den Nichtwählern mehr als doppelt so hoch wie unter Wählern. Auch das politische Interesse variiert stark zwischen den beiden Gruppen: Wähler sind deutlich interessierter an Politik als Nichtwähler. Unter letzteren gibt jeder Zweite an, weniger stark bis überhaupt nicht interessiert zu sein, unter Wählern ist es nicht einmal jeder Fünfte. Der Vorstellung, dass die Wahlteilnahme eine Bürgerpflicht ist, stimmten mehr als 80 Prozent der Wähler, aber nur 32 Prozent der Nichtwähler zu. 44 Prozent der Nichtwähler und nur 9 Prozent der Wähler teilen diese Vorstellung nicht.

Aber nicht nur die politischen, sondern auch die sozialen Merkmale lassen deutliche Differenzen erkennen. Hier bestätigt sich der bereits gewonnene Eindruck, dass Personen mit Abitur oder Fachabitur kaum in der Gruppe der Nichtwähler zu finden sind. Nur jeder zehnte Nichtwähler gehört zu dieser Gruppe, während es unter den Wählern jeder Dritte ist. Die Gruppe der Nichtwähler wird von Personen dominiert, die keinen oder einen Volks- bzw. Hauptschulabschluss haben. Diese machen fast zwei Drittel der Nichtwähler aus. Auch die Klassenlage spielt eine Rolle: Arbeiter stellen mehr als die Hälfte der Nichtwähler und etwa ein Drittel der Wähler. Sie scheinen ihre traditionelle Bindung an die SPD zum Teil gegen politische Abstinenz eingetauscht zu haben (Elff/Roßteutscher 2017). Die Anteile der oberen und unteren Dienstklasse sind unter den Wählern jeweils doppelt so hoch wie unter den Nichtwählern. Hingegen gibt es kaum Unterschiede hinsichtlich der Selbstständigen sowie der Personen, die nicht-manuellen Routinetätigkeiten nachgehen. Mit über 10 Prozent ist der Anteil der Arbeitslosen im Lager der Nichtwähler deutlich größer als unter den Wählern, bei denen der Wert bei lediglich 2,3 Prozent liegt. Einkommen ist ein weiteres Kriterium, an dem sich die Ungleichheit in der Wahlbeteiligung festmacht. So sind Geringverdiener stärker in der Gruppe der Nichtwähler vertreten. Umgekehrt stellen Personen mit einem monatlichen Haushaltsnettoeinkommen von mindestens 3000 Euro rund 40 Prozent der Wähler, aber nur 19 Prozent der Nichtwähler.

Neben den politischen und sozialen Faktoren sind zudem räumlich-kommunikative Eigenschaften von Bedeutung, wenn es um Unterschiede in der individuellen Wahlbeteiligung geht, da Normen, politische Einstellungen und Präferenzen, die das Wahlverhalten betreffen, durch direkte soziale Kontakte übertragen werden (Lazarsfeld et al. 1944). Die Personen, die sich mindestens einmal in der Woche vor der Umfrage über Politik unterhielten, stellen nicht einmal die Hälfte der Nichtwähler, aber mehr als zwei Drittel der Wähler. Dies weist nicht nur auf die geringe Rolle hin, die Politik im Alltag vieler Bürger selbst in zeitlicher Nähe zur Wahl spielt, sondern auch darauf, dass Nichtwähler häufig Kontakte mit anderen politikfernen Personen pflegen bzw. dass sich die Politikferne als Norm in diesen Netzwerken durchsetzt. Personen, die Teil sozialer Gruppen sind, in denen häufig über Politik gesprochen wird, werden hierdurch beeinflusst und zur Wahlurne getrieben. Auch die Einschätzung der Wahlbeteiligung der Nachbarn unterscheidet sich zwischen Wählern und Nichtwählern. So geben nur knapp 40 Prozent der Nichtwähler an, dass ein Großteil der Nachbarschaft wählen gehe, während es unter den Wählern über 70 Prozent sind. Entsprechend ist der Anteil der Personen, die davon ausgehen, dass nur wenige ihrer Nachbarn an der Wahl teilnehmen, unter den Nichtwählern deutlich größer als unter den Wählern. Hierin spiegelt sich die soziale Segregation wieder, die Wähler- und Nichtwählerhochburgen in kleinsten räumlichen Einheiten entstehen lässt (Schäfer/Roßteutscher 2015).

Tabelle 1: Politische, soziale und räumlich-kommunikative Eigenschaften von Wählern und Nichtwählern im Vergleich (Prozent)

	Nichtwähler	Wähler
Politische Eigenschaften		
Parteiidentifikation		
Ja	47,0	77,8
Stark / sehr stark	17,8	47,9
Demokratiezufriedenheit		
Zufrieden / sehr zufrieden	32,3	57,0
Unzufrieden / sehr unzufrieden	26,2	12,6
Politisches Interesse		
Stark / sehr stark	13,6	35,8
Weniger stark / überhaupt nicht	56,8	18,4
Akzeptanz Wahlnorm		
Hoch	32,1	83,6
Niedrig	44,4	9,2
Soziale Eigenschaften		
Bildung		
Hoch	11,2	31,2
Niedrig	63,6	37,8
Klassenlage		
Arbeiter	58,3	32,3
Nicht-manuelle Routine	20,6	21,6
Untere Dienstklasse	11,0	26,6
Obere Dienstklasse	4,9	12,3
Selbstständige	3,4	5,1

	Nichtwähler	Wähler
Arbeitslos	10,5	2,3
Haushaltsnettoeinkommen		
Unter 1000 Euro	17,9	6,5
Über 3000 Euro	19,0	39,7
Räumlich-kommunikative Eigenschaften		
Politische Gespräche		
Ja	41,7	72,2
Einschätzung Wahlbeteiligung Nachbarschaft[1]		
Fast alle / viele	37,9	75,3
Wenige / fast niemand	18,5	4,0

Quelle: GLES-Vor- und Nachwahl-Querschnittsbefragung 2017 [Kumulation] (ZA6802)

Anmerkungen: [1] nur Vorwahl-Querschnitt.

5.1.5 Fazit

Die Wahlbeteiligung liegt heute deutlich niedriger als in den Hochzeiten politischen Engagements der 1970er Jahre. Seit dieser Periode sank die Wahlbeteiligung auf einen historischen Tiefstand bei der Bundestagwahl 2009, an der nur zwei Drittel der Wahlberechtigten teilnahmen. Bei den Bundestagswahlen 2013 und insbesondere 2017 stieg die Beteiligung wieder an. Von den mobilisierten Nichtwählern stimmten 73 Prozent für eine etablierte Partei und 20 Prozent für die AfD, sodass letztere nicht als einzige Gewinnerin der gestiegenen Wahlbeteiligung gelten kann. Gleichwohl schnitt die AfD bei den vormaligen Nichtwählern deutlich besser ab als bei Gewohnheitswählern. Trotz der gestiegenen Wahlbeteiligung bleibt der Nichtwähleranteil weiterhin größer als bei jeder Bundestagswahl vor 2009. Besorgniserregend ist, dass die Beteiligung an einer Wahl gerade unter jungen Menschen mit geringer Bildungsqualifikation nicht länger eine Selbstverständlichkeit darstellt, während die Wahlbeteiligung junger Menschen mit höherer Bildung unverändert hoch ist. Solche Unterschiede sind bei älteren Kohorten nicht zu erkennen. Daher ist mit dem Generationenwechsel eine langfristig sinkendende Beteiligung zu erwarten. Wenn einzelne soziale Gruppen von ihrem Wahlrecht nicht mehr Gebrauch machen, werden ihre Interessen und Anliegen nicht im politischen System repräsentiert. Daraus kann in diesen Gruppen Unzufriedenheit mit dem politischen System, ein Verlust an Vertrauen in politische Akteure und Institutionen, eine wachsende Distanz zu politischen Themen sowie ein weiterer Anstieg des Nichtwähleranteils resultieren. Dieser Teufelskreis stellt ein

Gefahrenpotenzial für die Stabilität des demokratischen Systems dar (Schäfer 2015). Die Analyse hat gezeigt, dass derartige Unterschiede in der Wahlbeteiligung nicht nur hinsichtlich sozialer, sondern auch verschiedener politischer und räumlich-kommunikativer Merkmale existieren. So hängen die wahrgenommene Wahlbeteiligung in der Nachbarschaft, die Häufigkeit politischer Gespräche sowie die Vorstellung, dass die Stimmabgabe eine Bürgerpflicht ist, eng mit der Bereitschaft zur Wahlteilnahme zusammen. Dies war 2013 schon der Fall (Lamers/Roßteutscher 2014). Gleichwohl scheint aufgrund der allgemein gestiegenen Wahlbeteiligung auch die sozial bedingte Ungleichheit der Partizipation etwas abgenommen zu haben. Ob dieser Befund nachhaltig ist, werden zukünftige Wahlen zeigen.

Literatur

Abendschön, Simone/Roßteutscher, Sigrid 2016: Wahlbeteiligung junger Erwachsener: Steigt die soziale und politische Ungleichheit?, in: Roßteutscher, Sigrid/ Faas, Thorsten/Rosar, Ulrich, Hg., Bürgerinnen und Bürger im Wandel der Zeit: 25 Jahre Wahl- und Einstellungsforschung in Deutschland, Wiesbaden: Springer VS, 67-91.

Bieber, Ina/Roßteutscher, Sigrid/Scherer, Philipp 2018: Die Metamorphosen der AfD-Wählerschaft: Von einer euroskeptischen Protestpartei zu einer (r)echten Alternative?, in: Politische Vierteljahresschrift 59, 433-461.

Blickle, Paul/Loos, Andreas/Mohr, Fabian/Speckmeier, Julia/Stahnke, Julian/ Venohr, Sascha/Völlinger, Veronika 2017: Wahlverhalten: Merkel-Enttäuschte und Nichtwähler machen die AfD stark, in: Zeit Online. [https://www.zeit.de/politik/deutschland/2017-09/wahlverhalten-bundestagswahl-wahlbeteiligung-waehlerwanderung] <26.6.2018>.

Bundeswahlleiter 2017: Wahlbeteiligung. [https://www.bundeswahlleiter.de/service/glossar/w/wahlbeteiligung.html] <26.6.2018>.

Elff, Martin/Roßteutscher, Sigrid 2017: Social cleavages and electoral behaviour in long-term perspective: Alignment without mobilization?, in: German Politics 26, 12-34.

International IDEA 2018: Voter turnout database. [https://www.idea.int/data-tools/data/voter-turnout] <26.6.2018>.

Lamers, Patrick/Roßteutscher, Sigrid 2014: Die Wahlbeteiligung, in: Schmitt-Beck, Rüdiger/Rattinger, Hans/Roßteutscher, Sigrid/Weßels, Bernhard/Wolf, Christof/ Bieber, Ina/Blumenberg Manuela S./Blumenstiel, Jan E./Faas, Thorsten/Förster, André/Giebler, Heiko/Glogger, Isabella/Gummer, Tobias/Huber, Sascha/Krewel, Mona/Lamers, Patrick/Maier, Jürgen/Partheymüller, Julia/Plischke, Thomas/ Roßmann, Joss/Schäfer, Anne/Scherer, Philipp/Steinbrecher, Markus/Wagner, Aiko/Wiegand, Elena, Hg., Zwischen Fragmentierung und Konzentration: Die Bundestagswahl 2013, Baden-Baden: Nomos, 119-131.

Lazarsfeld, Paul F./Berelson, Bernard R./Gaudet, Hazel 1944: The people's choice: How the voter makes up his mind in a presidential campaign, New York: Duell, Sloan and Pearce.

Rohrschneider, Robert/Schmitt-Beck, Rüdiger/Jung, Franziska 2013: Vereint, doch immer noch verschieden: Ost- und westdeutsche Wähler bei der Bundestagswahl 2009 im Vergleich, in: Weßels, Bernhard/Schoen, Harald/Gabriel, Oscar W., Hg., Wahlen und Wähler: Analysen aus Anlass der Bundestagswahl 2009, Wiesbaden: Springer VS, 360-379.

Schäfer, Armin 2015: Der Verlust politischer Gleichheit: Warum die sinkende Wahlbeteiligung der Demokratie schadet, Frankfurt am Main: Campus.

Schäfer, Armin/Roßteutscher, Sigrid 2015: Räumliche Unterschiede der Wahlbeteiligung bei der Bundestagswahl 2013: Die soziale Topografie der Nichtwahl, in: Korte, Karl-Rudolf, Hg., Die Bundestagswahl 2013: Analysen der Wahl-, Parteien-, Kommunikations- und Regierungsforschung, Wiesbaden: Springer VS, 99-118.

Steinbrecher, Markus/Rattinger, Hans 2011: Die Wahlbeteiligung, in: Rattinger, Hans/Roßteutscher, Sigrid/Schmitt-Beck, Rüdiger/Weßels, Bernhard/Bieber, Ina/ Blumenstiel, Jan E./Bytzek, Evelyn/Faas, Thorsten/Huber, Sascha/Krewel, Mona/Maier, Jürgen/Rudi, Tatjana/Scherer, Philipp/Steinbrecher, Markus/Wagner, Aiko/Wolsing, Ansgar, Hg., Zwischen Langeweile und Extremen: Die Bundestagswahl 2009, Baden-Baden: Nomos, 77-90.

van Deth, Jan W. 2009: Politische Partizipation, in: Kaina, Viktoria/Römmele, Andrea, Hg., Politische Soziologie, Wiesbaden: VS Verlag für Sozialwissenschaften, 141-161.

Vehrkamp, Robert 2017: Bundestagswahl 2017: Wahlergebnis zeigt neue Konfliktlinie der Demokratie. [https://www.bertelsmann-stiftung.de/de/themen/aktuelle-meldungen/2017/oktober/bundestagswahl-2017-wahlergebnis-zeigt-neue-konfliktlinie-der-demokratie/] <26.6.2018>.

Witsch, Kathrin 2017: Bundestagswahl: So hat Deutschland gewählt, in Handelsblatt. [http://www.handelsblatt.com/politik/deutschland/bundestagswahl/alle-schlagzeilen/bundestagswahl-so-hat-deutschland-gewaehlt/20369570.html] <2.11.2018>.

5.2 Wechselwähler

Harald Schoen

5.2.1 Einleitung

Zwischen den Bundestagswahlen 2013 und 2017 verschoben sich die parteipolitischen Kräfteverhältnisse in Deutschland in größerem Maße als in jeder Wahlperiode seit der Wiedervereinigung. Die Unionsparteien büßten beinahe neun Prozentpunkte ein, die SPD mehr als fünf Prozentpunkte. Im Gegenzug konnte die FDP einen Zuwachs um beinahe sechs Prozentpunkte verbuchen, und die AfD gewann sogar annähernd acht Prozentpunkte hinzu. Im Ergebnis hat sich das Parteiensystem deutlich verändert. Diese Verschiebungen in den parteipolitischen Kräfteverhältnissen können sich aus unterschiedlichen Quellen speisen. Besonders interessant sind die Personen, die von der Wahl 2013 zur Wahl 2017 von einer Partei zu einer anderen wechselten. Denn im Unterschied etwa zu ehemaligen Nichtwählern entziehen sie einer Partei eine Stimme und bescheren einer anderen Partei eine zusätzliche Stimme. In gewissem Sinn fällt ihr Votum somit doppelt ins Gewicht, und die Wechselwähler verleihen dem politischen Wettbewerb in der Demokratie zusätzliche Dynamik. Von dieser Warte aus betrachtet, erscheint es verständlich, dass die Wechselwahl in der Publizistik und in der wissenschaftlichen Diskussion große Aufmerksamkeit findet.

In diesem Kapitel wird vor diesem Hintergrund das Wechselwahlverhalten zwischen den Bundestagswahlen 2013 und 2017 untersucht. Um diese Frage zu bearbeiten, wird auf Daten aus einer Wiederholungsbefragung im Rahmen der GLES zurückgegriffen. Dazu wurden Teilnehmer an einer Onlinebefragung zum Bundestagswahlkampf 2013 (siehe dazu Schoen et al. 2017) in den Jahren 2014, 2015 und 2016 je einmal und im Jahr 2017 sechsmal vor und einmal nach der Bundestagswahl zu einer Onlinebefragung eingeladen. Für die Analysen, die hier vorgestellt werden, wird auf die Antworten der Befragten in den Erhebungen unmittelbar nach den Bundestagswahlen 2013 und 2017 zurückgegriffen. An einigen Stellen werden zusätzlich die Antworten aus den Erhebungen in den Jahren 2014, 2015 und 2016 verwendet.

Im folgenden Abschnitt wird das Auftreten wechselnden Wahlverhaltens von der Wahl 2013 zur Wahl 2017 dargestellt. Nach einer generellen

Darstellung werden die Wählerbewegungen zeitlich und nach Parteien aufgeschlüsselt. Anschließend werden Faktoren untersucht, die wechselndes Wahlverhalten begünstigen.

5.2.2 Wählerbewegungen zwischen 2013 und 2017

Die Frage nach der Konstanz des Wahlverhaltens lässt sich beantworten, indem man die Angaben zum Wahlverhalten vergleicht, welche die Befragten in den Erhebungen unmittelbar nach den Bundestagswahlen 2013 und 2017 machten. Stellt man diese Antworten gegenüber und lässt die Nichtwahl außer Betracht, so erweisen sich 46 Prozent der Befragten als Wechselwähler. Von der Wahl 2013 zur Wahl 2017 wechselte also beinahe jeder zweite Befragte, der an beiden Wahlen nach eigenen Angaben teilnahm, zu einer anderen Partei. Umgekehrt betrachtet blieb gut die Hälfte der Befragten bei der 2013 gewählten Partei. Die Legislaturperiode zwischen 2013 und 2017 hat also zahlreiche Wähler zum Wechsel veranlasst, doch etliche wählten auch dieselbe Partei.

Diese Betrachtung, die das Stimmverhalten bei Wahlen in den Mittelpunkt rückt, ist gut geeignet, die Veränderungen im Wahlverhalten nachzuzeichnen, kann jedoch einen unzutreffenden Eindruck von den Meinungsbildungsprozessen der Wähler vermitteln. Denn nicht jeder Wähler, der bei zwei aufeinanderfolgenden Wahlen für dieselbe Partei votiert, stand durch die gesamte Legislaturperiode hindurch unverbrüchlich zu dieser Partei. Vielmehr mögen manche Wähler während der Wahlperiode gezweifelt oder mit anderen Parteien geliebäugelt haben, kehrten aber am Ende doch wieder zu der 2013 gewählten Partei zurück. Auch auf der Seite der Parteiwechsler dürfen Unterschiede nicht übersehen werden. Einige mögen sich im Jahr 2017, möglicherweise erst im Wahlkampf 2017, von der 2013 gewählten Partei ab- und der schließlich gewählten Partei zugewandt haben. Bei anderen mag diese Umorientierung deutlich früher stattgefunden haben (siehe Kapitel 3.6).

Um einen besseren Eindruck von den Meinungsbildungsprozessen der Wähler zu gewinnen, wurden zusätzlich die Angaben der Befragten in den Befragungen jeweils im Herbst der Jahre 2014, 2015 und 2016 herangezogen. Da nicht alle Personen, die an Befragungen nach den Wahlen 2013 und 2017 teilnahmen, sich auch an den Erhebungen in den Jahren 2014 bis 2016 beteiligten, sinkt die Zahl der verwertbaren Beobachtungen auf unter 900. Allerdings entspricht der Anteil der Wechselwähler in dieser verkleinerten Stichprobe mit 45 Prozent praktisch jenem in der Ausgangsstichprobe. Komplementär dazu entschieden sich 55 Prozent der Befragten bei der Wahl 2017 für dieselbe Partei wie vier Jahre vorher. Ein genauerer Blick zeigt jedoch, dass lediglich 33 Prozent der Befragten in den Interviews der Jahre 2013, 2014, 2015, 2016 und 2017 dieselbe Partei angaben, als sie nach ihrem Wahlverhalten (2013, 2017) oder ihrer Wahlabsicht (2014, 2015, 2016) gefragt wurden. Das heißt, 22 Prozent der betrachteten Personen stimmten 2017 für dieselbe Partei wie 2013, waren sich zwischenzeitlich aber unsicher oder erwogen, eine andere Partei zu wählen. Bei zwei aufeinanderfolgenden Wahlen für dieselbe Partei zu stimmen bedeutet also nicht notwendigerweise, dass diese Partei auch zwischen den Wahlen durchweg präferiert wird.

Auch bei den Wechselwählern fallen interessante Unterschiede ins Auge. Je rund fünf Prozent der Befragten wechselte bereits in den Jahren 2014 und 2015 zu der im Herbst 2017 gewählten Partei. Weitere acht Prozent der Befragten beabsichtigten bereits im Herbst 2016 für die Partei zu stimmen, für die sie letztlich bei der Wahl 2017 votierten. Bei den restlichen Wechselwählern, etwa 26 Prozent der Stichprobe, finden sich hingegen keine Anhaltspunkte dafür, dass der Wechsel zur 2017 gewählten Partei bereits in den Jahren davor vollzogen war.

Abschließend soll der Frage nachgegangen werden, wie konstantes und wechselndes Wahlverhalten bei der Bundestagswahl 2017 parteipolitisch verteilt war. Diese Frage kann man aus zwei Perspektiven betrachten. Aus der Sicht des Jahres 2013 stellt sich die Frage, welche Parteien wie viele Wähler behalten konnten und wie viele sie verloren. Vom Jahr 2017 aus betrachtet, ist zu fragen, welche Parteien wie viele Wähler von anderen Parteien hinzugewinnen konnten. In Abbildung 1 sind die Ergebnisse der Analysen zur ersten Frage zusammengestellt. Demnach lag der Anteil der Wechselwähler unter den Wählern von CDU/CSU und SPD mit 39 bzw. 42 Prozent etwas unter dem Durchschnittswert von 46 Prozent (nicht graphisch ausgewiesen). Zugleich übertreffen diese Wechselraten deutlich jene, die für Union und SPD zwischen 2009 und 2013 gemessen wurden (Blumenstiel und Wiegand 2014). In den relativ hohen Anteilen von Wegwechslern spiegeln sich die herben Verluste, die CDU/CSU und SPD bei der Wahl 2017 erlitten. Mit je rund 55 Prozent Wegwechslern mussten die Grünen und die AfD vergleichsweise viele Wähler des Jahres 2013 ziehen lassen. Das Wahlergebnis 2017 zeigt jedoch, dass die AfD diese Verluste mehr als kompensieren konnte. Dies wird auch in den Befunden zur Zusammensetzung der Wählerschaften im Jahr 2017 deutlich, die in Abbildung 2 dargestellt sind. 75 Prozent der AfD-Wähler des Jahres 2017 hatten 2013 für eine andere Partei gestimmt. Bei der FDP, die zwischen 2013 und 2017 ebenfalls deutliche Zugewinne verbuchen konnte, liegt der entsprechende Wert mit 74 Prozent kaum niedriger. Rund die Hälfte der Wähler der Grünen und der Linkspartei des Jahres 2017 hatten 2013 noch nicht für diese votiert. Auch diese Parteien konnten in überdurchschnittlichem Umfang neue Wähler gewinnen. Anders verhält es sich mit den Unionsparteien und der SPD, den großen Verlierern der Bundestagswahl 2017. Unter ihren Wählern finden sich lediglich rund 25 Prozent Personen, die 2013 für eine andere Partei votiert hatten. Im Vergleich zu den anderen Parteien wurden sie vor allem von Wählern unterstützt, die bereits vier Jahre vorher für sie gestimmt hatten, aber kaum von Hinwechslern. Bei AfD und FDP, den beiden großen Gewinnern der Wahl 2017, ist ein spiegelbildliches Muster zu erkennen: Es überwiegen deutlich diejenigen Wähler, die sich während der Legislaturperiode diesen Parteien zuwandten.

Abbildung 1: Konstantes und wechselndes Wahlverhalten nach Parteiwahl 2013

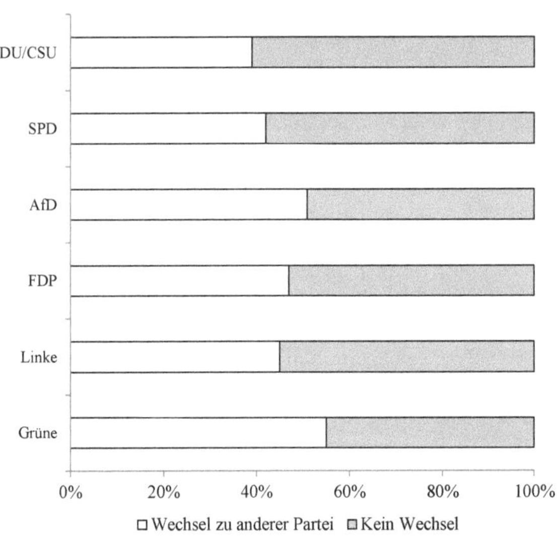

Quelle: GLES-Wahlkampfpanel 2013 (ZA5704), GLES-Wahlkampfpanel 2017 (ZA6804).

Abbildung 2: Konstantes und wechselndes Wahlverhalten nach Parteiwahl 2017

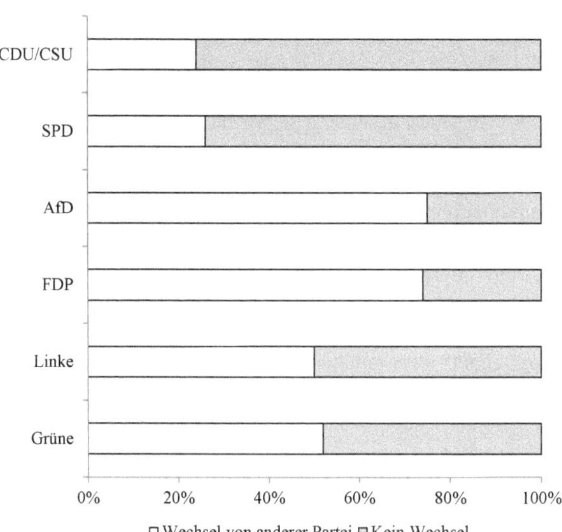

Quelle: GLES-Wahlkampfpanel 2013 (ZA5704), GLES-Wahlkampfpanel 2017 (ZA6804).

Diese Befunde unterstreichen die Bedeutung der Wechselwahl für den politischen Wettbewerb. Wählten alle Bürger stets dieselbe Partei, so kämen schwerlich große Verschiebungen in den Kräfteverhältnissen zustande. Eine hohe Zahl an Wechselwählern geht jedoch nicht notwendig mit solchen großen Verschiebungen in den parteipolitischen Kräfteverhältnissen einher. Denn Wechsel in gegenläufige politische Richtungen neutralisieren einander in Bezug auf das Abschneiden der Parteien. Tritt wechselndes Wahlverhalten hingegen bei den einzelnen Parteien in deutlich unterschiedlichem Maße auf, so resultieren deutliche Verschiebungen in den Stärkeverhältnissen der Parteien.

5.2.3 Erklärungen für Wechselwahl zwischen 2013 und 2017

Um Veränderungen im Stimmverhalten von einer zur nächsten Wahl zu erklären, können unterschiedliche Ansätze herangezogen werden (siehe z.B. Schoen 2005). Aus einer statischen Perspektive ergibt sich die Frage, ob zu einem bestimmten Zeitpunkt aus den Eigenschaften einer Person zuverlässig vorhergesagt werden kann, dass sie künftig zu einer anderen Partei wechseln wird. Dieser Ansatz sieht beispielsweise ein höheres Lebensalter als ein Merkmal an, das Parteiwechsel von der einen zur nächsten Wahl weniger wahrscheinlich werden lässt. Auch das politische Interesse wird mit der Wechselwahl in Zusammenhang gebracht, allerdings mit unterschiedlichen Erwartungen. Eine erste Sichtweise vermutet in den Wechselwählern politisch besonders interessierte und kompetente Bürger. In diesem Sinne ist ein positiver Zusammenhang zwischen politischem Interesse und der Wechselwahl zu erwarten. Die sogenannte Floating-voter-These formuliert den umgekehrten Zusammenhang. Demnach sind die Wechselwähler politisch unterdurchschnittlich stark interessiert (siehe z.B. Daudt 1961). Eine dritte Perspektive schließlich erwartet einen kurvilinearen Zusammenhang, gemäß dem mit steigendem politischem Interesse die Wechselaktivität erst zunimmt, ab einem mittleren Niveau jedoch wieder abnimmt (Converse 1962; Zaller 1989). Den statischen Erklärungen für wechselndes Wahlverhalten ist auch das Argument zuzurechnen, das auf das Vorliegen einer Parteiidentifikation abhebt (z.B. Dalton et al. 2000). Da eine Parteiidentifikation die politische Wahrnehmung zugunsten der Partei beeinflusst, mit der man sich identifiziert, und zugleich eine Wahlentscheidung zu deren Gunsten begünstigt, wird angenommen, dass Parteianhänger dazu neigten, regelmäßig für dieselbe Partei zu stimmen (siehe Kapitel 6.3). Parteilich nicht gebundene Bürger hingegen besäßen keine solche stabilisierende Identifikation, weshalb unter ihnen mit erhöhter Wahrscheinlichkeit Wechselwähler zu finden seien. Dieser Zusammenhang ist theoretisch nicht perfekt, da auch Personen ohne Parteiidentifikation in zwei aufeinanderfolgenden Wahlen dieselbe Partei bevorzugen können. Zudem darf die strukturierende Wirkung von Parteiidentifikationen auf die politische Wahrnehmung und das Wahlverhalten nicht überschätzt werden. Selbst wenn Parteibindungen die Wahrnehmung färben, so immunisieren sie in der Regel nicht gänzlich gegen Eindrücke, die der Parteiidentifikation widersprechen. Es ist daher durchaus möglich, dass auch Parteianhänger die Partei wechseln.

Ein zweiter, komplementärer Ansatz sucht die Erklärung für wechselndes Wahlverhalten in der Veränderung von Einstellungen, die auf das Wahlverhalten einwirken. Im sozialpsychologischen Modell zur Erklärung von Wahlverhalten wird neben der Parteiidentifikation auf Einstellungen zu politischen Sachfragen und Kandidaten zurückgegriffen (Campbell et al. 1960). Demnach lassen neben der Identifikation mit einer Partei positive Einstellungen zu deren Spitzenpersonal und Lösungskompetenz eine Wahlentscheidung zugunsten einer Partei steigen (siehe Kapitel 6.5 und Kapitel 6.6). Auf die Frage nach Stabilität und Wandel von Wahlverhalten angewandt, ergibt sich eine dynamische Erklärung wechselnden Wahlverhaltens: Veränderungen von Einstellungen zu Sachfragen und Kandidaten sowie Änderungen der Parteiidentifikation können dazu beitragen, dass Wähler für eine andere Partei als bei der vorangegangenen Wahl stimmen.

Um zu prüfen, inwieweit diese Argumente dazu beitragen, Parteiwechsel von der Wahl 2013 zur Wahl 2017 zu erklären, greifen wir auf die Daten aus der Wiederholungsbefragung zurück. Zu erklären ist die Wechselwahl. Sie wird mit Hilfe einer Variable gemessen, die den Wert 0 annimmt für Personen, die bei beiden Wahlen für dieselbe Partei stimmten, während Personen, die ihre Zweitstimme 2013 und 2017 an unterschiedliche Parteien vergaben, der Wert 1 zugeordnet wird. Als erster Erklärungsfaktor dient das Lebensalter in Jahren. Das politische Interesse wird mit Hilfe zweier Variablen erfasst, von denen eine für Personen mit niedrigem Interesse den Wert 1 annimmt und für alle anderen den Wert 0. Die zweite Variable weist den Wert 1 auf für Personen mit hohem politischem Interesse und für alle anderen Personen den Wert 0. Die Parteiidentifikation wird mit einer Variable erfasst, die für Personen ohne Parteiidentifikation den Wert 0 annimmt, allen anderen Personen wird der Wert 1 zugeordnet. Um Veränderungen von Parteiidentifikation, Sachfragenorientierungen und Einstellungen zu Kanzlerkandidaten abzubilden, werden drei analog aufgebaute Variablen gebildet. Sie nehmen den Wert 0 an, wenn die Angaben zur jeweiligen Einstellung, also Parteiidentifikation, Kanzlerpräferenz und Zuschreibung der Problemlösungskompetenz, im Jahr 2013 und 2017 identisch waren. Weichen die Angaben hingegen voneinander ab, bezeichnete jemand beispielsweise im Jahr 2013 die SPD als kompetent, das wichtigste politische Problem zu lösen, vier Jahre später jedoch keine Partei, so wurde der Wert 1 vergeben. Um die Bedeutung dieser Faktoren für das Auftreten gleichbleibender und wechselnder Wahlentscheidungen zu ermitteln, wurden ein Analysemodell (logistische Regressionen) berechnet (siehe Tabelle 1).

Tabelle 1: Erklärungsfaktoren für den Wechsel der Wahlentscheidung von 2013 zu 2017

	Wahrscheinlichkeitsänderung
Lebensalter	-15
Niedriges Interesse (Referenz: mittleres Interesse)	-4
Hohes Interesse (Referenz: mittleres Interesse)	-2
Parteiidentifikation 2013	-11[b]
Wechsel Lösungskompetenz	+21[c]
Wechsel Kanzlerpräferenz	+20[c]
Wechsel Parteiidentifikation	+29[c]
Nagelkerkes R^2	0,25
Anzahl der Befragten	1149

Quelle: GLES-Wahlkampfpanel 2013 (ZA5704), GLES-Wahlkampfpanel 2017 (ZA6804).

Anmerkungen: Angegeben ist die Veränderung der Wahrscheinlichkeit für einen Wechsel der Wahlentscheidung in Prozentpunkten; a: $p < 0{,}05$; b: $p < 0{,}01$; c: $p < 0{,}001$ (siehe Anhang 4).

Veränderungen von Einstellungen, die das Wahlverhalten beeinflussen können, tragen erheblich dazu bei, das Auftreten wechselnden Wahlverhaltens zu erklären. Eine Veränderung der Kanzlerpräferenz ging mit einer um 20 Prozentpunkte höheren Wahrscheinlichkeit eines Parteiwechsels einher. Für eine veränderte Zuschreibung der Problemlösungskompetenz liegt der entsprechende Wert mit 21 Prozentpunkten praktisch ebenso hoch. Tendenziell noch etwas schwerer fällt eine veränderte Parteiidentifikation ins Gewicht, ist mit ihr doch eine um 29 Prozentpunkte erhöhte Wahrscheinlichkeit verbunden, 2017 eine andere Partei zu wählen als vier Jahre vorher.

Im Vergleich zu veränderten Einstellungen vermögen Informationen über Eigenschaften der Wähler im Jahr 2013 wenig dazu beizutragen, das Auftreten wechselnden Wahlverhaltens zu erklären. Ein höheres Lebensalter bleibt ohne Wirkung auf die Wechselwahrscheinlichkeit, wenn man die anderen berücksichtigten Erklärungsfaktoren kontrolliert. Auch das politische Interesse im Jahr 2013 steht in keinem systematischen Zusammenhang zur Wechselwahrscheinlichkeit. Weder ein hohes politisches Interesse noch ein ausgesprochen niedriges Interesse begünstigten wechselndes Wahlverhalten. Das Vorhandensein einer Parteiidentifikation im Jahr 2013 spielte hingegen für das Auftreten von Parteiwechseln durchaus eine Rolle. Identifizierten sich Befragte mit einer Partei, so führte dies zu einer um elf Prozentpunkte niedrigeren Wahrscheinlichkeit eines Parteiwechsels. Neben Veränderungen von Kompetenzzuschreibung, Kanzlerpräferenz und Parteiidentifikation von 2013 zu 2017 kann somit parteipolitische Ungebundenheit als ein Faktor gelten, der wechselndes Wahlverhalten förderte.

Diese Befunde dürfen jedoch nicht den Blick darauf verstellen, dass die betrachteten Erklärungsfaktoren weit davon entfernt sind, wechselndes Wahlverhalten vollständig zu erklären. Abzulesen ist das etwa an der bescheidenen Gesamtgüte des Modells. Ein Grund dafür liegt darin, dass hier eine Auswahl von Erklärungsfaktoren betrachtet wurde, welche den Ursachen wechselnden Wahlverhaltens nicht in jedem Einzelfall gerecht werden können. Man denke etwa an Personen, die sowohl 2013 als auch 2017 die Kanzlerkandidaten von Union und SPD nicht als Bundeskanzler sehen wollten, aber in beiden Wahlen für unterschiedliche Parteien votierten, etwa weil sich ihre Einstellungen gegenüber dem Spitzenpersonal anderer Parteien veränderte. Jedoch geht nicht jede Einstellungsänderung zwangsläufig mit wechselndem Wahlverhalten einher. Ob dies geschieht, kann etwa von der subjektiven Wichtigkeit der jeweiligen Einstellungen abhängen. Um bessere Erklärungen zu erzielen, sind daher umfassendere Modelle und präzisere Messungen erforderlich.

5.2.4 Fazit

Die Rolle wechselnden Wahlverhaltens für den politischen Wettbewerb in der Demokratie ist schwerlich zu überschätzen. Das vorliegende Kapitel widmete sich daher der Wechselwahl von der Wahl 2013 zur Wahl 2017. Auf der Grundlage von Daten aus mehrwelligen Wiederholungsbefragungen konnte gezeigt werden, dass von den Personen, die an beiden Wahlen teilnahmen, knapp die Hälfte die Partei wechselten, während etwas mehr als die Hälfte 2017 für dieselbe Partei stimmten, wie vier Jahre vorher. Die Wechselaktivität war über die Parteien hinweg ungleich verteilt. Nicht zuletzt konnten AfD und FDP in deutlich überdurchschnittlichem Maße von der Wechselwahl profitieren. Die Analyse der Gründe für wechselndes Wahlverhalten hat gezeigt, dass sich Wechselwähler schwerlich über das Lebensalter oder das politische Interesse zu einem Zeitpunkt bestimmen lassen. Wechselndes Wahlverhalten ist also weder ein zuverlässiges Anzeichen für politisches Desinteresse noch ein verlässlicher Ausweis hohen politischen Interesses. Besser geeignet zur Erklärung wechselnden Wahlverhaltens sind politische Einstellungen, vor allem aber deren Veränderung. Sich wandelnde Einstellungen gegenüber Kandidaten, veränderte Kompetenzzuschreibungen, sowie erodierende oder sich neu entwickelnde Parteibindungen können dazu beitragen, wechselndes Wahlverhalten zu erklären. Da solche Veränderungen in der Regel als Reaktionen auf veränderte gesellschaftliche und politische Bedingungen zu verstehen sind, legen die Ergebnisse die Folgerung nahe, dass sich in wechselndem Wahlverhalten nicht zuletzt veränderte Bedingungen widerspiegeln.

Literatur

Blumenstiel, Jan Eric/Elena Wiegand 2014: Wechselwähler, in: Schmitt-Beck, Rüdiger/Rattinger, Hans/Roßteutscher, Sigrid/Weßels, Bernhard/Wolf, Christof/ Bieber, Ina/Blumenberg Manuela S./Blumenstiel, Jan E./Faas, Thorsten/Förster, André/Giebler, Heiko/Glogger, Isabella/Gummer, Tobias/Huber, Sascha/Krewel, Mona/Lamers, Patrick/Maier, Jürgen/Partheymüller, Julia/Plischke, Thomas/ Roßmann, Joss/Schäfer, Anne/Scherer, Philipp/Steinbrecher, Markus/Wagner, Aiko/Wiegand, Elena, Hg., Zwischen Fragmentierung und Konzentration: Die Bundestagswahl 2013, Baden-Baden: Nomos, 133-144.

Campbell, Angus/Converse, Philip E./Miller, Warren E./Stokes, Donald E. 1960: The American Voter, New York, London: John Wiley.

Converse, Philip E. 1962: Information Flow and the Stability of Partisan Attitudes, in: Public Opinion Quarterly 26, 578-599.

Dalton, Russell J./McAllister, Ian/Wattenberg, Martin P. 2000: The Consequences of Partisan Dealignment, in: Dalton, Russell J./Wattenberg, Martin P., Hg., Parties without Partisans, Oxford: Oxford University Press, 23-43.

Daudt, Harry 1961: Floating Voters and the Floating Vote: A Critical Analysis of American and British Election Studies, Leiden: Stenfert Kroese.

Schoen, Harald 2005: Wechselwahl, in: Falter, Jürgen W./Schoen, Harald, Hg., Handbuch Wahlforschung, Wiesbaden: VS Verlag für Sozialwissenschaften, 367-387.

Schoen, Harald/Rattinger, Hans/Preißinger, Maria/Gavras, Konstantin/Steinbrecher, Markus (unter Mitarbeit von Elena Werner) 2017: Election Campaigns and Voter Decision-Making in a Multi-Party System: The 2009 and 2013 German Federal Elections, Baden-Baden: Nomos.

Zaller, John R. 1989: Bringing Converse Back: Modeling Information Flow in Political Campaigns, in: Political Analysis 1, 181-234.

5.3 Die Briefwähler

Josephine Lichteblau und Aiko Wagner

5.3.1 Einleitung

Die Möglichkeit der Briefwahl hat sich nach ihrer Einführung zur Bundestagswahl 1957 zu einer wahren Erfolgsgeschichte entwickelt. Um den Wahlrechtsgrundsatz der allgemeinen Wahl zu stärken, sollen Wahlberechtigte, die ihre Stimme nicht am Wahltag in ihrem Wahllokal abgeben können oder wollen, postalisch im Vorfeld wählen können. Damit ist die Hoffnung verbunden, die Wahlbeteiligung zu steigern und womöglich die Chance zu erhöhen, Interessen andernfalls unterrepräsentierter Personengruppen zur Geltung zu verhelfen. Der Anteil der Wähler, die ihre Stimme vor dem Wahltag auf dem Postweg abgaben, stieg von anfänglich fünf Prozent bis 1980 kontinuierlich an, sank bis 1990 etwas ab, um seitdem zu jeder Wahl wiederum anzusteigen. Nachdem im Jahr 2008 die Notwendigkeit, eine Begründung für die Briefwahloption anzugeben, entfiel, stieg der Anteil der Briefwähler bei der Bundestagswahl 2009 auf ein Fünftel, 2013 nochmals (auf ein Viertel) und bei der Bundestagswahl 2017 gaben fast 29 Prozent der Wähler ihre Stimme per Briefwahl ab. Somit muss die Briefwahl mittlerweile als fester Bestandteil des deutschen Wahlrechts gesehen werden. Abbildung 1 zeigt die Entwicklung seit 1957 auf. Die schwarze Linie repräsentiert den Anteil der Briefwähler an allen Wählern, die graue Linie den Anteil an allen Wahlberechtigten. Liegen beide Linien bis zur Wiedervereinigung noch eng beieinander, so entwickeln sie sich danach auseinander. Der vergleichsweise schwächere Anstieg der grauen Linie deutet darauf hin, dass der Rückgang der Wahlbeteiligung sich in der Gruppe der Briefwähler in geringerem Ausmaß manifestierte.

Angesichts der stetig steigenden Briefwähleranteile ist es umso überraschender, dass die Briefwahl bislang äußerst wenig empirisches Forschungsinteresse erfuhr. Es finden sich rechtswissenschaftliche und/oder normativ-demokratietheoretische Reflexionen (z.B. Buchstein 2000, Seils 2013, Kersting 2004), aber empirisch-analytische Untersuchungen gibt es nur wenige. Zwei Ausnahmen sind die Untersuchung von Ellermann (2004) mittels Umfragedaten zur Bundestagswahl 2002 und Gieblers (2014) Analyse zur Bundestagswahl 2013.

Abbildung 1: Entwicklung der Briefwahl

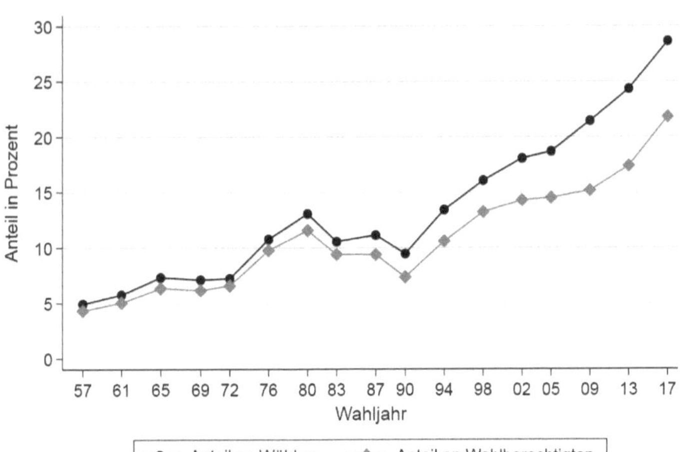

Quelle: Bundeswahlleiter 2017a.

Um jedoch zu beurteilen, von welcher Bedeutung die Expansion der Briefwahl ist, sind Kenntnisse über die Briefwähler und vor allem darüber notwendig, ob sie sich von den Urnenwählern unterscheiden. Im Folgenden untersuchen wir deshalb, ob substanzielle Unterschiede zwischen beiden Gruppen hinsichtlich zweier zusammenhängender Aspekte zu erkennen sind: Zuerst betrachten und vergleichen wir die Stimmverteilungen zwischen Brief- und Urnenwählern. Dabei werden wir auch Differenzen zwischen den Bundesländern beachten. Im zweiten Schritt untersuchen wir anhand der Daten der Nachwahlquerschnittsbefragung des GLES-Projekts, ob die beiden Wählergruppen sich auch hinsichtlich potenziell stimmrelevanter soziodemographischer und einstellungsbezogener Eigenschaften unterscheiden bzw. ob diese etwaige Stimmanteilsdifferenzen erklären können.

5.3.2 Was wählten die Briefwähler?

Zunächst betrachten wir die Stimmverteilungen beider Wählergruppen. Tabelle 1 gibt Auskunft darüber, ob bzw. in welchem Ausmaß Briefwähler zur Bundestagswahl 2017 andere Wahlentscheidungen trafen als Urnenwähler. Für die meisten Parteien ähneln sich die Zweitstimmanteile. Die Differenzen lagen, wie schon 2013, zumeist unter zwei Prozentpunkten. Relevantere Unterschiede finden sich jedoch 2017 für die Unionsparteien und die AfD. Während die CDU/CSU 36,4 Prozent der Briefwähler für sich gewinnen konnte, waren es unter den Urnenwählern mit 31,5 Prozent fast fünf Prozentpunkte weniger. Umgekehrtes gilt für die AfD: Während sie weniger als zehn Prozent der Zweitstimmen der Briefwähler erhielt, konnte sie sich bei den Urnenwählern fast 14 Prozent sichern – ein Mehr von 45 Prozent. Die AfD profitierte damit nicht von der Briefwahloption. Tendenziell, wenngleich auf niedrigerem Niveau, gilt das auch für die Linke und die SPD.

Tabelle 1: Stimmverhalten von Brief- und Urnenwählern im Vergleich

	Zweitstimmenanteile (in Prozent) bei		
	Urnenwahl	Briefwahl	Differenz (Urnen- minus Briefwahl)
CDU/CSU	31,5	36,4	-4,9
SPD	21,0	19,4	1,6
AfD	13,9	9,6	4,3
FDP	10,3	12,0	-1,7
Linke	9,7	8,0	1,7
Grüne	8,7	9,5	-0,8
Sonstige	5,0	5,1	-0,1

Quelle: Bundeswahlleiter 2017b.

Sind diese Differenzen zwischen Brief- und Urnenwahlergebnissen in den Zweitstimmenanteilen auf regionale Unterschiede in der Briefwahlnutzung zurückzuführen? Ist also unter den Bürgern einiger Bundesländer die Briefwahlneigung stärker ausgeprägt als in anderen und sind dort größere Differenzen in den Parteipräferenzen zu finden? Um dieser Frage nachzugehen, wird ein Unterschiedlichkeitsindex für jedes Bundesland sowie die Bundesebene errechnet. Dazu werden die absoluten Differenzen zwischen Urnen- und Briefwahlergebnis für alle Parteien aufsummiert und durch zwei geteilt, da Gewinne der einen Partei zugleich Verluste anderer sind.

Abbildung 2 stellt die Stimmenanteilsunterschiede und Briefwähleranteile in den Bundesländern grafisch dar. Drei Ergebnisse lassen sich festhalten. Erstens variieren die Briefwähleranteile stark zwischen den Bundesländern. Während in Sachsen-Anhalt nicht einmal jeder Fünfte diese Möglichkeit nutzte, waren es in Bayern und Hamburg über 35 Prozent. Ein relativ klares Muster ist im Ost-West-Vergleich zu finden. Berlin wird in dieser Betrachtung ausgeklammert. Mit Ausnahme Mecklenburg-Vorpommerns sind in allen ostdeutschen Bundesländern die Briefwähleranteile geringer als in den westdeutschen. Wie schon 2013 (Giebler 2014) gibt es keinen Zusammenhang zwischen Bevölkerungsdichte und Briefwähleranteil – zwar weist beispielsweise der Stadtstaat Hamburg hohe Werte auf, aber auch in Bayern und Rheinland-Pfalz, beides Länder mit relativ geringer Bevölkerungsdichte, wurde die Briefwahloption von verhältnismäßig vielen Wählern genutzt. Insgesamt lagen die Briefwähleranteile in allen Bundesländern über den Werten von 2013, in Hamburg und Rheinland-Pfalz z.B. um sieben Punkte höher. Zweitens variieren die Stimmenanteilsunterschiede deutlich zwischen den Bundesländern. Auch hierbei hat das Niveau im Vergleich zu 2013 in fast allen Bundesländern zugenommen, die Gruppen von Brief- und Urnenwählern haben sich, mit Ausnahme von Rheinland-Pfalz, demnach überall weiter ausdifferenziert. Vergleichsweise geringe Unterschiede zwischen den beiden Wählergruppen finden sich u.a. in Bayern und Baden-Württemberg, sehr viel größere Unterschiede in Hamburg und Bremen. Drittens hängen die beiden Niveaus – Briefwähleranteile und Stimmenanteilsunterschiede – entgegen der Vermutung und auch anders als 2013 nicht miteinander zusammen. Ein linearer Zusammenhang findet sich im Vergleich der Bundesländer nicht, ein höherer Briefwähleranteil ging nicht systematisch mit einer größeren Differenz in der Stimmverteilung einher: Während in Bayern bei hohem Briefwähleranteil die Unterschiede in den Stimmanteilen gering ausfallen, sind sie in Sachsen vergleichsweise hoch bei geringem Briefwähleranteil.

Abbildung 2: Briefwähleranteile und Stimmenanteilsunterschiede nach Bundesländern

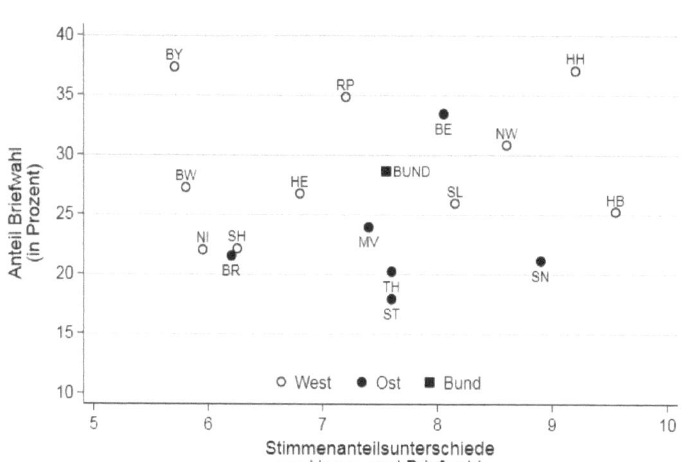

Quelle: Eigene Berechnungen auf Grundlage von Daten des Bundeswahlleiters 2017b/2017c.

5.3.3 Wer waren die Briefwähler?

Wie kommen die zum Teil erheblichen Unterschiede in den Stimmenanteilsdifferenzen zwischen Brief- und Urnenwählern zu Stande? Zum einen können kontextuelle Faktoren eine Rolle spielen, deren Wirkung jedoch vom Zeitpunkt der Wahlentscheidung abhängig ist. Ob die Stimmabgabe selbst am Wahltag oder schon im Vorhinein erfolgte, ist irrelevant, wenn die Entscheidung für eine Partei bei Brief- oder Urnenwählern schon lange vor dem Zeitpunkt der Stimmabgabe feststeht. Offenkundig können Personen, die ihre Stimme bereits Wochen vor der Wahl abgeben, die Entwicklungen der letzten Tage des Wahlkampfes nicht in ihre Entscheidung einfließen lassen. Ereignisse kurz vor der Wahl, wie Veränderungen der politischen Lage, bspw. Informationen aus Umfragen und damit verbundene strategische Wählerkalküle (Bytzek et al. 2011) oder Spätmobilisierungsstrategien der Parteien, beeinflussen jedoch ebenso wenig die Parteipräferenzen von Präsenzwählern, deren Wahlentscheidung schon lange vor dem Wahltag feststand.

Zunächst untersuchen wir also, inwieweit die Unterschiede in den Stimmverhältnissen sich darauf zurückführen lassen, dass sich Briefwähler (viel) früher auf eine Partei festlegen als Urnenwähler, somit kurzfristige Faktoren die Entscheidung nicht beeinflussen (können). In der GLES-Nachwahlquerschnittsbefragung liegen Informationen darüber vor, ob per Brief- oder Urnenwahl und zu welchem Zeitpunkt abgestimmt wurde. Entsprechend der Stimmzuteilung des Bundeswahlleiters werden nur Personen, die am Wahltag im Wahllokal ihre Stimme abgaben, zu den Urnenwählern gezählt. Befragte, die angaben, vorab in einem Wahllokal gewählt zu haben, werden den Briefwählern zugerechnet.

In Tabelle 2 sind die Zeitpunkte der Wahlentscheidung für beide Wählergruppen verzeichnet (siehe Kapitel 3.6). Für ungefähr 45 Prozent beider Gruppen stand die Wahlentscheidung schon seit langem fest, für etwa 16 Prozent seit Monaten – deutlich bevor eine Briefwahl möglich war. Unterschiede zeigen sich in der Kurzfrist bzw. im Briefwahlzeitraum: Während für nur knapp 16 Prozent der Urnenwähler die Wahlentscheidung seit Wochen feststand, war dies für fast ein Viertel der Briefwähler der Fall. Umgekehrt entschieden sich nur etwa 14 Prozent der Briefwähler erst in den letzten Tagen vor der Stimmabgabe, während sich fast ein Viertel der Urnenwähler erst in den letzten Tagen oder gar erst am Wahltag entschieden. Insgesamt treffen Briefwähler ihre Entscheidung demnach etwas früher als Urnenwähler. Dies entspricht im Großen und Ganzen den Ergebnissen der Untersuchung für die Bundestagswahl 2013 (Giebler 2014). Auch damals entschied sich die Mehrheit sowohl der Brief- als auch der Urnenwähler schon spätestens Monate vor der Wahl und Urnenwähler entschieden sich kurzfristiger. Allerdings ist die Zahl der Spätentscheider innerhalb beider Gruppen gestiegen, bei den Briefwählern um ca. sechs Prozentpunkte und bei Urnenwählern ist sie 2017 sogar fast doppelt so hoch. Für die jüngste Bundestagswahl kann also festgehalten werden, dass aufgrund der späteren Festlegung der Urnenwähler kurzfristige kontextuelle Faktoren durchaus zu den Stimmanteilsunterschieden beigetragen haben können.

Tabelle 2: Zeitpunkt der Wahlentscheidung nach Abstimmungstyp

	Wahlentscheidung stand fest seit…			
	Langem (1)	Monaten (2)	Wochen (3)	Tagen/ dem Wahltag (4)
Urnenwahl	44,4	16,4	15,9	23,4
Briefwahl	46,1	16,2	24,2	13,6

Quelle: GLES Nachwahl-Querschnittsbefragung 2017 (ZA 6801).

Anmerkungen: N Urnenwähler = 1204; N Briefwähler = 490. Bei den Angaben handelt es sich um Zeilenprozente. Personen, die nicht an der Wahl teilgenommen haben, wurden ausgeschlossen.

Brief- und Urnenwähler unterscheiden sich zwar systematisch, aber nicht dramatisch in ihren Zeitpunkten der Wahlentscheidung, weshalb wir im Folgenden eine weitere Gruppe von Faktoren, nämlich potenziell beteiligungs- und entscheidungsrelevante sozialstrukturelle und soziodemographische Merkmale sowie politische Einstellungen, untersuchen bzw. Brief- und Urnenwähler dahingehend vergleichen. Ließen sich hier relevante Unterschiede aufzeigen, wären unterschiedliche Entscheidungsinhalte eine logische Konsequenz. Auch die demokratietheoretische Bewertung der Briefwahl hängt nicht zuletzt an der Frage, ob Personengruppen, die der Wahl sonst eher fernbleiben, (häufiger) von der Briefwahl Gebrauch machen.

Ellermann (2004) untersuchte die Briefwähler u.a. hinsichtlich der Faktoren Wohnort, Bildungsgrad, Alter und Geschlecht. Sie fand, dass Personen in den alten Bundesländern und in urbanen Gebieten sowie Wähler mit höherer formaler Schulbildung eher zur Briefwahl neigen. Entsprechend der Ergebnisse in Tabelle 3 nutzten auch 2017 Westdeutsche eher die Briefwahl als Ostdeutsche – ein Befund, der sich schon in Abbildung 2 andeutete.

Anders als bei Ellermann (2004) und wie auch schon 2013, sind die Unterschiede bzgl. des Wohnorts (städtisch vs. ländlich) und des Bildungsgrades statistisch nicht signifikant und scheiden daher für die Erklärung der Entscheidungsdifferenzen 2017 aus. Während Ellermann für die Bundestagswahl 2002 keine Unterschiede für Alter und Geschlecht verzeichnen konnte, fand Giebler (2014) für 2013 zumindest Differenzen bzgl. des Alters. Für 2017 kann ebenfalls davon ausgegangen werden, dass das Alter eine Rolle für die unterschiedlichen Stimmanteile zwischen Brief- und

Urnenwählern spielte: Briefwähler waren im Mittel dreieinhalb Jahre älter als Urnenwähler. Der Anteil an Frauen unter den Briefwählern lag zwar um ca. 5 Prozentpunkte über dem der Männer, aber diese Differenz erreicht nicht die üblichen Grenzen statistischer Signifikanz.

Sowohl in Hinblick auf die Erklärung der Stimmanteilsdifferenzen als auch auf die mögliche kompensatorische Wirkung gegen die soziale Selektivität der Wahlbeteiligung wollen wir die beiden Wählergruppen bezüglich einer Reihe weiterer Faktoren vergleichen. In der Wahlforschung gilt der berufliche Status als ein entscheidungsrelevantes Merkmal (siehe Kapitel 6.2). Die Gruppen der Arbeiter und Angestellten haben hierbei eine besondere Bedeutung für die SPD, wohingegen Selbständige als wichtig für den Wahlerfolg von FDP und CDU/CSU gelten. Die Abweichungen zu Gunsten der SPD (und auch der Linken) unter den Urnenwählern und die zu Gunsten der FDP und Union unter Briefwählern könnten zumindest teilweise auf die unterschiedliche Zusammensetzung der Wählergruppen bezogen auf den beruflichen Status (für nicht mehr Erwerbstätige auf den früheren beruflichen Status) zurückzuführen sein: So ist der Anteil an Arbeitern unter den Briefwählern zehn Prozentpunkte niedriger als unter den Urnenwählern, während Selbständige unter den Briefwählern häufiger vertreten sind (4,5 Prozentpunkte mehr). Weiterhin spielen die Zugehörigkeiten zu zwei weiteren Gruppen eine besondere Rolle für die Wahlentscheidung. Zum einen erhöht die Konfessionszugehörigkeit bzw. der durch den regelmäßigen Kirchgang (oder Besuch eines anderen Gotteshauses) geschaffene Gruppenbezug die Wahrscheinlichkeit der Wahl der christdemokratischen Parteien. Zum anderen führt die Mitgliedschaft in einer Gewerkschaft zur Verbundenheit mit sozialdemokratischen Parteien. Die Ergebnisse lassen den Unterschied in den Stimmenanteilen, zumindest für die Unionsparteien, plausibel erscheinen, denn der Anteil an regelmäßigen Kirchgängern ist unter den Briefwählern um 6,6 Prozentpunkte größer als unter den Urnenwählern. Hinsichtlich der Gewerkschaftsmitgliedschaft unterscheiden sich die Gruppen um weniger als einen Prozentpunkt und statistisch nicht signifikant voneinander.

In Hinblick auf die politischen Einstellungen und unter Anbetracht der deutlichen Stimmabweichungen für die rechtspopulistische AfD ist anzunehmen, dass die Demokratiezufriedenheit eine Rolle gespielt haben könnte bzw. die Wählergruppen sich bezüglich dieser unterscheiden, da (rechts-) populistische Parteien insbesondere für Personen attraktiv sind, die mit dem Zustand der Demokratie unzufrieden sind (z.B. Krause et al. 2017). 2017 waren Urnenwähler generell unzufriedener mit der Demokratie als Briefwähler und erstere weisen einen um fast zehn Prozentpunkte geringeren Anteil an Demokratiezufriedenen auf – ein Befund, der die relative Schwäche der AfD bei den Briefwählern plausibilisieren kann.

Tabelle 3: Verteilung verschiedener Merkmale nach Abstimmungstyp

	Urne	Brief
Ostdeutsche [c] (%)	21,4	13,9
Städtischer Wohnort (%)	30,8	35,4
Hoher Bildungsgrad (%)	30,6	35,1
Alter (Mittelwert) [c]	51,5	55,0
Frauen (%)	49,5	54,6
Beruflicher Status (%)		
Arbeiter [b]	24,4	14,8
Angestellte	67,5	72,8
Selbständige [a]	8,1	12,4
Regelmäßige Kirchgänger [a] (%)	37,8	44,4
Gewerkschaftsmitglieder (%)	13,7	14,8
Demokratiezufriedenheit [b] (%)		
Sehr zufrieden/zufrieden [a]	60,0	68,2
Teils/teils [a]	26,9	22,4
Unzufrieden/sehr unzufrieden [a]	13,2	9,4
Starke PID (%)	72,9	78,0
Links-Rechts (Mittelwert)	5,2	5,3

Quelle: GLES-Nachwahl-Querschnittsbefragung 2017 (ZA6801).

Anmerkungen: N Urnen-/Briefwähler: Ost =1310/515; Wohnort = 1310/515; Bildung = 1295/511; Alter = 1309/515; Frauen = 1310/515; Beruf = 1224/461; Kirchgang = 1297/510; Gewerkschaft = 1282/505; Demokratiezufriedenheit = 1308/513; PID = 1274/496; Links-Rechts = 1234/486. Personen, die nicht an der Wahl teilgenommen haben, wurden ausgeschlossen.

a: $p < 0{,}05$; b: $p < 0{,}01$; c: $p < 0{,}001$ (siehe Anhang 4).

Zudem hat sich die Parteineigung als wichtiges, wenn nicht als wichtigstes, entscheidungsrelevantes Merkmal herausgestellt (siehe Kapitel 6.3). In diesem Zusammenhang ist anzunehmen, dass Wähler mit einer Parteineigung, deren Parteipräferenz stark ausgeprägt ist, nicht die Entwicklungen der letzten Tage des Wahlkampfes abwarten müssen, um zu einer Entscheidung zu gelangen und daher mitunter eher die Briefwahloption nutzen. Für die Bundestagswahl 2017 lässt sich jedoch für die Parteineigung kein Effekt auf die Stimmanteilsunterschiede vermuten, da sich der um fünf Prozentpunkte größere Anteil an Personen mit einer (sehr) starken Parteiidentifikation unter den Briefwählern nicht als statistisch signifikant erweist.

Zuletzt betrachten wir das zentrale Strukturierungsmerkmal des politischen Wettbewerbs, die Links-Rechts-Position, welche die Wahlentscheidung maßgeblich mitbestimmt (siehe Kapitel 6.4). Da sich Brief- und Urnenwähler im Mittel jedoch (fast) identisch auf der Links-Rechts-Skala (von 1 "links" bis 11 „rechts") positionierten, kann das sogenannte „super issue" (Fuchs/Klingemann 1989) wohl kaum zu den Stimmenanteilsdifferenzen zwischen Brief- und Urnenwählern bei Bundestagswahl 2017 beigetragen haben.

5.3.4 Fazit

Der Anteil von Briefwählern nimmt weiter kontinuierlich zu, dennoch gibt es nach wie vor kaum empirische Untersuchungen, die sich dieser Wählergruppe widmen. In diesem Beitrag haben wir uns mit der Frage auseinandergesetzt, ob und worin sich Brief- und Urnenwähler bei der Bundestagswahl 2017 unterschieden. Differenzen zwischen den beiden Wählergruppen konnten zunächst hinsichtlich ihrer Wahlentscheidungen festgestellt werden. So gab es für einige Parteien teils deutliche Stimmenanteilsunterschiede, insbesondere für die Union und AfD. Diese lassen sich teilweise darauf zurückführen, dass sich die Briefwähler früher als die Präsenzwähler auf eine Partei festlegen. Zum anderen unterscheiden sie sich hinsichtlich einiger soziostruktureller Merkmale und politischer Einstellungen voneinander, die in der Wahlforschung als entscheidungsrelevant gelten, nämlich hinsichtlich der Faktoren Herkunft aus den neuen oder alten Bundesländern, Alter, Berufsstatus, Kirchganghäufigkeit und Demokratiezufriedenheit. Diese Befunde können die Abweichungen in den Stimmenanteilen zu Gunsten der CDU/CSU und FDP unter den Briefwählern und zu Gunsten der SPD und AfD unter den Urnenwählern plausibilisieren. Bezüglich der anderen hier untersuchten Faktoren konnten keine statistisch signifikanten Abweichungen ausgemacht werden. Allerdings fielen die Stimmanteilsdifferenzen, mit Ausnahme für Union und AfD, auch eher moderat aus.

Wie ist nun der stetig steigende Briefwähleranteil aus demokratietheoretischer Sicht zu bewerten? Unsere Ergebnisse lassen *nicht* darauf schließen, dass die Entwicklung der Briefwahl die eingangs erwähnte Hoffnung erfüllt, der sozialen Selektivität bei der Wahlbeteiligung entgegenzuwirken: Bei der Bundestagswahl 2017 gab es unter den Briefwählern einen höheren Anteil an Westdeutschen als unter den Urnenwählern, weitaus weniger Arbeiter und mehr Selbständige. Zudem waren sie durchschnittlich älter und auch mit der Demokratie zufriedener. Dies deutet darauf hin, dass von der Briefwahlmöglichkeit verstärkt die Personengruppen Gebrauch machen, die ohnehin eine höhere Wahrscheinlichkeit besitzen, sich an der Wahl zu beteiligen, und nicht jene mobilisiert werden, die der Wahl eher fernbleiben.

Literatur

Buchstein, Hubertus 2000: Präsenzwahl, Briefwahl, Onlinewahl und der Grundsatz der geheimen Stimmabgabe, in: Zeitschrift für Parlamentsfragen 31, 886-902.

Bundeswahlleiter 2017a: Briefwahl. [https://www.bundeswahlleiter.de/service/glossar/b/briefwahl.html] < 27.6.2018>.

Bundeswahlleiter 2017b: Ergebnisse in den Urnen- und Briefwahlbezirken nach Ländern. [https://www.bundeswahlleiter.de/en/dam/jcr/fdd7f37e-90d0-4306-bf62-07a5400c1fad/btw17_ergebnisse_bezirksart.pdf.] < 27.6.2018>.

Bundeswahlleiter 2017c: Anteil der Briefwählerinnen und Briefwähler bei den Bundestagswahlen 1994 bis 2017 nach Ländern. [https://www.bundeswahlleiter.de/dam/jcr/b4aeabb8-7fac-473e-8581-cd718cb7a007/BTW_ab94_briefwahl.pdf] < 27.6.2018>.

Bytzek, Evelyn/Gschwend, Thomas/Huber, Sascha/Linhart, Eric/Meffert, Michael F. 2011: Koalitionssignale und ihre Wirkungen auf die Wahlentscheidung, in: Politische Vierteljahresschrift Sonderheft 45, 393-418.

Ellermann, Silvia 2004: Die Bedeutung der Briefwähler bei der Bundestagswahl 2002, in: Brettschneider, Frank/van Deth, Jan/Roller, Edeltraud, Hg., Die Bundestagswahl 2002: Analysen der Wahlergebnisse und des Wahlkampfes, Wiesbaden: VS Verlag, 249-275.

Fuchs, Dieter/Klingemann, Hans-Dieter 1989: The Left–Right schema, in: Jennings, M. Kent/van Deth, Jan, Hg., Continuities in Political Action, Berlin: de Gruyter, 203-234.

Giebler, Heiko 2014: Die Briefwähler, in: Schmitt-Beck, Rüdiger/Rattinger, Hans/Roßteutscher, Sigrid/Weßels, Bernhard/Wolf, Christof/Bieber, Ina/Blumenberg Manuela S./Blumenstiel, Jan E./Faas, Thorsten/Förster, André/Giebler, Heiko/Glogger, Isabella/Gummer, Tobias/Huber, Sascha/Krewel, Mona/Lamers, Patrick/Maier, Jürgen/Partheymüller, Julia/Plischke, Thomas/Roßmann, Joss/Schäfer, Anne/Scherer, Philipp/Steinbrecher, Markus/Wagner, Aiko/Wiegand, Elena, Hg., Zwischen Fragmentierung und Konzentration: Die Bundestagswahl 2013, Baden-Baden: Nomos, 169-177.

Kersting, Norbert 2004: Briefwahl im internationalen Vergleich, in: Österreichische Zeitschrift für Politikwissenschaft 33, 341-351.

Krause, Werner/Marcus Spittler/Wagner, Aiko 2017: Attraktion und Repulsion: AnhängerInnen rechts- und linkspopulistischer Parteien im europäischen Vergleich, in: Jörke, Dirk/Nachtwey, Oliver, Hg., Das Volk gegen die liberale Demokratie: Leviathan: Zeitschrift für Sozialwissenschaft: Sonderband 34, 106-137.

Seils, Christoph 2013: Die Briefwahl unterhöhlt den Gleichheitsgrundsatz, in: Cicero Online, 13. September 2013 [http://www.cicero.de/berliner-republik/bundestagswahl-die-briefwahl-unterhoehlt-den-gleichheitsgrundsatz/55761] <05. März 2018>.

6. Die Parteiwahl und ihre Hintergründe

6.1 Einleitung

Rüdiger Schmitt-Beck

Das nachfolgende Kapitel beschäftigt sich mit den Hintergründen der Parteiwahl bei der Bundestagswahl 2017, wobei sich die Einleitung teilweise auf Passagen des entsprechenden Abschnitts des Vorgängerbandes stützt (Blumenstiel/Rattinger 2011; Schmitt-Beck 2014). Eine breite Palette von Faktoren kann sich darauf auswirken, welcher Partei ein Wähler am Wahltag seine Stimme gibt. Die von Campbell et al. (1960: 24ff.) vorgeschlagene und von Miller/Shanks (1996: 198ff.) weiter entwickelte Heuristik des „*Trichters der Kausalität*" eignet sich gut, um die Einflussfaktoren zu sortieren, die sich im Hinblick auf die Erklärung des Wahlverhaltens als wirkungsmächtig erwiesen haben (Blumenstiel/Rattinger 2011; Weßels et al. 2014: 9ff.) und daher auch im Hinblick auf das Wahlverhalten bei der Bundestagswahl 2017 Beachtung verdienen. Das Bild des Kausalitätstrichters zeigt an, dass eine Kombination vieler verschiedener Faktoren die Wahlentscheidung beeinflusst, diese sich aber letztlich nur in einer einzigen Handlung zu einem ganz bestimmten Zeitpunkt ausdrückt, nämlich dem Ankreuzen einer Partei oder eines Kandidaten auf dem Stimmzettel am Wahltag. Die konkrete Wahlentscheidung einer Person bei einer bestimmten Wahl wird deswegen an der Mündung des Trichters verortet. Zudem signalisiert das Vorstellungsbild des Trichters, dass zwischen den Elementen, die darin angeordnet sind und zu dieser Wahlentscheidung führen, eine zeitliche und ursächliche Abfolge besteht. Zu diesen Elementen gehören politische Wertorientierungen, Einstellungen und Wahrnehmungen von Wählern. Teilweise sind diese kurzfristig-situativer Natur und betreffen die konkreten Umstände der jeweiligen Wahl. Diese „Kurzfristfaktoren" sind der Wahlentscheidung unmittelbar vorgelagert. Teilweise handelt es sich aber auch um stabile „Langfristfaktoren", die ihrerseits auf historisch weit zurückreichende sozialstrukturelle Hintergründe zurückgehen, welche am hinteren Ende des Trichters verortet sind. Ihre Wirkung auf das Wahlverhalten entfaltet sich zumindest teilweise indirekt, durch Vermittlung der „Kurzfristfaktoren".

Welche *sozialstrukturellen Hintergründe* für das Verhalten der Wähler bedeutsam werden können, beschreibt das Modell der soziopolitischen Spannungslinien (sogenannte „cleavages“) von Lipset/Rokkan (1967). Auf seiner Grundlage wurden zwei Konfliktlinien als maßgeblich für Nachkriegsdeutschland erkannt: das konfessionelle und das sozioökonomische „cleavage“, das sich auf den Konflikt zwischen Arbeit und Kapital bezieht. Durch das Abschmelzen ihrer traditionellen Kerngruppen, aber auch durch eine nachlassende Prägekraft der Zugehörigkeit zu diesen Gruppen haben beide „cleavages“ in den vergangenen Jahrzehnten an Bedeutung für das Wahlverhalten verloren. Verschwunden sind sie aber keineswegs. Zudem sind neue Konfliktlinien entstanden, die ebenfalls in den Parteipräferenzen der Wähler Ausdruck finden. Die Bedeutung soziopolitischer Konfliktlinien für die Entscheidungen der Wähler bei der Bundestagswahl 2017 untersucht das nachfolgende Kapitel 6.2.

Der Idee des Kausalitätstrichters zufolge sind sozialstrukturelle Merkmale nur von mittelbarer Bedeutung für das Wählerverhalten, denn dieses wird unmittelbar von politischen Wahrnehmungen und Einstellungen der Wähler geprägt. Diese weisen unterschiedlich enge Bezüge zu den strukturellen und historischen Hintergründen auf. Sie werden aber nicht zur Gänze von diesen bestimmt, sondern reagieren in unterschiedlichem Ausmaß auch auf die konkreten situativen Umstände der jeweiligen Wahl. In der Mitte des Kausalitätstrichters und näher an den überlieferten sozialstrukturellen Hintergründen sind die politischen Grundorientierungen der Wähler verortet. Als stabile mentale Prädispositionen stehen diese in – allerdings langfristig schwächer werdendem – Zusammenhang mit den sozialstrukturellen Merkmalen der Wähler (Weßels 2000). Zwei derartige Grundorientierungen finden traditionell starken Niederschlag im Verhalten der deutschen Wähler – Identifikationen mit bestimmten politischen Parteien und Identifikationen mit bestimmten Positionen auf der ideologischen Links-Rechts-Achse.

Das Konzept der *Parteiidentifikation* bezeichnet eine tief in der Persönlichkeit verankerte, gefühlsmäßige Bindung von Individuen an bestimmte politische Parteien. Sie ist unabhängig von der formalen Parteimitgliedschaft; auch Nicht-Parteimitglieder können sich mit einer Partei identifizieren und tun dies de facto auch in großer Zahl. Zwar hat der Anteil der parteigebundenen Wähler in Deutschland in den vergangenen Jahrzehnten abgenommen, wozu auch die deutsche Wiedervereinigung erheblich beigetragen hat. Aber die Mehrzahl der Wähler bekundet bei entsprechenden Befragungen nach wie vor eine derartige Bindung an eine politische Partei

(Ohr/Quandt 2012). Erworben werden Parteibindungen in den meisten Fällen schon im Jugendalter, wenn sich eine Person für Politik zu interessieren beginnt und, etwa durch das Elternhaus, wertende Aussagen über die Parteien aufnimmt. Es wird davon ausgegangen, dass sich jede Person nur mit einer Partei identifizieren kann und dass Parteiidentifikationen relativ selten geändert werden oder gänzlich verschwinden (Rattinger 2002). Diese grundlegenden Parteineigungen prägen das Entscheidungsverhalten an der Urne in starkem Maße. Wichtig ist jedoch, dass unter bestimmten Umständen durchaus auch von dieser Parteineigung abweichend gestimmt werden kann. Dazu kann es kommen, wenn Wahrnehmungen und Einstellungen zu konkreten Sachfragen oder Kandidaten bei einer bestimmten Wahl einen solchen Treuebruch nahelegen (Campbell et al. 1960: 120ff.). Kapitel 6.3 untersucht die Rolle von Parteibindungen bei der Bundestagswahl 2017.

Der *Links–Rechts*-Gegensatz ist ein bis zur französischen Revolution zurückreichendes Grundschema politischer Konflikte, dessen konkreter Sinngehalt im Lauf der Zeit durchaus Änderungen erfahren hat, das jedoch Wählern ebenso wie Parteien nach wie vor ermöglicht, sich im politischen Raum auf einfache Weise zueinander zu orientieren. Selbst wenn Wähler nicht präzise benennen können, was sie mit einer „linken“ oder „rechten“ Grundhaltung verbinden, werden sie Parteien desselben politischen Spektrums attraktiver finden als solche vom ideologisch oppositionellen Lager (Mair 2007; Scherer 2011; Neundorf 2012).

Zwar herrscht in der Literatur keine Einigkeit, ob Parteibindungen den ideologischen Orientierungen vorgelagert sind oder ob es sich umgekehrt verhält, doch die nachfolgenden Analysen gehen davon aus, dass Parteibindungen die grundlegendere Prädisposition darstellen. Ihre Bedeutung für das Wahlverhalten bei der Bundestagswahl 2017 untersucht Kapitel 6.3. Parteibindungen können direkte Einflüsse auf das Wahlverhalten ausüben, indem sie eine Motivation erzeugen, die eigene Partei zu unterstützen. Wer sich mit einer Partei A identifiziert, der wird diese Partei in vielen Fällen auch wählen. Ein Wähler kann zwar ab und zu auch eine andere Partei wählen, ohne seine langfristige Bindung an Partei A aufzugeben, die Parteiidentifikation sollte aber insgesamt stabiler sein als das Wahlverhalten. Parteibindungen können sich aber auch indirekt auf die Parteiwahl auswirken, indem sie Wahrnehmungen und Einstellungen zu anderen, direkt für die Wahlentscheidung bedeutsamen Aspekten der politischen Welt in einer solchen Weise färben, dass die Neigung wächst, für die eigene Partei zu stimmen. Beispielsweise wird die Wahrnehmung von Politikern oder Sachfragen von der Parteiidentifikation beeinflusst. Wer sich langfristig an eine Partei gebunden fühlt, wird in aller Regel den Politikern dieser Partei positiver gegenüberstehen und sie besser bewerten als die Politiker anderer Parteien. Bei wichtigen Sachfragen unterstützen Parteianhänger oft ohne größeres Nachdenken die Positionen „ihrer" Partei. Die langfristige Parteibindung beeinflusst also die kurzfristigen Einstellungen in Richtung der Identifikationspartei. Sie wird daher bei allen anschließenden Analysen als sogenannte Kontrollvariable mit berücksichtigt. Dadurch tritt der eigenständige Effekt des jeweils betrachteten Erklärungsfaktors auf das Wahlverhalten hervor – jener Anteil am Gesamteffekt dieses Faktors, der sich nicht aus seiner Färbung durch die Parteibindung ergibt (siehe auch Anhang 4). Kapitel 6.4 untersucht in einer solchen Perspektive die Bedeutung der ideologischen Selbsteinstufung der Wähler auf der Links-Rechts-Achse bei der Bundestagswahl 2017.

Zwischen Parteibindungen und ideologischen Identifikationen als langfristig stabilen Grundeinstellungen und der Wahlentscheidung stehen im Kausalitätstrichter Wählerorientierungen, die sich auf die konkreten Umstände beziehen, unter denen eine bestimmte Wahl durchgeführt wird. Mehr oder weniger gefärbt durch die Wahrnehmungsfilter der Partei- und ideologischen Identifikationen spiegeln sich in diesen die Haltungen der Wähler zu den situativen Bedingungen der jeweiligen Wahl, insbesondere den dabei im Vordergrund stehenden politischen Problemen und Sachfragen sowie den zur Wahl stehenden Kandidaten und ihren Eigenschaften (Schoen/Weins 2005: 199ff.). In Unterscheidung zu stabilen politischen Prädispositionen wie Gruppenidentifikationen, Parteibindungen und ideologischen Positionierungen als Langfristfaktoren des Wählerverhaltens werden sie wegen ihres an die konkreten Umstände bestimmter Wahlen gebundenen Charakters als Kurzfristfaktoren eingestuft. Diese können von zweierlei Natur sein. Manche Kurzfristfaktoren beziehen sich auf Aspekte der Politik, die in der Wählerschaft einhellig unterstützt werden. Gute Leistungen einer Regierung, eine niedrige Inflation oder ein hoher Beschäftigungsstand sind Beispiele für politische Ziele, denen Wähler kaum ablehnend gegenüberstehen werden. Nach diesem Maßstab wird eine Partei von Wählern dann Unterstützung erfahren, wenn sie im Hinblick auf solche unstrittigen Attribute der Politik als erfolgreich oder auch erfolgversprechend beurteilt wird. Andere Kurzfristfaktoren beruhen auf einer Konfliktlogik. Bezüglich vieler Regelungsbereiche der Politik haben Wähler widerstreitende Vorstellungen über den richtigen Weg. Ein typisches Beispiel ist die Steuerpolitik. Manchen Wählern mögen die Steuern zu hoch sein, andere wollen sie hingegen weiter erhöhen. Unter solchen Voraussetzungen werden Wähler einer Partei dann den Vorzug geben, wenn sie sich von ihr eine Politik versprechen, die möglichst weitgehend den eigenen Präferenzen entspricht (Miller/Shanks 1996: 197ff.) (siehe Kapitel 6.5).

In den Kapiteln 6.6 bis 6.11 werden verschiedene situative Aspekte der Bundestagswahl 2017 unter Kontrolle der Parteibindung daraufhin untersucht, ob und inwieweit sie für das Wahlverhalten relevant waren. Kapitel 6.6 geht der Frage nach, welche Bedeutung den *Spitzenkandidaten* der Parteien bei der Bundestagswahl 2017 zukam. Die „Personalisierungsthese“ behauptet eine wachsende Bedeutung des politischen Personals für das Verhalten der Wähler (Adam/Maier 2010; Wagner 2011). Das Kapitel liefert zwar keine Belege zu Gunsten oder Ungunsten dieser These, weil es nur eine Wahl im zeitlichen Querschnitt untersucht. Aber es erlaubt immerhin einzuschätzen, ob die Bedeutung der Kandidaten eher groß oder eher klein war und welche Persönlichkeitsaspekte hierbei im Vordergrund standen. Auf die Bedeutung der *Wirtschaftslage und ihrer Wahrnehmungen* für die Parteiwahl haben zahlreiche Studien hingewiesen (Lewis-Beck/Stegmaier 2000; Beckmann et al. 2011). Von besonderem Interesse für die hier vorgestellte Analyse sind neben allgemeinen Wahrnehmungen der eigenen wirtschaftlichen Lage, auch die Wahrnehmungen der gesamtgesellschaftlichen wirtschaftlichen Lage und ihrer Entwicklung. Auch wenn die Wähler die Einflussmöglichkeiten von Regierungen auf die Entwicklung der Ökonomie bisweilen überschätzen mögen, neigen sie häufig dazu, diese für die Wirtschaftslage verantwortlich zu machen (Kapitel 6.7). Aber auch tatsächliche oder vermeintliche *Leistungen von Regierungen und Parteien* in anderen Feldern können sich im Wahlverhalten niederschlagen. Dem geht das Kapitel 6.8 nach, und zwar sowohl für retrospektive Beurteilungen vergangener Leistungen als auch für prospektive, also in die Zukunft gerichtete Leistungserwartungen. Da der Erfolg populistischer Akteure und Stimmungen bei der Bundestagswahl 2017 ein wichtiges Thema war, wird in Kapitel 6.9 die Rolle populistischer Einstellungen bei der Wahlentscheidung untersucht.

Zwar nominieren alle Parteien Spitzenkandidaten (siehe Kapitel 3.2), aber den von den beiden großen Parteien ins Rennen geschickten Kanzlerkandidaten kommt dabei traditionell eine herausgehobene Rolle zu. Dies unterstreicht der Umstand, dass seit der Bundestagswahl 2002 in jedem Wahlkampf mindestens ein Fernseh-„Duell“ der beiden Aspiranten auf das Amt des Regierungschefs ausgestrahlt wurde und stets ein großes Publikum fand. Kapitel 6.10 untersucht die Wirkungen des *TV-Duells* der Kanzlerkandidaten Angela Merkel (CDU/CSU) und Martin Schulz (SPD) sowie des neuen „Fünfer-Duell", bei dem auch die kleineren Parteien beteiligt wurden, auf die Zuschauer.

Das stark an den Gegebenheiten der amerikanischen Politik orientierte Modell des Kausalitätstrichters sieht in den vorgenannten Langfrist- und Kurzfristfaktoren die wesentlichen Hintergründe des Wahlverhaltens. Bei seiner Übertragung auf Bundestagswahlen sollten jedoch wesentliche Unterschiede der institutionellen Rahmenbedingungen nicht ignoriert werden. Anders als bei amerikanischen Präsidentschaftswahlen verfügen die Wähler bei Bundestagswahlen über zwei Stimmen. Wie in Kapitel 5.2 bereits gezeigt, machen sie in immer größerem Ausmaß von der Möglichkeit Gebrauch, diese beiden Stimmen nicht an dieselben Parteien zu vergeben. Ein anderer Aspekt, der Beachtung verdient, betrifft den Zusammenhang zwischen Wahlentscheidungen und Regierungsbildung. Als Folge des Proportionalwahlsystems unter Bedingungen eines Mehrparteiensystems ist dieser nämlich in Deutschland sehr viel indirekter als in den USA. Alle bisherigen Bundesregierungen wurden nicht von einer einzelnen Partei, sondern als Koalitionsregierungen von mehreren Parteien gebildet. Wenn ein Wähler durch seine Wahlentscheidung auf die Regierungsbildung einwirken möchte, kann er strategisch wählen und dabei zahlreiche Gesichtspunkte in Betracht ziehen, darunter die Koalitionsaussagen der Parteien, die von bestimmten Koalitionen vermutlich verfolgte Politik und das erwartete Abschneiden der beteiligten Parteien bei der kommenden Wahl (Bytzek et al. 2012; Huber 2012: 269ff.). Kapitel 6.11 analysiert, wie sich solche kurzfristigen *Koalitionsorientierungen* bei der Bundestagswahl 2017 auf das Wahlverhalten ausgewirkt haben.

Wie eingangs betont, können sich zahlreiche, untereinander zusammenhängende Faktoren sowohl lang- als auch kurzfristiger Natur darauf auswirken, welcher Partei ein Wähler am Wahltag seine Stimme gibt. Daher ist es unumgänglich, die Effekte aller Erklärungsfaktoren auf das Wahlverhalten auch in der Zusammenschau zu analysieren. Das geschieht in Kapitel 6.12.

Literatur

Adam, Silke/Maier, Michaela 2010: Personalization of Politics: A critical review and agenda for research, in: Communication Yearbook 34, 213-257.

Beckmann, Ruth/Trein, Philipp/Walter, Stefanie 2011: Dominanz der Ökonomie: Entscheidet die Wirtschaftslage Wahlen?, in: Bytzek, Evelyn/Roßteutscher, Sigrid, Hg., Der unbekannte Wähler?: Mythen und Fakten über das Wahlverhalten der Deutschen, Frankfurt: Campus, 231-252.

Blumenstiel, Jan Eric/Rattinger, Hans 2011: Ein Modell der Wählerentscheidung, in: Rattinger, Hans/Roßteutscher, Sigrid/Schmitt-Beck, Rüdiger/Weßels, Bernhard/Bieber, Ina/Blumenstiel/ Jan E./Bytzek, Evelyn/Faas, Thorsten/Huber, Sascha/Krewel, Mona/Maier, Jürgen/Rudi, Tatjana/Scherer, Philipp/Steinbrecher, Markus/Wagner, Aiko/Wolsing, Ansgar, Hg., Zwischen Langeweile und Extremen: Die Bundestagswahl 2009, Baden-Baden: Nomos, 147-153.

Bytzek, Evelyn/Gschwend, Thomas/Huber, Sascha/Linhart, Eric/Meffert, Michael 2012: Koalitionssignale und ihre Wirkungen auf Wahlentscheidungen, in: Schmitt-Beck, Rüdiger, Hg., 2012: Wählen in Deutschland, PVS Sonderheft 45, Baden-Baden: Nomos, 393-418.

Campbell, Angus/Converse, Philipp E./Miller, Warren E./Stokes, Donald E. 1960: The American Voter, New York, London: John Wiley.

Huber, Sascha 2012: Strukturen des politischen Kontexts und die demokratische Kompetenz der Wähler, Baden-Baden: Nomos.

Lewis-Beck, Michael S./Stegmaier, Mary 2000: Economic determinants of electoral outcomes, in: Annual Review of Political Science 3, 183-219.

Lipset, Seymour Martin/Rokkan, Stein 1967: Cleavage Structures, Party Systems, and Voter Alignments, in: Lipset, Seymour Martin/Rokkan, Stein, Hg., Party Systems and Cleavage Structures: Cross-National Perspectives, Oxford, New York: Free Press, 1-64.

Mair, Peter 2007: Left-Right Orientations, in: Dalton, Russell J./Klingemann, Hans-Dieter, Hg., The Oxford Handbook of Political Behavior, Oxford: Oxford University Press, 206-222.

Miller, Warren E./Shanks, J. Merrill 1996: The New American Voter, Cambridge/Mass.: Harvard University Press.

Neundorf, Anja 2012: Die Links-Rechts-Dimension auf dem Prüfstand: Ideologische Einstellungen und Wahlverhalten im vereinigten Deutschland 1984 – 2010, in: Schmitt-Beck, Rüdiger, Hg., 2012: Wählen in Deutschland, PVS Sonderheft 45, Baden-Baden: Nomos, 227-250.

Ohr, Dieter/Quandt, Markus 2012: Parteiidentifikation in Deutschland: Eine empirische Fundierung des Konzepts auf Basis der Theorie sozialer Identität, in: Schmitt-Beck, Rüdiger, Hg., 2012: Wählen in Deutschland, PVS Sonderheft 45, Baden-Baden: Nomos, 179-202.

Rattinger, Hans 2002: Parteiidentifikation, in: Greiffhagen, Martin/Greiffhagen, Sylvia, Hg., Handwörterbuch zur politischen Kultur der Bundesrepublik Deutschland, 2. Auflage, Wiesbaden: Westdeutscher Verlag, 316-324.

Scherer, Philipp 2011: Jenseits von Links und Rechts: Spielt Ideologie für Parteien und Wähler keine Rolle mehr?, in: Bytzek, Evelyn/Roßteutscher, Sigrid, Hg., Der unbekannte Wähler?: Mythen und Fakten über das Wahlverhalten der Deutschen, Frankfurt: Campus, 23-41.

Schmitt-Beck, Rüdiger 2014: Die Parteiwahl und ihre Hintergründe, in: Schmitt-Beck, Rüdiger/Rattinger, Hans/Roßteutscher, Sigrid/Weßels, Bernhard/Wolf, Christof/Bieber, Ina/Blumenberg, Manuela S./Blumenstiel, Jan E./Faas, Thorsten/Förster, André/Giebler, Heiko/Glogger, Isabella/Gummer, Tobias/Huber, Sascha/Krewel, Mona/Lamers, Patrick/Maier, Jürgen/Partheymüller, Julia/Plischke, Thomas/Roßmann, Joss/Schäfer, Anne/Scherer, Philipp/Steinbrecher, Markus/Wagner, Aiko/Wiegand, Elena, Hg., Zwischen Fragmentierung und Konzentration: Die Bundestagswahl 2013, Baden-Baden: Nomos, 179-186.

Schoen, Harald/Weins, Cornelia 2005: Der sozialpsychologische Ansatz zur Erklärung von Wahlverhalten, in: Falter, Jürgen W./Schoen, Harald, Hg., Handbuch Wahlforschung, Wiesbaden: VS Verlag für Sozialwissenschaften, 187-242.

Wagner, Aiko 2011: Die Personalisierung der Politik: Entscheiden Spitzenkandidaten Wahlen?, in: Bytzek, Evelyn/Roßteutscher, Sigrid, Hg., Der unbekannte Wähler?: Mythen und Fakten über das Wahlverhalten der Deutschen, Frankfurt: Campus, 81-97.

Weßels, Bernhard 2000: Gruppenbindung und Wahlverhalten: 50 Jahre Wahlen in der Bundesrepublik, in: Klein, Markus/Jagodzinski, Wolfgang/Mochmann, Ekkehard/Ohr, Dieter, Hg., 50 Jahre Empirische Wahlforschung in Deutschland: Entwicklung, Befunde, Perspektiven, Daten, Wiesbaden: Westdeutscher Verlag, 129-158.

Weßels, Bernhard/Rattinger, Hans/Roßteutscher, Sigrid/Schmitt-Beck, Rüdiger 2014: The Changing Context and Outlook of Voting, in: Weßels, Bernhard/Rattinger, Hans/Roßteutscher, Sigrid/Schmitt-Beck, Rüdiger, Hg., Voters on the Move or on the Run?, Oxford: Oxford University Press, 3-14.

6.2 Wahlverhalten sozialer Gruppen

Bernhard Weßels

6.2.1 Einleitung

Die Analyse des Zusammenhangs zwischen Sozialstruktur und Wahlverhalten gehört zum Kanon der Wahlforschung seit deren Anfängen. Die Stellung von Wählern in der sozialen und demographischen Struktur ihrer Gesellschaft wird als einer der zentralen Ansätze angesehen, um zu erklären, warum sie so wählen, wie sie das tun. Inzwischen werden jedoch seit gut drei Jahrzehnten Wandlungs- und Veränderungstendenzen beobachtet und diskutiert, die darauf verweisen, dass dieser vormals so zuverlässige Faktor an Bedeutung für das Wahlverhalten verliert. Sozialer Wandel, Auflösung traditioneller Sozialmilieus und Tendenzen der Individualisierung werden dafür verantwortlich gemacht. Das vorliegende Kapitel geht der Frage nach, in welchem Ausmaß sich bei der Bundestagswahl 2017 Unterschiede im Wahlverhalten zwischen sozialen und demographischen Gruppen ausmachen ließen und welche Veränderungen sich im Vergleich zur Bundestagswahl 2013 ergeben haben.

Warum sollte ein Zusammenhang zwischen Sozialstruktur und Wahlverhalten existieren? Die Schlüsselkategorie für die Beantwortung dieser Frage lautet: Interesse. Die Grundannahme ist, dass unterschiedliche soziale Lagen mit unterschiedlichen Interessen einhergehen. Die soziale Differenzierung schlägt sich in einer Interessendifferenzierung der Gesellschaft nieder. Der Zusammenhang zum Wahlverhalten ergibt sich dann daraus, dass die politischen Parteien sich für unterschiedliche Interessen einsetzen. Letzteres wird mit der historischen Genese politischer Parteien erklärt. Lipset und Rokkan haben in ihrer Studie der Genese von Konfliktstrukturen und Parteiensystemen die wohl wichtigste theoretische Grundlage dafür gelegt, Interessendifferenzierung, die Entstehung von politischen Parteien und Wahlverhalten in einen Zusammenhang zu setzen (Lipset/Rokkan 1967). Sie konnten zeigen, dass sich die in Westeuropa durch wichtige historische Wegmarken wie Nationenbildung, Reformation und industrielle Revolution zum Teil sehr viel früher hervorgebrachten fundamentalen Interessengegensätze im 19. und 20. Jahrhundert in entsprechende Parteibildungen umgesetzt haben und bestimmte soziale Gruppen starke Loyalitäten gegenüber diesen Parteien aufbauten. Mehr noch, sie wiesen nach, dass die historischen Konstellationen von Parteiensystemen, wie sie sich nach der Einführung des allgemeinen Wahlrechts bis zu den 1920er Jahren entwickelt hatten, auch in den 1960er Jahren noch existierten. Dieser Befund des „freezing“ – die These von den „eingefrorenen“ Parteiensystemen – verwies darauf, dass Parteien in der Lage waren, dauerhafte soziale Allianzen mit bestimmten sozialen Gruppen in der Wählerschaft aufzubauen und aufrechtzuerhalten. Pappi hat diesen Prozess die „Politisierung von Sozialstrukturen“ genannt (Pappi 1979; Pappi 1990). Gemeint ist damit die aktive Rolle, die die Parteien und ihr Personal dabei spielten, die Interessen bestimmter sozialer Gruppen zu politisieren und in den politischen Prozess einzubringen sowie durch Mobilisierung Gruppenloyalitäten zu erzeugen. Kaum eine Partei, die nicht an diese Konfliktlinien anschloss, hat langfristig Bestand gehabt. Die so entstandenen Beziehungen zwischen Sozialstruktur und politischen Parteien werden gemeinhin als politische Konfliktstrukturen, im Englischen „political cleavages“, bezeichnet. Schon in den ersten bedeutenden Wahlstudien galten sozialstrukturelle Merkmale der Wähler als der zentrale Faktor für die Erklärung stabilen Wahlverhaltens. In dem Buch “The People’s Choice: How The Voter Makes Up His Mind in a Presidential Campaign”, das Lazarsfeld und seine Mitautoren 1944 veröffentlichten, wurde argumentiert, dass relativ homogene soziale Gruppen unter ähnlichen Bedingungen mit einem ähnlichen Erfahrungshintergrund ähnliche Interessen und Bedürfnisse ausbilden und sich das in der relativ stabilen Zuwendung zu bestimmten Parteien niederschlage (Lazarsfeld et al. 1944). In einer 1954 folgenden Buchpublikation der Gruppe um Lazarsfeld, die den Titel „Voting“ trug, wurde die Perspektive auf sozialstrukturelle Gruppen um die Frage nach dem Gruppeneinfluss durch Gewerkschaften, andere Interessenorganisationen und politische Parteien erweitert (Berelson et al. 1954) und damit über die Perspektive der durch bloße gemeinsame soziale Lage erzeugten Gleichförmigkeit der Interessen hinaus die Politisierung von Interessen durch Organisationen in den Blick genommen.

Die Möglichkeit, diese mikroanalytische Erklärungsperspektive mit den makrosoziologischen Überlegungen der *Cleavage*-Theorie von Lipset und Rokkan zu kombinieren, macht den sozialstrukturellen Erklärungsansatz nicht nur wissenschaftlich ausgesprochen attraktiv, sondern aufgrund der theoretischen Stärke zu einer Basiskomponente in Modellen des Wahlverhaltens. Wie in den meisten westeuropäischen Gesellschaften sind in Deutschland zwei politische Konfliktlinien dominant: die sozioökonomische Konfliktlinie, die als Kapital-Arbeit-Konflikt in der Phase der Industrialisierung entstanden ist, und die konfessionelle Konfliktlinie, die sich aus den Religionskonflikten der Reformation speist und sich inzwischen weitgehend zu einer religiös-laizistischen Konfliktlinie gewandelt hat. Bei diesen beiden dominanten Konfliktlinien ist es jedoch nicht geblieben. Mit den APO-Protesten der 1960er Jahre, den nachfolgend entstandenen sogenannten neuen sozialen Bewegungen und einem umgreifenden Wertewandel hat sich ein neuer Interessenpol der „neuen Politik" gebildet. Vor allem Umweltschutz, Selbstbestimmung und politische Beteiligung kennzeichnen diese Interessen, denen es mit dem Einzug der Grünen in den Deutschen Bundestag 1983 gelang, sich im Parteiensystem als Konfliktlinie zu etablieren. Mit der Vereinigung kam eine weitere Interessendifferenzierung hinzu, zwischen Ost und West, die dem deutschen Parteiensystem den Erfolg einer zunächst nur regionalen Partei, der PDS, bescherte und damit zwei regional verschiedene Parteiensysteme in Ost und West entstehen ließ (Pappi/Shikano 2001; Weßels 2004). Diese Konfliktlinien finden nicht nur ihre Entsprechung in den jeweiligen sozialen Allianzen zwischen bestimmten sozialen Gruppen der Wählerschaft und den politischen Parteien, sondern sind auch unterhalb des Parteiensystems durch Organisationen im Verbändesystem abgestützt (z. B. durch Gewerkschaften, Arbeitgeber- und Unternehmerverbände, Kirchen, Umweltgruppen und Ökologiebewegung). Insbesondere die sozioökonomische und die konfessionell-religiöse Konfliktlinie galten lange Zeit als die zentralen Faktoren der Stabilität des Parteiensystems und des Wahlverhaltens. Hinsichtlich der neuen Konfliktlinien bestand und besteht Uneinigkeit, ob sie im gleichen Maße als institutionalisiert angesehen werden können. Ebenso ist es noch zu früh, den Einzug der AfD in den deutschen Bundestag im Sinne von Konfliktlinien zu beurteilen.

Im Folgenden werden die theoretischen Annahmen über den Zusammenhang zwischen sozialstruktureller Verankerung und sozialer Allianz mit einer bestimmten Partei als Ausgangspunkt zur Analyse der sozialstrukturellen Determinanten des Wahlverhaltens bei der Bundestagswahl 2017 herangezogen. In einem ersten Schritt werden die sozialstrukturellen Merkmale von Wählern der etablierten Bundestagsparteien (CDU/CSU, SPD, FDP, Grüne, Linke), anderer Parteien (inklusive AfD) sowie der Nichtwähler analysiert. Danach folgt ein Abschnitt, der die Wählerschaften der Parteien hinsichtlich sozialer und demographischer Merkmale charakterisiert. Schließlich wird das Wahlverhalten sozialer und demographischer Gruppen analysiert und geprüft, welchen Beitrag sozialstrukturelle und demographische Faktoren zur Erklärung des Wahlverhaltens bei der Bundestagswahl 2017 leisten.

6.2.2 Das sozialstrukturelle und demographische Profil der deutschen Wählerschaft

Entsprechend der angenommenen Struktur der Allianzen zwischen bestimmten sozialen Gruppen und politischen Parteien werden in der nachfolgenden Analyse nicht alle denkbaren sozialen Faktoren berücksichtigt, sondern nur diejenigen, bei denen aus theoretischen Gründen oder aufgrund früherer empirischer Befunde von einem Zusammenhang mit dem Wahlverhalten ausgegangen werden kann. Im Folgenden werden die sozialen Charakteristika der Wahlbürger für drei verschiedene Typen von Wählern beschrieben: Ersten geht es um diejenigen Wähler, die für eine der wieder in den Bundestag eingezogenen Parteien, die FDP eingeschlossen, gestimmt haben. Zweitens werden im Vergleich dazu diejenigen betrachtet, die für Parteien gestimmt haben, die noch nie im Bundestag waren, – also die AfD und sonstige Parteien – und drittens die, die nicht gewählt haben. Der Anteil derjenigen, der für Parteien gestimmt hat, die noch nie im Bundestag waren, war mit 17,6 Prozent zwar höher als 2013 (11,0 Prozent), aber die AfD zog anders als 2013 (4,7 Prozent) mit 12,6 Prozent der Stimmen in den Bundestag ein. Zudem lag die Wahlbeteiligung 2017 deutlich höher als 2013, da sie um 4,6 Prozentpunkte auf 76,2 Prozent gestiegen ist (siehe Kapitel 5.1). Eine gesonderte Betrachtung der Nichtwähler und derjenigen, die ihre Stimme einer Partei gegeben haben, die vorher noch nicht im Bundestag vertreten war, erlaubt möglicherweise eine Antwort auf die Frage, ob sich eine sozial eingrenzbare Repräsentationslücke bei den etablierten Bundestagsparteien ergeben hat.

Tabelle 1: Verteilung sozialstruktureller und demographischer Merkmale unter den Wählern

	Stimmabgabe für			Differenzen			Anzahl Befragte		
	etablierte BT-Part.	Andere	Nichtwahl	Etablierte BT-Parteien vs.		Andere vs.	Etablierte BT-Parteien	Andere	Nichtwahl
	%	%	%	andere	Nichtwahl	Nichtwahl	N	N	N
Selbstständige[1]	7	7	3	0	4	4	209	31	12
Angestellte[1]	55	50	39	5	15	10	1579	209	151
Arbeiter[1]	22	31	43	-9	-22	-13	624	129	166
Rente/Pension	33	16	29	17	4	-13	943	66	110
Gewerkschaftsmitglied	10	12	5	-2	5	7	284	51	20
Katholiken	30	24	26	7	4	-2	875	100	99
Protestanten	29	22	23	8	6	-2	852	91	88
Kirchgänger	15	7	10	8	5	-3	431	30	39
Abitur oder höher	26	16	7	10	19	10	759	70	26
Alter: < 40 Jahre	27	38	42	-11	-15	-4	769	160	159
40 bis unter 65	43	48	34	-5	9	14	1250	204	132
65 und älter	30	14	24	16	6	-10	866	58	91
Ostdeutsche	18	28	26	-11	-9	2	512	120	101
Arbeitslose	2	4	10	-2	-8	-6	57	17	40
Frauen	52	42	51	10	1	-9	1495	177	193
Migrationshintergrund	10	6	14	4	-3	-7	292	27	52
Gruppenbezug:									
Gewerk. organ. Angestellte	6	6	1	-1	4	5	159	27	6
Gewerk. organisierte Arbeiter	2	3	2	-1	0	1	66	14	8
Kath. Kirchgänger	9	3	3	6	6	0	246	12	10
Protest. Kirchgänger	4	2	2	2	2	0	120	8	8
Jünger als 40 und Abitur	12	10	4	2	8	7	352	44	15
Anzahl Befragte							2894	422	383

Quelle: GLES-Vor- und Nachwahl-Querschnittsbefragung 2017 [Kumulation] (ZA6802).

Anmerkungen: 1 Derzeit ausgeübt oder früher ausgeübt.

Da von der sozialen Lage ein dauerhafter Einfluss auf das Wahlverhalten erwartet wird, werden nicht mehr Erwerbstätige an dieser Stelle nach ihrer früheren Tätigkeit eingestuft. Die entsprechenden Anteile an der Wählerschaft sind in Tabelle 1 wiedergegeben. Die sozialen Kompositionen derjenigen, die Bundestagsparteien, andere Parteien einschließlich der AfD oder gar nicht gewählt haben, unterscheiden sich deutlich. So ist der Anteil der Arbeiter sowohl unter denjenigen, die für andere Parteien gestimmt haben, und insbesondere unter denjenigen, die gar gewählt haben, sehr viel höher als in der Gruppe derjenigen, die für etablierte Bundestagsparteien ihre Stimme abgegeben haben. Ähnliches lässt sich für die Jüngeren (unter 40 Jahre alt), Ostdeutschen und Arbeitslosen festhalten. Umgekehrt sind Angestellte, Rentner, konfessionell Gebundene und Kirchgänger, vor allem aber besser Gebildete sehr viel stärker in der Gruppe der Wähler der etablierten Bundestagsparteien präsent als unter Nichtwählern oder unter denjenigen, die für andere Parteien gestimmt haben.

Aus dieser beschreibenden Betrachtung lässt sich ablesen, dass in jungen und den sozial eher nicht bevorteilten Teilen der Wählerschaft die Entscheidung für andere als etablierte Bundestagsparteien oder auch für die Nichtwahl häufiger vorkommt. Das kann ein Hinweis auf eine möglicherweise durch die etablierten Bundestagsparteien produzierte Repräsentationslücke sein. Vor diesem Hintergrund stellen sich mindestens zwei Fragen: Erstens, haben die Parteiwählerschaften vor dem Hintergrund des langfristigen sozialen Wandels und der Veränderung des politischen Angebots noch ein für sie jeweils typisches Sozialprofil? Zweitens, sind es bestimmte soziale oder demographische Gruppen, in deren Wahlentscheidung sich das Abrücken von den sogenannten etablierten Parteien ausdrückt?

6.2.3 Die sozialstrukturellen und demographischen Profile der Parteiwählerschaften

Die Geschichte und Identität der politischen Parteien in der Bundesrepublik ist eng geknüpft an die politischen Spannungslinien, die in den meisten westlichen Demokratien durch zwei Dimensionen bestimmt werden.

Parteipolitisch stehen sich in der sozioökonomischen Konfliktlinie FDP und CDU/CSU auf der einen und SPD und Linke auf der anderen Seite gegenüber. Entsprechend wiesen die Wählerschaften der Parteien lange Zeit typische soziale und demographische Merkmale auf. Zwar lassen sich auch bei der Bundestagswahl 2017 davon noch Spuren finden – so der überproportionale Anteil von Selbstständigen unter den FDP-Wählern sowie der überproportionale Anteil von Arbeitern bei der SPD. Allerdings weist die AfD den höchsten Anteil an Arbeitern auf.

Katholiken, insbesondere regelmäßige Kirchgänger sind in der Union überrepräsentiert, in den Parteiwählerschaften der SPD und der Linken unterrepräsentiert. Kirchgänger sind mit 6 Prozentpunkten über dem Anteil von 8 Prozent in der Wählerschaft stark überproportional in der Unionswählerschaft präsent. Allerdings hat sich ihr Anteil in den letzten Jahrzehnten von bis zu über 30 Prozent stark reduziert, weil die Gesamtzahl der praktizierenden Christen stark zurückgegangen ist. Ähnliches gilt für Gewerkschaftsmitglieder in der SPD. Auch hier ergibt (sich) eine leichte Überproportionalität von 3 Prozentpunkten über dem Anteil in der Gesamtwählerschaft von 10 Prozent, aber aufgrund der starken Rückgänge gewerkschaftlicher Organisationsgrade liegen die Anteile nicht mehr wie in früheren Jahrzehnten bei 30 Prozent und mehr. Allein durch die Veränderung der jeweiligen Größen der Bevölkerungsgruppen ergibt sich eine Veränderung des Profils der Parteiwählerschaften, ganz wie von der demographischen Theorie des politischen Wandels beschrieben (Weßels 2000).

Neben den Parteiwählerschaften, die mit den traditionellen Konfliktlinien in Beziehung gesetzt werden können, weisen auch die Grünen ein für sie typisches Wählerprofil auf. Vor allem die besser Gebildeten und die Jüngeren sind in der Wählerschaft der Grünen stark überrepräsentiert. Das entspricht ihrer Verortung in der neuen Konfliktlinie um Ökologie und Lebensqualität. Die Linke weist bei allen Erfolgen in den alten Bundesländern immer noch einen stark überproportionalen Anteil an Wählern aus den neuen Bundesländern auf. Das trifft auch für die AfD zu. Der überproportionale Arbeiteranteil in der AfD-Wählerschaft wurde schon erwähnt. Weitere Auffälligkeiten liegen in der unterproportionalen Präsenz von Frauen, besser gebildeten Wählern sowie von solchen im Rentenalter (siehe Tabelle 2).

Tabelle 2: Sozialdemographische Zusammensetzung der Parteiwählerschaften 2017

	CDU/ CSU	SPD	AfD	FDP	Linke	Grüne	Insge- samt
Variablen				In Prozent			
Selbstständige[1]	8	4	6	13	5	8	7
Angestellte[1]	55	54	49	52	58	55	54
Arbeiter[1]	21	28	34	18	24	12	23
Rente/Pension	36	38	18	33	26	18	31
Gewerkschaftsmitgl.	8	13	11	8	9	9	10
Katholiken	38	25	21	27	18	30	29
Protestanten	29	34	22	28	17	31	29
Kirchgänger	23	10	5	9	5	13	14
Abitur oder höher	21	18	12	32	31	49	25
Alter: < 40 Jahre	23	22	29	29	34	37	27
40 bis unter 65	43	44	55	36	44	50	44
65 und älter	34	33	16	34	22	13	29
Ostdeutsche	16	16	29	18	39	10	19
Arbeitslose	1	2	4	1	5	3	2
Frauen	54	52	38	47	47	52	50
Migrationshintergr.	13	11	7	7	6	6	10
Gruppenbezug:							
Kath. Kirchgänger	14	5	2	7	1	6	8
Protest. Kirchgänger	6	3	2	2	2	5	4
Gew. org. Angest.	5	6	6	4	6	5	6
Gew. org. Arbeiter	2	4	4	2	2	2	2
Jünger als 40 u. Abitur	9	8	6	15	17	23	12
N = 100 %	1147	766	288	348	302	377	3228

Quelle: GLES-Vor- und Nachwahl-Querschnittsbefragung 2017 [Kumulation] (ZA6802).

Anmerkungen: 1 Derzeit ausgeübt oder früher ausgeübt.

6.2.4 Das Wahlverhalten sozialer Gruppen bei der Bundestagswahl 2017

Die Komposition der Parteiwählerschaften sagt zwar etwas über deren sozialdemographische Profile aus, die abhängen von den Größen der sozialdemographischen Gruppen. Für die Frage nach den sozialdemographischen Erklärungsfaktoren bedarf es einer Betrachtung unabhängig von der Gruppengröße, also einer Betrachtung, welche Anteile einer sozialdemographischen Gruppe einer Partei ihre Stimme geben. Damit kann auch der zweiten eingangs gestellten Frage nachgegangen werden, also ob sich das Abrücken von den sogenannten etablierten Parteien in der Wahlentscheidung bestimmter sozialer oder demographischer Gruppen ausdrückt.

Für das beabsichtigte (Vorwahlmessung) bzw. das berichtete tatsächliche Wahlverhalten (Nachwahlmessung) sind in Tabelle 3 die Stimmenanteile der Parteien in den verschiedenen sozialen Gruppen ausgewiesen. Um die Wahlprofile der sozialen Gruppen bezogen auf die einzelnen Parteien deutlich zu machen, werden in der Abbildung 1 auch die Anteile über- bzw. unterproportionaler Stimmabgabe der sozialen Gruppen zugunsten der einzelnen Parteien gemessen an ihren jeweiligen Stimmenanteilen präsentiert.

Mit Bezug auf die sozioökonomische Konfliktlinie sollte die Gruppe der Arbeiter und Angestellten als abhängig Beschäftigte in stärkerem Ausmaß die SPD wählen als andere Parteien, während die Selbstständigen für die FDP und – in geringerem Maße – für die CDU/CSU stimmen sollten. In der Tat gewinnt die CDU/CSU unter den Selbstständigen 41, die FDP 20 und die SPD lediglich 12 Prozent der Stimmen. Dass abhängig Beschäftigte und insbesondere die Arbeiter eher die SPD wählen, stimmt zwar relativ zum eigenen Stimmenanteil (siehe Abbildung 1), aber nicht mehr im Vergleich zur Union. Dasselbe gilt für Gewerkschaftsmitglieder (siehe Tabelle 3).

Tabelle 3: Zweitstimmenanteile der Parteien nach Präferenz bzw. berichtetem Wahlverhalten

Variablen[1]	CDU/ CSU	SPD	AfD	FDP	Die Linke	Grüne	N = 100%
	in Prozent						
Mittel	36	24	11	12	9	9	3228
Selbstständige[2]	41	12	7	20	7	13	235
Angestellte[2]	36	24	8	10	10	12	1804
Arbeiter[2]	33	30	13	8	10	6	612
Rente/Pension	40	29	5	11	8	7	993
Gewerkschaftsmitgl.	30	32	10	9	9	11	291
Katholiken	46	21	6	10	6	12	820
Protestanten	36	28	7	11	6	13	904
Kirchgänger	58	18	3	7	3	10	429
Abitur	30	17	4	14	12	23	1136
Alter: < 40	31	20	10	12	12	16	864
40 bis unter 65	34	24	11	9	9	13	1448
65 +	42	28	5	13	7	5	906
Ostdeutschland	30	20	14	10	20	6	983
Arbeitslos	18	27	15	5	21	15	70
Frauen	38	25	7	10	9	12	1561
Migrationshintergr.	46	27	7	7	6	7	275
Gruppenbezug:							
Kath. Kirchgänger	64	14	3	10	1	9	230
Prot. Kirchgänger	51	21	4	5	5	14	130
Gew. org. Angest.	35	27	9	9	10	10	163
Gew. org. Arbeiter	25	39	15	7	6	9	62
Jünger als 40 u. Abitur	28	17	5	14	14	23	463

Quelle: GLES-Vor und Nachwahl-Querschnittsbefragung 2017 [Kumulation] (ZA6802).

Anmerkungen: 1 Siehe zur Verteilung in der Wählerschaft Tabelle 2. Prozente sind Zeilenprozente. 2 Derzeit ausgeübt oder früher ausgeübt.

Entsprechend den frühen Analysen der Gruppe um Lazarsfeld und den Studien von Pappi kann davon ausgegangen werden, dass die bloße Zugehörigkeit zu einer sozialen Kategorie zwar die Gleichförmigkeit, aber noch nicht den Gruppencharakter des Wahlverhaltens ausmacht. Es ist zu erwarten, dass aus der Kombination von sozialer Lage und formaler Mitgliedschaft in der Gruppe besonders starke Einflüsse auf das Wahlverhalten resultieren (Pappi 1986; Pappi 1990; Weßels 2000). Aus theoretischer Perspektive und empirisch lange Zeit beobachtbar hat die soziale Allianz zwischen abhängig Beschäftigten und der SPD durch die Zugehörigkeit zu den Gewerkschaften eine besondere Stärke erfahren. In der Tat kann die SPD unter den gewerkschaftlich organisierten Arbeitern 2017 die höchsten Stimmenanteile für sich verbuchen: 39 Prozent. Dieser Anteil liegt auch deutlich höher als bei der CDU/CSU.

In Bezug auf die traditionelle kulturelle Konfliktlinie um Konfession und Religiosität spielt zunächst die Konfessionszugehörigkeit als bloßes soziales Kategorienmerkmal eine Rolle. Gruppenbezug wird durch die regelmäßige religiöse Praxis, also den Kirchgang, hergestellt. In der Tat kann die Union in diesen Gruppen sehr viel höhere Stimmenanteile erzielen als im Durchschnitt und damit sehr viel höhere als ihre stärkste Konkurrentin, die SPD. Besonders deutlich ist das bei den katholischen Kirchgängern. Die Differenz im Stimmenanteil für die CDU/CSU und die SPD liegt bei 50 Prozentpunkten. Die Union kann unter den katholischen Kirchgängern 64 Prozent der Stimmen für sich verbuchen, die SPD lediglich 14 Prozent.

Neben dem im vorigen Abschnitt konstatierten politischen Wandel durch demographische Veränderungen der Gruppengrößen ist im Zeitverlauf auch festzustellen, dass neben der rein zahlenmäßigen Größe dieser Kernwählerschaften auch die Prägekraft für das Wahlverhalten auf der Individualebene abnimmt. Während die Abnahme der Prägekraft von Konfession für das Wahlverhalten zwar auch stattfindet, aber nur sehr langsam voranschreitet, ist die Abnahme der Prägekraft des Arbeiterdaseins oder einer Gewerkschaftsmitgliedschaft sehr viel stärker (Schoen/Zettl 2012).

Hinsichtlich der neuen Konfliktlinien ist eine engere soziale Eingrenzung relativ schwierig. So stellen sich die Fragen, wie postmaterialistische Bewegungsmilieus zu erfassen sind und ob die Ost-West-Konfliktachse seit dem Erfolg der Partei Die Linke auch im Westen der Republik noch Bestand hat. Bewegungsmilieus existieren vorwiegend in Universitätsstädten und werden von der jüngeren Bevölkerung mit entsprechend höheren Bildungsabschlüssen getragen. Daher werden hier als Annäherung an die Charakterisierung dieser sozialen Gruppe die beiden Merkmale Bildung und Alter kombiniert. Für die regionale Konfliktlinie wird die Wohnregion als kennzeichnendes Merkmal verwendet. Die Grünen können unter denjenigen mit einem Bildungsabschluss, der dem Abitur oder höheren Abschlüssen entspricht, fast doppelt so hohe Anteile erzielen wie insgesamt (23 zu 12 Prozent). Auch unter den unter 40-Jährigen kann die Partei leicht überproportional Stimmen gewinnen. Für die Linke gilt, dass sie sowohl unter den Ostdeutschen als auch unter den Arbeitslosen etwa doppelt so hohe Stimmenanteile erzielt wie insgesamt (20 zu 9 Prozent).

Abbildung 1: Über- und Unterproportionalität der Wahlentscheidung sozialer und demographischer Gruppen

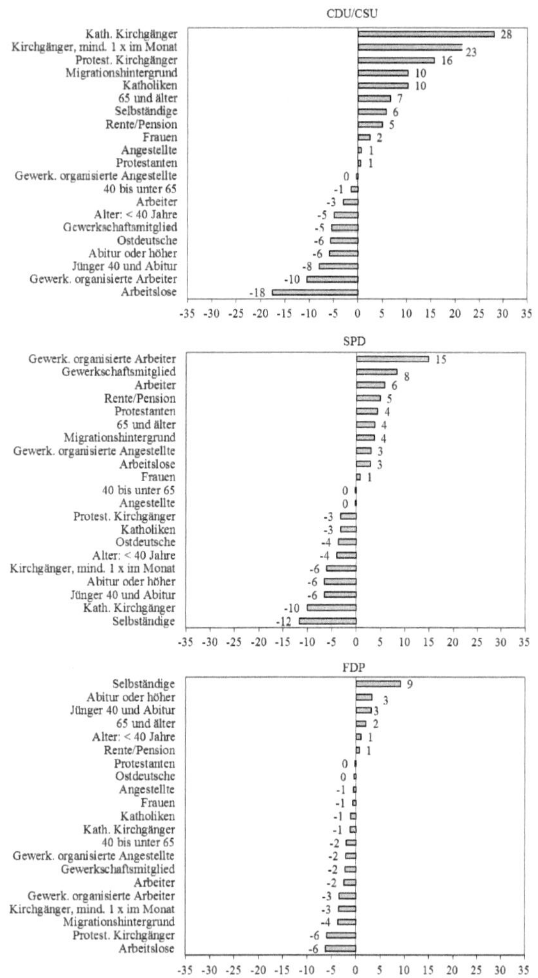

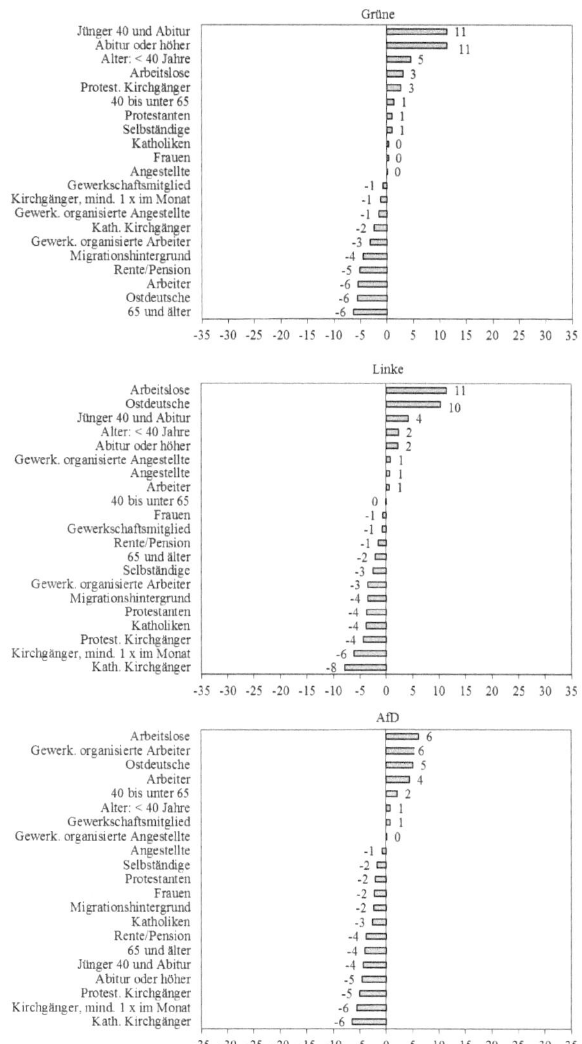

Quelle: GLES-Vor- und Nachwahl-Querschnittsbefragung 2017 [Kumulation] (ZA6802).

Die FDP, die nicht mehr im Bundestag vertreten war, hatte in der Sozialstruktur der Wählerschaft der Bundesrepublik bisher einen festen Platz. Gemäß ihrer Rolle in der politischen Konfliktstruktur der Bundesrepublik sollte sie vor allem unter den Selbstständigen überproportionale Anteile für sich verbuchen können. 2009 hatte sie dort einen um zehn Prozentpunkte höheren Anteil als im Durchschnitt erzielt. 2013 lag der Anteil unter den Selbstständigen nur um 5 Prozentpunkte über dem Durchschnitt. 2017 gelang es der FDP, unter den Selbstständigen wieder fast 10 Prozentpunkte mehr als im Bevölkerungsdurchschnitt zu gewinnen (siehe Abbildung 1).

Während die AfD 2013 ebenfalls von Selbstständigen überproportional häufig gewählt wurde, ist dies 2017 nicht mehr der Fall. Stattdessen war sie 2017 unter Arbeitslosen, Arbeitern, auch wenn sie gewerkschaftlich organisiert sind, und Ostdeutschen überdurchschnittlich stark.

Insgesamt entsprachen die Muster des Wahlverhaltens sozialer Gruppen somit weitestgehend den theoretischen Erwartungen. Der Vergleich dieser Muster mit der Bundestagswahl 2013 verweist auf eine kaum schwächere soziale Profilierung der Parteiwählerschaften von Union und SPD und eine etwas stärkere Profilierung bei allen vier kleineren Parteien.

Um zu überprüfen, ob diese bei separater Betrachtung erkennbaren Muster auch dann Bestand haben, wenn alle sozialstrukturellen und demographischen Merkmale zur gleichen Zeit betrachtet werden, wurden logistische Regressionsmodelle berechnet. In Tabelle 4 werden die Ergebnisse dieser Analysen so präsentiert, dass sie zur Abbildung 1 vergleichbar sind; sie beziehen sich also auf den Grad der Über- bzw. Unterproportionalität der Wahrscheinlichkeit, dass eine bestimmte soziale oder demographische Gruppe der jeweiligen Partei ihre Stimme gegeben hat.

Die Ergebnisse dieser multivariaten Analyse zeigen, dass die beschriebenen Ergebnisse für die einzelnen Merkmale im Grundsatz auch dann Gültigkeit beanspruchen können, wenn alle anderen Merkmale mit berücksichtigt werden (siehe Tabelle 4).

Tabelle 4: Differenz in der Wahlwahrscheinlichkeit zwischen sozialen Gruppen und dem Durchschnitt der Wählerschaft – Ergebnisse logistischer Regressionen

	CDU/ CSU	SPD	AfD	FDP	Die Linke	Grüne
Variablen	Wahrscheinlichkeitsdifferenzen					
Selbstständige	5	-11[c]	-1	8[a]	-1	-1
Angestellte	1	0	1	0	2	-2
Arbeiter	-4	3	3	-1	2	-4[b]
Rentner/Pensionär	-1	5	-3[a]	-1	1	1
Gewerkschaftsmigl.	-7[a]	8[a]	1	-2	0	-1
Katholiken	13[c]	-3	-2	-1	-3[b]	0
Protestanten	6[a]	2	-2[a]	-1	-4[c]	2
Kirchgänger	18[c]	-7[b]	-4[c]	-4[b]	-4[b]	0
Abitur	-5[b]	-5[b]	-5[c]	4[b]	2[a]	10[c]
Alter: < 40	-9[a]	-4	1	-4[a]	2	7[a]
Alter: 40-65	-6	-1	2	-6[b]	1	7[b]
Ostdeutschland	-1	-6[c]	2[a]	-1	6[c]	-5[c]
Arbeitslos	-13[a]	2	0	-5[a]	5	4
Frauen	1	1	-3[b]	-1	-1	1
Migrationshintergr.	9[a]	2	-1	-4[a]	-2	-3
Gruppenbezug[1]:						
Kath. Kirchgänger	31[c]	-10	-5	-5	-7[b]	0
Prot. Kirchgänger	24[b]	-5	-5	-4	-7[b]	1
Gew. org. Angest.	-6	7	2	-2	2	-3
Gew. org. Arbeiter	-10	11	4	-3	1	-5
Jünger als 40 u. Abitur	-14	-9	-4	-1	5	20[b]
Nagelkerkes R^2	0,06	0,03	0,04	0,02	0,04	0,05

Quelle: GLES-Vor- und Nachwahl-Querschnittsbefragung 2017 [Kumulation] (ZA6802).

Anmerkungen: Die in der Tabelle ausgewiesenen Werte sind Schätzungen der Wahrscheinlichkeit der jeweiligen Gruppe minus der durchschnittlichen Wahrscheinlichkeit, mit der die jeweilige Partei gewählt wird. Ausnahme hiervon ist die Variable Altersgruppen. In den Altersgruppen ist die Differenz der Wahrscheinlichkeit der ältesten Wählergruppe (65 Jahre und älter) minus der jüngsten Wählergruppe (jünger 40 Jahre) ausgewiesen. 1 Die Wahrscheinlichkeitsdifferenzen wurden auf Basis getrennter Analysen marginaler Effekte von Merkmalskombinationen berechnet.

a: $p < 0{,}050$; b: $p < 0{,}010$; c: $p < 0{,}001$ (siehe Anhang 4).

So bestätigt sich eine hohe überproportionale Wahrscheinlichkeit der Wahl der Unionsparteien in den konfessionellen Gruppen und unter Kirchgängern auch dann noch, wenn andere Merkmale konstant gehalten werden. Die Ergebnisse für die SPD haben ebenfalls Bestand: Die bereits gezeigte überdurchschnittliche Neigung der Arbeitnehmer zu den Sozialdemokraten erweist sich auch unter Berücksichtigung aller anderen sozialen und demographischen Merkmale als robust. Das gilt auch für den Befund überproportionaler SPD-Wahl unter gewerkschaftlich Organisierten. Allerdings sind die Effekte der beruflichen und konfessionell-religiösen Merkmale, die ja insbesondere für die Unionsparteien und die SPD von Bedeutung sind, nicht mehr ganz so stark wie 2013.

Anders stellen sich die Ergebnisse bei den Grünen und der FDP dar. Bei ihnen sind die jeweiligen sozialdemographischen Effekte auch unter Kontrolle aller anderen Merkmale stärker als noch 2013. Das gilt hinsichtlich der Selbstständigen für die FDP-Wahl und des Bildungseffekts für die Grünen. Die noch 2013 recht starken Effekte von Arbeitslosigkeit auf die Wahl der Linken haben sich halbiert, und der Effekt von Arbeitslosigkeit, der sich für die AfD in der bivariaten Analyse zeigt, ist nicht robust und verschwindet in der multivariaten Analyse vollständig.

6.2.5 Fazit

Die mit der sozialen Differenzierung einhergehende Interessendiversifizierung der Gesellschaft drückt sich nach wie vor in typischen Mustern des Wahlverhaltens sozialer und demographischer Gruppen aus. Die durch die Theorie politischer Spannungslinien gegebenen Erwartungen bezüglich relativ stabiler Allianzen zwischen Bürgern in bestimmten sozialen Lagen und bestimmten politischen Parteien fanden im Großen und Ganzen ihre Entsprechung im Wahlverhalten bei der Bundestagswahl 2017. Insgesamt sind die sozialstrukturellen Effekte auf das Wahlverhalten sehr viel schwächer als noch in den 1970er und 1980er Jahren. Allerdings gibt es auf dem niedriger werdenden Niveau der Effekte derzeit keinen Trend. So waren die sozialstrukturellen Effekte auf das Wahlverhalten bei der Bundestagswahl 2017 nicht so stark wie 2013, aber etwas stärker als 2009. Für die Unionsparteien lassen sich immer noch konfessionell-religiöse Faktoren als stabile und starke Determinanten ausmachen. Es handelt sich hier – auch vor dem Hintergrund früherer Ergebnisse – um das wohl am stärksten und am dauerhaftesten das Wahlverhalten prägende Faktorenbündel. An zweiter Stelle sind insbesondere die Effekte gewerkschaftlich organisierter Arbeitnehmerschaft auf das Wahlverhalten zugunsten der SPD zu nennen. Allerdings schreitet der soziale Wandel fort. Soziale Gruppen mit relativ stabilen Bindungen an politische Parteien, wie z. B. die katholischen Kirchgänger oder gewerkschaftlich organisierte Arbeiter, werden weiter schrumpfen. Selbst wenn die daraus folgende überproportionale Stimmabgabe zugunsten der entsprechenden Parteien Bestand haben sollte, kann keine der Parteien und insbesondere keine der beiden großen – CDU/CSU und SPD – alleine auf tradierte Kernwählerschaften setzen, um Wahlen zu gewinnen. Der sozialstrukturell und demographisch induzierte politische Wandel nötigt den Parteien große Anpassungsleistungen ab. Das gilt insbesondere vor dem Hintergrund veränderter Wettbewerbsbedingungen mit neuen politischen Anbietern. Die sogenannten etablierten Parteien, insbesondere Union und SPD, sind zwar schon länger weit von den Margen der Jahre zwischen 1965 und 1980 entfernt, als sie phasenweise 90 Prozent und mehr der Wählerstimmen auf sich vereinen konnten. Aber sie haben 2017 noch einmal deutlich verloren und sind von einem gemeinsamen Anteil von 67,2 Prozent 2013 auf 53,5 Prozent gefallen. Das entspricht fast dem Anteil der AfD (12,6 Prozent Zweitstimmenanteil). Aber eine sozialdemographisch verankerte Unzufriedenheit, die der AfD in die Hände gespielt hat, lässt sich nicht erkennen. Dazu sind die sozialdemographischen Effekte bei der AfD-Wahl zu klein. Damit kann anders als bei der Abkehr von den Parteien durch Nichtwahl für die Abwendung von den sogenannten etablierten Parteien und der Zuwendung zur AfD keine spezifische sozialdemographische Erklärung angeboten werden.

Literatur

Berelson, Bernard R./Lazarsfeld, Paul F./McPhee, William N. 1954: Voting: A study of Opinion Formation in a Presidential Campaign, Chicago: University Press of Chicago.

Lazarsfeld, Paul F./Berelson, Bernard/Gaudet, Hazel 1944: The People's Choice: How The Voter Makes Up His Mind in a Presidential Campaign, New York, London: Columbia University Press.

Lipset, Seymour Martin/Rokkan, Stein 1967: Cleavage Structures, Party Systems, and Voter Aalignments: An Introduction, in: Lipset, Seymour Martin/Rokkan, Stein, Hg., Party Systems and Voter Alignments, New York: Free Press, 1-64.

Pappi, Franz Urban 1979: Konstanz und Wandel der Hauptspannungslinien in der Bundesrepublik, in: Matthes, Joachim, Hg., Sozialer Wandel in Westeuropa, Frankfurt a. M.: Campus, 465-479.

Pappi, Franz Urban 1986: Wahlverhalten sozialer Gruppen bei Bundestagswahlen im Zeitverlauf, in: Klingemann, Hans-Dieter/Kaase, Max, Hg., Wahlen und politischer Prozeß, Opladen: Westdeutscher Verlag, 369-384.

Pappi, Franz Urban 1990: Sozialstruktur und Wahlverhalten im sozialen Wandel, in: Kaase, Max/Klingemann, Hans-Dieter, Hg., Wahlen und Wähler: Analysen aus Anlaß der Bundestagswahl 1987, Opladen: Westdeutscher Verlag, 15-30.

Pappi, Franz Urban/Shikano, Susumu 2001: Personalisierung der Politik in Mehrparteiensystemen am Beispiel deutscher Bundestagswahlen seit 1980, in: Politische Vierteljahresschrift 42, 355-387.

Schoen, Harald/Zettl, Christian 2012: Sozialstruktur und Wahlverhalten, in: Gabriel, Oscar W./Westle, Bettina, Hg., Wählerverhalten in der Demokratie: Eine Einführung, Baden-Baden: Nomos, 149-182.

Weßels, Bernhard 2000: Gruppenbindung und Wahlverhalten: 50 Jahre Wahlen in der Bundesrepublik, in: Klein, Markus/Jagodzinski, Wolfgang/Mochmann, Ekkehard/Ohr, Dieter, Hg., 50 Jahre Empirische Wahlforschung in Deutschland, Opladen: Westdeutscher Verlag, 129-155.

Weßels, Bernhard 2004: The German Party System: Developments after Unification, in: Reutter, Werner, Hg., Germany on the Road to 'Normalcy': Policies and Politics of the Red-Green Federal Government (1998-2002), New York: Palgrave Macmillan, 47-65.

6.3 Parteibindungen

Anne Schäfer und Alexander Staudt

6.3.1 Einleitung: Parteibindungen in Deutschland

Das Konzept der Parteiidentifikation zählt unzweifelhaft zu den wichtigsten Konstrukten der modernen Wahlforschung. Die Urheber dieses Konzeptes haben es definiert als eine Art psychologische Parteimitgliedschaft: eine stabile, tief in der Persönlichkeit verankerte, gefühlsmäßige Bindung an eine bestimmte politische Partei. Es wird angenommen, dass solche Parteibindungen bereits in frühen Lebensphasen durch Sozialisation in der Familie erworben werden und im späteren Leben in ganz ähnlicher Weise wie beispielsweise die religiöse Identität einen dauerhaften Kernbestandteil der Selbstdefinition von Individuen ausmachen (Campbell et al. 1960; Schoen/Weins 2014). In der Gesamtschau dieser Debatte kann festgehalten werden, dass der Status der Parteiidentifikation als zentraler Bestandteil der sozialen Identität und des Selbstkonzepts von Individuen unstrittig ist. Entgegen dieser klassischen Perspektive auf die Parteiidentifikation hat die „revisionistische Schule" vorgebracht, Parteibindungen seien ein laufender Saldo der Erfahrungen der Bürger mit den Leistungen der politischen Parteien. Dieses kognitive Verständnis schließt ausdrücklich die Möglichkeit ein, dass sich Parteibindungen unter dem Eindruck politischer Entwicklungen möglicherweise auch kurzfristig wandeln. Dem Verständnis von Parteibindungen als „unbewegliche Beweger" (Johnston 2008) wurde eine differenzierte Perspektive entgegengestellt, die auch Dynamiken angesichts politischer Entwicklungen einschließt (Bowler 2018; Dinas 2017).

Die Parteiidentifikation eines Wählers stellt eine der wichtigsten Prägekräfte für sein Entscheidungsverhalten an der Urne dar. Sie motiviert ihn, zur Wahl zu gehen, und lenkt überdies seine Entscheidung in Richtung derjenigen Partei, der er sich verbunden fühlt; dies umso prägnanter, je stärker sie ausgeprägt ist. Allerdings verbindet sich mit der Parteibindung nicht die Erwartung bedingungsloser Parteitreue im Wählerverhalten. Gelegentliche, sich aus den konkreten Umständen bestimmter Wahlen herleitende Entscheidungen zuungunsten der eigenen Partei sind möglich. Neben diesem direkten Einfluss auf die Wahlentscheidung filtert die Parteiidentifikation auch wie eine getönte Brille die Wahrnehmung politischer Informationen. Parteigebundene Wähler verarbeiten die Eindrücke, die sie vom politischen Geschehen erhalten, in einer Weise, die für die betreffende Partei vorteilhaft ist. So neigen parteigebundene Wähler typischerweise dazu, ihre Partei für kompetenter im Hinblick auf die Lösung politischer Probleme zu halten. Außerdem gefällt ihnen in der Regel ihr Führungspersonal besser (Bartels 2002). Die Parteiidentifikation fungiert als ein politischer Kompass im unübersichtlichen Gelände der Politik, indem sie hilft, politische Informationen zu interpretieren. Dies versetzt den Wähler in die Lage, seine Entscheidung für die Partei, der er verbunden ist, nicht nur rein gefühlsmäßig, sondern auch anhand subjektiv guter Gründe zu treffen.

Verschiedentlich wurde die Frage aufgeworfen, inwieweit es sinnvoll ist, das in den USA entwickelte Konzept der Parteiidentifikation auf die Parteiendemokratien Westeuropas zu übertragen (siehe auch Green/Baltes 2017). Dem gegenüber kann geltend gemacht werden, dass es gerade in solchen historisch durch tiefe soziopolitische Spaltungen gekennzeichneten Kontexten besonders wahrscheinlich ist, dass viele Wähler dauerhafte Bindungen an die Parteien entwickeln, die diese Struktur- und Wertekonflikte politisch artikulieren (Richardson 1991). Studien bestätigten, dass Parteibindungen auch in europäischen Mehrparteiensystemen politische Einstellungen und politisches Verhalten bedingen. Sorgfältige Überprüfungen haben zudem zweifelsfrei bestätigt, dass von der Existenz von Parteiidentifikationen auch in Deutschland ausgegangen werden kann (Falter et al. 2000).

Wenngleich die Parteiidentifikation eine bedeutsame Prägekraft des Wählerverhaltens ist, kann doch nicht übersehen werden, dass ihre Bedeutung im Rahmen eines als „Dealignment“ bezeichneten Prozesses in den letzten Jahrzehnten zurückgegangen ist. Auch in Deutschland ist der Anteil parteigebundener Wähler seit den 1970er-Jahren geschrumpft, und die Stärke der verbliebenen Bindungen ist im Schnitt geringer als früher. Die Ursachen dieser Entwicklung werden jedoch kontrovers diskutiert (Donovan 2017; Heath 2018): Es wird darauf hingewiesen, dass vor allem Wähler jüngerer Generationen und kognitiv mobilisierte Personen, also Personen mit hoher formaler Bildung und ausgeprägtem politischen Interesse, seltener eine Parteibindung aufweisen (Dalton 2014). Andere Studien diagnostizieren periodische Einflüsse und eine Abnahme von Parteibindungen vor allem in der Gruppe der niedriger Gebildeten, die sich dem Parteiensystem entfremdet fühlen (Dassonneville et al. 2014). Einigkeit besteht aber darin, dass Prozesse des „Dealignment“ Raum für eine Zunahme des Einflusses anderer Faktoren jenseits der Parteiidentifikation auf die Wahlentscheidung eröffnen. Entgegen populärer Diagnosen einer weitgehenden Auflösung der politischen Bindungen der deutschen Wählerschaft ist allerdings zu betonen, dass die Mehrzahl der Bürger nach wie vor Parteibindungen aufweist. Der Prozess des „Dealignments“ hat sich im vergangenen Jahrzehnt deutlich verlangsamt. Wähler in Ostdeutschland fühlen sich sogar in größerer Zahl mit einer politischen Partei verbunden als noch in den 1990er Jahren (Arzheimer 2017).

Tabelle 1: Stärke von Parteibindungen (Prozent und Mittelwerte)

	CDU/ CSU	SPD	AfD	FDP	Die Linke	Grüne
Ziemlich/sehr schwach	2,1	3,4	3,1	4,3	2,6	2,6
Mäßig	34,9	35,2	39,0	36,7	33,9	39,7
Ziemlich stark	48,9	49,6	42,4	47,3	51,5	49,7
Sehr stark	14,1	11,8	15,6	11,7	12,0	8,1
Mittelwert	3,7	3,7	3,7	3,7	3,7	3,6
N	1258	742	159	192	339	376

Quelle: GLES-Vor- und Nachwahl-Querschnittsbefragung 2017 [Kumulation] (ZA6802).

Anmerkungen: Die Skala für die Mittelwerte läuft von 1 (sehr schwach) bis 5 (sehr stark). Der obere Teil der Tabelle enthält Spaltenprozente.

So war auch 2017, ähnlich wie bei den beiden vorangegangenen Bundestagswahlen, eine Mehrheit des Elektorats parteipolitisch gebunden; nur knapp 26 Prozent der Befragten stellten in Abrede, sich mit einer Partei zu identifizieren. 30,2 Prozent fühlten sich mit der CDU/CSU verbunden, 19 Prozent mit der SPD. Deutlich geringer waren die Anteile derjenigen, die sich einer der kleineren Parteien nahe fühlen: 4 Prozent bei der AfD sowie bei der FDP, 6,4 Prozent bei der Linken und 8,5 Prozent bei den Grünen (andere Parteien: 1,5 Prozent). Diese Anteile sind im Vergleich zu den Wahlen 2009 und 2013 weitestgehend stabil. Die AfD konnte ihre Anhängerschaft im Vergleich zur Wahl 2013 deutlich steigern. Die FDP erholte sich nach dem Absturz bei der Bundestagswahl 2013.

Die Mehrheit der Parteianhänger fühlte sich ziemlich oder sehr stark mit ihrer jeweiligen Partei verbunden (siehe Tabelle 1). Deutliche Unterschiede hinsichtlich der Stärke der Bindungen zwischen den Parteien lassen sich allerdings kaum ausmachen. Wie auch bei den beiden Bundestagswahlen zuvor hatte die Union damit vor der SPD zwar einen Vorsprung im Hinblick auf die Zahl ihrer Anhänger (2005 lagen beide Parteien noch in etwa gleichauf), nicht aber hinsichtlich der Stärke der Bindungen.

6.3.2 Parteibindungen und Wählerverhalten

Die Identifikation einer Person mit einer politischen Partei bedeutet nicht, dass sie diese auch stets wählt. Vielmehr sind auch parteigebundene Personen „wählerisch", wenngleich bei Weitem nicht im selben Maße wie parteipolitisch Ungebundene. Der theoretische Nutzen des Konzepts der Parteibindung zur Erklärung des Wählerverhaltens ergibt sich gerade aus ihrer Unterscheidbarkeit vom Akt der Stimmabgabe selbst: Eine Parteibindung erzeugt lediglich eine starke Disposition für die Wahl der Bindungspartei, sie bedeutet aber nicht, dass parteigebundene Wähler unter allen Umständen die betreffende Partei wählen. Daraus folgt, dass es durchaus Unterschiede zwischen den Parteien im Hinblick auf das Ausmaß geben kann, indem ihnen die Wähler, die sich ihnen verbunden fühlen, an der Urne Gefolgschaft leisten. Entsprechend können sich auch Dynamiken im Hinblick auf die Mobilisierung und Aktivierung von parteigebundenen Wählern im Verlauf des Wahlkampfs entwickeln (Johnston et al. 2014). Im Vorfeld der Bundestagswahl 2009 konnte beobachtet werden, dass die Unentschlossenheit von Anhängern der SPD mit näher rückendem Wahltermin sank und sie häufiger angaben, „ihre" Partei auch wählen zu wollen. Gleichzeitig äußerten sie aber auch häufiger Wahlabsichten für die Grünen. Die CDU/CSU konnte ihr anfänglich hohes Aktivierungspotential in der Gruppe der an sie gebundenen Wähler nicht aufrechterhalten. Zum Ende des Wahlkampfes gab ein nicht unerheblicher Teil ihrer Anhänger an, für die FDP stimmen zu wollen. Bei der Bundestagswahl 2013 hingegen konnten die Unionsparteien ihre Anhänger mit näher rückendem Wahltermin zu einer Stimmabgabe in Übereinstimmung mit ihrer Parteibindung überzeugen. Abwanderungstendenzen zur FDP konnten nicht beobachtet werden. Die SPD konnte 2013 in der „heißen" Phase des Wahlkampfes ebenfalls ihre Anhänger zunehmend mobilisieren für sie zu stimmen, wenn auch nicht mit ähnlicher Geschlossenheit wie es die Union vermochte. Der Anteil unentschlossener SPD-Anhänger und derjenigen, die für die Grünen stimmen wollten, sank mit näher rückendem Wahltermin (Schäfer/Schmitt-Beck 2014).

Abbildung 1: Wahlabsichten nach Parteiidentifikation – CDU/CSU

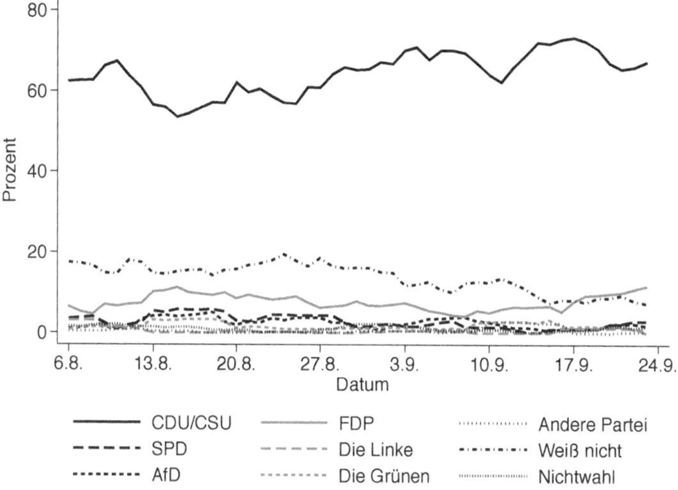

Quelle: GLES-Rolling Cross Section-Wahlkampfstudie 2017 (ZA6803).

Anmerkungen: Abgetragen sind jeweils die Durchschnittswerte der vergangenen sieben Tage (siehe Anhang 4).

Im Vorfeld der Bundestagswahl 2017 konnte erneut beobachtet werden, dass die Anhänger von CDU/CSU im Verlaufe des Wahlkampfes häufiger angaben, auch für eine der Unionsparteien stimmen zu wollen; der Anteil der Unentschlossenen nahm ab (siehe Abbildung 1). Das Niveau der Geschlossenheit der Parteianhänger lag allerdings unter dem bei der Wahl 2013 beobachteten. Im Vergleich zur vorangegangenen Wahl gab ein deutlich größerer Teil der Unionsanhänger an, für die FDP stimmen zu wollen – mit leicht zunehmender Tendenz hin zum Wahltag am 24. September.

Die SPD startete 2017 von einem ähnlichen Mobilisierungsniveau wie die Unionsparteien, konnte im Gegensatz zu diesen aber im Wahlkampf nicht deutlich mehr der eigenen Anhänger davon überzeugen, bei der Bundestagswahl auch SPD zu wählen (siehe Abbildung 2). Der Anteil der SPD-Parteianhänger, die die Grünen wählen wollten, schwankte im Verlaufe des Wahlkampfes, stieg aber zum Ende hin wieder leicht an. Eine Zunahme ist in den letzten drei Wochen vor der Wahl auch für den Anteil der Linke-Wähler unter den SPD-Anhängern festzustellen. Ebenfalls zu beobachten ist, dass ein Teil der Personen, die sich der SPD verbunden fühlen, CDU/CSU wählen wollten. Anders als bei der Union (hier analog hinsichtlich einer Stimmabgabe für die SPD) blieb dieser Anteil im Laufe des Wahlkampfes relativ konstant.

Abbildung 2: Wahlabsichten nach Parteiidentifikation – SPD

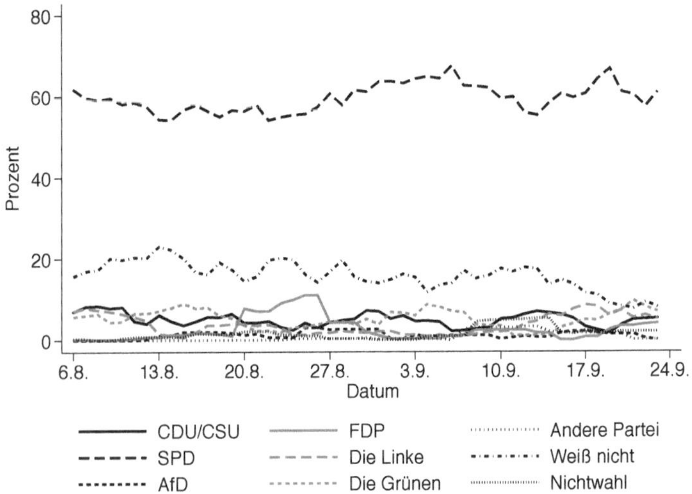

Quelle: GLES-Rolling Cross Section-Wahlkampfstudie 2017 (ZA6803).

Anmerkungen: Abgetragen sind jeweils die Durchschnittswerte der vergangenen sieben Tage (siehe Anhang 4).

Abbildung 3: Wahlabsichten nach Parteiidentifikation – keine

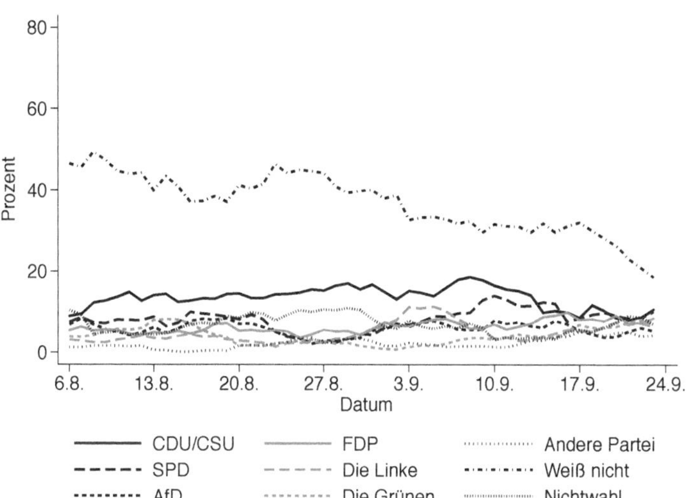

Quelle: GLES-Rolling Cross Section-Wahlkampfstudie 2017 (ZA6803).

Anmerkungen: Abgetragen sind jeweils die Durchschnittswerte der vergangenen sieben Tage (siehe Anhang 4).

Parteipolitisch ungebundene Wähler sind typischerweise viel beweglicher. Wie bei den beiden vorangegangenen Wahlen nahm auch 2017 der Anteil derjenigen parteiungebundenen Personen ab, die nicht wussten, wo sie am 24. September ihr Kreuz machen würden (siehe Abbildung 3). Eine klare Abnahme der Option „Nichtwahl" war für diese Personengruppe, wie schon 2013, nicht zu beobachten. Unterschiede gab es allerdings im Hinblick darauf, welche Parteien von der zunehmenden Herausbildung von Wahlabsichten unter den Personen ohne Parteibindung profitieren konnten: 2009 konnte eher die SPD Wähler in dieser Gruppe hinzugewinnen; 2013 profitierte die Union deutlich. Für 2017 kann hingegen kein klarer Gewinner festgestellt werden, vielmehr zeigten sich vor allem in der letzten Woche vor der Wahl keine deutlichen Unterschiede in den Anteilen der Parteien innerhalb dieser Wählergruppe. Die SPD konnte im Laufe des Wahlkampfes ihren Rückstand auf die Union zwar aufholen – auch weil der Anteil der Unionswähler unter den Parteiungebunden leicht sank – hatte aber zum Ende keine deutlichen Vorteile.

Tabelle 2: Einflüsse von Parteibindungen auf Wahlverhalten

	CDU/ CSU	SPD	AfD	FDP	Die Linke	Grüne
P.Ident. CDU/CSU	+52,3[c]	-15,2[c]	-4,1[c]	-1,2	-6,2[c]	-6,0[c]
P.Ident. SPD	-16,8[c]	+45,2[c]	-4,6[c]	-6,6[c]	-1,9[b]	-1,6
P.Ident. AfD	-18,6[c]	-12,6[c]	+63,5[c]	-5,6[c]	-3,5[c]	-
P.Ident. FDP	-8,8[a]	-11,7[c]	-3,7[c]	+55,9[c]	-3,5[c]	-5,9[c]
P.Ident. Die Linke	-22,3[c]	-7,4[c]	-3,3[c]	-5,2[c]	+42,4[c]	-3,2[a]
P.Ident. Grüne	-16,4[c]	-4,2[a]	-5,2[c]	-6,0[c]	-1,4[a]	+45,6[c]
Nagelkerke-R^2	0,52	0,50	0,41	0,32	0,45	0,35
N	3590	3590	3590	3590	3590	3456

Quelle: GLES-Vor- und Nachwahl-Querschnittsbefragung 2017 [Kumulation] (ZA6802)

Anmerkungen: a: p <0,05; b: p <0,01; c: p <0,001 (siehe Anhang 4).

Tabelle 2 zeigt das Ergebnis einer Modellierung des Einflusses der Parteibindungen auf Wahlabsichten und Wahlentscheidungen bei der Bundestagswahl 2017. In der Tabelle sind Schätzwerte für jede der im Bundestag vertretenen Parteien ausgewiesen. Für die Grünen konnten Anhänger der AfD nicht berücksichtigt werden, da es in dieser Personengruppe niemanden gab, der angab für die Grünen zu stimmen. Die abgetragenen Schätzwerte geben an, um wie viel sich die Wahrscheinlichkeit einer Präferenz für die jeweilige Partei zwischen Personen, die sich mit einer der Parteien identifizierten, und Personen ohne Bindung an eine der Bundestagsparteien unterschied. So war die Wahrscheinlichkeit, sich für die CDU/CSU zu entscheiden, bei Personen, die sich einer Unionspartei nahe fühlten, um etwa 52 Prozentpunkte höher als bei Personen, die sich mit keiner Partei oder einer nicht im Bundestag vertretenen Partei identifizierten. Bei der FDP übersetzten sich Parteibindungen in etwa gleichem Ausmaß in entsprechende Wahlentscheidungen. Für Personen, die sich der SPD, den Grünen oder der Linken verbunden fühlten, war der Einfluss der Parteibindung auf ein entsprechendes Wahlverhalten demgegenüber etwas geringer. Am stärksten war der Einfluss einer Parteibindung auf die Wahl der AfD; ihre Anhänger zeigten an der Urne die mit Abstand größte Treue. Gleichzeitig verringerten Identifikationen mit politischen Parteien häufig die Neigung, für andere Parteien zu stimmen. Vor allem für die kleineren Parteien waren Abwanderungseffekte durch die Verbundenheit zu einer anderen Partei eher gering und zum Teil statistisch nicht von Null unterscheidbar. So verringerte eine Identifikation mit der CDU/CSU nicht die Wahrscheinlichkeit für die FDP stimmen zu wollen, gleiches gilt für eine Stimmabgabe zu Gunsten der Grünen unter Anhängern der SPD.

6.3.3 Fazit

Obwohl der Umfang von Parteibindungen in Deutschland in den letzten Jahrzehnten nachgelassen hat, liegt er noch immer auf hohem Niveau. So gaben auch bei der Bundestagswahl 2017 etwa drei von vier Wählern an, sich mit einer politischen Partei verbunden zu fühlen. In Bezug auf den Umfang der Bindungen hatten die Unionsparteien wie auch schon 2009 und 2013 einen deutlichen Vorsprung gegenüber der SPD. Die AfD konnte die Zahl ihrer Anhänger ausweiten und die FDP sich nach dem Absturz 2013 wieder etwas erholen. Trotz dieser Unterschiede im Hinblick auf die Zahl der Parteianhänger war die Stärke der Bindungen jedoch insgesamt bei allen Parteien sehr ähnlich. Die Verbundenheit mit einer der nun im Bundestag vertretenen Parteien übersetzte sich durchgehend auch in ein entsprechendes Wahlverhalten. Bei der SPD, den Grünen und auch bei der Linkspartei war dieser Einfluss etwas geringer als bei CDU/CSU und FDP. Am stärksten folgten die Anhänger der AfD ihrer Partei auch bei der Stimmabgabe an der Urne.

Hinsichtlich der Dynamiken der Mobilisierung und Aktivierung der Parteianhänger im Verlaufe des Wahlkampfes kann festgehalten werden, dass die Anhänger der Union mit näher rückendem Wahltermin häufiger angaben, am 24. September auch für ihre Partei stimmen zu wollen. Das Niveau der Geschlossenheit der eigenen Anhänger aus 2013 konnte die Union allerdings nicht mehr erreichen. So gab es, anders als 2013, bei der Bundestagswahl 2017 erneut eine Tendenz hin zu einer Stimmabgabe für die FDP. Anders als die Union konnte die SPD im Verlaufe des Wahlkampfes ihre Anhänger nicht stärker zu einer entsprechenden Stimmabgabe mobilisieren; vielmehr nahm in den letzten Wochen vor der Wahl tendenziell der Anteil derjenigen SPD-Anhänger zu, die ein Kreuz bei der Linken oder Bündnis90/Die Grünen machen wollten. In der Gruppe der Wähler, die sich keiner Partei verbunden fühlten, gab es 2017 keinen deutlichen Gewinner. Zwar konnte die SPD ihren Abstand zur Union bis zum Wahltag aufholen, sich aber nicht von den anderen Parteien absetzen. Insgesamt konnten zum 24. September hin alle Parteien einen ähnlichen Anteil an Parteiungebundenen überzeugen.

Literatur

Arzheimer, Kai 2017: Another Dog that didn't Bark?: Less Dealignment and more Partisanship in the 2013 Bundestag Election, in: German Politics 26, 49-64.

Bartels, Larry M. 2002: Beyond the Running Tally: Partisan Bias in Political Perceptions, in: Political Behavior 24, 117-150.

Bowler, Shaun 2018: Party Identification, in: Fisher, Justin/Fieldhouse, Ed/ Franklin, Mark N./Gibson, Rachel K./Cantijoch, Marta/Wlezien, Christopher, Hg., The Routledge Handbook of Elections, Voting Behavior and Public Opinion, London, New York: Routledge, 146-157.

Campbell, Agnus/Converse, Philipp. E./Miller, Warren. E./Stokes, Donald. E. 1960: The American Voter, New York: Wiley.

Dalton, Russell. J. 2014: Interpreting Partisan Dealignment in Germany, in: German Politics 23, 134-144.

Dassonneville, Ruth/Hooghe, Marc/Vanhoutte, Bram 2014: Partisan Dealignment in Germany: A Rejoinder to Russell Dalton, in: German Politics 23, 145-155.

Dinas, Elias 2017: The Evolving Role of Partisanship, in: Arzheimer, Kai/Evans, Jocelyn/Lewis-Beck, Michael S., Hg., The SAGE Handbook of Electoral Behaviour, London: Sage, 265-286.

Donovan, Todd 2017: Cognitive Mobilization, in: Arzheimer, Kai/Evans, Jocelyn/ Lewis-Beck, Michael S., Hg., The SAGE Handbook of Electoral Behaviour, London: Sage, 313-335.

Falter, Jürgen. W./Schoen, Harald/Caballero, Claudio 2000: Dreißig Jahre danach: Zur Validierung des Konzepts ‚Parteiidentifikation' in der Bundesrepublik, in: Klein, Markus/Jagodzinski, Wolfgang/Mochmann, Ekkehard/Ohr, Dieter, Hg., 50 Jahre Empirische Wahlforschung in Deutschland, Wiesbaden: Westdeutscher Verlag, 235-271.

Green, Don/Baltes, Susanne 2017: Party Identification: Meaning and Measurement, in: Arzheimer, Kai/Evans, Jocelyn/Lewis-Beck, Michael S., Hg., The SAGE Handbook of Electoral Behaviour, London: Sage, 287-312.

Heath, Oliver 2018: Trends in partisanship, in: Fisher, Justin/Fieldhouse, Ed/ Franklin, Mark N./Gibson, Rachel K./Cantijoch, Marta/Wlezien, Christopher, Hg., The Routledge Handbook of Elections, Voting behavior and Public Opinion, London, New York: Routledge, 158-169.

Johnston, Richard 2008: Party Identification: Unmoved Mover or Sum of Preferences?, in: Annual Review of Political Science 9, 329-351.

Johnston, Richard/Partheymüller, Julia/Schmitt-Beck, Rüdiger 2014: Activation of Fundamentals in German Campaigns, in: Weßels, Bernhard/Rattinger, Hans/ Roßteutscher, Sigrid/Schmitt-Beck, Rüdiger, Hg., Voters on the Move or on the Run?, Oxford: Oxford University Press, 217-237.

Richardson, Bradley M. 1991: European Party Loyalties Revisited, in: The American Political Science Review 85, 751-775.

Schäfer, Anne/Schmitt-Beck, Rüdiger 2014: Parteibindungen, in: Schmitt-Beck, Rüdiger/Rattinger, Hans/Roßteutscher, Sigrid/Weßels, Bernhard/Wolf, Christof/Bieber, Ina/Blumenberg Manuela S./Blumenstiel, Jan E./Faas, Thorsten/Förster, André/Giebler, Heiko/Glogger, Isabella/Gummer, Tobias/Huber, Sascha/Krewel, Mona/Lamers, Patrick/Maier, Jürgen/Partheymüller, Julia/Plischke, Thomas/Roßmann, Joss/Schäfer, Anne/Scherer, Philipp/Steinbrecher, Markus/Wagner, Aiko/Wiegand, Elena, Hg., Zwischen Fragmentierung und Konzentration: Die Bundestagswahl 2013, Baden-Baden: Nomos, 203-211.

Schoen, Harald/Weins, Cornelia 2014: Der sozialpsychologische Ansatz zur Erklärung von Wahlverhalten, in: Falter, Jürgen W./Schoen, Harald, Hg., Handbuch Wahlforschung, Wiesbaden: Springer VS, 241-329.

6.4 Ideologie

Philipp Scherer und Lars-Christopher Stövsand

6.4.1 Einleitung

„Was ist heute konservativ?“. Dieser Frage widmete die Wochenzeitung DIE ZEIT die Ausgabe vom 22. März 2018. Vor dem Hintergrund einer Renaissance rechten Denkens, die zu einem vermeintlichen „Rechts-links-Kulturkampf“ (Modersohn 2018) in Deutschland geführt hat, wird darin etwa diskutiert, was eine konservative Konzeption von Politik heutzutage ausmacht und was sie von reaktionären und rechtsradikalen Positionen unterscheidet (Jessen 2018).

Doch nicht nur die Herausgeber der ZEIT treibt im Frühjahr des Jahres 2018 die Frage um, ob es in Deutschland zu einer ideologischen Neujustierung in der Gesellschaft gekommen ist. Vielmehr stellt sich spätestens seit dem erstmaligen Einzug der Alternative für Deutschland (AfD) in den Bundestag im September 2017 auch für Sozialwissenschaftler im Allgemeinen und empirische Wahl- und Einstellungsforscher im Besonderen die Frage, inwieweit sich die ideologischen Orientierungen der bundesdeutschen Bevölkerung in der jüngeren Vergangenheit verändert haben. Schließlich stellen ideologische Grundüberzeugungen ein zentrales Kriterium bei der Erklärung von Wahlverhalten dar (siehe Kapitel 6.1). In diesem Kapitel wird daher untersucht, wie sich die ideologischen Einstellungsmuster der Bundesbürger sowie ihre Wahrnehmung der ideologischen Ausrichtung des deutschen Parteiensystems zwischen 2009 und 2017 gewandelt haben. Zudem werden die Auswirkungen dieser Veränderungen auf die Erklärung des Wahlverhaltens in Deutschland analysiert. Doch zunächst zu einer grundlegenden Frage: Was wird in der empirischen Wahlforschung unter Ideologie verstanden?

6.4.2 Ideologie in der Wahlforschung

Unter den Begriff Ideologien werden umgangssprachlich zumeist die philosophisch fundierten Weltanschauungen des ausgehenden 20. Jahrhunderts gefasst, wie etwa der Sozialismus oder der Liberalismus. Solche Hochideologien lassen sich als zusammenhängende Werte- und Ideensysteme betrachten, die ihren Anhängern einerseits die gesellschaftliche Wirklichkeit erklären und andererseits Vorstellungen „über eine *wünschenswerte* soziale und politische Realität“ (Arzheimer 2009: 86) umfassen. In der Einstellungsforschung ist der Ideologiebegriff hingegen sehr viel enger mit der Beschreibung und Erklärung menschlicher Verhaltensmuster verbunden. In den Arbeiten von Robert Lane (1962) und Philip Converse (1964) wird Ideologie als ein System der politischen Grundüberzeugungen eines Menschen konzeptualisiert. Ein solches „belief system“ (Converse 1964) umfasst die zentralen politischen Wertorientierungen und Überzeugungen eines Individuums, die dessen gesellschaftliches Handeln anleiten und rechtfertigen. Ideologien sind dabei häufig wenig reflektierte Gebilde und können von Mensch zu Mensch unterschiedlich stark ausgeprägt sein (Arzheimer 2009: 91-92).

Nach Anthony Downs (1957) lassen sich politische Grundüberzeugungen als Positionen auf einem Links-Rechts-Kontinuum darstellen, aus denen die Einstellungen politischer Akteure zu einzelnen Sachfragen abgeleitet werden können. Die Links-Rechts-Unterscheidung wird daher auch als *Super-Thema* (Inglehart/Klingemann 1976: 244, im Original „super-issue“) bezeichnet. Sie reduziert die Komplexität innerhalb des politischen Raumes und übernimmt auf diese Weise eine wichtige Orientierungsfunktion für Wähler und Parteien: Wähler können die Positionen der Parteien auf dem Links-Rechts-Kontinuum mit ihrer eigenen Position vergleichen und derjenigen Partei die Stimme geben, die ihrer eigenen ideologischen Selbstverortung am nächsten kommt (Downs 1957). Parteien profitieren von der Links-Rechts-Unterscheidung, weil sie dadurch der Wählerschaft die eigenen Grundüberzeugungen unkompliziert kommunizieren können, ohne im Einzelnen auf ihre spezifischen Positionen in unterschiedlichen Themengebieten eingehen zu müssen.

Nachdem die Links-Rechts-Unterscheidung in den frühen 1960er-Jahren erstmals in einer Bevölkerungsumfrage zur Messung ideologischer Einstellungen verwendet wurde, konnte sie sich sehr schnell als ein Standardinstrument in der empirischen Wahl- und Einstellungsforschung etablieren (Mavrogordatos 1987). Voraussetzung für eine Etablierung des Richtungsschemas im politischen Sprachgebrauch ist, dass die beiden Richtungsbegriffe innerhalb einer Gesellschaft bekannt sind und ihre inhaltliche Grundbedeutung weitgehend geteilt wird (Fuchs/Klingemann 1989). In Deutschland ist die Bekanntheit der Links-Rechts-Unterscheidung auch tatsächlich weit verbreitet: über 90 Prozent der Bundesbürger waren 2017 mit den beiden Begriffen vertraut und konnten sich dementsprechend auf einer Links-Rechts-Skala einstufen. Auf Basis dieser theoretischen Überlegungen wird nun analysiert wie sich die ideologischen Einstellungsmuster und die Wahrnehmung des Parteienraumes in der Bundesrepublik zwischen 2009 und 2017 entwickelt haben und wie sich mögliche Veränderungen auf die Erklärung des Wahlverhaltens in Deutschland niederschlagen.

6.4.3 Ideologische Positionen

In Abbildung 1 ist zunächst dargestellt wie sich die ideologische Selbstverortung der Bundesbürger zwischen 2009 und 2017 verändert hat. Auf den ersten Blick fällt auf, dass die Verteilung der Links-Rechts-Positionen im Zeitverlauf recht stabil ist. Bei jeder der drei Wahlen ist die Mittelposition der Skala (6) am stärksten besetzt. Über 25 Prozent der Befragten verorten sich dort. Mit zunehmender Distanz vom Zentrum der Skala nimmt die Häufigkeit der Nennungen stetig ab, wobei die Abnahme nicht symmetrisch ist. So stufen sich sehr viel mehr Personen links des Skalenmittelpunkts ein als auf der rechten Seite des Kontinuums.

Bei der Betrachtung der Unterschiede zwischen den Bundestagswahlen 2009 und 2013 ist eine Tendenz zur Konzentration in der ohnehin stark besetzten linken Mitte sichtbar, sodass sich 2013 über 60 Prozent der Befragten auf dem Skalenmittelpunkt oder den beiden Positionen links davon verorten, während alle anderen Positionen seltener genannt werden als 2009. Dementsprechend verschiebt sich der Mittelwert der Links-Rechts-Position in diesem Zeitraum von 5,48 nach links auf 5,40. Von 2013 auf 2017 ist ein leichtes Ausdünnen der linken und der rechten Mitte einerseits zugunsten der exakten Skalenmitte, anderseits zugunsten der politischen Ränder, insbesondere auf der linken Seite, zu erkennen. Der Linkstrend setzt sich in dieser Periode fort, der Mittelwert sinkt auf 5,34.

Der eingangs erwähnten Renaissance rechten Denkens in der Bundesrepublik steht diese zunehmende Linksneigung in der Bevölkerung offensichtlich entgegen: Sowohl die sich wandelnden Einstellungsmuster in der deutschen Gesellschaft zu soziokulturellen Fragen als auch die Wahlerfolge der AfD bei Landtags- und Bundestagswahlen lassen ein anderes Bild erwarten. Ein politischer Rechtsruck ist allerdings auszumachen, wenn die Befragten die Parteien auf der Links-Rechts-Skala verorten.

Abbildung 1: Ideologische Positionen 2009, 2013 und 2017

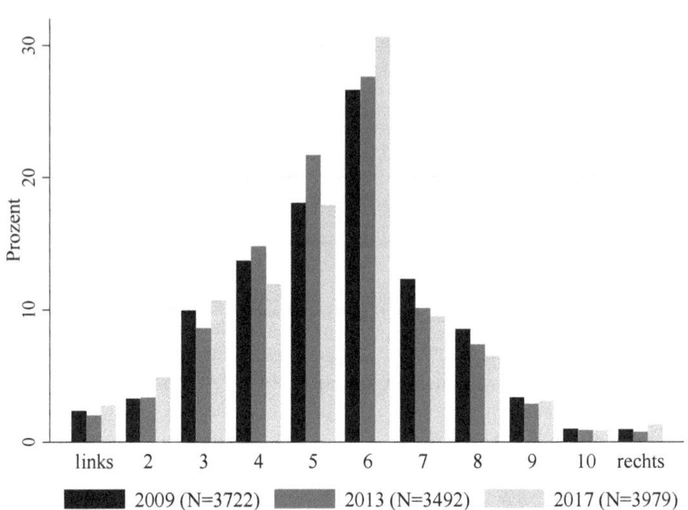

Quelle: GLES-Vor- und Nachwahl-Querschnittsbefragung 2013 [Kumulation] (ZA5302), GLES-Vor- und Nachwahl-Querschnittsbefragung 2017 [Kumulation] (ZA5702), Vor- und Nachwahl-Querschnittsbefragung 2017 [Kumulation] (ZA6802).

Abbildung 2 zeigt die Mittelwerte der wahrgenommenen Parteipositionen auf dem Links-Rechts-Kontinuum. Die etablierten Parteien werden zu allen drei Bundestagswahlen in der gleichen Rangfolge und als drei politische Lager angeordnet. Das bürgerliche Lager aus CDU, CSU und FDP ist deutlich in der rechten Mitte zu erkennen, ebenso wie eine linke Mitte aus SPD und Grünen. Zusätzlich bildet die Linke ein eigenes Lager nahe dem linken Pol des Kontinuums. Trotz dieses Grundschemas sticht dennoch eine Bewegung eines Teils der etablierten Parteien heraus: Während die Parteipositionen links der Mitte seit 2009 konstant bleiben, nehmen die Bürger im Zeitraum von 2013 bis 2017 eine starke Linksbewegung des gesamten bürgerlichen Lagers wahr, sodass FDP und CDU nicht mehr in der rechten Mitte, sondern leicht links und rechts des Skalenmittelpunkts (6) positioniert sind. Vermutlich steht diese Verschiebung im Zusammenhang mit der Flüchtlingspolitik der Kanzlerin, die, zunächst von einer euphorischen Willkommenskultur begleitet, bald stark in die Kritik geriet und über einen langen Zeitraum im Zentrum der medialen Aufmerksamkeit stand. Auch die CSU, die sich mit der Forderung nach einer „Obergrenze“ hartnäckig von der Politik der Schwesterpartei abzugrenzen versuchte, konnte sich nicht einer veränderten Positionswahrnehmung durch die Bürger entziehen (siehe Kapitel 6.5). Unbeantwortet bleibt allerdings, weshalb auch die FDP, die sich durchaus gegen Merkels Flüchtlingspolitik stellte, 2017 deutlich weiter links eingestuft wurde als noch vier Jahre zuvor.

Abbildung 2: Wahrgenommene Parteipositionen 2009, 2013 und 2017

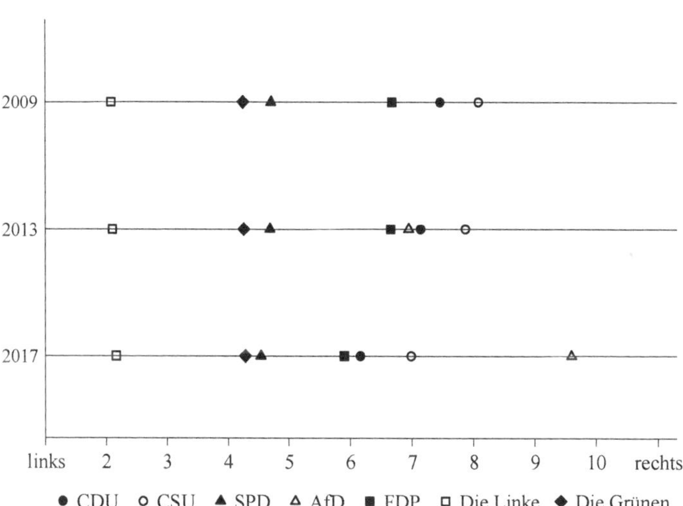

Quelle: GLES-Vor- und Nachwahl-Querschnittsbefragung 2009 [Kumulation] (ZA5302), GLES-Vor- und Nachwahl-Querschnittsbefragung 2013 [Kumulation] (ZA5702), GLES-Vor- und Nachwahl-Querschnittsbefragung 2017 [Kumulation] (ZA6802).

Die AfD, die kurz vor der Bundestagswahl 2013 die politische Bühne betrat, wurde zunächst mitten im bürgerlichen Lager verortet, rechts der Liberalen und links der Christdemokraten. Zwischen 2013 und 2017 hat sich das Bild stark verändert. Die neue Partei, die 2013 als wirtschaftsliberale Kritikerin des Eurokrisenmanagements der Kanzlerin antrat, verschob ihren Fokus auf die Forderung nach einer restriktiven Asylpolitik sowie auf eine generelle Islamkritik. In der Wahrnehmung der Wähler nimmt sie dementsprechend eine Rechtsaußen-Position ein und bildet in großer Distanz zu den bürgerlichen Parteien ein eigenes Lager. Diese Radikalisierung der AfD spiegelt sich auch darin wider, dass sich ihre Wählerschaft seit der Parteigründung ideologisch zunehmend weiter rechts positioniert (Bieber et al. 2018).

6.4.4 Ideologie und Wahlentscheidung

Ideologie ist nur dann Relevanz beizumessen, wenn sie einen Einfluss auf politisches Verhalten ausübt. Entgegen wiederholter Verlautbarungen von einem postideologischen Zeitalter (Bell 1961; Fukuyama 1992), prägen ideologische Positionen auch im 21. Jahrhundert noch das Wahlverhalten (Scherer 2011). Den Fragen, inwieweit dies auch für die Bundestagswahlen 2009, 2013 und 2017 gilt, und ob es Veränderungen in Richtung einer Zunahme oder Abnahme ideologischen Wählens gibt, ist dieser Abschnitt gewidmet. In Tabelle 1 sind die Anteile der Wähler jeder Partei aufgeführt, denen die gewählte Partei auf der Links-Rechts-Achse am nächsten steht. Von diesen kann angenommen werden, dass Ideologie eine Bedeutung für ihre Wahlentscheidung hat. Bei den drei betrachteten Wahlen trifft dies auf mehr als die Hälfte des Elektorats zu. Allerdings ist ein Trend zur Abnahme ideologischen Wählens zu erkennen: So sank der Anteil von 60,4 Prozent im Jahr 2009 über 54,6 Prozent in 2013 auf 52,7 Prozent bei der Bundestagwahl 2017. Ob dies eine stabile Tendenz zu einem Relevanzverlust der Links-Rechts-Unterscheidung für die Wahlentscheidung ausdrückt, kann aufgrund des begrenzten Zeitraums nicht geklärt werden. Zweifel hieran ergeben sich jedoch mit Blick auf die Entwicklung des Anteils der Ideologen unter den Wählern der einzelnen Parteien, der nur bei drei Parteien stetig abnimmt: AfD, Grüne und insbesondere SPD. Für die anderen Parteien ergibt sich hingegen kein eindeutiges Bild. Bei CDU/CSU und FDP sank der Anteil ideologisch orientierter Wähler zwischen 2009 und 2013 zunächst zwar deutlich, doch hat sich diese Entwicklung 2017 nicht fortgesetzt. Dagegen lässt sich unter der Linken-Wählerschaft über den gesamten Betrachtungszeitraum hinweg keine nennenswerte Veränderung feststellen.

Tabelle 1: Wahl der nahestehenden Partei 2009, 2013 und 2017

	CDU/ CSU	SPD	AfD	FDP	Die Linke	Grüne	Gesamt
2009	62,71	63,32	-	59,71	52,97	57,14	60,37
2013	54,50	55,93	47,62	49,32	53,86	56,41	54,63
2017	55,42	48,96	44,78	55,94	53,04	54,50	52,66

Quelle: GLES-Vor- und Nachwahl-Querschnittsbefragung 2009 [Kumulation] (ZA5302), GLES-Vor- und Nachwahl-Querschnittsbefragung 2013 [Kumulation] (ZA5702), GLES-Vor- und Nachwahl-Querschnittsbefragung 2017 [Kumulation] (ZA6802).

In Umfragen schließen Befragte, die nach Parteipositionen gefragt werden, mitunter von ihrer eigenen Position auf die ihrer bevorzugten Partei. Andererseits kann auch die Angabe der eigenen Position an die der präferierten Partei angepasst und damit die tatsächliche Links-Rechts-Position verschleiert werden. Eine Möglichkeit dies zu verhindern, bietet die gleichzeitige Schätzung der Effekte von Parteiidentifikation und Links-Rechts-Distanz zwischen Wähler und den Parteien auf die Wahlentscheidung. In Tabelle 2 sind die Ergebnisse einer solchen Berechnung dargestellt. Wie zu erwarten, nimmt mit einer Identifikation mit einer Partei die Wahrscheinlichkeit der Wahl dieser Partei zu und mit zunehmender Distanz zwischen Wähler- und Parteiposition auf der Links-Rechts-Achse ab. Diese Effekte sind für beide Merkmale und für die Wahl aller Parteien statistisch signifikant. Insbesondere die Stimmabgabe zugunsten der AfD ist ideologisch geprägt. So ist die Wahrscheinlichkeit, für die AfD zu stimmen für einen Wähler, dessen Position mit der AfD vollständig übereinstimmt, 47 Prozentpunkte höher als für denjenigen, dessen Position von der Partei maximal abweicht. Den zweitstärksten Effekt hat Ideologie mit einer Wahrscheinlichkeitsveränderung von 34 Prozentpunkten auf die CDU/CSU-Wahl. Für die Wahl der anderen Parteien ist der Einfluss deutlich geringer, die entsprechenden Werte liegen zwischen 12 und 19 Prozentpunkten. Obgleich Ideologie für die Wahl aller Parteien eine wichtige Rolle spielt, polarisieren insbesondere die Parteien rechts der Mitte die Wählerschaft entlang der Links-Rechts-Unterscheidung.

Tabelle 2: Einfluss der ideologischen Nähe zwischen Wähler und Parteien auf die Wahlentscheidung

	CDU/ CSU	SPD	AfD	FDP	Linke	Grüne
Links-Rechts-Nähe	+34[c]	+15[c]	+47[c]	+15[c]	+19[c]	+12[c]
Parteiidentifikation	+61[c]	+62[c]	+36[c]	+62[c]	+47[c]	+52[c]
Nagelkerke R^2	0,52	0,46	0,55	0,32	0,47	0,39
N	3324	3332	3308	3227	3354	3270

Quelle: GLES-Vor- und Nachwahl-Querschnittsbefragung 2017 [Kumulation] (ZA6802).

Anmerkungen: a: p <0,05; b: p <0,01; c: p <0,001 (siehe Anhang 4).

6.4.5 Fazit

Aktuelle Debatten im öffentlichen Diskurs um die Bedeutung ideologischer Richtungsbegriffe spiegeln eine teilweise Veränderung des ideologischen Raums wieder. Die in diesem Kapitel dargestellten Analysen haben eine große Stabilität der ideologischen Einstellungen in der deutschen Bevölkerung gezeigt. So verorten sich die meisten Personen noch immer in der ideologischen Mitte und auf den Mitte-Links-Positionen. Enorme Veränderungen ereigneten sich hingegen bei den wahrgenommenen Parteipositionen. Während die wahrgenommenen Parteipositionen bei der Bundestagwahl 2013 sich kaum von 2009 unterschieden und sich die AfD in das bürgerliche Lager einreihte, zeigen die Ergebnisse für 2017 ein deutliches Ausscheren der AfD nach rechts und eine Verschiebung von FDP und CDU/CSU in die Mitte des ideologischen Spektrums. Der Zeitraum, in dem sich dieser Wandel vollzog, fällt mit einer stark veränderten Themenkonjunktur zusammen. Während noch bis 2014 die Euro-Krise die deutschen Gemüter bewegte, war ab der zweiten Hälfte des Jahres 2015 die Ankunft vieler vor dem Bürgerkrieg flüchtenden Syrern das dominierende Thema. In diesem Kontext brachte sich die AfD medienwirksam als die schärfste Kritikerin einer Asylgewährung in Deutschland in Stellung. Ihre polemisch vorgetragenen und bis dato in der politischen Landschaft nur marginal vertretenen Positionen, die sich eher auf kulturelle als auf ökonomische Themen fokussierten, haben den Bedeutungsgehalt der ideologischen Richtungsbegriffe möglicherweise in einer Weise erschüttert, die eine öffentliche Debatte über eine Neujustierung des gemeinsamen Verständnisses von „Links“ und „Rechts“ notwendig macht. Da kulturelle

Themen generell in europäischen Demokratien an Sichtbarkeit gewinnen (Kriesi et al. 2008), ist eine engere Ausrichtung der Links-Rechts-Wahrnehmung an diesen wahrscheinlich. Bedeutsam ist diese Verschiebung nicht zuletzt deshalb, weil ideologische Positionen immer noch handlungsleitend sind. Wie gezeigt wurde, wählte 2017 etwa die Hälfte der deutschen Wählerschaft die Partei, die ihr ideologisch am nächsten steht. Welche konkreten politischen Konsequenzen sich aus dem Wandel der Links-Rechts-Wahrnehmung in Zukunft ergeben, bleibt indes abzuwarten.

Literatur

Arzheimer, Kai 2009: Ideologien, in: Kaina, Viktoria/Römmele, Andrea, Hg., Politische Soziologie: Ein Studienbuch, Wiesbaden: VS Verlag für Sozialwissenschaften, 83-108.

Bell, Daniel 1961: The End of Ideology: On the Exhaustion of Political Ideas in the Fifties, New York: The Free Press.

Bieber, Ina E./Roßteutscher, Sigrid/Scherer, Philipp 2018: Die Metamorphosen der AfD-Wählerschaft: Von einer euroskeptischen Protestpartei zu einer (r)echten Alternative?, in: Politische Vierteljahresschrift 59, 433-461.

Converse, Philip E. 1964: The Nature of Belief Systems in Mass Publics, in: Apter, David E., Hg., Ideology and Discontent, New York: New Press of Glencoe.

Downs, Anthony 1957: An Economic Theory of Democracy, New York: Harper and Row.

Fuchs, Dieter/Klingemann, Hans-Dieter 1989: The Left-Right Schema, in: Jennings, M. Kent/van Deth, Jan W./Barns, Samuel H./Fuchs, Dieter/Heunks, Felix J./Inglehart, Ronald/Kaase, Max/Klingemann, Hans-Dieter/Thomassen, Jacques J. A., Hg., Continuities in Political Action: A Longitudinal Study of Political Orientations in Three Western Democracies, Berlin: de Gruyter, 203-234.

Fukuyama, Francis 1992: Das Ende der Geschichte: Wo stehen wir?, München: Kindler.

Inglehart, Ronald/Klingemann, Hans-Dieter 1976: Party Identification, Ideological Preference and the Left-Right Dimension among Western Mass Publics, in: Budge, Ian/Crewe, Ivor/Farlie, Dennis, Hg., Party Identification and Beyond: Representations of Voting and Party Competition, New York: Wiley, 243-273.

Jessen, Jens 2018: Konservativ, reaktionär, rechtsradikal: Eine Begriffserklärung für die verwirrte Öffentlichkeit, in: Die Zeit 13, 45.

Kriesi, Hanspeter/Grande, Edgar/Lachat, Romain/Dolezal, Martin/Bornschier, Simon/Frey, Thimotheos 2008: West European Politics in the Age of Globalization: Six Countries Compared, Cambridge: Cambridge University Press.

Lane, Robert 1962: Political ideology: Why the American Common Man Beliefs What He Does, New York: Free Press.

Mavrogordatos, George Th. 1987: Downs Revisited: Spatial Models of Party Competition and Left-Right Measurements, in: International Political Science Review 8, 333-342.

Modersohn, August 2018: Warten auf Rabatz: Der ganze Rechts-links-Kulturkampf auf 150 Quadratmetern: unser Reporter August Modersohn hat die Leipziger Buchmesse im „rechten Eck“ verbracht, zwischen Kubitschek und Konterrevolution: Ein Protokoll, in: Die Zeit 13, 13.

Scherer, Philipp 2011: Jenseits von Links und Rechts: Spielt Ideologie für Parteien und Wähler keine Rolle mehr?, in: Bytzek, Evelyn/Roßteutscher, Sigrid, Hg., Der unbekannte Wähler?: Mythen und Fakten über das Wahlverhalten der Deutschen, Frankfurt a.M., New York: Campus, 23-41.

6.5 Politische Sachfragen

Agatha Kratz

6.5.1 Einleitung

Die Bürger in Demokratien sind in regelmäßigen Abständen dazu aufgerufen, abzustimmen, nach welchen Regeln sie in ihrem Land zusammenleben wollen. Im Vorfeld jeder Wahl werben die antretenden Parteien in verschiedenen Politikbereichen für ihre Ziele und legen dar, wie sie diese erreichen wollen. Nach Bekanntgabe der Ergebnisse interpretiert die neu gewählte Regierung ihren Sieg meist als einen Wählerauftrag, ihre inhaltlichen Ziele zu verfolgen. Diese Annahme setzt jedoch voraus, dass politische Sachfragen tatsächlich einen Einfluss auf die Wahlentscheidung haben (Schoen/Weins 2005: 226). In diesem Fall hätten sich die Wähler für die Partei entschieden, der sie am ehesten zutrauen, die wichtigsten Probleme im Land zu lösen und mit deren Zielen sie die größte Übereinstimmung vermuten. Bei jeder neuen Parlamentswahl könnten sie dann die amtierende Regierung daran messen, ob und wie erfolgreich sie ihre Ziele erreicht hat, und sie entsprechend wieder- oder abwählen. Nur wenn diese Bedingungen erfüllt sind, kann im strengen Sinne tatsächlich davon gesprochen werden, dass die Wähler über den politischen Kurs ihres Landes bestimmen.

Wahlentscheidungen auf Grundlage von politischen Inhalten sind allerdings sehr anspruchsvoll, insbesondere, da politische Themen im Alltag der meisten Bürger nur eine untergeordnete Rolle spielen (Campbell et al. 1960). Ein Wähler muss sehr informiert und motiviert sein, um sich zu verschiedenen Sachfragen eine Meinung zu bilden und die Positionen der Parteien in Erfahrung zu bringen. Diese Form des Wählens ist also deutlich schwieriger, als wenn Wähler sich nur an der Sympathie für die antretenden politischen Kandidaten (siehe Kapitel 6.6) oder der eigenen Parteiidentifikationen (siehe Kapitel 6.3) orientieren. Doch auch wenn die Hürden hoch sind, ist eine auf Sachfragen beruhende Wahlentscheidung auch bei politisch uninteressierten Bürgern denkbar. Beispielsweise dann, wenn Wähler sich zu einem Thema leicht eine Meinung bilden und eher aus dem Bauch heraus entscheiden können (Carmines/Stimson 1980). Zudem ist es hilfreich, wenn eine Sachfrage über einen längeren Zeitraum kontrovers diskutiert wird, sodass die Positionen der Parteien in der Bevölkerung bekannter werden. Seit dem Sommer 2015 stand die Flüchtlingskrise und damit einhergehend die Ausgestaltung der deutschen Asyl- und Zuwanderungspolitik im Zentrum der öffentlichen Aufmerksamkeit. In dieser Hinsicht könnte für die Bundestagswahl 2017 ein größerer Einfluss der Sachfragen, insbesondere der Zuwanderungspolitik, vermutet werden.

In diesem Kapitel wird untersucht, welchen Einfluss politische Sachfragen auf die Wahlentscheidung bei der Bundestagswahl 2017 hatten. In der Wahlforschung unterscheidet man zwischen zwei Typen von Sachfragen: Valenzsachfragen und Richtungsfragen (Stokes 1963). In den beiden folgenden Unterkapiteln werden für beide Typen jeweils die Besonderheiten und ihre zu erwartenden Wirkungsmechanismen betrachtet. Dabei wird aufgezeigt, welche Sachfragen die Bürger 2017 am stärksten beschäftigten und welche Lösungskompetenzen und politischen Positionen den Parteien zugeschrieben wurden. Abschließend wird geprüft, inwiefern diese beiden Formen von Sachfragen die Wahlentscheidung bei der Bundestagswahl 2017 beeinflusst haben.

6.5.2 Politische Probleme und Zuordnung von Lösungskompetenzen

Ein erster Typ von Sachfragen sind politische Probleme. Darunter werden Sachthemen gefasst, bei denen Bürger mit dem vorliegenden Istzustand unzufrieden sind und die ihrer Meinung nach der Bearbeitung durch politische Entscheidungsträger bedürfen. In der Wahlforschung wird diese Art von Sachfragen als Valenzsachfragen bezeichnet. Sie zeichnen sich dadurch aus, dass bei diesen Themen innerhalb der Wählerschaft Einigkeit über die Ziele, nicht aber notwendigerweise über die dafür notwendigen Mittel herrscht. Beispielsweise ist unbestritten, dass die innere Sicherheit im Land möglichst hoch sein sollte. Wie dieses Ziel am besten zu erreichen sei, darüber gehen die Meinungen jedoch auseinander. Es könnten beispielsweise die Befugnisse der staatlichen Überwachung ausgeweitet werden, die Zahl der Polizisten erhöht oder verstärkt auf Prävention gesetzt werden, um nur einige Maßnahmen zu nennen. Wenn Bürger die innere Sicherheit bedroht sehen, könnten die Parteien unterschiedliche Konzepte vorschlagen, um diese zu verbessern oder wiederherzustellen. Die Wähler sollten sich dann für jene Partei entscheiden, der sie bei der Lösung dieses Problems die größte Kompetenz zuschreiben.

Um untersuchen zu können, ob politische Sachfragen einen Einfluss auf das Wahlverhalten hatten, muss zunächst festgestellt werden, welche Themen die Bürger 2017 am meisten beschäftigt haben. In der GLES-Studie wurden die Bürger gefragt, was ihrer Meinung nach das wichtigste und zweitwichtigste Problem in Deutschland sei. Die Nennungen der Befragten wurden in größere Kategorien zusammengefasst. Das Politikfeld, das 2017 mit großem Abstand am häufigsten genannt wurde, war die Zuwanderungspolitik. Hier gaben viele Befragte an, dass sie insbesondere in der Asylpolitik und der Integration von Ausländern Handlungsbedarf sehen. Insgesamt nannten fast 60 Prozent aller Bürger die Zuwanderung als das wichtigste (43 Prozent) oder zweitwichtigste Problem (16 Prozent) in Deutschland. Am zweithäufigsten wurden Themen aus dem Politikbereich Sozialpolitik als vordringlich wahrgenommen. Zwei Probleme, die auch schon 2013 besonders häufig in dieser Kategorie genannt wurden (Plischke 2014), waren die Verteilungsgerechtigkeit sowie die zukünftige Entwicklung der Renten. Betrachtet man in Tabelle 1 die Häufigkeiten der Nennungen für die anderen Problemkategorien, fällt auf, wie dominant die Zuwanderung und Sozialpolitik in der Problemwahrnehmung der Wähler 2017 waren. Die Sachfragen, die am dritt- und vierthäufigsten genannt wurden, der Werteverfall in der Politik und Gesellschaft (darunter fallen Politikverdrossenheit, Kritik am fehlenden gesellschaftlichem Zusammenhalt und Populismus) sowie die innere Sicherheit, wurden nur noch von je 6 Prozent der befragten Bürger als das wichtigste Problem wahrgenommen.

Tabelle 1: Die wichtigsten Probleme in Deutschland bei der Bundestagswahl 2017 (Prozent)

	Wichtigstes Problem	Zweitwichtigstes Problem	Rang 2009	Rang 2013
Zuwanderung	43	16	8	5
Sozialpolitik	19	28	3	1
Werteverfall in Politik/ Gesellschaft	6	6	4	8
Innere Sicherheit	6	7	7	9
Bildungspolitik	4	8	6	7
Arbeitsmarktpolitik	4	7	1	2
Wirtschaftspolitik	2	3	2	4

	Wichtigstes Problem	Zweitwichtigstes Problem	Rang 2009	Rang 2013
Umweltpolitik	2	6	9	10
Infrastruktur (v.a. Energie/ Wohnungsbau)	2	5	10	6
Finanzpolitik	1	3	5	3
Sonstiges	11	11		

Quelle: Vor- und Nachwahl-Querschnittsbefragung 2009 [Kumulation] (ZA5302), Vor- und Nachwahl-Querschnittsbefragung 2013 [Kumulation] (ZA5702), Vor- und Nachwahl-Querschnittsbefragung 2017 [Kumulation] (ZA6802).

Anmerkungen: In den GLES-Publikationen zu den Bundestagswahlen 2009 (Rudi 2011) und 2013 (Plischke 2014) wurde das Thema Zuwanderung nicht gesondert ausgewiesen, sondern in der Kategorie Sozialpolitik miterfasst. Um die Bedeutungsveränderung des Themas Zuwanderung über die Zeit verfolgen zu können, wurden für diese Darstellung die Anteile der Nennungen im Bereich Zuwanderung und Sozialpolitik getrennt betrachtet.

Verglichen mit der Themenwichtigkeit in den beiden vorherigen Bundestagswahlen hat sich die Problemwahrnehmung nach dem starken Flüchtlingszustrom im Sommer 2015 deutlich verschoben. Die Arbeitsmarkt-, Wirtschafts- und Finanzpolitik, die noch bei den letzten Bundestagswahlen die Problemwahrnehmung der Wähler bestimmten, haben deutlich an Bedeutung verloren. Seit der Wiedervereinigung war die Arbeitsmarktpolitik durchgehend das am häufigsten oder zweithäufigsten genannte politische Problem (Kunz 2000; Kunz/Thaidigsmann 2005; Plischke 2014). Noch zur Bundestagswahl 2009, die im Schatten der Wirtschaftskrise stand, empfanden 64 Prozent der befragten Wähler die Arbeitsmarktpolitik als wichtigstes oder zweitwichtigstes Problem. In der darauffolgenden Bundestagswahl 2013, die stark von der europäischen Finanz- und Währungskrise beeinflusst wurde, nannte noch ein Drittel die Arbeitsmarktpolitik als eines der beiden wichtigsten Probleme. Damit stellt die Verdrängung des Themas auf den sechsten Rang eine bedeutsame Veränderung auf der Themenagenda dar. Diese Verschiebungen waren zum einen der guten konjunkturellen Entwicklung und geringen Arbeitslosigkeit geschuldet. Zum anderen hat die Zuwanderungs- und Flüchtlingsproblematik in den letzten zwei Jahren einen sehr hohen Stellenwert in der öffentlichen Debatte eingenommen.

Die Wahrnehmung wichtiger politischer Probleme kann für die Wahlentscheidung nur dann einen Einfluss haben, wenn Wähler einer Partei die entsprechenden Lösungskompetenzen zutrauen. Die Zuschreibung von Kompetenzen kann auf unterschiedlichen Wegen erfolgen. Zunächst können sich Wähler an ihren bisher gemachten Erfahrungen orientieren. Wenn sie bereits in der Vergangenheit gelernt haben, dass eine bestimmte Partei in der Regierungsverantwortung ein Problem erfolgreich gelöst hat, so können sie eher darauf vertrauen, dass sie erneut dazu in der Lage wäre. Gleichzeitig kann die Problemwahrnehmung auch darauf hinweisen, dass die aktuelle Regierung keine geeignete Lösungsstrategie vorzuweisen hat bzw. für das Problem mitverantwortlich ist. Die Unzufriedenheit mit den Leistungen der regierenden Parteien in dem Problembereich kann in einer Sanktionierung durch Wahl einer Oppositionspartei münden (siehe auch Kapitel 6.8). Zudem besteht ein starker Zusammenhang zwischen der Parteiidentifikation und der Kompetenzzuschreibung. Bürger, die sich stark mit einer Partei verbunden fühlen, werden eher geneigt sein, diese als kompetent einzustufen.

Eine weitere wichtige Quelle für die Zuschreibung von Kompetenzen in bestimmten Problembereichen sind verbreitete Stereotypen und Klischees. Beispielsweise wird selbst bei Bürgern ohne politisches Interesse Bündnis 90/Die Grünen mit Umweltthemen in Verbindung gebracht. Der SPD und den Linken traut man eher zu, einen Fokus auf sozialpolitische Themen zu legen, während CDU, CSU und FDP zugeschrieben wird, sich mit Wirtschaft und Finanzen auszukennen. Von der wachsenden Bedeutung der Asyl- und Zuwanderungspolitik könnte besonders die AfD profitiert haben, die die Einschränkung der Zuwanderung zu ihrem Kernanliegen gemacht hat. Diese klischeebedingte Zuschreibung wird als „issue ownership“ (Petrocik 1996) bezeichnet, weil Parteien sozusagen bestimmte Themen „besitzen“. Dies können Parteien gezielt für sich nutzen, indem sie beispielsweise während des Wahlkampfs „ihre“ Themen in den Vordergrund rücken.

In Tabelle 2 sind alle Antworten auf die Frage, welche Partei am ehesten das genannte wichtigste Problem lösen könnte, dargestellt. Insgesamt konnte knapp ein Viertel aller Befragten, die ein wichtigstes Problem genannt haben, keine Partei identifizieren, der sie eine Lösung zutrauen würden: Sieben Prozent konnten auf die Frage keine Antwort geben, während 19 Prozent der Meinung waren, dass keine Partei das Problem lösen könne. In den ersten drei Spalten ist abgebildet, welcher Partei die höchste Lösungskompetenz für die am häufigsten genannten Problemfelder – Zuwanderung, Sozialpolitik und innere Sicherheit – zugesprochen wurde. 34 Prozent der Befragten, die die Asyl- und Zuwanderungspolitik als das dringlichste Problem in Deutschland wahrnahmen, waren der Meinung, die CDU/CSU zeichne sich durch die größte Kompetenz in diesem Bereich aus. Die SPD und die AfD wurden von je 13 Prozent der Befragten genannt. Demnach traute nur knapp die Hälfte der Wähler den bisherigen Regierungsparteien CDU/CSU und SPD eine Lösung des 2017 am häufigsten genannten politischen Problems zu.

Tabelle 2: Wahrgenommene Problemlösungskompetenz von Parteien in den drei wichtigsten Politikbereichen (Prozent)

	Zuwanderung	Sozial-politik	Innere Sicherheit	Alle Themen
CDU/CSU	34	18	47	31
SPD	13	26	10	16
AfD	13	2	7	6
FDP	3	4	4	4
Die Linke	3	19	5	9
Grüne	3	3	3	5
Sonstige	4	3	2	4
Keine Partei	19	18	15	19
„weiß nicht“ / keine Angabe	8	7	8	7
	100	100	100	100

Quelle: GLES-Vor- und Nachwahl-Querschnittsbefragung 2017 [Kumulation] (ZA6802).

Von der Problemwahrnehmung im Bereich der Sozialpolitik könnten insbesondere die SPD und die Linke profitiert haben, die im Wahlkampf den Schwerpunkt auf soziale Themen gelegt haben. 26 Prozent der Befragten, die sich am meisten um die Sozialpolitik in Deutschland sorgten, hielten die SPD für kompetent. Die CDU/CSU und die Linke lagen gleichauf bei 18 bzw. 19 Prozent. Im Vergleich zu 2013 haben sowohl die SPD als auch die CDU/CSU an Vertrauen bezüglich ihrer Kompetenzen im sozialen Bereich verloren, allerdings konnte die SPD die CDU/CSU anders als 2009 und 2013 in den positiven Kompetenzurteilen überholen. Das insgesamt am dritthäufigsten genannte Problem „innere Sicherheit“ war bei den beiden vorangegangenen Bundestagswahlen nur von untergeordneter Bedeutung. In dieser Sachfrage ist ein deutlicher Kompetenzvorsprung der Unionsparteien zu erkennen: Fast die Hälfte aller Befragten, die die innere Sicherheit als das wichtigste Problem nannten, traute der CDU/CSU eine Lösung zu. Auch ist der Anteil der Befragten, deren Meinung nach keine der Parteien die sicherheitspolitischen Probleme lösen könnte, im Vergleich zur Zuwanderungspolitik und Sozialpolitik etwas geringer. Wie in der letzten Spalte abzulesen ist, fielen die Kompetenzurteile auch insgesamt am günstigsten für die CDU/CSU aus. Etwa ein Drittel der Befragten gab an, dass am ehesten die CDU/CSU das wichtigste Problem in Deutschland lösen könnte. Damit bleibt der Anteil der positiven Kompetenzurteile der Unionsparteien auf dem gleichen Niveau wie 2009 und 2013. Die SPD folgt mit einem Anteil von 16 Prozent und hat im Vergleich zu 2013 7 Prozentpunkte eingebüßt. Bei den kleineren Parteien sind die Unterschiede zu den Bundestagswahlen 2009 und 2013 sehr gering (Rudi 2011; Plischke 2014).

6.5.3 Richtungsfragen und politische Positionen

Ein zweiter Typ von Sachfragen, die einen Einfluss auf das Wahlverhalten ausüben könnte, sind Richtungsfragen (in der Wahlforschung auch Positionssachfragen genannt). Im Gegensatz zu den zuvor betrachteten Valenzsachfragen, bei denen in der Bevölkerung Einigkeit über die politischen Ziele herrscht (z.B. niedrige Arbeitslosigkeit, sozialer Frieden), sind bei Richtungsfragen die Vorstellungen über den Idealzustand umstritten. Im Kern geht es um die Frage, nach welchen Regeln das Zusammenleben in der Gesellschaft ausgestaltet werden soll: Wie viel Verantwortlichkeit für die soziale Sicherung soll beim Staat und wie viel in der Eigenverantwortlichkeit jedes Bürgers liegen? Sollen auch gleichgeschlechtliche Paare ein Adoptionsrecht haben? Soll eine tiefergehende Integration in die Europäische Union angestrebt werden oder geht sie schon jetzt zu weit? In all diesen Streitfragen bieten Parteien ihren Wählern unterschiedliche Vorschläge an. In Wahlen können sie sich dann für jene Partei entscheiden, die am ehesten ihre eigenen Ziele und Vorstellungen vertritt.

Damit solche politischen Streitfragen für die Wahlentscheidung relevant sein können, müssen allerdings viele Bedingungen erfüllt sein. Wähler müssen nicht nur die Streitfragen wahrnehmen und für sich als wichtig erachten. Sondern zusätzlich müssen sie sich selbst dazu eine Meinung bilden können und herausfinden, wie sich die unterschiedlichen Parteien diesbezüglich positionieren (Campbell et al. 1960). Nur dann können sie schlussfolgern, welche Partei ihnen am nächsten steht. Wenn mehr als eine Richtungsfrage für einen Bürger wichtig ist, aber jeweils eine andere Partei der eigenen Position am nächsten kommt, muss für die Wahlentscheidung eine schwierige Abwägung getroffen werden. Das Wählen auf Grundlage von Richtungsfragen ist also, anders als bei den Kompetenzurteilen, sehr anspruchsvoll.

In der GLES-Studie wurden drei solcher Streitfragen ausgewählt, die stellvertretend für zentrale Konfliktdimensionen in der deutschen Politik stehen. Für die erste Richtungsfrage sollten Bürger angeben, wie sie zwischen höheren Steuern und sozialstaatlichen Leistungen abwägen würden. Wünschen sie sich eher einen Staat der höhere Steuern erhebt, dafür aber mehr sozialstaatliche Leistungen erbringt; oder bevorzugen sie, dass die Steuern niedriger, aber damit auch die sozialstaatlichen Leistungen geringer ausfallen? Die Frage zielt demnach auf das Verhältnis zwischen Einkommensgleichheit und Abgabenbelastung ab. Für die zweite Richtungsfrage sollten die Befragten angeben, ob die Zuzugsmöglichkeiten für Ausländer ihrer Meinung nach eher eingeschränkt oder erleichtert werden sollen. Die dritte Richtungsfrage zielte auf das Verhältnis von Wirtschaftswachstum und Klimaschutz ab. Die Bürger wurden gefragt, ob sie eher der Bekämpfung des Klimawandels den Vorrang einräumen würden, auch wenn dadurch möglicherweise dem Wirtschaftswachstum geschadet würde, oder ob sie dem Wirtschaftswachstum einen Vorrang geben würden, auch wenn dies die Bekämpfung des Klimawandels erschweren würde. Bei jeder dieser Richtungsfragen wurden die Befragten gebeten, auch die Positionen der Parteien anzugeben, falls diese ihnen bekannt waren.

Tabelle 3: Befragte ohne Kenntnis der Position der Parteien bei ausgewählten Richtungsfragen (Prozent)*

	CDU/CSU	SPD	AfD	FDP	Die Linke	Grüne
Steuern und sozialstaatliche Leistungen	14	15	47	23	24	23
Zuwanderung	6	12	9	24	21	17
Klimawandel und Wirtschaftswachstum	14	17	49	23	29	12

Quelle: GLES-Vor- und Nachwahl-Querschnittsbefragung 2017 [Kumulation] (ZA6802).

Anmerkungen: * „weiß nicht“/keine Angabe.

Nicht allen Bürgern sind die gleichen Richtungsfragen wichtig. Daher unterscheidet sich auch die Motivation, sich mit bestimmten Politikbereichen auseinanderzusetzen. So kommt es vor, dass Befragte in einer Sachfrage uninformiert sind, in anderen Sachfragen, die ihnen am Herzen liegen, aber Experten sind. In der Wahlforschung wird in diesem Zusammenhang von „issue publics" gesprochen (Converse 1964: 245-246). In Tabelle 3 ist für die drei Richtungsfragen jeweils angegeben, wie hoch der Anteil der Befragten war, die die Positionen der Parteien nicht zuordnen konnten. Besonders die Position der kleineren Parteien war für viele Befragte schwer einzuschätzen. Etwa je ein Viertel der Befragten hatte bei allen drei Richtungsfragen Schwierigkeiten die FDP und die Linke einzuordnen. Noch stärker betrifft dies die AfD in den Richtungsfragen zu Steuern und sozialstaatlichen Leistungen sowie zum Klimaschutz: Nur knapp die Hälfte der Befragten sah sich in der Lage, die Position der AfD zu bestimmen. Eine etwas größere Sicherheit in der Zuordnung der Parteien zeigten die befragten Bürger bei der Zuwanderung. Dies ist wenig überraschend, da die Asyl- und Zuwanderungspolitik eines der zentralen politischen Themen der vergangenen zwei Jahre war. Durch die erhöhte Problemwahrnehmung und Medienberichterstattung im Wahlkampf sollte es den Bürgern leichter gefallen sein, Informationen über die Positionen der einzelnen Parteien in der Zuwanderungspolitik in Erfahrung zu bringen.

In Abbildung 1 sind für die drei Richtungsfragen die durchschnittlichen Positionen der Bürger und die wahrgenommenen Mittelwerte der Positionen der Parteien dargestellt. Die Endpunkte stehen jeweils für die Extrempositionen, die man einnehmen konnte, während der Strich in der Mitte eine Kompromisshaltung symbolisiert. Der Einfluss von Richtungsfragen auf das Wahlverhalten wird über die Distanz zwischen der Position des Wählers und den von ihm wahrgenommenen Positionen der Parteien gemessen. Ein Wähler sollte sich am wahrscheinlichsten für jene Partei entscheiden, zu der er die geringste Distanz in den politischen Streitfragen wahrnimmt.

Abbildung 1: Wahrgenommene Positionen der Parteien und die Positionen der Bürger bei ausgewählten politischen Richtungsfragen (Mittelwerte)

Steuern und sozialstaatliche Leistungen:

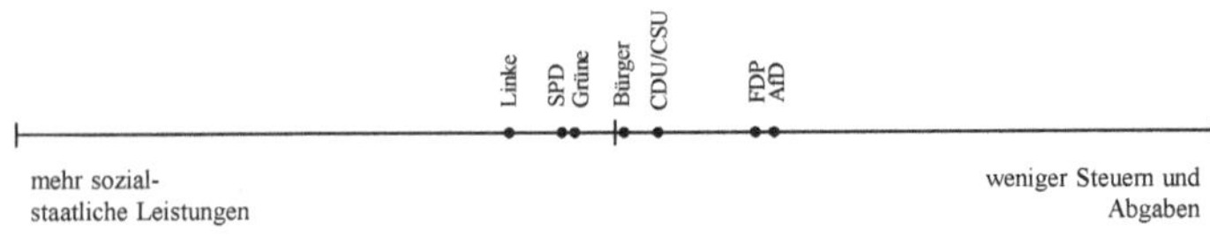

Zuwanderung:

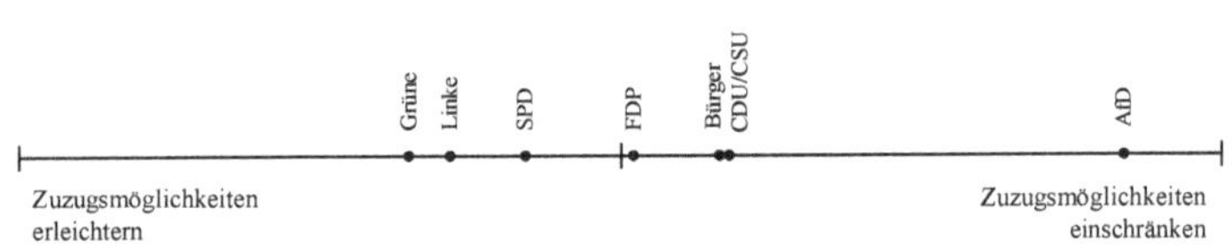

Klimawandel und Wirtschaftswachstum:

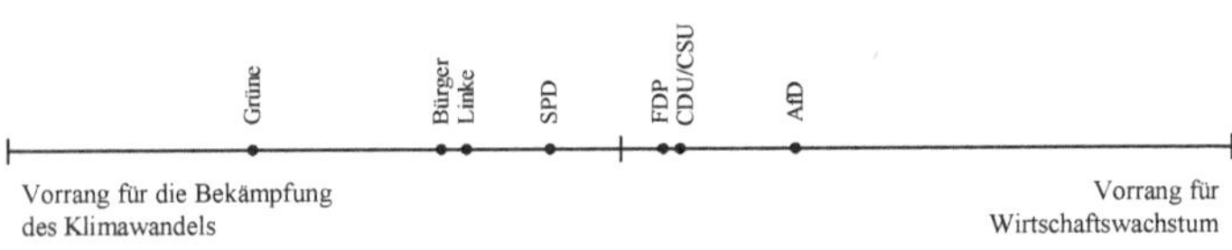

Quelle: GLES-Vor- und Nachwahl-Querschnittsbefragung 2017 [Kumulation] (ZA6802).

Für alle drei Richtungsfragen ist erkennbar, dass sich die sechs Parteien in zwei Lager aufteilen: Der CDU/CSU, FDP und AfD wurden eher „rechte" politische Positionen zugeschrieben, während der SPD, den Linken und den Grünen Positionen des „linken" politischen Lagers zugeordnet wurden. Die Bürger verorteten sich im Durchschnitt bei der Richtungsfrage „Steuern und sozialstaatliche Leistungen" eher auf der Skalenmitte, wünschten sich also eher moderate Steuern und eine moderate Höhe der sozialstaatlichen Leistungen. Damit zeigten sie im Mittel die geringste Distanz zu dem wahrgenommen Standpunkt der CDU, allerdings waren auch die Distanzen zu den Grünen, der SPD und der CSU gering. Insgesamt waren die wahrgenommenen Positionen der Parteien auf dieser Streitfrage sehr nah beieinander und eher im Zentrum der Skala.

Bei der Zuwanderung waren die Bürger im Durchschnitt eher für eine Einschränkung als für eine Erleichterung der Zuzugsmöglichkeiten für Ausländer. Bei dieser Richtungsfrage war die Distanz zwischen der durchschnittlichen Position der Bürger und dem Mittelwert der wahrgenommenen Position der FDP, CDU und CSU am geringsten. Obwohl das Thema Zuwanderung in den vergangenen Jahren und im Wahlkampf kontrovers diskutiert wurde, nahmen die Bürger keine großen Unterschiede zwischen den etablierten Parteien wahr. Lediglich für die AfD wurde eine eindeutige Haltung in Richtung einer Einschränkung der Zuwanderungsmöglichkeiten angenommen. In der Wahrnehmung der Bürger standen die Grünen noch am ehesten für eine Erleichterung der Zuzugsbedingungen für Ausländer. Im Politikbereich Klimaschutz waren die Bürger im Durchschnitt eher für einen Vorrang der Bekämpfung des Klimawandels, auch wenn dies auf Kosten des Wirtschaftswachstums ginge. Damit nahmen sie eine deutlich klimaschutzfreundlichere Haltung ein, als alle Parteien, mit Ausnahme der Grünen. Die geringste Distanz zu der mittleren Bürgerposition in diesem Politikbereich fand sich zu den Linken und die größte Distanz zu der AfD.

Im Vergleich zu den beiden vorangehenden Bundestagswahlen 2009 und 2013 haben sich die Positionen der Parteien nur geringfügig verändert. Die Vermutung, dass sich die Bürgerposition und die wahrgenommenen Parteipositionen im Zuge des Flüchtlingszuwachses im Sommer 2015 verschoben haben, kann nicht bestätigt werden. Sowohl die wahrgenommenen Positionen der etablierten Parteien als auch die durchschnittliche Position der Bürger ist seit 2009 weitgehend unverändert geblieben. Allerdings können mit Mittelwerten keine Aussagen darüber gemacht werden, ob möglicherweise trotzdem größere Verschiebungen in die eine und die andere Richtung aufgetreten sind, und nur im Mittel die Position unverändert geblieben sind. Ein Vergleich der Streuung der Meinungen zur Zuwanderung mit jener von 2009 und 2013 kann diese Vermutung nicht bestätigen. Insgesamt kann festgestellt werden, dass zumindest für die Themen Zuwanderung und sozialstaatliche Leistungen die Positionen der Bürger als auch die Streuung der Meinungen seit 2009 bemerkenswert stabil waren (Rudi 2011; Plischke 2014).

6.5.4 Der Einfluss von Sachfragen auf die Wahlentscheidung

Im letzten Schritt soll der Einfluss der Kompetenzurteile und der wahrgenommenen Politikdistanzen auf das Wahlverhalten untersucht werden. Dafür wird für jede der sechs Parteien eine logistische Regression gerechnet. Um den Einfluss der Problemlösungskompetenz zu messen, wird für die drei am häufigsten genannten Probleme – Zuwanderung, Sozialpolitik und innere Sicherheit – jeweils eine Variable in das Modell aufgenommen. Jede dieser Variablen nimmt den Wert eins an, wenn der betrachteten Partei die Lösung des jeweiligen Problems zugetraut wurde. Alle Befragten, die das jeweilige Problem nicht genannt haben oder aber einer anderen Partei als der gerade betrachteten eine größere Lösungskompetenz zugeschrieben haben, erhalten den Wert null. Die Wahrscheinlichkeit für die Wahl einer Partei sollte höher sein, wenn ein Befragter ihr für die Lösung seines als erstes genannten Problems die größte Lösungskompetenz zutraut.

Die drei Richtungsfragen gehen als individuelle Distanzen zwischen der Position des jeweiligen Befragten und der vermuteten Position der gerade betrachteten Partei in das Modell ein. Je geringer die Distanz, desto wahrscheinlicher sollte die Wahl dieser Partei sein. Demnach erwarten wir, anders als bei den Kompetenzurteilen, ein negatives Vorzeichen im Modell. Um die Erklärungskraft der Kompetenzurteile und der wahrgenommenen Politikdistanzen auf die Wahlentscheidung möglichst unverzerrt abbilden zu können, wird die Parteiidentifikation mit der jeweiligen Partei in den Modellen mitberücksichtigt.

Tabelle 4: Der Einfluss von Sachfragen auf die Wahlentscheidung

	CDU/ CSU	SPD	AfD	FDP	Die Linke	Grüne
Kompetenz: Zuwanderung	+16[c]	+25[c]	+19[b]	+11	+15[a]	+4
Kompetenz: Sozialpolitik	+14	+16[b]	+38	+16	+17[b]	+28[b]
Kompetenz: Innere Sicherheit	+16	+8	-0	+2	+18	+62[a]
Distanz: Steuern und Leistungen	-19[c]	-4	-6[b]	-10[c]	-7[c]	-4
Distanz: Zuwanderung	-14[c]	-6	-10[c]	-5[a]	-3	-8[c]
Distanz: Klimawandel oder Wachstum	-14[b]	-5	-5[a]	-8[c]	-3	-10[c]
Parteiidentifikation	+60[c]	+59[c]	+58[c]	+64[c]	+55[c]	+46[c]
Nagelkerke R^2	0,54	0,48	0,55	0,34	0,46	0,39
N	2909	2846	1494	2480	2331	2670

Quelle: GLES-Vor- und Nachwahl-Querschnittsbefragung 2017 [Kumulation] (ZA6802).

Anmerkungen: a: $p < 0{,}05$; b: $p < 0{,}01$; c: $p < 0{,}001$ (siehe Anhang 4).

In Tabelle 4 sind die Modelle für die Wahlentscheidung zugunsten der sechs Parteien dargestellt. Das Gütemaß Nagelkerke R^2 gibt Auskunft darüber, wie gut das Modell die Wahlentscheidung für eine Partei vorhersagen kann. Je höher der Wert, desto besser konnten die berücksichtigten Variablen die Wahlentscheidung für diese Partei erklären. Die Modellgüte ist insgesamt zufriedenstellend. Am besten schneiden die Modelle für die CDU/CSU und die AfD ab (0,54 bzw. 0,55). Den stärksten Einfluss in den Modellen zeigt die Parteiidentifikation: Personen, die sich mit der betrachteten Partei verbunden fühlten, hatten eine deutlich höhere Wahrscheinlichkeit diese auch zu wählen. Bei der CDU/CSU, SPD, FDP und AfD erhöhte eine vorliegende Parteiidentifikation die Wahrscheinlichkeit einer Wahl sogar um knapp 60 Prozent im Vergleich zu Personen, die sich nicht mit der betrachteten Partei verbunden fühlten. Sowohl die Kompetenzurteile als auch die individuellen Distanzen zwischen den Bürgern und den betrachteten Parteien in den Richtungsfragen hatten einen Einfluss auf die Wahlentscheidung in der Bundestagswahl 2017. Allerdings waren die beiden Sachfragentypen nicht für die Wahl aller Parteien gleichermaßen von Bedeutung.

Die Zuschreibung der Lösungskompetenz für die drei am häufigsten genannten politischen Probleme hatte – mit Ausnahme für die FDP-Wahl – für alle Parteien einen Einfluss auf die Wahlentscheidung. Bei Nennungen im Bereich der Zuwanderung profitierte am stärksten die SPD von einer Kompetenzzuschreibung: Bürger, die der SPD die Bewältigung von Problemen in der Zuwanderungspolitik zutrauten, hatten eine 25 Prozent höhere Wahrscheinlichkeit die SPD zu wählen als jene, die ihr das nicht zutrauten. Für die AfD, die CDU/CSU und die Linke waren die Effekte etwas geringer, aber ebenfalls zweistellig. Kompetenzzuschreibungen im Bereich der Sozialpolitik nützten der SPD und den Linken, aber am stärksten den Grünen. Problemnennungen aus dem Bereich innere Sicherheit, die nur von einem kleinen Anteil der Befragten als wichtigstes Problem genannt wurden (Tabelle 1), hatten nur für die Wahl der Grünen einen Einfluss. Diese Befragten nannten durchweg „Rechtsextremismus“ als das Politikfeld mit dem größten Handlungsbedarf und sahen die größte Lösungskompetenz bei den Grünen. Die hohe errechnete Wahrscheinlichkeit für diesen Effekt sollte jedoch aufgrund der geringen Fallzahl der Befragten, die den Grünen eine Lösungskompetenz im Bereich innere Sicherheit zuschrieben (6 Befragte), nicht überinterpretiert werden. Insgesamt ist der Einfluss der Valenzfragen auf die Wahlentscheidung zwar substantiell aber im Vergleich mit den beiden vorangegangenen Bundestagswahlen deutlich geringer (Rudi 2011; Plischke 2014).

Auch die Richtungsfragen trugen zur Erklärung der Wahlentscheidung bei der Bundestagswahl 2017 bei. Die CDU/CSU profitierte mit Abstand am stärksten von einer geringen wahrgenommenen Distanz in den hier ausgewählten politischen Streitfragen. Eine große Distanz zu der Position der CDU/CSU in der Richtungsfrage „Steuern und sozialstaatliche Leistungen“ verringerte die Wahrscheinlichkeit, sie zu wählen, um 19 Prozentpunkte. Bei den Fragen zur Zuwanderung bzw. zum Klimaschutz sank die Wahrscheinlichkeit der Wahl der Unionsparteien bei großen Distanzen um je 14 Prozentpunkte. Damit hatten Richtungsfragen auf die Wahlentscheidung für die CDU/CSU einen ähnlich hohen Einfluss wie die Valenzsachfragen. Dagegen hatten die Richtungsfragen keinen Einfluss auf die Wahl der SPD und auch bei den kleineren Parteien waren die Effekte deutlich geringer. Von einer Übereinstimmung in den Positionen in der Zuwanderungspolitik profitierte vor allem die AfD, während die FDP und die Linken mit größerer Wahrscheinlichkeit gewählt wurden, wenn Wähler beim

Thema „Steuern und sozialstaatliche Leistungen“ eine geringe Distanz zwischen ihrer Position und der der jeweiligen Partei wahrnahmen. Die Grünen konnten vor allem bei den Richtungsfragen zum Klimaschutz und zur Zuwanderung punkten. Die Befunde für die drei kleinen Parteien scheinen tendenziell die Vermutung zu stützen, dass Richtungsfragen vor allem dann Relevanz für die Wahlentscheidung haben, wenn sie von persönlicher Wichtigkeit für die Wählerschaft der jeweiligen Partei sind.

6.4.5 Fazit

In diesem Kapitel wurde untersucht, inwiefern politische Sachfragen bei der Bundestagswahl 2017 eine Rolle spielten. Die Sachthemen, die die Bürger 2017 am stärksten beschäftigt haben, waren die Asyl- und Zuwanderungspolitik sowie die Sozialpolitik. Wirtschafts- und arbeitsmarktpolitische Themen, die noch 2009 und 2013 in der Wählerschaft als die wichtigsten Probleme wahrgenommen wurden, haben dagegen stark an Bedeutung verloren. Beide hier betrachteten Typen von Sachfragen – politische Probleme und Richtungsfragen – hatten in der Bundestagswahl 2017 einen Einfluss auf die Wahlentscheidung der Bürger. Wenn Wähler einer Partei zutrauten, die drängendsten Probleme zu lösen, oder wenn sie den Eindruck hatten, eine Partei vertrete am ehesten ihre Position in einer kontrovers diskutierten Sachfrage, stimmten sie häufiger zugunsten dieser Partei. Von allen Parteien konnte die CDU/CSU am stärksten sowohl von positiven Kompetenzurteilen als auch von geringen wahrgenommenen Distanzen profitieren. Für die anderen Parteien fanden sich dagegen uneinheitliche Muster im Einfluss der Valenz- und Richtungsfragen.

In den Bundestagswahlen 2009 und 2013 wurde ein stärkerer Einfluss der Valenzsachfragen im Vergleich zu den Richtungsfragen festgestellt (Rudi 2011; Plischke 2014). Dies wurde unter anderem darauf zurückgeführt, dass in der Gesellschaft weitgehend Konsens über den politischen Kurs vorherrschte und die Parteipositionen in den Richtungsfragen als sehr nah beieinander wahrgenommen wurden (Plischke 2014: 264). Dagegen orientierten sich in der Bundestagswahl 2017 die Bürger gleichermaßen an Kompetenzurteilen und an Politikdistanzen. Die größere Bedeutung der Richtungsfragen könnte daran gelegen haben, dass sich zwei der drei Richtungsfragen – Steuern und sozialstaatliche Leistungen sowie Zuwanderung – den Themenbereichen zuordnen lassen, in denen die Bürger 2017 den größten Handlungsbedarf wahrgenommen hatten. Da auch der Bundestagswahlkampf mit einem Fokus auf die Asylpolitik und die sozialer Gerechtigkeit geführt wurde, fiel es den Bürgern möglicherweise insgesamt leichter, die Positionen der Parteien in diesen politischen Streitfragen wahrzunehmen. Mit der AfD besetzte zudem eine Partei mit realer Aussicht auf einen Einzug ins Parlament eine eindeutig ablehnende Position zur Zuwanderung. Dies könnte für bestimmte Wählergruppen die Bedeutung dieser politischen Richtungsfrage in der Wahlentscheidung begünstigt haben. Politische Sachfragen wirkten in der Wahlentscheidung 2017 daher sowohl über die Kompetenzurteile als auch über die Richtungsfragen im Bereich Zuwanderungs- und Sozialpolitik.

Literatur

Campbell, Angus/Converse, Philip E./Miller, E. Warren/Stokes, Donald E. 1960: The American Voter, New York, London: John Wiley.

Carmines, Edward G./Stimson, James A. 1980: The Two Faces of Issue Voting, in: The American Political Science Review 74, 78-91.

Converse, Philip E. 1964: The Nature of Belief Systems in Mass Publics, in: Apter, David E., Hg., Ideology and Discontent, New York: Free Press of Glencoe, 206-261.

Kunz, Volker 2000: Politische Prioritäten und die Einschätzung der Problemlösungskompetenzen der Parteien, in: Falter, Jürgen W./Gabriel, Oscar W./Rattinger, Hans, Hg., Wirklich ein Volk?: Die politischen Orientierungen von Ost- und Westdeutschen im Vergleich, Opladen: Leske + Budrich, 479-508.

Kunz, Volker/Thaidigsmann, Isabell S. 2005: Die Relevanz von Themenorientierungen für das

Wählerverhalten bei der Bundestagswahl 2002, in: Falter, Jürgen W./Gabriel, Oscar W./Weßels, Bernhard, Hg., Wahlen und Wähler: Analysen aus Anlass der Bundestagswahl 2002, Wiesbaden: VS Verlag für Sozialwissenschaften, 50–76.

Petrocik, John R. 1996: Issue Ownership in Presidential Elections, with a 1980 Case Study, in: American Journal of Political Science 40, 825-850.

Plischke, Thomas 2014: Politische Sachfragen, in: Schmitt-Beck, Rüdiger/Rattinger, Hans/Roßteutscher, Sigrid/Weßels, Bernhard/Wolf, Christof/Bieber, Ina/Blumenberg Manuela S./Blumenstiel, Jan E./Faas, Thorsten/Förster, André/Giebler, Heiko/Glogger, Isabella/Gummer, Tobias/Huber, Sascha/Krewel, Mona/Lamers, Patrick/Maier, Jürgen/Partheymüller, Julia/Plischke, Thomas/Roßmann, Joss/Schäfer, Anne/Scherer, Philipp/Steinbrecher, Markus/Wagner, Aiko/Wiegand, Elena, Hg., Zwischen Fragmentierung und Konzentration: Die Bundestagswahl 2013, Baden-Baden: Nomos, 253-265.

Rudi, Tatjana 2011: Sachthemen und politische Streitfragen, in: Rattinger, Hans/Roßteutscher, Sigrid/Schmitt-Beck, Rüdiger/Weßels, Bernhard/Bieber, Ina/Blumenstiel, Jan E./Bytzek, Evelyn/Faas, Thorsten/Huber, Sascha/Krewel, Mona/Maier, Jürgen/Rudi, Tatjana/Scherer, Philipp/Steinbrecher, Markus/Wagner, Aiko/Wolsing, Ansgar, Hg., Zwischen Langeweile und Extremen: Die Bundestagswahl 2009, Baden-Baden: Nomos, 179-190.

Schoen, Harald/Weins, Cornelia 2005: Der sozialpsychologische Ansatz zur Erklärung von Wahlverhalten, in: Falter, Jürgen W./Schoen, Harald, Hg., Handbuch Wahlforschung, Wiesbaden: VS Verlag für Sozialwissenschaften, 187-242.

Stokes, Donald E. 1963: Spatial Models of Party Competition, in: American Political Science Review 57, 368-377.

6.6 Spitzenkandidaten

Konstantin Glinitzer und Nils Jungmann

6.6.1 Einleitung

Auch im Superwahljahr 2017 standen die Spitzenkandidaten im Mittelpunkt der Wahlkampagnen ihrer Parteien. Insbesondere die amtierende Bundeskanzlerin Angela Merkel, die für ihre vierte Amtszeit antrat, und der von der SPD im März 2017 nominierte Kanzlerkandidat Martin Schulz, dominierten seit Jahresbeginn die Medienberichterstattung. Die Kanzlerin befand sich dabei zunächst in einer für sie im Vergleich zu früheren Wahlkämpfen ungewohnten Lage: Ihr Umgang mit der Flüchtlingskrise im Sommer 2015 ließ ihre Beliebtheitswerte in der Bevölkerung sinken und auch innerparteilich sah sie sich ungewöhnlich starker Kritik ausgesetzt. Im Unterschied dazu verhalf der neue Parteivorsitzende Schulz der SPD zu Höhenflügen in den Wahlumfragen: In den Monaten nach Schulz' Nominierung legte die SPD in Umfragen deutlich zu und auch in der so genannten „Kanzler-Frage" führte Schulz zwischenzeitlich mit deutlichem Vorsprung vor Merkel – ein Umstand, der vor 2016 noch undenkbar schien. Der Bundestagswahlkampf 2017 war daher in der Medienberichterstattung und Wahrnehmung vieler Wähler vom Duell „Schulz gegen Merkel" geprägt, auch wenn der so genannte „Schulz-Effekt" nach drei aus Sicht der SPD – verlorenen Landtagswahlen bereits vor dem Beginn des Wahlkampfes an Bedeutung verloren hatte. Darüber hinaus versuchten aber auch die Oppositionsparteien die Vorteile ihrer jeweiligen Spitzenkandidaten herauszustellen: Mit Frauke Petry, Sahra Wagenknecht, Cem Özdemir, und Christian Lindner standen vier Kandidaten zur Wahl, die bei noch keiner bundesweiten Wahl als Spitzenkandidaten angetreten waren. Vor diesem Hintergrund ist das Ziel des vorliegenden Beitrages, die Wahrnehmung und Bedeutung der Spitzenkandidaten bei der Bundestagswahl 2017 genauer zu untersuchen.

In der Politikwissenschaft gilt der Fokus auf einzelnen Spitzenkandidaten generell als ein Charakteristikum modernisierter Wahlkämpfe (Brettschneider 2002). Die These der Personalisierung von Politik besagt, dass in den vergangenen Jahrzehnten die Schwerpunktsetzung auf einzelne Personen sowohl in der Kampagnenführung der Parteien als auch in der Medienberichterstattung und in Bezug auf das Wahlverhalten der Bevölkerung stetig zugenommen habe (Lass 1995; Adam/Maier 2010). Aus Sicht der Wähler kann der Fokus auf einzelne Personen von Vorteil sein: Wahlentscheidungen zwischen mehreren Parteien, die in oft komplexen Sachfragen unterschiedliche Standpunkte vertreten, werden dadurch auf die Entscheidung zwischen Personen reduziert. Dies erlaubt es Wählern die Informationskosten ihrer Entscheidung zu senken (Klein/Ohr 2001). Darüber hinaus fällt Bürgern „eine persönliche Identifikation" mit Spitzenkandidaten häufig leichter als mit einzelnen Parteien (Schoen 2014: 666). Die politikwissenschaftliche Forschung hebt jedoch in gleichem Maße hervor, dass eine zunehmende Personalisierung zu einem Bedeutungsverlust von substanziellen Politikvorschlägen oder der Diskussion von Erfolgen und Misserfolgen der Regierungsparteien führen kann. Diese Tendenz ist insbesondere dann problematisch, wenn die Darstellung und Wahrnehmung von Spitzenpolitikern nicht entlang von dezidiert politischen Kategorien verläuft (Klein/Ohr 2001): Dominieren unpolitische Bewertungsmaßstäbe wie die physische Attraktivität oder menschliche Sympathie eines Kandidaten, verfehlen Wahlkämpfe ihr zentrales Ziel, Wähler über politische Unterschiede und Qualitäten der wahlwerbenden Parteien und Kandidaten zu informieren. Die Tendenz, Kandidaten zunehmend als eigenständige Personen und weniger als Repräsentanten einer Partei wahrzunehmen, kann darüber hinaus durch die Eigenlogik der medialen Berichterstattung weiter verstärkt werden (Brettschneider 2002).

Auch wenn die Relevanz der Kandidatenbewertungen für die Wahlentscheidung in den vergangenen Jahrzehnten zugenommen hat, bedeutet dies nicht, dass Wahlentscheidungen ausschließlich von der Kandidatenpräferenz bestimmt werden. Insbesondere bei Wählern mit starker Parteibindung und klaren parteipolitischen Präferenzen kommt es zu stabilem und in größerem Ausmaß berechenbarem Wahlverhalten (Campbell et al. 1960; Schmitt-Beck 2011; Wagner/Weßels 2012, siehe Kapitel 6.3). In diesem Zusammenhang gilt es auch zu betonen, dass starke Parteibindungen im Hinblick auf die Kandidatenbewertungen als Wahrnehmungsfilter wirken können (Campbell et al. 1960; Schmitt-Beck 2011). Aus diesem Grund neigen Wähler mit starker Parteibindung häufig zu einer klar positiven Bewertung des Kandidaten „ihrer" Partei und es lässt sich eine deutliche Konvergenz von Partei- und Kandidatenbewertung beobachten (Wagner 2014). Bei Wählern mit schwacher Parteibindung, die möglicherweise zwischen zwei oder mehreren Parteien schwanken, kann das politische Spitzenpersonal jedoch einen starken Effekt auf die Wahlentscheidung für eine Partei ausüben, sofern ein Kandidat positiver wahrgenommen wird als die Partei, die dieser Kandidat repräsentiert. Kandidateneffekte können daher nur im komplexen Zusammenspiel von Spitzenkandidaten, deren Wahrnehmung durch die Wähler sowie der Unterschiede zwischen der Parteien- und Kandidatenbewertungen verstanden werden.

Für die Bundestagswahlen 2009 und 2013 konnte generell gezeigt werden, dass die Bewertungen der Spitzenkandidaten das Wahlverhalten der Bürger beeinflussen und die allgemeine Kandidatenbewertung eine gute Vorhersage des tatsächlichen Wahlverhaltens erlaubt (Schmitt-Beck 2011; Wagner 2014). Dies galt insbesondere für Angela Merkel: Die Bewertung der Kanzlerin übte einen stärkeren Effekt auf eine Wahlentscheidung für die CDU/CSU aus, als etwa die Bewertungen von Frank-Walter Steinmeier (2009) beziehungsweise von Peer Steinbrück (2013) auf die SPD-Wahl. Für die kleineren Parteien konnte in beiden Wahlen ebenfalls ein, im Vergleich zu Angela Merkel, geringerer Personalisierungseffekt festgestellt werden: Beispielsweise wurde sowohl 2009 als auch 2013 eine Wahlentscheidung für oder gegen die Grünen in nur geringem Maß von den jeweiligen Spitzenkandidaten abhängig gemacht. Darüber hinaus konnten Schmitt-Beck (2011) und Wagner (2014) zeigen, dass die Bewertungen der Kanzlerkandidaten in nur sehr schwachem Maße zu strategischen Wahlentscheidungen führten. Eine positive Bewertung von Merkel führte in diesem Sinne nicht zu einer verstärkten Wahl der FDP, um eine gemeinsame Koalition dieser beiden Parteien zu ermöglichen.

Dieses Kapitel untersucht den Einfluss, den das Spitzenpersonal der wahlwerbenden Parteien auf das Wahlverhalten bei der Bundestagswahl 2017 ausübte. Im Fokus der Analyse stehen dabei nicht nur die Kandidaten der im Bundestag bereits vertretenen Parteien (CDU/CSU, SPD, Die Grünen, Die Linke), sondern auch die Kandidaten von FDP und AfD, denen 2017 der Wieder- beziehungsweise erstmalige Einzug in den Bundestag gelang. Da nicht jede Partei eine eindeutige Parteispitze hatte, wurde bei Parteien mit mehreren Führungspersonen diejenige ausgewählt, die medial am präsentesten war. Für die Union und SPD waren das, wie bereits erwähnt, Angela Merkel und Martin Schulz. Für die AfD wird im Rahmen dieses Kapitels Frauke Petry als zentrale Spitzenkandidatin berücksichtigt. Für die FDP, Die Linke und Die Grünen werden die Bewertungen und Einflüsse von Christian Lindner, Sahra Wagenknecht und Cem Özdemir analysiert. Im Folgenden werden zunächst die allgemeinen Bewertungen dieser sechs Spitzenpolitiker vorgestellt und ihre positive oder negative Einschätzung relativ zu den Bewertungen ihrer Partei diskutiert. Da den beiden Kanzlerkandidaten eine besondere Rolle im Wahlkampf zukommt, wird anschließend auf die spezifische Bewertung von Angela Merkel und Martin Schulz eingegangen. Abschließend wird der Einfluss der allgemeinen Kandidatenbewertungen sowie der Kanzlerpräferenz auf das Wahlverhalten untersucht und gefragt, welche Kandidateneigenschaften einen Einfluss auf die Kanzlerpräferenz ausübten.

6.6.2 Kandidaten- und Parteienbewertungen im Vorfeld der Bundestagswahl 2017

Im Hinblick auf die allgemeinen Kandidatenbewertungen zeigt sich 2017 ein klares Bild. Abbildung 1 verdeutlicht, dass Angela Merkel – wie schon 2009 und 2013 (Schmitt-Beck 2011; Wagner 2014) – die mit Abstand beliebteste Spitzenpolitikerin war: Auf einer Bewertungsskala von -5 („halte überhaupt nichts von diesem Politiker“) bis +5 („halte sehr viel von diesem Politiker“), die für die vorliegende Analyse auf einen Wertebereich von -1 bis +1 transformiert wurde, wird die Kanzlerin mit +0,37 Skalenpunkten deutlich positiver wahrgenommen als ihre Konkurrenten. Im Unterschied zu den sozialdemokratischen Spitzenkandidaten von 2009 und 2013, konnte Martin Schulz, der in den ersten Monaten nach seiner Nominierung noch sehr positiv wahrgenommen wurde, die Wähler im Spätsommer 2017 nicht mehr in besonderem Maße ansprechen. Er wird auf dieser Skala mit etwa +0,15 Skalenpunkten bewertet und erreicht somit ähnliche Werte wie Christian Lindner und Cem Özdemir. Bei den vorangegangenen Bundestagswahlen konnten sich die beiden sozialdemokratischen Spitzenkandidaten noch recht deutlich von Kandidaten der Grünen und der FDP absetzen. Während Sahra Wagenknecht leicht positiv beurteilt wird, haben Wähler eine im Durchschnitt negative Meinung zu Frauke Petry: Sie wird mit etwa -0,5 Punkten deutlich negativer bewertet als die Kandidaten der etablierten Parteien.

Abbildung 1: Bewertungen von Spitzenkandidaten und Parteien

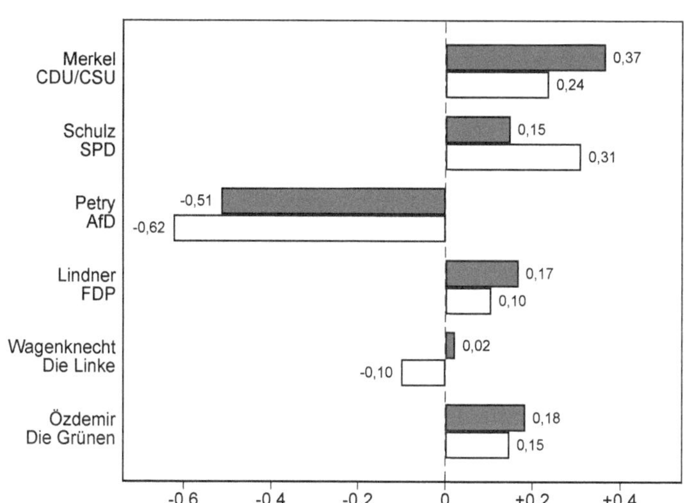

Quelle: GLES-Vor- und Nachwahl-Querschnittsbefragung 2017 [Kumulation] (ZA6802).

Wie auch in den beiden zurückliegenden Bundestagswahlen unterscheiden sich die Bewertungen der Spitzenkandidaten mitunter sehr deutlich voneinander. Kandidateneffekte auf das Wahlverhalten lassen sich jedoch nur beobachten, wenn sich die allgemeinen Kandidatenbewertungen von denen der Parteien unterscheiden. Wird beispielsweise ein Kandidat deutlich positiver wahrgenommen als seine Partei, kann dies für Wähler ein Grund sein diesen Kandidaten (und damit seine Partei) zu unterstützen, wodurch der Kandidat eine positive Zugwirkung entfaltet (Schmitt-Beck 2011). Wie in Abbildung 1 ersichtlich, wurden drei Spitzenkandidaten deutlich besser bewertet als ihre jeweilige Partei. Am deutlichsten ist dieses Bewertungsplus für die amtierende Bundeskanzlerin, die im Durchschnitt +0,13 Skaleneinheiten positiver wahrgenommen wurde als die CDU/CSU (+0,37 zu +0,24). Auch die Kandidaten der Oppositionsparteien wurden gegenüber ihren Parteien bevorzugt, wobei der Vorsprung von Wagenknecht und Petry vor allem relativ zu der negativen Bewertung ihrer Parteien gesehen werden muss. Vor dem Hintergrund der sehr positiven Wahlumfragen im Frühjahr 2017 ist die negative Bewertung von Schulz relativ zur SPD von besonderer Bedeutung (+0,15 zu +0,31): Als einziger

Kandidat wurde Schulz deutlich weniger positiv wahrgenommen als seine Partei. Da die SPD durchschnittlich recht wohlwollend wahrgenommen wurde, muss insofern von einem negativen „Schulz-Effekt" ausgegangen werden. Der zwischenzeitlich als Heilsbringer der deutschen Sozialdemokratie gefeierte Kandidat scheint im Jahresverlauf zu einer Belastung für die SPD geworden zu sein.

Abbildung 2: Spezifische Bewertungen der Kanzlerkandidaten

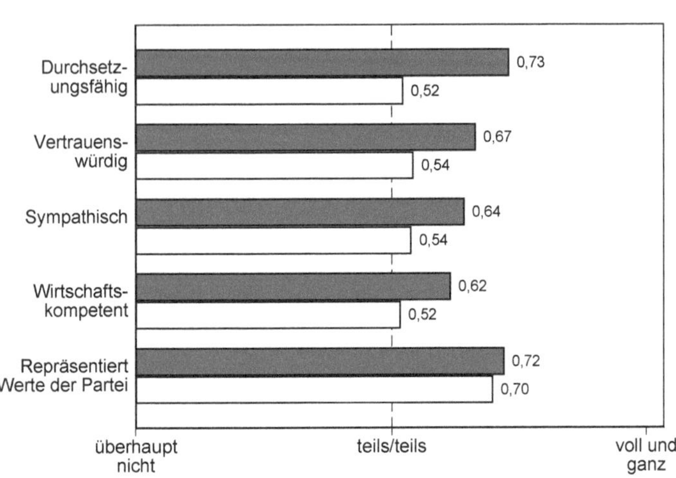

Quelle: GLES-Vor- und Nachwahl-Querschnittsbefragung 2017 [Kumulation] (ZA6802).

Bevor ein solcher Kandidateneffekt auf das Wahlverhalten genauer analysiert wird, lohnt sich ein tiefergehender Vergleich der beiden Kanzlerkandidaten. Wie bereits gezeigt, wurde Merkel im Allgemeinen positiver wahrgenommen als Schulz; an dieser Stelle soll daher überprüft werden, wie einzelne Eigenschaften der beiden Kandidaten wahrgenommen wurden. Um diese spezifische Kandidatenbewertung zu untersuchen, wurden die Befragten gebeten ihre Zustimmung oder Ablehnung zu mehreren Aussagen, wie etwa „Sie ist vertrauenswürdig" oder „Er ist durchsetzungsfähig", anzugeben. Abbildung 2 zeigt die spezifischen Bewertungen von Merkel und Schulz auf einer Skala von 0 („trifft überhaupt nicht zu") bis 1 („trifft voll und ganz zu“). Merkel wurde dabei auf allen Dimensionen positiver gesehen als Schulz: Sie wurde als durchsetzungsfähiger, vertrauenswürdiger, sympathischer und in Wirtschaftsfragen kompetenter eingeschätzt als ihr Herausforderer. Besonders deutlich wird dieser Vorsprung auf der Dimension der Durchsetzungsfähigkeit – eine Eigenschaft, die gerade in politischen Systemen mit Koalitionsregierungen besonders wichtig ist. Beide Kandidaten wurden außerdem in gleichem Maße als Repräsentanten der Werte und Vorstellungen ihrer Parteien angesehen. Diese Einschätzungen decken sich weitgehend mit Befunden zu den Bundestagswahlen 2009 und 2013: Merkel wurde insbesondere als durchsetzungsfähig und führungsstark wahrgenommen, wobei ihre Bewertung über alle fünf Dimensionen sogar etwas positiver ausfiel als bei den vergangenen Wahlen (Schmitt-Beck 2011; Wagner 2014). Schulz wurde mit Ausnahme der Durchsetzungsfähigkeit, auf der er weniger positiv bewertet wurde als die SPD-Kanzlerkandidaten 2009 und 2013, ähnlich bewertet wie seine beiden Vorgänger. Insofern deutet auch die Analyse der spezifischen Kandidatenbewertungen auf keinen „Schulz-Effekt“ hin.

6.6.3 Der Einfluss der Spitzenkandidaten auf das Wahlverhalten

In diesem Abschnitt soll nun überprüft werden, ob sich die unterschiedlichen Bewertungen der Spitzenkandidaten auch in der Wahlentscheidung widerspiegeln. Wie bereits gezeigt, wurden einzelne Kandidaten von den Bürgern besser oder schlechter bewertet; das bedeutet jedoch noch nicht, dass diese Bewertungen auch das Wahlverhalten der Bürger beeinflussten. Es wäre beispielsweise durchaus vorstellbar, dass sich die negative Wahrnehmung von Schulz nicht in einen Rückgang an Zweitstimmen für die SPD übersetzte. Im gleichen Maße könnte die Union nur geringfügig von der Popularität der Bundeskanzlerin profitiert haben. Zudem wird in diesem Abschnitt überprüft, ob sich Attraktions- und Abstoßungseffekte für Kandidaten anderer Parteien finden lassen (Pappi/Shikano 2001). Beispielsweise könnte eine negative Wahrnehmung von Merkel eine besondere Motivation für AfD-Wähler dargestellt haben. Da eine affektive Parteiidentifikation häufig zu einer positiveren Wahrnehmung des Spitzenkandidaten dieser Partei führt und Wähler mit affektiver Bindung zu einer Partei auch zu den treuesten Parteiwählern zählen (Schmitt-Beck 2011), wird in der folgenden Analyse für die jeweilige Parteiidentifikation statistisch kontrolliert.

Tabelle 1: Einfluss der Bewertung der Spitzenkandidaten auf die Wahlentscheidung 2017

	CDU/ CSU	SPD	AfD	FDP	Die Linke	Die Grünen
Bewertung Merkel	+49[c]	-12[b]	-11[b]	-2	-4[a]	+4[b]
Bewertung Schulz	-17[b]	+36[c]	-3[a]	-7[b]	+1	0
Bewertung Petry	+4	-3	+37[c]	0	-2[c]	-3
Bewertung Lindner	-5	-10[b]	0	+35[c]	-3[a]	-11[c]
Bewertung Wagenknecht	-11[b]	-3	-2	-3	+28[c]	0
Bewertung Özdemir	-12	0	-4[a]	+1	-1	+18[c]
Parteiidentifikation	+50[c]	+50[c]	+27[b]	+42[c]	+23[c]	+41[c]
Nagelkerke R^2	0,56	0,53	0,62	0,42	0,53	0,45
N	2808	2808	2808	2808	2808	2808

Quelle: GLES-Vor- und Nachwahl-Querschnittsbefragung 2017 [Kumulation] (ZA6802)

Anmerkungen: a: p <0,05; b: p <0,01; c: p <0,001 (siehe Anhang 4).

Die Ergebnisse in Tabelle 1 zeigen, wie auch die Analysen für die Bundestagswahlen 2009 und 2013 (Schmitt-Beck 2011; Wagner 2014), dass eine positive Bewertung von Bundeskanzlerin Merkel einen starken Einfluss auf eine Wahlentscheidung für die Union hatte: Für einen Wähler, der Angela Merkel maximal positiv bewertete (+1 „halte sehr viel von diesem Politiker"), stieg die Wahrscheinlichkeit, für die CDU/CSU zu stimmen, um 49 Prozentpunkte gegenüber einem Wähler, der die Bundeskanzlerin maximal negativ bewertete (–1 „halte überhaupt nichts von diesem Politiker"). Die Bewertung von Merkel stellte somit einen gewichtigen Faktor in der Entscheidung für oder gegen die CDU/CSU zu stimmen dar. Für die restlichen Parteien lässt sich, wenn auch in geringerem Ausmaß, zeigen, dass die Bewertung des Spitzenkandidaten einen positiven Einfluss auf die Wahlentscheidung hatte. Interessanterweise übersteigt der Effekt von SPD-Kandidat Schulz nicht den Effekt von anderen Spitzenkandidaten. Mit Ausnahme von Özdemir ist der Effekt einer positiven Bewertung von Schulz mit den Kandidateneffekten von Wagenknecht, Lindner, und Petry vergleichbar (zwischen 28 und 37 Prozentpunkten). Dieser Umstand konnte bereits bei den Bundestagswahlen 2009 und 2013 beobachtet werden (Schmitt-Beck 2011; Wagner 2014): Auch Frank-Walter Steinmeier und Peer Steinbrück schafften es nicht, die Wahrscheinlichkeit einer Stimmabgabe für die SPD über ein mit den übrigen Kandidaten vergleichbares Maß hinaus zu steigern. Insgesamt deutet dies darauf hin, dass es der SPD in keiner der drei Wahlen gelang einen besonders zugkräftigen Spitzenkandidaten zu nominieren.

2017 lässt sich noch ein weiteres Muster beobachten, das ebenfalls 2009 und 2013 beobachtet wurde: keiner der beiden Kanzlerkandidaten konnte substantielle „Koalitionseffekte“ erzeugen. Darunter versteht man beispielsweise eine Stimmabgabe für die FDP, um der positiv wahrgenommenen Angela Merkel eine Koalition mit der FDP zu ermöglichen. Wie in Tabelle 1 ersichtlich, führte eine maximal positive Einschätzung von Merkel nicht zu einer verstärkten Zweitstimmenabgabe für die FDP (im Vergleich zu einer maximal negativen Einschätzung von Merkel). In gleichem Maße konnten aber auch die Grünen oder Die Linke nicht von einer positiven Bewertung von Schulz profitieren. Abstoßungseffekte lassen sich entlang etablierter „ideologischer“ Muster feststellen: Eine positive Bewertung von Merkel machte die Stimme für die SPD um 12, für Die Linke um vier und für die AfD um 11 Prozentpunkte weniger wahrscheinlich. Umgekehrt führte eine positive Bewertung von Schulz zu einer Reduktion der Wahlwahrscheinlichkeit für die Union, die FDP und die AfD. Allerdings führte eine positive Einschätzung von Merkel auch zu einer Erhöhung der Wahrscheinlichkeit für die Grünen zu stimmen. Dies könnte dadurch erklärt werden, dass möglicherweise viele Wähler der Grünen in Bezug auf das Asyl-Thema eine ähnliche Position vertraten wie Merkel. Aus diesem Grund könnten sie die Spitzenkandidatin der CDU/CSU positiv eingeschätzt haben – selbst wenn sie am Wahltag nicht für die Union stimmten.

Hervorzuheben sind an dieser Stelle auch die deutlich erkennbaren Abstoßungseffekte etablierter Kandidaten für die Parteiwahl der AfD: es zeigt sich, dass eine maximal positive Wahrnehmung von Özdemir (-4 Prozentpunkte), Schulz (-3 Prozentpunkte) und in besonderem Maße Merkel (-11 Prozentpunkte), die Wahlwahrscheinlichkeit der AfD minderte. Dieser Befund kann durch den Umstand erklärt werden, dass viele AfD-Wähler aus Protest gegen etablierte Parteien und ihre Kandidaten für diese Partei stimmten. Eine Positivbewertung von Petry erhöhte darüber hinaus die Wahlwahrscheinlichkeit der AfD in stärkerem Maße als die Identifikation mit der AfD (+37 zu +27) – dies war mit Ausnahme der Linken bei keiner anderen Partei der Fall. Da die AfD eine sehr junge Partei ist und sich eine Parteiidentifikation normalerweise langfristig entwickelt, unterstreicht dieses Ergebnis die Bedeutung von Spitzenkandidaten für neue Parteien.

Insgesamt führen die Bewertungen der Spitzenkandidaten und der Parteiidentifikation zu einer akzeptablen Erklärung der Wahlentscheidung. Die Erklärungsgüte jedes Modells (Nagelkerke R^2) erreicht für jede Partei mit Ausnahme der FDP einen Wert von knapp 0,50. Allerdings ist darauf hinzuweisen, dass die Erklärungskraft der Modelle schwächer ausfällt als 2009 und 2013. Dies deutet darauf hin, dass Spitzenkandidaten und Parteiidentifikation eine wichtige Rolle im Wahlentscheidungsprozess der Bürger gespielt haben, diesen aber nicht ausschließlich erklären können.

6.6.4 Der Einfluss der Kanzlerkandidatenbewertung auf das Wahlverhalten

Nicht erst seit den TV-Duellen nimmt das „Kanzlerduell" eine besondere Rolle in der Wahlberichterstattung ein. Ob es auch eine gewichtige Rolle in der Wahlentscheidung der deutschen Bevölkerung gespielt hat, soll im Folgenden untersucht werden. Vorab lässt sich klar sagen, dass Kanzlerin Merkel auch 2017 das Kanzlerduell mit ihrem sozialdemokratischen Herausforderer dominiert hat: 2013 bevorzugten beispielsweise etwa 51 Prozent der Wähler Merkel als Bundeskanzlerin; 2017 lag dieser Wert bei vergleichbaren 55 Prozent. Darüber hinaus gaben 2013 29 Prozent der Wähler an, den sozialdemokratischen Kandidaten (Peer Steinbrück) als Kanzler zu präferieren; 2017 lag dieser Wert von Martin Schulz bei 24 Prozent. Die restlichen ungefähr 25 Prozent der Wähler gaben an, keinen der beiden Kandidaten zu präferieren. Das zwischenzeitliche Umfragehoch von Schulz war somit während des Wahlkampfes bereits verflogen (siehe Kapitel 3.2).

Tabelle 2: Einflüsse der spezifischen Eigenschaftsbewertung auf die Kanzlerpräferenz

	Kanzlerpräferenz für	
	Merkel	Schulz
Durchsetzungsfähigkeit	+13	+14[a]
Vertrauen	+48[c]	+30[c]
Sympathie	+33[c]	+26[c]
Wirtschaftskompetenz	+39[c]	+22[b]
Repräsentiert Partei	-6	0
Parteiidentifikation	+48[c]	+31[c]
Nagelkerke R^2	0,55	0,50
N	1852	1493

Quelle: GLES-Vor- und Nachwahl-Querschnittsbefragung 2017 [Kumulation] (ZA6802).

Anmerkungen: a: $p < 0{,}05$; b: $p < 0{,}01$; c: $p < 0{,}001$ (siehe Anhang 4).

In einem ersten Schritt soll daher zunächst gefragt werden, aufgrund welcher Eigenschaften Wähler einen Kanzlerkandidaten bevorzugten. Tabelle 2 zeigt den Effekt, den die Wahrnehmung der bereits erwähnten Kandidateneigenschaften auf die Wahrscheinlichkeit, Merkel oder Schulz als gewünschten Kanzler anzugeben, hatte. Wiederum wird zusätzlich für die Parteiidentifikation kontrolliert. Wie bereits erwähnt, wurden diese Eigenschaften auch 2017 eher Merkel zugeschrieben, als ihrem SPD-Herausforderer. Mit Ausnahme der Eigenschaft, ob ein Kandidat die Werte der Partei repräsentiert, weisen die Charaktereigenschaften einen positiven Einfluss auf die Kanzlerpräferenz auf. Das bedeutet, dass beispielsweise die Wahrscheinlichkeit Merkel als Kanzlerin zu präferieren um ungefähr 48 Prozentpunkte stieg, wenn ein Wähler sie als sehr vertrauenswürdig wahrnahm (verglichen mit einem Wähler, der sie als nicht vertrauenswürdig wahrnahm). Für beide Kandidaten war Integrität der wichtigste Grund, warum ein Wähler diesen Kandidaten bevorzugte. Während die Einschätzung, ob ein Kandidat eine sympathische Ausstrahlung hat, vergleichbare Effekte auf die Kanzlerpräferenz beider Kandidaten hatte (33 und 26 Prozentpunkte), konnte Merkel in deutlich stärkerem Maße von ihrer Wirtschaftskompetenz profitieren. Wie auch für 2013 (aber im Unterschied zu 2009) ließ sich für beide Kandidaten ein schwacher Effekt ihrer wahrgenommenen Durchsetzungsfähigkeit feststellen.

2009 und 2013 wurden bei der Analyse der Kanzlerpräferenzen zwei dominante Muster festgehalten (Schmitt-Beck 2011; Wagner 2014), die sich auch 2017 beobachten lassen: Erstens wurde die Amtsinhaberin auf allen Imagedimensionen positiver wahrgenommen als der Herausforderer; zweitens erhöhten die einzelnen Dimensionen die Wahrscheinlichkeit, Merkel als Kanzlerin zu bevorzugen, in stärkerem Maße als bei Schulz: Beispielsweise stieg die Wahrscheinlichkeit, Merkel als Kanzlerin zu bevorzugen, zwischen Wählern, die sie als nicht vertrauenswürdig betrachteten, und Wählern, die Merkel als sehr vertrauenswürdig betrachteten, um 48 Prozentpunkte; bei Schulz stieg diese Wahrscheinlichkeit jedoch nur um 30 Prozentpunkte. Eine mögliche Erklärung dieser Unterschiede kann in dem Umstand gefunden werden, dass die wahrgenommenen Eigenschaften eines Herausforderers immer nur einen „Vorschuss" darstellen, während sie bei Amtsinhabern auf der tatsächlich beobachteten Leistung aufgebaut werden können. In diesem Sinne könnten die Charaktereigenschaften von Merkel einen stärkeren Effekt aufweisen, da sich Wähler in ihrer Einschätzung von Merkels Wirtschaftskompetenz oder Vertrauenswürdigkeit sicherer sind als in ihrer Einschätzung von Schulz.

Abschließend muss allerdings erneut betont werden, dass die Vorhersagekraft der Modelle 2017 schwächer ausfällt als in den beiden vorangegangenen Bundestagswahlen: Charaktereigenschaften und auch Parteiidentifikation sagen die Kanzlerpräferenz eines Wählers in schwächerem Maße voraus als das 2009 und 2013 der Fall war. Dies könnte darauf hindeuten, dass vielen Wählern die Bildung von Kanzlerpräferenzen schwerer fiel als noch in den Wahlen davor. An dieser Stelle ist es auch von Interesse, dass eine affektive Bindung an die SPD einen deutlich schwächeren Effekt darauf hatte, ob ein Wähler Schulz als Kanzler präferierte, als noch in 2013. So scheint es, dass eine Kanzlerpräferenz für Schulz unter Wählern, die der SPD nahestehen, weniger klar war als dies für Steinbrück oder Steinmeier der Fall war.

Die recht eindeutige Kanzlerpräferenz zugunsten von Merkel spiegelt sich schlussendlich auch im Wahlverhalten wider. Tabelle 3 zeigt Unterschiede in der Wahrscheinlichkeit für eine Partei zu stimmen, wenn Wähler mit einer Kanzlerpräferenz für Merkel beziehungsweise für den Herausforderer Schulz mit Wählern ohne Kanzlerpräferenz (Referenzkategorie) verglichen werden.

Tabelle 3: Einfluss der Kanzlerpräferenz auf die Wahlentscheidung 2017

Kanzlerpräferenz	CDU/CSU	SPD	AfD	FDP	Die Linke	Die Grünen
Merkel	+30[c]	-5	-8[c]	+3	-4[a]	-1
Schulz	-7[a]	+22[c]	-7[b]	-4[a]	-3	0
Parteiidentifikation	+49[c]	+50[c]	+64[c]	+69[c]	+68[c]	+49[c]
Nagelkerke R^2	0,56	0,49	0,40	0,30	0,48	0,28
N	1790	1790	1790	1790	1790	1790

Quelle: GLES-Vor- und Nachwahl-Querschnittsbefragung 2017 [Kumulation] (ZA6802).

Anmerkungen: a: $p < 0{,}05$; b: $p < 0{,}01$; c: $p < 0{,}001$ (siehe Anhang 4).

Die Wahrscheinlichkeit für die Union zu stimmen, stieg unter Wählern, die Merkel als künftige Kanzlerin bevorzugten, um 30 Prozentpunkte gegenüber Wählern ohne Kanzlerpräferenz; umgekehrt sank die Wahrscheinlichkeit einer Stimme für die Union unter Wählern, die sich Martin Schulz als möglichen Kanzler wünschten, um sieben Prozentpunkte. Diese Ergebnisse decken sich mit der Analyse in Tabelle 1 und unterstreichen die positive Rolle von Merkel für das Wahlergebnis der Union. Für die SPD zeigt sich ein ähnliches Bild, wenn auch auf schwächerem Niveau: wurde der SPD-Kandidat als Kanzler gewünscht, stieg die Wahlwahrscheinlichkeit für die SPD um 22 Prozentpunkte (gegenüber einem Wähler, der keinen der beiden Kandidaten bevorzugte). Ob ein Wähler keine Kanzlerpräferenz hatte oder Merkel bevorzugte, hatte allerdings keinen Effekt auf die SPD-Parteiwahl. Die SPD konnte daher 2017 nur von Wählern mit expliziter Kanzlerpräferenz für Schulz profitieren. Unter den Oppositionsparteien ließen sich, wie auch 2013, nur vereinzelt Kanzler-Effekte messen: Insbesondere die AfD wurde von Bürgern gewählt, die sich weder Schulz noch Merkel als Kanzler oder Kanzlerin wünschten.

Wie schon die Erklärungskraft der allgemeinen Kandidatenbewertungen, scheint auch die Erklärungskraft der Kanzlerpräferenz für die Parteiwahl im Vergleich zur vorangegangenen Bundestagswahl zurückgegangen zu sein. So liegt das Gütemaß Nagelkerke R^2 bei allen Parteien etwa 0,1 bis 0,2 Punkte unter den Werten von 2013, was darauf hindeutet, dass die Wahlentscheidung 2017 in vergleichsweise geringerem Ausmaß von der Wahrnehmung der Spitzenkandidaten beeinflusst wurde. Alternativ könnte allerdings auch eine geringere Erklärungskraft der Parteiidentifikation im Jahr 2017 für einen solchen Rückgang der Modellgüte verantwortlich sein. Ein Vergleich des Einflusses der Kanzlerpräferenz auf die Parteiwahl für die Bundestagswahlen 2013 und 2017 unter Ausschluss der Parteiidentifikation (hier nicht abgebildet) untermauert jedoch die ursprüngliche Vermutung. Das Gütemaß Nagelkerke R^2 liegt auch hier für alle Parteien – bis auf die FDP – unter den Werten von 2013.

6.6.5 Fazit

Wie schon zu den Bundestagswahlen 2009 und 2013 spielten Kandidateneffekte auch 2017 eine bedeutende, wenn auch im Vergleich zu den zurückliegenden Jahren geringere Rolle für die Erklärung des Wahlverhaltens. Generell übten alle Spitzenkandidaten der untersuchten Parteien einen positiven Effekt auf die Wahrscheinlichkeit der Wahlentscheidung für ihre Partei aus. Die amtierende Bundeskanzlerin Angela Merkel profitierte offensichtlich auch diesmal von ihrem Amtsbonus, während ihr Herausforderer Martin Schulz von der SPD in allen Belangen unterlegen war. Er wurde nicht nur als einziger Spitzenkandidat aller Parteien negativer bewertet als die eigene Partei, sondern vermochte auch nicht die Wahlwahrscheinlichkeit der SPD entscheidend zu steigern. Auch auf allen Imagedimensionen wurde Merkel besser eingeschätzt als Schulz und sie konnte diese Eigenschaften auch stärker für ihre Kanzlerpräferenz nutzen. Wobei hier, wie auch in vergangenen Jahren, politiknahe Eigenschaften relevanter für die Erklärung der Kanzlerpräferenz waren, als politikferne Eigenschaften – obwohl Sympathie die zweitwichtigste Kandidateneigenschaft für die Erklärung einer Kanzlerpräferenz für Schulz war. Da Parteiidentifikation in allen Erklärungsmodellen eine wichtige Rolle spielt und die Erklärungskraft aller Modelle nicht sonderlich hoch ausfällt, liegt auf der Hand, dass weitere, über die Kandidateneffekte hinausgehende, Faktoren für eine Erklärung des Wahlverhaltens bei der Bundestagswahl 2017 zu suchen sind. Diese Untersuchung reiht sich mit ihrem Fazit also in vergangene Arbeiten ein, indem auch die hier dargelegten Ergebnisse keinerlei Indiz für eine allgemeine oder spezifische Personalisierung des Wahlverhaltens liefern.

Literatur

Adam, Silke/Maier, Michaela 2010: Personalization of Politics: A Critical Review and Agenda for Research, in: Salmon, Charles T., Hg., Communication Yearbook 34, New York, Abingdon: Routledge, 213-257.

Brettschneider, Frank 2002: Spitzenkandidaten und Wahlerfolg: Personalisierung – Kompetenz – Parteien: Ein internationaler Vergleich, Wiesbaden: VS.

Campbell, Angus/Converse, Philip E./Miller, Warren E./Stokes, Donald E. 1960: The American Voter, New York: Wiley.

Klein, Markus/Ohr, Dieter 2001: Die Wahrnehmung der politischen und persönlichen Eigenschaften von Helmut Kohl und Gerhard Schröder und ihr Einfluß auf die Wahlentscheidung bei der Bundestagswahl 1998, in: Klingemann, Hans-Dieter/Kaase, Max, Hg., Wahlen und Wähler, Wiesbaden: Westdeutscher Verlag, 91–132.

Lass, Jürgen 1995: Vorstellungsbilder über Kanzlerkandidaten: Zur Diskussion um die Personalisierung von Politik, Wiesbaden: DUV.

Pappi, Franz U./Shikano, Susumu 2001: Personalisierung der Politik in Mehrparteiensystemen am Beispiel deutscher Bundestagswahlen seit 1980, in: Politische Vierteljahresschrift 42: 355–387.

Schmitt-Beck, Rüdiger 2011: Spitzenkandidaten. in: Rattinger, Hans/Roßteutscher, Sigrid/Schmitt-Beck, Rüdiger/Weßels, Bernhard/Bieber, Ina/Blumenstiel, Jan E./ Bytzek, Evelyn/Faas, Thorsten/Huber, Sascha/Krewel, Mona/Maier, Jürgen/ Rudi, Tatjana/Scherer, Philipp/Steinbrecher, Markus/Wagner, Aiko/Wolsing, Ansgar, Hg., Zwischen Langeweile und Extremen: Die Bundestagswahl 2009, Baden-Baden: Nomos 205-221.

Schoen, Harald 2014: Wahlkampfforschung, in: Falter, Jürgen W./Schoen, Harald, Hg., Handbuch Wahlforschung, Wiesbaden: Springer VS, 661–728.

Wagner, Aiko/Weßels, Bernhard 2012: Kanzlerkandidaten: Wie beeinflussen sie die Wahlentscheidung?, in: Schmitt-Beck, Rüdiger, Hg., Wählen in Deutschland: Sonderheft PVS 45/2011, Baden-Baden: Nomos, 345–370.

Wagner, Aiko 2014: Spitzenkandidaten, in: Schmitt-Beck, Rüdiger/Rattinger, Hans/ Roßteutscher, Sigrid/Weßels, Bernhard/Wolf, Christof/Bieber, Ina/Blumenberg Manuela S./Blumenstiel, Jan E./Faas, Thorsten/Förster, André/Giebler, Heiko/ Glogger, Isabella/Gummer, Tobias/Huber, Sascha/Krewel, Mona/Lamers, Patrick/Maier, Jürgen/Partheymüller, Julia/Plischke, Thomas/Roßmann, Joss/ Schäfer, Anne/Scherer, Philipp/Steinbrecher, Markus/Wagner, Aiko/Wiegand, Elena, Hg., Zwischen Fragmentierung und Konzentration: Die Bundestagswahl 2013, Baden-Baden: Nomos 267–279.

6.7 Wirtschaftliche Entwicklung

Irina Bauer und Joss Roßmann

6.7.1 Einleitung

Wirtschaftliche Themen spielten in der Vergangenheit sowohl im Wahlkampf der Parteien als auch bei der Wahlentscheidung der Bürger eine Rolle (z.B. Duch/Stevenson 2008; Steinbrecher/Rattinger 2011; Steinbrecher 2014). Es ist daher anzunehmen, dass auch bei der Bundestagswahl 2017 die wirtschaftliche Lage in Deutschland einen Einfluss darauf hatte, für welche Partei die Wähler ihre Stimme letztendlich abgegeben haben. Die Wahl zum Deutschen Bundestag 2017 stand hierbei im Zeichen eines stetigen und umfassenden wirtschaftlichen Aufschwungs mit steigendem Bruttoinlandsprodukt und zunehmenden Exporten bei gleichzeitig sinkenden Arbeitslosenzahlen und steigenden privaten Konsumausgaben (Bundesministerium für Wirtschaft und Energie 2018). Die wirtschaftliche Lage zum Zeitpunkt der vergangenen Bundestagswahl stand somit im Kontrast zur schweren globalen Finanz- und Wirtschaftskrise 2008/2009 und der sich ab 2010 anbahnenden Eurokrise, welche die Bundestagswahlen 2009 und 2013 prägten. In Anbetracht der starken Fokussierung der politischen Debatten zur Bundestagswahl 2017 auf die Themen Zuwanderung und Sozialpolitik erscheint es daher wenig verwunderlich, dass das Thema wirtschaftliche Entwicklung in der öffentlichen Wahrnehmung eine vergleichsweise kleinere Rolle spielte als bei den vorhergehenden Bundestagswahlkämpfen (siehe Kapitel 6.5). Insbesondere für die Regierungsparteien ergab sich somit zur Wahl 2017 eine bemerkenswerte Situation: Obwohl die Entwicklung und auch der Zustand der Wirtschaft sehr gut waren, spielte die wirtschaftliche Situation in der öffentlichen Wahrnehmung eine geringe Rolle, was es wiederum fraglich erscheinen ließ, inwieweit die Wähler die Parteien in der Regierungskoalition für ihre Verdienste um die wirtschaftliche Entwicklung belohnen würden. Vor diesem Hintergrund untersucht dieses Kapitel in vergleichender Perspektive, wie die Wahlberechtigten in Deutschland die wirtschaftliche Lage bei der aktuellen sowie den vorangegangenen Bundestagswahlen wahrnahmen und wie sich die Bewertungen der Wähler auf ihr Wahlverhalten auswirkten.

Im Folgenden werden zunächst theoretische Ansätze skizziert, die die Bedeutung von Bewertungen der wirtschaftlichen Lage für die Wahlentscheidung der Bürger erklären. Anschließend werden die für die Analyse verwendeten Indikatoren für die Wirtschaftswahrnehmungen der Wahlberechtigten vorgestellt und im Zeitverlauf betrachtet. Gegenstand der nachfolgenden Ausführungen sind die Analyseergebnisse, wie die Einschätzungen und Bewertungen der wirtschaftlichen Entwicklung die Wahlentscheidung für oder gegen eine Partei beeinflussen. Dieser Einfluss wird darüber hinaus auch in Abhängigkeit davon betrachtet, ob den Regierungsparteien die Verantwortung für die Wirtschaftslage zugeschrieben wird oder nicht. Anschließend werden die Wahrnehmungen der wirtschaftlichen Lage und ihr Einfluss auf das Wahlverhalten bei den Bundestagswahlen 2009, 2013 und 2017 in vergleichender Perspektive betrachtet. Abschließend werden die wichtigsten Erkenntnisse noch einmal zusammengefasst.

6.7.2 Theoretische Ansätze zur Erklärung des Einflusses wirtschaftlicher Wahrnehmungen auf die Wahlentscheidung

Es ist eine bewährte Annahme in der Wahlforschung, dass Wahrnehmungen und Bewertungen der wirtschaftlichen Lage die Wahlentscheidung zwar nicht in dem Maße beeinflussen wie die Parteiidentifikation oder ideologische Grundüberzeugungen der Wahlberechtigten, sie aber dennoch oftmals eine größere Rolle spielen als andere politische Sachfragen (Arzheimer/Schmitt 2005). Entsprechend hat die Wahlforschung unterschiedliche theoretische Ansätze hervorgebracht, um zu erklären, wie die Wahrnehmungen und Bewertungen der wirtschaftlichen Lage die Wahlentscheidungen der Bürger beeinflussen (z.B. Duch/Stevenson 2008; Nadeau et al. 2013; Rattinger/Steinbrecher 2011). Die Antiregierungshypothese (Arzheimer/Schmitt 2005; Steinbrecher 2014; Steinbrecher/Rattinger 2011) besagt, dass die Bürger die Regierung bei Wahlen für wirtschaftliche Krisen bestrafen, was der Opposition nutzt, während sie die Verbesserung der wirtschaftlichen Entwicklung und eine allgemein gute wirtschaftliche Lage mit der Abgabe ihrer Stimmen für die Regierungsparteien belohnen (Arzheimer/Schmitt 2005; Kramer 1971; Lewis-Beck/Stegmaier 2000). Angesichts der sehr guten Wirtschaftslage in Deutschland zum Zeitpunkt der Bundestagswahl wäre gemäß dieser Hypothese die Wiederwahl der Koalitionsregierung aus CDU, CSU und SPD zu erwarten gewesen.

Dementgegen betonen die nachfolgend vorgestellten Hypothesen die Bedeutung des Bezugsrahmens der wirtschaftlichen Wahrnehmungen (eigene oder allgemeine Lage) für die Wahlentscheidung. Die Persönliche Erfahrungshypothese (Steinbrecher 2014) besagt, dass die eigene wirtschaftliche Lage für das politische Verhalten der Bürger ausschlaggebend ist. So wirken sich beispielsweise individuelle Erfahrungen von Arbeitslosigkeit oder eine Verschlechterung der eigenen finanziellen Situation auf die Wahlentscheidung aus. Gemäß der Nationalen Bewertungshypothese (Steinbrecher 2014) hingegen hat die allgemeine wirtschaftliche Lage stärkere Auswirkungen auf die Wahlentscheidung als die individuelle wirtschaftliche Situation (Rattinger 1986; Kinder/Kiewiet 1979).

Sowohl die Persönliche Erfahrungshypothese als auch die Nationale Bewertungshypothese lassen sich mit der Antiregierungshypothese verknüpfen (Steinbrecher 2014; Steinbrecher/Rattinger 2011). Diejenigen Bürger, die eine Verschlechterung ihrer individuellen wirtschaftlichen Situation erfahren haben oder sich in einer insgesamt schlechten wirtschaftlichen Lage befinden, sollten die Regierung für diese Lage verantwortlich machen und die Regierungsparteien bei der Wahl abstrafen. Im Gegensatz dazu sollte eine gute persönliche wirtschaftliche Lage begünstigen, dass Bürger einer der Regierungsparteien ihre Stimme geben. Die insgesamt sehr gute wirtschaftliche Entwicklung in Deutschland im Jahr 2017 mit gesunkenen Arbeitslosenzahlen sollte daher für viele Bürger eine positive wirtschaftliche Situation bedeutet haben, sodass bei der Bundestagswahl eine günstige Ausgangslage für die Regierungsparteien zu erwarten war. Auch aus der Verbindung der Annahmen der Nationalen Bewertungshypothese und der Antiregierungshypothese folgt die Erwartung, dass die Regierungsparteien von der sehr guten allgemeinen Wirtschaftslage hätten profitieren sollen. Die Forschung zum Einfluss wirtschaftlicher Wahrnehmungen auf die Wahlentscheidung liefert allerdings auch die Erkenntnis, dass die Wähler im Allgemeinen stärker auf negative wirtschaftliche Veränderungen reagieren als auf positive Entwicklungen (Arzheimer/Schmitt 2005). Demnach wäre angesichts des guten Zustands und der positiven Entwicklung der wirtschaftlichen Lage in Deutschland anzunehmen, dass die wirtschaftlichen Einschätzungen bei der Bundestagswahl 2017 eine vergleichsweise schwächere Rolle für die Wahlentscheidung der Wähler gespielt haben sollten. In Verbindung mit der im Vergleich zu vorhergehenden Wahlen schwachen Thematisierung der wirtschaftlichen Entwicklung in der öffentlichen Debatte führte dies insbesondere für die Regierungsparteien zu der paradoxen Situation, dass sie bei der Bundestagswahl

2017 nur in geringem Maße von der sehr guten Entwicklung der wirtschaftlichen Lage zu profitieren hoffen konnten.

6.7.3 Wirtschaftswahrnehmungen der Wahlberechtigten zu den Bundestagswahlen 2009 – 2017

Im Folgenden werden die Wirtschaftswahrnehmungen der Wahlberechtigten zu den Bundestagswahlen 2009, 2013 und 2017 untersucht. Die verwendeten Daten der Deutschen Wahlstudie (GLES) bilden verschiedene wirtschaftliche Wahrnehmungen der befragten Wahlberechtigten ab. Die Umfrageteilnehmer bewerteten dafür zu jeder Bundestagswahl sowohl ihre eigene aktuelle wirtschaftliche Lage als auch die gegenwärtige allgemeine Wirtschaftssituation in Deutschland. Neben ihrer Einschätzung der aktuellen wirtschaftlichen Situation wurden sie zudem um die Bewertung der eigenen und der allgemeinen Wirtschaftslage in den vergangenen zwei Jahren (retrospektive Bewertung) und um eine Einschätzung zur Entwicklung der eigenen und allgemeinen Wirtschaftslage im folgenden Jahr (prospektive Bewertung) gebeten. Diese insgesamt sechs Indikatoren der individuellen Wirtschaftswahrnehmung wurden für die folgenden Analysen auf einen Wertebereich zwischen minus eins und plus eins normiert. Neben starken und schwachen negativen Bewertungen (negativer Wertebereich) beziehungsweise starken und schwachen positiven Bewertungen (positiver Wertebereich), konnten die befragten Bürger auch eine neutrale Einschätzung (Werte von null) abgeben. Tabelle 1 berichtet die Mittelwerte für diese Indikatoren der Wahrnehmung der wirtschaftlichen Lage in den Wahljahren 2009, 2013 und 2017.

Tabelle 1: Wirtschaftswahrnehmungen der Bürger in den Wahljahren 2009, 2013 und 2017

	Mittelwerte		
	2009	2013	2017
Eigene Lage, aktuell	0,04	0,21	0,34
Eigene Lage, retrospektiv	-0,19	-0,04	0,08
Eigene Lage, prospektiv	-0,05	0,03	0,08
Verantwortlichkeit eigene Lage, retrospektiv[1]	0,56	0,52	0,44

	Mittelwerte		
	2009	2013	2017
Allgemeine Lage, aktuell	-0,29	0,20	0,47
Allgemeine Lage, retrospektiv	-0,47	-0,01	0,14
Allgemeine Lage, prospektiv	-0,08	-0,02	0,02
Verantwortlichkeit allg. Lage, retrospektiv[1]	0,63	0,63	0,62
Europäische Lage, aktuell	nicht erhoben	-0,27	-0,03

Quelle: GLES-Vor- und Nachwahl-Querschnittsbefragung 2009 [Kumulation] (ZA5302), GLES-Vor- und Nachwahl-Querschnittsbefragung 2013 [Kumulation] (ZA5702), GLES-Vor- und Nachwahl-Querschnittsbefragung 2017 [Kumulation] (ZA6802).

Anmerkungen: 1: Skaliert auf einen Wertebereich von 0 bis 1; alle anderen auf einen Wertebereich von -1 bis +1.

Während die Wahl zum Deutschen Bundestag 2009 durch die schwere globale Finanz- und Wirtschaftskrise (Steinbrecher/Rattinger 2011) und die Bundestagswahl 2013 durch die sich anschließend entwickelnde europäische Schuldenkrise mit finanziellen Rettungsmaßnahmen für Griechenland, Spanien, Portugal und andere europäische Staaten geprägt war (Steinbrecher 2014), stand die Wahl zum Deutschen Bundestag 2017 im Zeichen einer vergleichsweisen Entspannung in den von der europäischen Wirtschaftskrise betroffenen Staaten sowie der sehr guten wirtschaftlichen Entwicklung in Deutschland. Diese unterschiedlichen Ausgangslagen in den Wahljahren 2009, 2013 und 2017 sollten sich entsprechend in den Wahrnehmungen und Bewertungen der wirtschaftlichen Lage seitens der Bürger sowie im Einfluss jener Bewertungen auf das Wahlverhalten der Wählerinnen und Wähler niederschlagen.

Der anhaltende wirtschaftliche Aufschwung im Vorfeld der Bundestagswahl 2017 lässt sich auch in den mittleren Einschätzungen der wirtschaftlichen Lage in Tabelle 1 klar erkennen: So weisen für das Wahljahr 2017 sowohl die Indikatoren der retrospektiven, der aktuellen und der prospektiven Bewertung der eigenen als auch der allgemeinen wirtschaftlichen Lage in Deutschland positive Werte auf. Wie der Vergleich der Werte aus dem Jahr 2017 mit denen aus den Wahljahren 2009 und 2013 zeigt, spiegeln sich die zuvor skizzierten Unterschiede in der wirtschaftlichen Ausgangslage deutlich in der Wahrnehmung und den Einschätzungen der Bürger wider. Während die aktuelle persönliche Wirtschaftslage von den Wahlberechtigten im Jahr 2009 mit 0,04 Punkten mittelmäßig eingeschätzt wurde, war die Bewertung in den Jahren 2013 mit 0,21 und 2017 mit 0,34 Punkten deutlich besser. Noch klarer zeigt sich dieser Anstieg für die Einschätzung der allgemeinen wirtschaftlichen Lage: Im Jahr 2009 wurde sie mit -0,29 noch sehr negativ bewertet, stieg 2013 aber deutlich auf einen Wert von 0,20 an und liegt 2017 bei 0,47 Punkten. Die wahlberechtigten Bürger nahmen also bei der allgemeinen Wirtschaftslage eine etwas stärker positive Entwicklung wahr als bei ihrer eigenen wirtschaftlichen Situation. Auch die retrospektive Bewertung der Entwicklung der eigenen Wirtschaftslage weist einen positiven Trend auf. Während im Jahr 2009 noch eine deutlich negative Entwicklung wahrgenommen wurde, war sie im Jahr 2013 nur leicht negativ und 2017 leicht positiv. Es zeigt sich, dass für 2017 sowohl die eigene als auch die allgemeine aktuelle Wirtschaftssituation im Schnitt stärker positiv bewertet wurde als die retrospektiven und prospektiven Einschätzungen zu diesen Indikatoren. Dies deutet darauf hin, dass die Wirtschaftslage in Deutschland von den Wahlberechtigten in den vergangenen zwei Jahren als konstant gut aufgefasst und weder eine deutliche Verbesserung noch Verschlechterung für das kommende Jahr erwartet wurde. Auch kann ein nicht ganz so stark ausgeprägter positiver Trend über die drei Wahljahre bei der prospektiven Bewertung der wirtschaftlichen Entwicklung beobachtet werden: Wurde im Jahr 2009 der Tendenz nach eine leicht negative Entwicklung erwartet, waren die Erwartungen in den Jahren 2013 und 2017 im schwachen positiven Bereich.

In der Forschung zu Politik und Wahlen wird davon ausgegangen, dass das Wahlverhalten der Bürger stärker von wirtschaftlichen Bewertungen beeinflusst wird, wenn für den Zustand und die Entwicklung der Wirtschaftslage ein zentraler politischer Akteur verantwortlich gemacht werden kann. Daher wurden die wahlberechtigten Bürger zusätzlich danach gefragt, wie stark die Bundesregierung ihrer Meinung nach für die eigene und allgemeine wirtschaftliche Entwicklung verantwortlich ist. Die Antwortverteilungen dieser beiden Variablen sind auf einen Wertebereich zwischen null (überhaupt nicht verantwortlich) und eins (sehr stark verantwortlich) normiert. Laut Einschätzung der Wahlberechtigten war die Bundesregierung für die Entwicklung der allgemeinen wirtschaftlichen Lage stärker verantwortlich als für die der eigenen wirtschaftlichen Situation.

Bemerkenswert ist die mit der verbesserten Einschätzung der eigenen wirtschaftlichen Lage einhergehende abnehmende Verantwortungszuweisung an die Regierung: Je besser die Wahlberechtigten die Entwicklung ihrer wirtschaftlichen Lage einschätzten, desto weniger stark scheinen sie diese Entwicklung dem Handeln der Regierung zuzuschreiben. Diese Beobachtung kann hingegen nicht für die Bewertung der allgemeinen Wirtschaftslage gemacht werden. Obgleich der positive Trend bei der Einschätzung der aktuellen allgemeinen Wirtschaftslage als auch ihrer retrospektiven Bewertung noch deutlich ausgeprägter ist als bei der eigenen Wirtschaftssituation, wurde die Regierung in gleichbleibend hohem Maße für die Entwicklung der allgemeinen wirtschaftlichen Lage verantwortlich gemacht.

Ebenfalls der eingangs skizzierten Ausgangslage entsprechend, wurde die aktuelle europäische Wirtschaftslage von den wahlberechtigten Bürgern im Jahr 2017 im Vergleich zu 2013 als deutlich weniger negativ wahrgenommen. Dennoch wurde sie – wie schon im Jahr 2013 – auch 2017 vergleichsweise am schlechtesten bewertet: Als einziger Indikator, der einen negativen Wert aufweist, steht die gegenwärtige Situation der europäischen Wirtschaft im Kontrast zu den ansonsten sehr positiven Einschätzungen zur Wirtschaftslage im Wahljahr 2017. Mit anderen Worten bewerteten die wahlberechtigten Bürger die Lage der europäischen Wirtschaft im Vergleich mit der Wirtschaftslage in Deutschland als deutlich weniger gut, was als Hinweis auf die anhaltenden wirtschaftlichen Probleme einiger europäischer Länder interpretiert werden kann.

Alles in allem zeigt sich, dass sich die globale Finanz- und Wirtschaftskrise im Vorfeld der Bundestagswahl 2009 sehr deutlich in Wahrnehmungen ökonomischer Unsicherheit bei den wahlberechtigten Bürgern niederschlug. Obwohl sich Deutschland im Jahr 2013 bereits gut von der globalen Finanz- und Wirtschaftskrise 2008/2009 erholt hatte, waren die Einschätzungen der wirtschaftlichen Lage durch die europäische Schuldenkrise beeinflusst. Diese betraf Deutschland jedoch eher indirekt, was die vergleichsweise schlechtere Bewertung der europäischen im Vergleich zur deutschen Wirtschaftslage andeutet. Im Zuge des anhaltenden konjunkturellen Aufschwungs im Vorfeld der Bundestagswahl 2017 könnten diese Erinnerungen zunehmend verblasst sein, sodass die sehr gute wirtschaftliche Lage in Deutschland die Wirtschaftswahrnehmungen der Wahlberechtigten nachhaltig prägte.

6.7.4 Der Einfluss wirtschaftlicher Wahrnehmungen auf die Wahlentscheidung

In Tabelle 2 wird der Einfluss von Wirtschaftswahrnehmungen auf die Wahlentscheidung der wahlberechtigten Bürger bei der Bundestagswahl 2017 dargestellt. Mithilfe logistischer Regressionsmodelle werden die vermuteten Zusammenhänge geprüft. Die Parteiidentifikation erweist sich als entscheidender Faktor, wenn es um die Wahlentscheidung geht: Die Wahrscheinlichkeit, eine der hier betrachteten Parteien zu wählen, erhöhte sich für Wähler, die sich mit ebendieser Partei identifizieren um durchschnittlich 59 bis 79 Prozentpunkte. Doch auch wirtschaftliche Bewertungen hatten einen Einfluss darauf, welche Partei die Stimme der Wähler bekam. Lediglich für die Wahl der Linken waren wirtschaftliche Wahrnehmungen nicht relevant.

Tabelle 2: Einfluss der wirtschaftlichen Wahrnehmungen auf die Wahlentscheidung

	CDU/ CSU	SPD	AfD	FDP	Linke	Grüne
Eigene Lage, aktuell	+11[a]	-12[a]	-4	+3	-3	+4
Eigene Lage, retrospektiv	+6	+1	-2	-2	-1	-2
Eigene Lage, prospektiv	-7	-7	-1	+2	+2	+3
Allg. Lage, aktuell	-8	-7	-2	+7[b]	-1	+5[a]
Allg. Lage, retrospektiv	+18[b]	-6	-3	+2	+2	-3
Allg. Lage, prospektiv	+7	+10	-7[a]	-4	+5	-2
Parteiidentifikation	+66[c]	+65[c]	+79[c]	+73[c]	+69[c]	+59[c]
Nagelkerke R^2	0,51	0,46	0,37	0,29	0,40	0,36
N	3345	3345	3345	3345	3345	3345

Quelle: GLES-Vor- und Nachwahl-Querschnittsbefragung 2017 [Kumulation] (ZA6802).

Anmerkungen: a: p <0,05; b: p <0,01; c: p <0,001 (siehe Anhang 4).

Für die Wahl der Unionsparteien bestätigt sich die Annahme, dass eine von den Wählern positiv wahrgenommene wirtschaftliche Lage den Amtsinhabern bei der Wahl zugutekommt: Wurde die Entwicklung der allgemeinen Wirtschaftslage in den letzten Jahren positiv wahrgenommen, stieg die Wahrscheinlichkeit, CDU/CSU mit dem Kreuz auf dem Stimmzettel zu belohnen, um 18 Prozentpunkte. Zudem wiesen Wähler, die ihre aktuelle wirtschaftliche Lage positiv einschätzten, eine um elf Prozentpunkte höhere Wahrscheinlichkeit auf, CDU/CSU zu wählen. Diese Befunde entsprechen sowohl der Nationalen Bewertungshypothese als auch der Persönlichen Erfahrungshypothese, da beide Bezugsebenen die Wahlentscheidung beeinflussten. Die Wahrscheinlichkeit SPD zu wählen, verringerte sich hingegen bei positiver Wahrnehmung der eigenen wirtschaftlichen Lage um zwölf Prozentpunkte. Auf Basis der Annahme, dass die Regierung von einer guten wirtschaftlichen Lage profitiert, wären jedoch auch für die SPD als Regierungspartei in der Großen Koalition deutliche Effekte auf das Wahlergebnis zu erwarten gewesen. Dies kann als ein Indiz dafür gewertet werden, dass es der SPD im Gegensatz zu den Unionsparteien nicht gelungen ist, das Wirtschaftswachstum in den Köpfen der Wähler auf die Arbeit der Sozialdemokraten zurückzuführen. Von negativen Zukunftsaussichten der Wähler in Bezug auf die allgemeine Wirtschaftslage konnte die AfD profitieren: Die Wahrscheinlichkeit, diese Partei zu wählen, erhöhte sich für Wähler, die glaubten, dass die allgemeine wirtschaftliche Lage in einem Jahr schlechter sein wird, um sieben Prozentpunkte. Eine positive Wahrnehmung der gegenwärtigen allgemeinen Wirtschaftslage nutzte zudem sowohl der FDP als auch den Grünen. Für Wähler, die die allgemeine wirtschaftliche Situation sehr gut einschätzten, erhöhte sich die Wahrscheinlichkeit der Wahlentscheidung für die FDP um sieben und für die Grünen um fünf Prozentpunkte. Es zeigt sich also, dass die gute wirtschaftliche Lage auch für einige der Oppositionsparteien die Wahlchancen erhöht hat.

Wie zuvor gezeigt wurde, spielt die Einschätzung, ob die Bundesregierung für die wirtschaftliche Entwicklung verantwortlich ist, ebenfalls eine Rolle bei Wahlentscheidungen. Tabelle 3 untersucht den Einfluss der Wirtschaftswahrnehmungen auf die Wahlentscheidung bei der Bundestagswahl 2017 in Abhängigkeit davon, ob die Wähler die Regierungsparteien für die eigene und die allgemeine wirtschaftliche Lage verantwortlich machten oder nicht (für entsprechende Analysen zu den Bundestagswahlen 2009 und 2013 siehe Steinbrecher/Rattinger 2011; Steinbrecher 2014).

Tabelle 3: *Einfluss von Wirtschaftswahrnehmungen auf Wahlentscheidungen, differenziert nach Verantwortungszuweisung für die allgemeine und eigene wirtschaftliche Lage zur Bundesregierung*

	CDU/ CSU		SPD		AfD		FDP		Linke		Grüne	
	0	1	0	1	0	1	0	1	0	1	0	1
Eigene Lage, aktuell	+4	+23	-26[a]	-2	+5[a]	-16	+4	+4	+2	-2	0	-2
Eigene Lage, retrospektiv	-10	+37[a]	-14	-5	+5	-6	+5	-15	-1	-5	-3	+4
Eigene Lage, prospektiv	0	-32	-17	+7	0	-1	0	+1	+1	+9	+6	-2
Allg. Lage, aktuell	-14	-1	+1	-15	-2	-9	+1	+11[a]	+6[a]	-6	+5	+6[b]
Allg. Lage, retrospektiv	+14	+32[a]	-3	-4	-4	+5	+1	-1	0	+1	-5	-14
Allg. Lage, prospektiv	-10	-10	+15	+8	-3	-8	-9	+3	+16[a]	0	+2	-3
Parteiidentifikation	+67[c]	+62[c]	+67[c]	+61[c]	+89[c]	+64[c]	+68[c]	+72[c]	+67[c]	+77[c]	+68[c]	+51[c]
Nagelkerke R^2	0,48	0,52	0,49	0,44	0,44	0,34	0,27	0,30	0,36	0,50	0,45	0,27
N	1323	656	1323	656	1323	656	1323	656	1323	656	1323	656

Quelle: GLES-Vor- und Nachwahl-Querschnittsbefragung 2017 [Kumulation] (ZA6802).

Anmerkungen: 0: Befragte, die die Bundesregierung nicht verantwortlich für die eigene und die allgemeine wirtschaftliche Lage in Deutschland machen; 1: Befragte, die die Bundesregierung für beides verantwortlich machen.

a: $p < 0{,}05$; b: $p < 0{,}01$; c: $p < 0{,}001$ (siehe Anhang 4).

Es zeigen sich insbesondere für die Regierungsparteien, aber auch für die Oppositionsparteien deutliche Effekte auf die Wahlentscheidung, wenn man zwischen Wählern, welche die Regierung für die wirtschaftliche Entwicklung verantwortlich machten, und Wählern, die eine solche Zuschreibung von Verantwortlichkeit nicht vornahmen, unterscheidet. Dies weist darauf hin, dass es für die Bedeutung der wirtschaftsbezogenen Einstellungen der Bürger hinsichtlich ihrer Wahlentscheidung einen Unterschied machte, ob sie die Verantwortung für die Wirtschaftslage bei der Bundesregierung sahen oder nicht. Auf die Wahl der Unionsparteien wirkte sich die Bewertung der wirtschaftlichen Lage nur dann positiv aus, wenn der Regierung auch die Verantwortung für die Entwicklung der Wirtschaft zugeschrieben wurde. Die gute wirtschaftliche Lage nutzte der Partei, die zuvor an der Regierung war. So erhöhte sich die Wahrscheinlichkeit, das Kreuz bei CDU/CSU zu setzen um 37 Prozentpunkte, wenn die Entwicklung der eigenen wirtschaftlichen Lage positiv wahrgenommen wurde. Für die Wahlentscheidung zugunsten der SPD waren Wirtschaftseinschätzungen hingegen nur dann relevant, wenn der Regierung nicht die Verantwortung für die wirtschaftliche Entwicklung zugeschrieben wurde. War das der Fall, neigten Wähler, die ihre eigene aktuelle wirtschaftliche Lage positiv bewerteten, mit einer um 26 Prozentpunkte geringeren Wahrscheinlichkeit dazu, die SPD zu wählen. Machten wahlberechtigte Bürger die Bundesregierung nicht verantwortlich für die wirtschaftliche Lage, schätzten die eigene wirtschaftliche Lage jedoch positiv ein, erhöhte sich die Wahrscheinlichkeit, die AfD zu wählen um fünf Prozentpunkte. Dass hierbei nur die Bewertung der individuellen wirtschaftlichen Lage eine Rolle spielte, während die Einschätzung der allgemeinen wirtschaftlichen Situation Deutschlands keinen Einfluss hatte, entspricht der Annahme der Persönlichen Erfahrungshypothese.

Neben den Bewertungen der eigenen Wirtschaftslage spielte auch die allgemeine wirtschaftliche Situation in Deutschland eine Rolle für die Wahlentscheidung. So erhöhte sich die Wahrscheinlichkeit das Kreuz bei CDU/CSU zu setzen um 32 Prozentpunkte, wenn die Entwicklung der allgemeinen wirtschaftlichen Lage positiv wahrgenommen wurde. Das bedeutet auch, dass die Wähler sowohl ihre eigene wirtschaftliche Lage als auch die wirtschaftliche Gesamtsituation in Deutschland in ihre Wahlentscheidung einfließen ließen. Somit können für die Wahlentscheidung zugunsten der CDU/CSU die Persönliche Erfahrungshypothese und die Nationale Bewertungshypothese bestätigt werden. Auch auf die Wahrscheinlichkeit der Wahl der FDP wirkte sich die Bewertung der allgemeinen wirtschaftlichen Lage aus, sofern die Wähler die Verantwortung für die Entwicklung der Wirtschaftslage bei der Regierung sahen. In diesem Fall stieg die Wahrscheinlichkeit der Wahlentscheidung zugunsten der FDP um elf Prozentpunkte.

Wird die Zuschreibung der Verantwortung in die Analyse miteinbezogen, zeigen sich anders als zuvor (siehe Tabelle 2) auch bedeutsame Einflüsse auf die Wahlwahrscheinlichkeit der Linken. Sie konnte von positiven Einschätzungen der allgemeinen wirtschaftlichen Lage profitieren, wenn der Regierung nicht die Verantwortung dafür zugeschrieben wurde. Bewerteten die Wähler die aktuelle Wirtschaftslage positiv und schätzten die zukünftige Entwicklung dergleichen positiv ein, erhöhte sich die Wahrscheinlichkeit der Wahlentscheidung für die Linke um sechs beziehungsweise 16 Prozentpunkte. Auch dieser Befund zeigt deutlich, dass die Zuschreibung von Verantwortlichkeit für die Wirtschaftslage bei der Untersuchung des Wahlverhaltens nicht außen vor gelassen werden sollte. Für die Wahl der Linken, welche die Rolle als Oppositionspartei innehatte, hat eine positive wirtschaftliche Lage nur dann einen Einfluss, wenn diese nicht als Resultat der Politik der Regierungsparteien gesehen wird. Wie bereits zuvor gezeigt wurde, wirkte sich die Wahrnehmung der wirtschaftlichen Lage auch auf die Wahrscheinlichkeit der Wahl der Grünen aus. Wähler, die einen guten Eindruck der allgemeinen wirtschaftlichen Lage hatten und die Regierung hierfür verantwortlich machten, wiesen eine um sechs Prozentpunkte höhere Wahrscheinlichkeit auf, die Grünen zu wählen.

Betrachtet man zusammenfassend den Einfluss wirtschaftlicher Wahrnehmungen auf die Wahlentscheidung der Bürger bei den Wahlen zum Deutschen Bundestag in den Jahren 2009, 2013 und 2017, so lassen sich sowohl Übereinstimmungen als auch Unterschiede erkennen. Die Unionsparteien CDU und CSU waren seit der Bundestagswahl 2005 ohne Unterbrechung in der Regierungsverantwortung. Für den Zeitraum seit 2009 haben sie zumeist vom Einfluss der Wirtschaftswahrnehmungen auf die Wahlentscheidung der Wähler profitieren können: Sowohl bei der Bundestagswahl 2009 als auch der Bundestagswahl 2017 erhöhte eine positive Einschätzung der allgemeinen wirtschaftlichen Entwicklung (retrospektive Einschätzung) die Wahrscheinlichkeit, der CDU/CSU die Stimme zu geben (Steinbrecher/Rattinger 2011). Bei der Wahl 2017 erhöhte zudem eine positive Wahrnehmung der gegenwärtigen eigenen Wirtschaftslage die Wahlchancen der Unionsparteien. Bei diesen Wahlen profitierten CDU und CSU davon, dass die Wähler ihnen einen Verdienst für die Entwicklung der Wirtschaftslage zuwiesen. Für die Bundestagswahl 2013 konnte dieser Einfluss jedoch nicht beobachtet werden (Steinbrecher 2014).

Wenn man unterstellt, dass eine gute wirtschaftliche Lage die Wahlwahrscheinlichkeit der Regierungsparteien erhöht, dann hätten Wirtschaftswahrnehmungen bei den Bundestagswahlen 2009 und 2017 auch einen Einfluss auf die Wahlwahrscheinlichkeit der SPD haben sollen. Diese Erwartung bestätigt sich jedoch nicht: Bei der Bundestagswahl 2009 hatten die Bewertungen der wirtschaftlichen Lage keine wesentlichen Einflüsse auf die Wahrscheinlichkeit, die SPD zu wählen (Steinbrecher/Rattinger 2011). Zur Wahl 2017 zeigte sich lediglich, dass eine positive Wahrnehmung der eigenen wirtschaftlichen Lage die Wahlwahrscheinlichkeit der SPD verringerte. Und auch bei der Bundestagswahl 2013 konnte die SPD, diesmal aus der Opposition heraus antretend, nicht von den Wirtschaftswahrnehmungen der wahlberechtigten Bürger profitieren (Steinbrecher 2014). Im Gegensatz zu den Unionsparteien ist es der SPD im betrachteten Zeitraum also nicht gelungen, den Wählern zu vermitteln, dass die Leistungen bei der Bewältigung der wirtschaftlichen Krisen sowie die positive Entwicklung der Wirtschaft in den letzten Jahren auch auf das Wirken der sozialdemokratischen Partei zurückzuführen ist.

Aus einer positiven Einschätzung der wirtschaftlichen Lage seitens der Wähler konnte hingegen regelmäßig die FDP einen Nutzen ziehen. Die Bewertung des Zustands und der Entwicklung der allgemeinen Wirtschaftslage als gut erhöhte die Wahlchancen der FDP bei den Bundestagswahlen 2009 und 2017. Zudem konnte die Partei bei den Wahlen 2009 und 2013 von positiven Bewertungen des Zustands und der Entwicklung der persönlichen Wirtschaftslage der Wähler profitieren (Steinbrecher 2014; Steinbrecher/Rattinger 2011). Auf die Wahlwahrscheinlichkeit für die Grünen hingegen hatten Wahrnehmungen der wirtschaftlichen Situation lediglich bei der Bundestagswahl 2017 einen bedeutsamen Einfluss. Mit Ausnahme der Bundestagswahl 2017 nutzte insbesondere eine pessimistische Einschätzung der wirtschaftlichen Entwicklung der Linken. Bei der Wahl 2009 erhöhte sich zudem die Wahrscheinlichkeit der Wahl der Linken, wenn die Wähler ihre eigene oder die allgemeine wirtschaftliche Lage negativ beurteilten, was im Kontext der globalen Finanz- und Wirtschaftskrise 2008/2009 zu sehen ist (Steinbrecher/Rattinger 2011).

Mit der Bundestagswahl 2013 ist die AfD als weiterer relevanter Akteur auf die politische Bühne getreten. Seitdem hat die AfD einen rasanten politischen Bedeutungszuwachs sowie parteipolitische Abspaltungen und intensive Diskussionen um die zukünftige politische Ausrichtung der Partei erlebt. Diese Entwicklungen wirkten sich nachhaltig auf die Wahrnehmung der Partei in der Öffentlichkeit aus. Entsprechend steht zu erwarten, dass diese Entwicklungen in der Partei und ihrem Umfeld beeinflussten, wie sich wirtschaftlichen Einschätzungen auf die Wahlchancen der AfD auswirkten. Während die AfD bei der Bundestagswahl 2013 noch bei Wählern punkten konnte, die eine gute Entwicklung ihrer eigenen wirtschaftlichen Situation erwarteten (Steinbrecher 2014), profitierte die Partei bei den Wahlen 2013 zusätzlich und 2017 ausschließlich von negativen Erwartungen bezüglich der Entwicklung der allgemeinen wirtschaftlichen Lage in Deutschland.

6.7.5 Fazit

Die in diesem Kapitel präsentierten Ergebnisse zeigen, dass die wahlberechtigten Bürger den Zustand und die Entwicklung der wirtschaftlichen Lage in Deutschland sensibel wahrnehmen und sich ihre Einschätzungen und Bewertungen der allgemeinen sowie eigenen wirtschaftlichen Situation auf ihre Wahlentscheidungen auswirken. Wie gezeigt wurde, bewerteten die Wahlberechtigten ihre persönliche und insbesondere die allgemeine Wirtschaftslage in Deutschland im Jahre 2017 als vergleichsweise gut, was sich mit der tatsächlichen wirtschaftlichen Entwicklung in den letzten Jahren deckt. Der Rückblick auf die Jahre 2009 und 2013 zeigt, wie sich die Einschätzungen der Wirtschaftslage über die drei vergangenen Bundestagswahlen verbessert haben. Wurde für 2013 noch eine wirtschaftliche Situation attestiert, die so gut war, wie „seit langem nicht mehr" (Steinbrecher 2014: 237), so war die Wirtschaftslage zur Bundestagswahl 2017 sowohl nach objektiven Indikatoren als auch den subjektiven Einschätzungen und Bewertungen der Umfrageteilnehmer noch besser. Jedoch führte die als sehr gut wahrgenommene wirtschaftliche Entwicklung keineswegs dazu, dass das Thema Wirtschaftspolitik in den politischen Debatten zur Bundestagswahl 2017 eine sehr bedeutsame Rolle spielte. Ganz im Gegenteil wurde der Wahlkampf sehr stark von den Themen Zuwanderung und Sozialpolitik geprägt (siehe Kapitel 6.5). Hierdurch ergab sich die paradoxe Situation für die Parteien in der Regierungskoalition, dass sie im Wahlkampf nur in vergleichsweise geringem Maße mit dem Thema wirtschaftliche Entwicklung auftrumpfen konnten. Dies unterstreicht auch die Bedeutung der Annahme, dass die Wähler im Allgemeinen weniger stark auf positive wirtschaftliche Entwicklungen reagieren als auf wirtschaftliche Krisen und Abschwünge (Arzheimer/Schmitt 2005). Trotz dieser besonderen Ausgangslage für die Regierungsparteien konnten bei der Bundestagswahl 2017 die Unionsparteien CDU und CSU von der sehr guten Entwicklung der deutschen Wirtschaft profitieren. Neben der Einschätzung der gegenwärtigen eigenen wirtschaftlichen Lage waren für die Wahl der Unionsparteien auch retrospektiven Bewertungen von Bedeutung, welche hingegen für die Wahlentscheidung zugunsten anderer Parteien keine Rolle spielten. Die Bewertung der eigenen Wirtschaftslage war darüber hinaus auch für die Wahl der SPD und AfD von Bedeutung, allerdings nur dann, wenn die Verantwortung für die Entwicklung der Wirtschaftslage nicht bei der Regierung gesehen wurde. Auch wenn gezeigt wurde, dass die SPD bereits in der jüngeren Vergangenheit keinen Nutzen aus wirtschaftlichen Wahrnehmungen der Wähler ziehen konnte, ist es nichtsdestoweniger bemerkenswert, dass die Sozialdemokraten als Regierungspartei angesichts der boomenden Wirtschaft und niedrigen Arbeitslosenzahlen nicht bei den Wählern punkten konnten.

Angesichts der gegenwärtig sehr guten wirtschaftlichen Lage in Deutschland stellt sich die Frage nach der weiteren wirtschaftlichen Entwicklung. Prospektive Einschätzungen zur Wirtschaftslage waren lediglich für Wähler der AfD und Linken relevant. Die Linke profitierte zur Bundestagswahl 2017 von positiven Zukunftsaussichten, die nicht auf die Leistungen der Regierung zurückgeführt werden – anders als bei den vorherigen Wahlen, bei denen negative Aussichten auf die wirtschaftliche Entwicklung in Deutschland die Wahlchancen der Linken erhöhten. Dies bedeutet allerdings nicht, dass alle Bürger an ein Anhalten des wirtschaftlichen Booms glauben. Wähler, die eine eher negative Sicht auf die zukünftige Wirtschaftsentwicklung hatten, gaben mit einer höheren Wahrscheinlichkeit der AfD ihre Stimme. Diese Partei konnte, wie bereits bei der Bundestagswahl 2013, Unsicherheiten der Wähler hinsichtlich der allgemeinen wirtschaftlichen Entwicklung Deutschlands in Wählerstimmen umsetzen. Mit Blick auf kommende Wahlen lässt sich schlussendlich konstatieren, dass die Wähler die Entwicklung der wirtschaftlichen Lage aufmerksam verfolgen und hinsichtlich der Verantwortlichkeit der Regierungsparteien und dem Agieren der Oppositionsparteien bewerten. Die wirtschaftliche Entwicklung wird somit auch zukünftig bedeutsame Einflüsse auf die Wahlentscheidungen der Wähler ausüben.

Literatur

Arzheimer, Kai/Schmitt, Anette 2005: Der ökonomische Ansatz, in: Falter, Jürgen W./Schoen, Harald, Hg., Handbuch Wahlforschung, Wiesbaden: VS Verlag für Sozialwissenschaften, 243-304.

Bundesministerium für Wirtschaft und Energie 2018: Jahreswirtschaftsbericht 2018, Berlin: Bundesministerium für Wirtschaft und Energie.

Duch, Raymond M./Stevenson, Randolph T. 2008: The Economic Vote: How Political and Economic Institutions Condition Election Results, Cambridge usw.: Cambridge University Press.

Kinder, Donald R./Kiewiet, D. Roderick 1979: Economic Discontent and Political Behavior: The Role of Personal Grievances and Collective Economic Judgments in Congressional Voting, in: American Journal of Political Science 23, 495-527.

Kramer, Gerald H. 1971: Short-Term Fluctuations in US Voting Behavior, 1896–1964, in: American Political Science Review 65, 131-143.

Lewis-Beck, Michael S./Stegmaier, Mary 2000: Economic Determinants of Electoral Outcomes, in: Annual Review of Political Science 3, 183-219.

Nadeau, Richard/Lewis-Beck, Michael S./Bélanger, Éric 2013: Economics and Elections Revisited, in: Comparative Political Studies 46, 551-573.

Rattinger, Hans 1986: Collective and Individual Economic Judgments and Voting in West Germany, 1961–1984, in: European Journal of Political Research 14, 393-419.

Rattinger, Hans/Steinbrecher, Markus 2011: Economic Voting in Times of Economic Crisis, in: German Politics 20, 128-145.

Steinbrecher, Markus 2014: Wirtschaftliche Entwicklung und Eurokrise, in: Schmitt-Beck, Rüdiger/Rattinger, Hans/Roßteutscher, Sigrid/Weßels, Bernhard/Wolf, Christof/Bieber, Ina/Blumenberg Manuela S./Blumenstiel, Jan E./Faas, Thorsten/Förster, André/Giebler, Heiko/Glogger, Isabella/Gummer, Tobias/Huber, Sascha/Krewel, Mona/Lamers, Patrick/Maier, Jürgen/Partheymüller, Julia/Plischke, Thomas/Roßmann, Joss/Schäfer, Anne/Scherer, Philipp/Steinbrecher, Markus/Wagner, Aiko/Wiegand, Elena, Hg., Zwischen Fragmentierung und Konzentration: Die Bundestagswahl 2013, Baden-Baden: Nomos, 225-238.

Steinbrecher, Markus/Rattinger, Hans 2011: Wirtschaftliche Krise, in: Rattinger, Hans/Roßteutscher, Sigrid/Schmitt-Beck, Rüdiger/Weßels, Bernhard/Bieber, Ina/Blumenstiel, Jan E./Bytzek, Evelyn/Faas, Thorsten/Huber, Sascha/Krewel, Mona/Maier, Jürgen/Rudi, Tatjana/Scherer, Philipp/Steinbrecher, Markus/Wagner, Aiko/Wolsing, Ansgar, Hg., Zwischen Langeweile und Extremen: Die Bundestagswahl 2009, Baden-Baden: Nomos, 191-204.

6.8 Regierungs- und Parteileistung

Tobias Gummer und Anne-Kathrin Stroppe

6.8.1 Einleitung

In der letzten Sitzung des 17. Deutschen Bundestag stellte der Vorsitzende der CDU/CSU Bundestagfraktion fest: „Ich bin stolz auf das, was wir in diesen vier Jahren in dieser Regierung für unser Land geleistet haben" (Volker Kauder, 4.9.17, Dt. Bundestag). Das Resümee Volker Kauders war nicht nur an die Abgeordneten des Bundestags, sondern so kurz vor der Wahl ebenso an die Wählerinnen und Wähler gerichtet. Eine erfolgreiche Legislaturperiode ist eines der Kernargumente von Regierungsparteien im Wahlkampf, um die Wählerschaft von einer Wiederwahl zu überzeugen. Den Kern des retrospektiven Wählens bildet die Frage, ob es dem Einzelnen heute besser oder schlechter geht als vor vier Jahren. Können die Bürger eine positive Bilanz ziehen, sollte dies ihre individuelle Wahlentscheidung zu Gunsten der Regierung beeinflussen (Healy/Malhotra 2013). Wählen kann so als Belohnungs- und Bestrafungsmechanismus fungieren: Die politische Macht wird in den Händen der Parteien belassen, die die Bürger zufrieden stellen. Eine Regierung, mit deren Leistungen die Wähler unzufrieden sind, wird jedoch dafür verantwortlich gemacht und schlussendlich mit Machtentzug durch Abwahl bestraft. Die Oppositionsparteien wiederum können von einer schlechten Leistung der Amtsinhaber profitieren, werden aber auch selbst an ihrer Oppositionsarbeit und Erfüllung ihrer parlamentarischen Kontrollfunktion gemessen.

Dabei ist die Leistung der Parteien in den vorherigen Jahren gleichzeitig ein Indikator für ihren zukünftigen Erfolg. Denn wer in den letzten vier Jahren nicht überzeugend gehandelt hat, wird dies vermutlich auch in Zukunft nicht tun (Thurner/Pappi 1998). Was ist aber mit außerparlamentarischen Parteien, die nicht (mehr) im Bundestag vertreten sind? Der Wiedereinzug der FDP und der Ersteinzug der AfD in den deutschen Bundestag wurden vor der Wahl stark thematisiert, ihr politisches Handeln kann allerdings auf Bundesebene nicht retrospektiv eingeschätzt werden, da Erfahrungen aus der letzten Legislaturperiode fehlten. Für sie bieten die Landespolitik und der Wahlkampf Plattformen, damit die Wähler ihre politische Arbeit beurteilen und damit auf zukünftige Leistungen schließen können.

Eine retrospektive Beurteilung von Regierung und Opposition allein fasst daher zu kurz, um individuelle Wahlentscheidungen zu verstehen. Wählerinnen und Wähler fragen sich auch, wer die Kompetenz mitbringt, in Zukunft die Probleme des Landes zu lösen. Je kompetenter eine Partei eingeschätzt wird, desto wahrscheinlicher ist ihre Wahl. Diesem Kapitel liegt daher die Frage zu Grunde, wie sich retrospektive Leistungsbeurteilung der Regierung und Opposition, sowie die prospektive Evaluation der Kompetenz der Parteien auf das Wahlverhalten auswirken.

Bereits in frühen Arbeiten in diesem Themenfeld entwickelte sich eine kontroverse Debatte, die die Erklärungskraft des retrospektiven und prospektiven Wählens einander gegenüberstellt (Key 1969). Mit Bezug auf diese Diskussion argumentiert Fiorina (1981), dass sich die beiden Erklärungen nicht ausschließen, sondern Erfahrungen aus bisherigen Leistungen auch immer als Quelle dienen können, um eine prospektive Wahlentscheidung zu treffen. Analysen gehen daher oft davon aus, dass die auf Erfahrung basierende Wahlentscheidung als alleiniges Merkmal ausreicht, um beide Effekte zu messen. Mit wenigen Ausnahmen (Plescia/Kritzinger 2017) steht dabei die Verbesserung oder Verschlechterung der wirtschaftlichen Situation als Indikator für die Regierungsleistung im Mittelpunkt (siehe Kapitel 6.7, das sich explizit mit dem Einfluss der wirtschaftlichen Entwicklung auf das Wahlverhalten beschäftigt) oder die Arbeiten stützen sich auf eine generelle Einschätzung der Regierungs- oder Parteileistungen (Fisher/Hobolt 2010). Bisherige Forschungsergebnisse zeigen, dass grundsätzlich die Zufriedenheit mit Regierungsparteien die Wahlentscheidung zu Gunsten dieser Parteien beeinflusst. Für andere Parteien existieren allerdings keine Erfahrungswerte, was die retrospektive Leistungsevaluation verhindert. Das kann der Fall sein, wenn Parteien neu gegründet wurden und bisher nicht im Parlament aktiv waren. Hier kann prospektives Wählen als ergänzender und differenzierender Erklärungsfaktor herangezogen werden. Die Beurteilung der Fähigkeit einzelner Parteien Probleme zu lösen, bietet die Möglichkeit prospektives Wählen genauer zu untersuchen. Die Parteienkompetenz kann dabei entweder in Bezug auf bestimmte Politikfelder betrachtet werden oder auf einer allgemeinen Einschätzung beruhen (Roller 1998; Weßels 2004). Wie zu erwarten, zeigen die Ergebnisse früherer Studien, dass eine hohe zugeschriebene Problemlösungskompetenz einen positiven Effekt auf die Wahlwahrscheinlichkeit einer Partei hat (siehe Kapitel 6.5).

Das vorliegende Kapitel setzt die Betrachtung retrospektiver und prospektiver Regierungs- und Parteileistungen, wie sie für die Bundestagswahlen 2009 und 2013 durchgeführt wurden (Wagner 2014; Wagner/Weßels 2011), für die Bundestagswahl 2017 fort. Hierzu werden die Analysen beider Vorgängerstudien in diesem Kapitel mit aktuellen Daten durchgeführt. Darüber hinaus ergibt sich, im Gegensatz zu den letzten beiden Bundestagswahlen, mit dem Erst- bzw. Wiedereinzug von AfD und FDP, die Möglichkeit die Bedeutung von Leistungs- und Kompetenzbewertungen von der klassischen Gegenüberstellung von Regierungs- und Oppositionsparteien zu lösen und die Effekte auf die Wahl der außerparlamentarischen Parteien miteinzubeziehen.

Zunächst wird in diesem Kapitel der Einfluss retrospektiver Leistungsbewertung und prospektiver Lösungskompetenz getrennt voneinander betrachtet. Im ersten Teil liegt dabei der Fokus auf der Zufriedenheit mit Regierungsleistung insgesamt, bevor die Leistungsbeurteilungen der anderen im Bundestag vertretenen Parteien näher betrachtet werden. Im Anschluss wird die in die Zukunft gerichtete Wahlentscheidung in den Blick genommen. Ob eine Partei als kompetent betrachtet wird, die zukünftigen Probleme Deutschlands unabhängig vom Politikfeld zu lösen, dient hierbei als Indikator (die Unterschiede zwischen inhaltlichen Bereichen, die von den Wählern als problematisch identifiziert werden, werden im Kapitel 6.5 genauer betrachtet). In einem letzten Schritt wird ermittelt, welche Relevanz die beiden Einflüsse im Vergleich auf das Wahlverhalten haben. In einer gemeinsamen Untersuchung werden dabei Schlüsse gezogen, ob sich die deutsche Wählerschaft bei der Bundestagswahl 2017 eher von retrospektiven Bewertungen oder prospektiven Erwartungen in ihrer Wahlentscheidung beeinflussen ließ.

6.8.2 Retrospektive Beurteilung der Regierung und Opposition

In der Umfrage der GLES wurden – wie bereits 2009 und 2013 – Fragen zur Zufriedenheit mit der Leistung der Regierung und einzelnen Parteien in der vergangenen Legislaturperiode gestellt. Eine Leistungsbeurteilung wird allerdings ausschließlich von den Parteien erfragt, die im Bundestag vertreten sind. Tabelle 1 erlaubt einen ersten, deskriptiven Blick auf die Leistungsbewertungen der Bundesregierung und der einzelnen Parteien.

Tabelle 1: Leistungsbewertung der Bundesregierung sowie der einzelnen Regierungs- und Oppositionsparteien (in Klammern Veränderungen zu 2013)

Partei	Positive Leistungs-bewertung	Neutrale Leistungs-bewertung	Negative Leistungs-bewertung	Mittelwert
Regierung	64,1 (+16,4)	12,5 (-1,5)	23,4 (-15,0)	0,4 (+0,2)
CDU/CSU	61,4 (+6,9)	11,2 (+0,8)	27,5 (-7,7)	0,3 (-0,3)
SPD	61,1 (+15,0)	17,0 (-7,2)	21,9 (-7,9)	0,4 (+0,1)
Die Linke	36,2 (+6,6)	26,5 (+6,3)	37,4 (-12,7)	-0,1 (+0,8)
Die Grünen	48,8 (+7,4)	22,9 (+1,6)	28,3 (-9,1)	0,2 (+0,4)

Quelle: GLES-Vor- und Nachwahl-Querschnittsbefragung 2017 [Kumulation] (ZA6802).

Anmerkungen: Leistungsbewertung auf einer Skala von -5 (vollständig unzufrieden) und +5 (vollständig zufrieden); positive Bewertungen entsprechen +1 bis +5; negative Bewertungen entsprechen -5 bis -1; neutrale Bewertungen entsprechen 0. Für jede Partei sind die Zeilenprozente der Bewertungskategorien angegeben, die sich auf 100 addieren.

Die Bürger waren mit der Leistung der Bundesregierung und den Koalitionspartnern CDU/CSU und SPD durchschnittlich mehr zufrieden als unzufrieden. Fast zwei Drittel der Befragten zog eine positive Bilanz der Regierungsleistung der letzten vier Jahre, während rund 23 Prozent die Leistung als negativ und 13 Prozent als neutral bewerteten. Dies ist ein deutlich positiverer Eindruck als 2013 (Zuwachs von 16 Prozentpunkten), womit sich ein Trend der zunehmend positiven Regierungsbewertung fortsetzt (Wagner 2014). So fiel zur Bundestagswahl 2009 die Beurteilung mit 33 Prozent positiver zu 51 Prozent negativer Beurteilung noch geringer aus (Wagner/Weßels 2011). Dabei sind im Wahljahr 2017 beide Unionspartner und die Sozialdemokraten gleichermaßen positiv bewertet worden. Bei beiden Fraktionen drücken deutlich über die Hälfte der Befragten ihre Zufriedenheit aus, wobei die SPD einen deutlichen Zuwachs an Zustimmung zu ihrer Parteileistung im Vergleich zu 2013 verzeichnen kann.

Die Werte der beiden Oppositionsparteien reichen an diese positiven Werte der Regierung nicht heran. Die Beurteilung der Linken ist im Mittel fast ausgeglichen. Der Unterschied zwischen den Anteilen an positiven und negativen Bewertungen beträgt nur 1 Prozentpunkt bei einem Mittelwert von -0,1. Diese Unentschiedenheit drückt sich auch darin aus, dass jeder Vierte der Befragten der Partei weder eine positive noch negative Note geben wollte. Die Grünen wurden im Vergleich zur Partei Die Linke insgesamt positiver bewertet. Fast die Hälfte der Befragten war mit ihrer Oppositionsarbeit zufrieden, während fast 30 Prozent die Parteileistung schlecht bewertete. Wie auch bei der Linken fiel der Anteil der neutralen Leistungsbeurteilungen deutlich stärker aus als bei der Regierung. Dies unterstützt die These, dass es den Befragten leichter fällt die Arbeit der Regierung und der Koalitionsparteien zu bewerten, wie schon für die Jahre 2009 und 2013 gezeigt werden konnte (Wagner 2014; Wagner/Weßels 2011).

Ob dieser Zusammenhang allerdings ganz so pauschal attestiert werden kann, muss eine genauere Analyse der Leistungsbewertung und des tatsächlichen Wahlverhaltens der Befragten zeigen. Zunächst wird der Einfluss der Zufriedenheit mit der Großen Koalition näher betrachtet. Die positive Bewertung der Regierung sollte die Wahrscheinlichkeit eine der Regierungsparteien zu wählen steigern, während die Wahl für eine Oppositionspartei unwahrscheinlicher wird. Dagegen kann die Unzufriedenheit mit der Regierung zur Wahl einer Oppositionspartei oder zur Verweigerung der Stimmabgabe führen. Im Folgenden wird deswegen der Effekt berechnet, den die Leistungsbeurteilung der Regierung auf die Wahl der Regierungsparteien hat. Dabei werden einmal die an der Regierung beteiligten Parteien zusammen betrachtet und später zwischen den Unionsparteien und der SPD differenziert. Zusätzlich werden die Effekte in Bezug auf die Opposition (Die Linke, Grüne), sowie der neu ins Parlament eingezogenen Parteien (FDP und AfD, im Folgenden auch ‚außerparlamentarische Opposition‘) betrachtet. Da bekannt ist, dass die Leistungsbeurteilung nicht allein das Wahlverhalten beeinflusst, wird die Parteiidentifikation als Kontrollfaktor einbezogen. Der Effekt der Bindung an Regierungs- oder (außerparlamentarische) Oppositionsparteien wird daher in Tabelle 2 zusätzlich angegeben.

Tabelle 2: Einflüsse von Bewertungen der Regierungsleistung auf das Wahlverhalten

	Wahlentscheidung für				
	Regierung	Opposition	Außerparl. Opposition	CDU/CSU	SPD
Leistung Bundesregierung	+49[c]	-12[c]	-25[c]	+41[c]	+3
Parteiidentifikation	+53[c]	+63[c]	+70[c]	+61[c]	+65[c]
Nagelkerke R^2	0,41	0,40	0,34	0,53	0,46
N	3576	3576	3576	3576	3576

Quelle: GLES-Vor- und Nachwahl-Querschnittsbefragung 2017 [Kumulation] (ZA6802).

Anmerkungen: a: p <0,05; b: p <0,01; c: p <0,001 (siehe Anhang 4).

Wie die erste Analyse zur Leistungsbeurteilung der Parteien angedeutet hatte, beeinflusst eine positive Bewertung der Großen Koalition die Wahl einer der Regierungsparteien positiv. Das zeigt die erste Spalte in Tabelle 2. Wenn Befragte mit der Regierungsarbeit voll und ganz zufrieden waren, wählten sie mit einer 49 Prozentpunkten höheren Wahrscheinlichkeit einen der Koalitionspartner im Vergleich zu Befragten, die voll und ganz unzufrieden waren. Dieser deutliche Effekt findet sich für die Wahl einer der Oppositionsparteien nicht. Die Zufriedenheit mit der Regierungsleistung reduziert die Wahrscheinlichkeit die Grünen oder die Linken zu wählen lediglich um 12 Prozentpunkte, während die Wahl von AfD und FDP um 25 Prozentpunkte weniger wahrscheinlich ist. Damit bestätigt diese erste Analyse nicht nur die Grundannahme, dass Regierungsparteien bei der Wahl von einer positiven Bewertung profitieren, sondern die geringere Effektgröße bei Betrachtung der Oppositionsgruppen weist ebenso darauf hin, dass Unzufriedenheit im Umkehrschluss nicht (ausschließlich) zur Wahl der Oppositionsparteien führt. Darüber hinaus wirkt sich die positive Leistungsbewertung der Regierung unterschiedlich auf die Wahlwahrscheinlichkeit der beiden Regierungsfraktionen aus. Die Unionsparteien werden mit einer 41 Prozentpunkte höheren Wahrscheinlichkeit gewählt. Hier fällt der Einfluss der Leistungsbewertung im Vergleich am höchsten aus. Die SPD hingegen profitiert nicht von einer positiven Einschätzung: Die Irrtumswahrscheinlichkeit ist zu hoch, um von den Daten auf einen tatsächlich existierenden Zusammenhang in der deutschen Wählerschaft schließen zu können. Das heißt, dass es für die Wahl der SPD keinen Unterschied machte, ob Befragte vollkommen zufrieden oder unzufrieden mit der Regierungsleistung waren. Die SPD-Wähler lassen sich entweder von retrospektiven Leistungsbeurteilungen nicht beeinflussen oder gute Regierungsarbeit wird in erster Linie der Union zugeschrieben. Damit setzt sich der Trend fort, dass die CDU/CSU von ihrer Regierungsarbeit profitiert, während der Regierungspartner (hier die SPD) aus dieser Leistungsbeurteilung keinen Vorteil ziehen kann. In den vergangenen zwei Wahlen waren die positiven Auswirkungen auf die Wahl der Unionsparteien bei hoher Zufriedenheit mit der Regierungsleistung ebenso deutlich stärker als bei ihren Koalitionspartnern.

Retrospektives Wahlverhalten muss nicht zwangsläufig nur auf der Leistung der Regierung basieren, sondern kann auch auf separaten Einzelbewertungen für jede Partei aufbauen. Für die Parteien, die 2013 in den Bundestag eingezogen sind, wurde oben bereits festgestellt, dass ihre Leistungen unterschiedlich positiv und negativ eingeschätzt wurden. Tabelle 3 präsentiert die Ergebnisse, in wie weit sich die Wahlwahrscheinlichkeit dieser Parteien ändert, wenn ein Befragter auf der Bewertungsskala von vollständiger Unzufriedenheit zu vollständiger Zufriedenheit wechselt.

Tabelle 3: Einflüsse von Bewertungen der Leistung der Parteien auf das Wahlverhalten

	Wahlentscheidung für			
	CDU/ CSU	SPD	Die Linke	Die Grünen
Leistung der jeweiligen Partei	+54[c]	+19[c]	+42[c]	+14[c]
Parteiidentifikation	+53[c]	+66[c]	+40[c]	+51[c]
Nagelkerke R^2	0,54	0,47	0,5	0,37
N	2973	2973	2973	2973

Quelle: GLES-Vor- und Nachwahl-Querschnittsbefragung 2017 [Kumulation] (ZA6802).

Anmerkungen: a: p <0,05; b: p <0,01; c: p <0,001 (siehe Anhang 4).

Allgemein gesprochen zeigen alle Modelle, dass sich eine bessere Leistungsbewertung auch parteispezifisch immer positiv auf die Parteienwahl auswirkt. Die Stärke dieses Effekts unterscheidet sich allerdings zwischen den Parteien und ist bei der CDU/CSU am stärksten ausgeprägt. Bürger stimmten mit einer über 50 Prozentpunkten höheren Wahrscheinlichkeit für die Unionsparteien, wenn sie mit deren Arbeit völlig zufrieden waren. Die Wahl der SPD ist zwar geringer von der Leistungsbeurteilung abhängig, aber im Gegensatz zu Beurteilung der Regierungsleistung ist hier ein deutlicher Effekt festzustellen. Diese Ergebnisse unterstützen die Annahme, dass die SPD von ihrer Regierungsbeteiligung nicht profitieren konnte, da die Leistungen vor allem den Unionsparteien zugesprochen wurden. Für die Grünen und die Linken besteht ebenfalls ein positiver Zusammenhang zwischen der Parteileistung und dem Wahlverhalten. Die Stärke des Effekts unterscheidet sich aber deutlich. Die Bestnote für die Parteileistung bedeutet für Die Linke eine um 42 Prozentpunkte gesteigerte Wahlwahrscheinlichkeit im Vergleich zu extremer Unzufriedenheit. Bei den Grünen liegt der Wert nur bei 14 Prozentpunkten.

Die Analyse zur Leistungsbeurteilung hat gezeigt, dass vor allem die CDU/CSU von den retrospektiven Bewertungen sowohl ihrer Regierungs- als auch Parteileistung profitiert. Die Effekte für alle anderen Parteien sind deutlich geringer. Dies gilt vor allem für die SPD, die auch in früheren Analysen, sowohl als sie 2009 als Teil der Regierung als auch 2013 aus der Opposition antrat, am wenigstens von Leistungsbeurteilungen profitierte (Wagner 2014; Wagner/Weßels 2011). Dafür zeigt sich bei der SPD-Wahl die Parteiidentifikation als wichtiger Prädiktor. Eine Bindung an die jeweilige(n) Partei(en) hat, wie zu erwarten, über alle Modelle und Parteien eine starke, positive Wirkung.

6.8.3 Kompetenzevaluation der Parteien

Die prospektive Kompetenzevaluation der Parteien durch die Wählerschaft ist eine Erwartung an die Parteien, Probleme in Zukunft lösen zu können. Im Gegensatz zur retrospektiven Beurteilung der Parteileistung, steht in diesem Abschnitt also der Einfluss der erwarteten zukünftigen Leistung der Parteien auf ihre Wahlwahrscheinlichkeit im Fokus der Betrachtung. Dabei wird angenommen, dass Wähler nicht nur die vergangene Leistung beurteilen, sondern auch einen Blick auf zukünftige Herausforderung werfen und ihre Wahlentscheidung danach ausrichten können. Die GLES-Studie stellte ihren Befragungsteilnehmern in diesem Zusammenhang zwei Fragen nach den ihrer Meinung nach wichtigsten Problemen in Deutschland. Im darauf folgenden Schritt konnten die Befragten dann angeben, welche Parteien nach ihrer Ansicht am besten geeignet wären, um diese Probleme jeweils zu lösen.

Insgesamt nannte der überwiegende Teil der Befragten mindestens ein wichtiges Problem mit welchem Deutschland aktuell konfrontiert ist und welches es in Zukunft zu lösen gilt. Lediglich rund zwei Prozent der Befragten gaben kein wichtigstes Problem an. Demgegenüber konnten sechs Prozent der Befragten zumindest ein Problem benennen, 91,6 Prozent der Befragten gaben zwei Probleme an. In der reinen Nennung von Problemen zeigt sich bereits, dass der Wählerschaft Herausforderungen für die zu wählenden Parteien bewusst sind. Entsprechend überrascht es auch nicht, dass ein großer Teil der Befragten auch Parteien identifiziert, die ihrer Meinung nach geeignet sind, um eines oder beide der genannten Probleme zu lösen. Tabelle 4 zeigt, dass nur rund 18 Prozent der Befragungsteilnehmer keine Partei benennen konnten, um den aktuellen Herausforderungen in Deutschland zu begegnen. Dabei fällt insbesondere auf, dass 35 Prozent keine Partei benennen konnten, wenn sie nur ein wichtiges Problem benannten, während sich dieser Anteil auf 15 Prozent reduziert, wenn mehr als ein Problem genannt wurde. Je nach der Anzahl der genannten Probleme gaben 65 oder 66,6 Prozent der Befragten für jedes der Probleme eine Partei mit den entsprechenden Lösungskompetenzen an. Dies unterstreicht, dass Wählern nicht nur Herausforderungen bewusst sind, sondern auch Parteien durchaus als Akteure verstanden werden, um diese Herausforderungen anzugehen.

Verschiebt man die Perspektive auf die, als zur Problemlösung fähig, genannten Parteien, zeigt sich, dass rund 58 Prozent der Befragten eine der Regierungsparteien (Union, SPD) anführten. Parteien der Opposition (Grüne, Die Linke) wurden dagegen lediglich in 21 Prozent der Fälle genannt, gefolgt von Parteien die nicht im Parlament vertreten waren (FDP, AfD) mit 15 Prozent der Nennungen. Eine detaillierte Analyse auf Ebene der einzelnen Parteien macht diese Unterschiede zwischen den vergleichsweise großen Regierungsparteien und den kleineren Oppositionsparteien noch deutlicher. Die meisten Befragten schrieben der Union die Fähigkeit zu mindestens eins oder beide ihrer subjektiv wahrgenommen wichtigsten Probleme in Deutschland lösen zu können (39 Prozent). Auf Rang zwei folgt die SPD, der noch 25 Prozent diese Lösungskompetenzen zuschreiben. Auf Rang drei und vier folgen die im Parlament vertretenen Oppositionsparteien mit 12 (Die Linke) und 11 Prozent (Grüne) der Befragten, die ihnen Kompetenzen zur Lösung mindestens eines der genannten Probleme bescheinigten. Es folgen die AfD mit rund 9 Prozent und die FDP mit 8 Prozent. Hier zeigt sich der schon in den Vorgängerstudien für 2009 und 2013 diagnostizierte Befund, dass Problemlösungskompetenzen eher den großen Parteien zugeschrieben werden (Wagner 2014; Wagner/Weßels 2011).

Tabelle 4: Genannte wichtige Probleme und Lösungskompetenzen der Parteien

	Anzahl der Parteinennungen zur Lösungskompetenz				
Anzahl der Probleme	0	1	2	Summe	N
0	74 (100)	-	-	100	74
1	86 (34,6)	148 (65,4)	-	100	234
2	547 (15,2)	731 (18,2)	2705 (66,6)	100	3983
Gesamt	707 (18,2)	879 (20,8)	2705 (61)	100	4291

Quelle: GLES-Vor- und Nachwahl-Querschnittsbefragung 2017 [Kumulation] (ZA6802).

Anmerkungen: Ungewichtete absolute Häufigkeiten, darunter in Klammern die jeweiligen Zeilenprozente (gewichtet).

Es ist an dieser Stelle interessant zu analysieren, ob die Befragten die Lösungskompetenzen eher bei der bestehenden Regierung oder bei der Opposition sahen. Hierzu lässt sich, wie schon bei der Bundestagswahl 2009 und 2013, ein Maß berechnen, wem die Befragten mehr Kompetenzen zusprachen (Wagner 2014; Wagner/Weßels 2011). Anhand der Nennungen der Befragten wird daher ein Problemlösungskompetenz-Saldo berechnet. Wurde eine Regierungspartei genannt, um eins der subjektiv wahrgenommenen Probleme zu lösen, erhält diese Seite einen Punkt. Wurde dagegen eine Oppositionspartei genannt, erhält jene Seite einen Punkt. Bei zwei genannten Problemen wird die Anzahl der Punkte zwischen Regierungs- und Oppositionsparteien verglichen. Nannten Befragte für ein Problem keine Partei oder alle als lösungskompetent, wurde dies weder für die Regierung noch die Opposition als Punkt gewertet. Als Beispiel dient ein Befragter, welcher die Regierungsparteien CDU/CSU für fähig hält das wichtigste und die SPD um das zweitwichtigste Problem zu lösen. Die Grünen oder Die Linke nennt der Wähler dagegen nicht. Für diese Person ergibt sich damit ein Saldo von zwei zwischen Regierung und Opposition (eins plus eins minus null). Ein ausgeglichener Saldo von null bedeutet, dass Befragte weder die Regierungsparteien noch die Oppositionsparteien für geeignet halten die genannten Probleme zu lösen. Ein negativer Saldo bedeutet dagegen, dass Befragte mehr Problemlösungskompetenzen bei den Oppositionsparteien sehen. Insgesamt sahen 36 Prozent der Befragten die Regierungs- und Oppositionsparteien in der Lage gleich viele Probleme zu lösen (ausgeglichener Saldo). Am häufigsten sahen die Teilnehmer jedoch die Regierungsparteien in der Lage ein Problem mehr lösen zu können als die Oppositionsparteien (38 Prozent). Eindeutig scheint der Vorteil für die Regierungsparteien aber nicht zu sein, da lediglich 6 Prozent Lösungskompetenzen für beide Probleme bei ihnen sahen. Lediglich 20 Prozent der Befragten sahen die Oppositionsparteien in der Lage ein (16 Prozent) oder zwei (4 Prozent) Probleme mehr als die Regierungsparteien zu lösen. Damit bestätigt sich nochmal das Bild der voranstehenden Analyse, dass Lösungskompetenzen für die wichtigsten Probleme in Deutschland eher bei den großen Regierungsparteien gesehen und weniger den kleineren Oppositionsparteien zugeschrieben werden.

6.8.4 Effekte von Kompetenzevaluation und Leistungsbewertung auf die Wahlentscheidung

In Bezug auf die Kompetenzevaluation der Parteien durch die Wählerschaft stellt sich nun die Frage, inwiefern sich diese prospektiven Einschätzungen auf die Wahl der Parteien auswirken. Dabei soll zunächst untersucht werden, wie sich die Beurteilung der Regierungsparteien im Gegensatz zu den Oppositionsparteien auf die Wahlentscheidung der Befragten auswirkt, wenn darüber hinaus noch die retrospektive Leistungsbewertung und die Parteiidentifikation berücksichtigt werden. Entsprechend der vorangehenden Beschreibungen ist zu erwarten, dass Wähler eher für eine Partei oder Regierungskoalition stimmen, der sie die Kompetenz zuschreiben, ihre subjektiv wahrgenommenen Probleme zu lösen.

Tabelle 5 zeigt eine Reihe von Modellen zum Einfluss der prospektiven Kompetenzevaluation auf die Wahlentscheidung für die bisherige Regierung, die im Parlament vertretene Opposition sowie die bisher nicht im Parlament vertretene Opposition. Dabei wird deutlich, dass Befragte eher zu einer Wahl der Regierungsparteien tendieren, falls sie ihnen die Kompetenz zuschreiben, den aktuellen Problemen zukünftig begegnen zu können. Die Wahlwahrscheinlichkeit für Union oder SPD stieg dabei um 48

Prozentpunkte, wenn diesen Parteien die Lösungskompetenz für zwei Probleme zugesprochen wurde. Neben diesem Einfluss von prospektiver Leistungserwartung, bleibt die retrospektive Leistungsbeurteilung und auch die Parteiidentifikation ein wichtiger Einflussfaktor für die Wahlentscheidung. Ein etwas anderes Bild zeigt sich bei den beiden Gruppen der Oppositionsparteien. Für die Grünen und Linken findet sich ein vergleichsweise starker Einfluss der Parteiidentifikation, während die prospektive Kompetenzevaluation eher einen mittelstarken Einfluss ausübt: Beurteilen Befragte die Oppositionsparteien als befähigt zwei Probleme zu lösen – im Vergleich zu den Regierungsparteien – erhöht sich die Wahlwahrscheinlichkeit für Grüne oder Die Linke um 20 Prozentpunkte. Für diese Parteien hat die retrospektive Beurteilung der Leistung der Bundesregierung keine Bedeutung. Mit anderen Worten stehen bei einer Wahlentscheidung für diese beiden Parteien zunächst die Parteineigung und dann die Erwartung der Wähler für zukünftige Leistungen der Parteien im Vordergrund. Ein anderes Bild ergibt sich für die Parteien, die in der vergangenen Legislaturperiode nicht im Parlament vertreten waren. Während für die Wahl von FDP oder AfD die Parteiidentifikation ebenfalls der wichtigste Einflussfaktor war, erhöht die maximale Zuschreibung von prospektiver Lösungskompetenz die Wahlwahrscheinlichkeit für diese Parteien nur um acht Prozentpunkte. Demgegenüber ist allerdings die retrospektive Beurteilung der Leistung der Bundesregierung relevant für die Wahlentscheidung. Bei der Wahl einer dieser beiden Parteien geht es demnach weniger um die zukünftigen Erwartungen, sondern die bisherige Beurteilung. Insgesamt überraschen die deutlichen Unterschiede zwischen den Modellen für beide Oppositionsgruppen und die Regierungsparteien. Sie fügen sich jedoch ebenso ins Bild, dass bei den Wählern außerparlamentarischer Oppositionsparteien eher Unzufriedenheit mit den aktuell regierenden Parteien ausschlaggebend war und weniger die Erwartung, dass die verfügbaren Alternativen die wahrgenommenen Probleme lösen könnten. Demgegenüber standen bei der Wahl von im Parlament vertretenen Oppositionsparteien genau umgekehrt die Lösungskompetenzen im Vordergrund und weniger die Leistung der Bundesregierung. Nur bei der Wahl der Regierung gingen retrospektive als auch prospektive Leistungserwartung und -bewertung gleichermaßen in die Wahlentscheidung ein.

Tabelle 5: Einfluss der Leistungsbeurteilung und Problemlösungskompetenz auf die Wahlentscheidung für Regierung und Opposition

	Wahlentscheidung für		
	Regierung	Opposition	Außerparl. Opposition
Leistung Bundesregierung	+41[c]	-5	-22[c]
Problemlösungskompetenz-Saldo Regierung-Opposition	+48[c]	-20[c]	-8[a]
Parteiidentifikation	+48[c]	+59[c]	+69[c]
Nagelkerke R^2	0,44	0,41	0,34
N	3576	3576	3576

Quelle: GLES-Vor- und Nachwahl-Querschnittsbefragung 2017 [Kumulation] (ZA6802).

Anmerkungen: a: p <0,05; b: p <0,01; c: p <0,001 (siehe Anhang 4).

Um die vorangehenden Analysen noch weiter zu vertiefen, bietet sich ein Blick auf die Wahlentscheidung für die einzelnen Parteien an. Hierbei wird neben der prospektiven Problemlösungskompetenz auch die retrospektive Bewertung der Leistung der Parteien in Regierung oder Opposition in der vergangenen Legislaturperiode berücksichtigt, ebenso wie die Identifikation mit der jeweiligen Partei. Da für die Parteien, die nicht im Parlament vertreten waren, keine retrospektive Leistungsbeurteilung möglich ist, können diese hier nicht berücksichtigt und untersucht werden. Tabelle 6 fasst die Ergebnisse zusammen. In diesen stärker detaillierten Auswertungen wird zunächst deutlich, dass alle Effekte in der erwarteten Richtung liegen: Je höher Personen die prospektive Problemlösungskompetenz einer Partei einschätzen, desto wahrscheinlicher ist eine Wahl dieser Partei. Ebenso erwartungskonforme, positive Effekte finden sich für die retrospektive Leistungsbewertung der Parteien und die Parteiidentifikation. Unterschiede ergeben sich zwischen den verschiedenen Parteien, in der Art, welche Faktoren besonders einflussreich waren. So zeigt sich, dass bei der Wahl der Unionsparteien insbesondere die Parteiidentifikation und die retrospektive Leistungsbeurteilung ausschlaggebend waren. Maximale prospektive Erwartungen erhöhen die Wahlwahrscheinlichkeit hier nur vergleichsweise geringfügig um 12 Prozentpunkte. Ein anderes Bild zeichnet sich bei der SPD ab. Die Wahlentscheidung für diese Partei war hauptsächlich von der Identifikation mit dieser Partei getrieben. Sowohl retrospektive als auch prospektive Leistungsbeurteilungen und –vermutungen waren vergleichsweise wenig ausschlaggebend. Das spricht für die vielfach geäußerte Vermutung, dass sich vor allem die Union mit erbrachten Leistungen in der Regierungszeit profilieren konnte und weniger die SPD als Koalitionspartner. Geringere Unterschiede zwischen den verschiedenen Einflussfaktoren finden sich bei Grünen und Die Linke. Bei den Grünen war vor allem die Identifikation mit der Partei ausschlaggeben, die maximale prospektive Leistungsvermutung erhöhte die Wahlwahrscheinlichkeit nur um rund 16 Prozentpunkte – also ähnlich wie bei der SPD. Wobei hier zu bemerken ist, dass nur rund 11 Prozent der Befragten den Grünen die Kompetenz zur Lösung mindestens einer der geäußerten wichtigen Probleme zusprachen. Ähnlich ist es bei den Linken. Bei dieser Partei sahen ebenso nur 12 Prozent der Befragten Kompetenzen zur Lösung mindestens eines Problems – ein Befund der die Bedeutung einer um 9 Prozentpunkte erhöhten Wahlwahrscheinlichkeit im Falle einer maximalen prospektiven Kompetenzvermutung nochmals schmälert. Im Vergleich zu den Grünen steht bei Wählern der Linken jedoch die retrospektive Leistungsbeurteilung stärker im Vordergrund. Es zeigt sich damit, dass zur Bundestagswahl 2017 insbesondere der Union Leistungen in der Regierungsarbeit zugeschrieben wurden. Prospektive Problemlösungskompetenzen waren dagegen – in einer detaillierten Betrachtung – vergleichsweise weniger relevant für die Wahlentscheidungen der Bürger.

Tabelle 6: Einfluss der Leistungsbeurteilung und Problemlösungskompetenz auf die Wahlentscheidung für Parteien

	Wahlentscheidung für			
	CDU/ CSU	SPD	Die Linke	Die Grünen
Leistung der jeweiligen Partei	+48[c]	+16[c]	+31[c]	+11[c]
Problemlösungskompetenz	+12[c]	+15[c]	+9[c]	+16[c]
Parteiidentifikation	+49[c]	+53[c]	+23[c]	+35[c]
Nagelkerke R^2	0,55	0,49	0,54	0,42
N	2973	2973	2973	2973

Quelle: GLES-Vor- und Nachwahl-Querschnittsbefragung 2017 [Kumulation] (ZA6802)

Anmerkungen: a: p<0,05; b: p<0,01; c: p <0,001 (siehe Anhang 4).

6.8.5 Fazit

Im vorliegenden Kapitel konnte gezeigt werden, dass die Leistung von Parteien in der Wahlentscheidung der Bürger Berücksichtigung findet. Dabei wurde zwischen retrospektiver Leistungsbeurteilung der Arbeit der Parteien während der letzten Legislaturperiode und der prospektiven Leistungserwartung hinsichtlich der Lösung subjektiv wahrgenommener Probleme unterschieden. Zunächst ist festzustellen, dass sowohl retrospektive als auch prospektive Komponenten in die Wahlentscheidung der Bürger eingehen. Es zeigen sich dabei jedoch Unterschiede zwischen der Wahl von Regierungs- und Oppositionsparteien. So waren sowohl die wahrgenommene erbrachte Leistung als auch die Erwartung von Leistung relevant bei der Wahl von Regierungsparteien. Bei den Oppositionsparteien bestand ein Unterschied zwischen im Parlament vertretenen und nicht im Parlament vertretenen Parteien. Gerade bei Letzteren war nicht deren Fähigkeit Probleme zu lösen ausschlaggebend für ihre Wählerschaft, sondern die Leistung der Regierung. Das spricht für die vielfach aufgestellte These, dass es gerade Wählern der AfD um ein Zeichen der Ablehnung gegenüber der Regierung ging – ob diese lösungsorientierte Veränderung bringt, war nachrangig. Demgegenüber standen Oppositionsparteien aus dem Parlament, die von ihren Wählern weniger an ihrer vorangegangenen Arbeit gemessen wurden, sondern vielmehr an den Erwartungen für die Zukunft. Wird die Dualität von Regierung und Opposition aufgebrochen und die einzelne Partei in den Fokus gestellt, zeigt sich, dass es gerade der Union gelang von Leistungen in der vorangegangen Großen Koalition zu profitieren. Für Wähler der SPD war dagegen in hohem Maß die Identifikation mit dieser Partei ausschlaggebend und weniger retrospektive als auch prospektive Leistungsbewertungen. Trotz ihrer Regierungsbeteiligung sollte nicht vergessen werden, dass die SPD deutliche Verluste bei der Bundestagswahl 2017 hinnehmen musste. Diese könnten auch damit erklärt werden, dass trotz der positiven Bewertung und einer hohen Kompetenzzuschreibung der SPD diese letztendlich nur einen geringen Effekt auf die Wahlentscheidung hatten. Insofern war die erfolgreich erbrachte Leistung in der Regierungszeit, wie sie Volker Kauder in seiner eingangs zitierten Bundestagsrede hervorhob, vor allem für die Wähler seiner Union relevant – nicht für deren Koalitionspartner.

Literatur

Fiorina, Morris P. 1981: Retrospective Voting in American National Elections, New Haven, London: Yale University Press.

Fisher, Stephen/Hobolt, Sara 2010: Coalition Government and Electoral Accountability, in: Electoral Studies 29, 358–369.

Healy, Andrew/Malhotra, Neil 2013: Retrospective Voting Reconsidered, in: Annual Review of Political Science 16, 285–306.

Kauder, Volker 2017: Rede im Deutschen Bundestag, 5.9.2017, in: Deutscher Bundestag, Hg., Stenografischer Bericht 245. Sitzung, Plenarprotokoll 18/245.

Key, Vladimer O. 1969: The Responsible Electorate: Rationality in Presidential Voting, 1936-1960, Cambridge: Harvard University/Belknap.

Plescia, Carolina/Kritzinger, Sylvia 2017: Retrospective Voting and Party Support at Elections: Credit and Blame for Government and Opposition, in: Journal of Elections, Public Opinion and Parties 27, 156–171.

Roller, Edeltraud 1998: Positions- und performanzbasierte Sachfragenorientierungen und Wahlentscheidung: Eine theoretische und empirische Analyse aus Anlass der Bundestagswahl 1994, in: Kaase, Max/Klingemann, Hans-Dieter, Hg., Wahlen und Wähler: Analysen aus Anlass der Bundestagswahl 1994, Opladen: Westdeutscher Verlag.

Thurner, Paul W./Pappi, Franz U. 1998: Retrospektives und prospektives Wählen in Mehrparteiensystemen mit Koalitionsregierungen, in: Kaase, Max/Klingemann, Hans-Dieter, Hg., Wahlen und Wähler: Analysen aus Anlass der Bundestagswahl 1994, Opladen: Westdeutscher Verlag, 113–144.

Wagner, Aiko 2014: Leistungen von Regierung und Parteien, in: Schmitt-Beck, Rüdiger/Rattinger, Hans/Roßteutscher, Sigrid/Weßels, Bernhard/Wolf, Christof/Bieber, Ina/Blumenberg, Manuela S./Blumenstiel, Jan E./Faas, Thorsten/Förster, André/Giebler, Heiko/Glogger, Isabella/Gummer, Tobias/Huber, Sascha/Krewel, Mona/Lamers, Patrick/Maier, Jürgen/Partheymüller, Julia/Plischke, Thomas/Roßmann, Joss/Schäfer, Anne/Scherer, Philipp/Steinbrecher, Markus/Wagner, Aiko/Wiegand, Elena, Hg., Zwischen Fragmentierung und Konzentration: Die Bundestagswahl 2013, Baden-Baden: Nomos, 239–251.

Wagner, Aiko/Weßels, Bernhard 2011: Regierungsleistung im Urteil der Wähler, in: Rattinger, Hans/Roßteutscher, Sigrid/Schmitt-Beck, Rüdiger/Weßels, Bernhard/Bieber, Ina/Blumenstiel, Jan E./Bytzek, Evelyn/Faas, Thorsten/Huber, Sascha/Krewel, Mona/Maier, Jürgen/Rudi, Tatjana/Scherer, Philipp/Steinbrecher, Markus/Wagner, Aiko/Wolsing, Ansgar, Hg., Zwischen Langeweile und Extremen: Die Bundestagswahl 2009, Baden-Baden: Nomos, 165–177.

Weßels, Bernhard 2004: Sachfragen, generalisierte politische Positionen und Leistungsbewertungen: Zur Konditionierung präferenzorientierten Wählens, in: Brettschneider, Frank/van Deth, Jan/Roller, Edeltraud, Hg., Die Bundestagswahl 2002: Analysen der Wahlergebnisse und des Wahlkampfes, Wiesbaden: VS Verlag für Sozialwissenschaften, 143–165.

6.9 Populistische Einstellungen

Heiko Giebler und Aiko Wagner

6.9.1 Einleitung

In westlichen Demokratien und insbesondere in Deutschland hat das Thema Populismus in der öffentlichen, medialen und auch wissenschaftlichen Debatte in den letzten Jahren stark an Bedeutung gewonnen. Dabei ist Populismus alles andere als ein neues Phänomen. Vielmehr ergibt sich die gesteigerte Bedeutung durch die Tatsache, dass Populismus nun nicht mehr auf einzelne Länder beschränkt ist, sondern in fast allen Demokratien eine wichtige Rolle spielt. In fast allen westeuropäischen Demokratien haben populistische Parteien inzwischen den Einzug in die Parlamente geschafft.

Für viele Jahre lag der Fokus der Populismusforschung auf der Frage, was denn eigentlich unter dem Begriff zu verstehen sei und ob es sich um eine Ideologie, eine Strategie oder eine Kommunikationsform handele (Gidron/Bonikowski 2013). Entsprechend waren sowohl die theoretische als auch die empirische Forschung sehr stark auf die Angebotsseite der demokratischen Politik, also vor allem auf Parteien, politische Bewegungen oder einzelne Spitzenkandidaten, beschränkt. Diese schloss u.a. auch Versuche ein, die entsprechenden Akteure als (mehr oder weniger) populistisch zu klassifizieren. Während bei diesen Versuchen auf unterschiedliche Populismuskonzeptionen zurückgegriffen wird, zeigt sich ein klarer Trend zu einer maßgeblich von Mudde und Kollegen geprägten Lesart des Populismus (Mudde 2004; Mudde und Rovira Kaltwasser 2017). In einer Minimaldefinition wird hier Populismus als eine „dünne" Ideologie bezeichnet, die weder links noch rechts ist, sehr wohl aber mit „dicken" Ideologien verschiedener politischer Spektren – Nationalismus, Nativismus oder Neoliberalismus für Rechtspopulismus bzw. Sozialismus oder Anti-Imperialismus für Linkspopulismus – verbunden werden kann. Im Kern basiert jede Form des Populismus auf der Idee einer zweigeteilten Gesellschaft, deren Teile in sich homogen sind und sich antagonistisch gegenüberstehen. Auf der einen Seite existiert eine korrupte (politische) Elite und auf der anderen Seite ein „gutes" Volk, dessen einheitliche politische Präferenzen die Geschicke der Gesellschaft bestimmen sollten, dies aber aufgrund des Verhaltens der politischen Eliten und der Einschränkungen durch die repräsentative Demokratie nicht tun (Mudde 2004: 543f). Insofern ist Populismus also nicht antidemokratisch, wohl aber antielitär wie auch antipluralistisch. Populistische Parteien und Wahlkämpfe zielen somit darauf ab, die Entscheidungsgewalt in der Demokratie wieder dem Volk als dem eigentlichen Souverän zuzuführen. Es ergeben sich große Überschneidungen zwischen dieser Minimaldefinition von Populismus und anderen Arbeiten zum Thema. Diese etwa legen den Fokus auf die Rolle von Krisen und die Verteidigung einer romantisierten Heimat (Taggart 2004), die systeminhärente Diskrepanz zwischen Demokratieideal und dessen Realisierung (Canovan 1999) oder die über die konkreten Inhalte hinaus konstruierten Verknüpfungen von durch die politischen Entscheidungsträger nicht erfüllten Gruppenpräferenzen (Laclau 2005).

Neben der Angebotsseite („die Elite“) ist auch die Nachfrageseite von Politik („das Volk“) bzw. deren Zusammenspiel in den Blick zu nehmen. Entsprechend ist es nicht verwunderlich, dass Populismus auch auf die Individualebenen – genauer: auf die Einstellungsebene – übertragen wird. Auch hier findet sich eine klare Dominanz der Minimaldefinition nach Mudde. Ziel dieser ersten Studien (Akkerman et al. 2013, Hawkins et al. 2012, Schulz et al. 2018) war es zum einen, sinnvolle Messinstrumente für populistische Einstellungen zu entwickeln, und zum anderen zu untersuchen, wie populistische Einstellungen in, aber auch zwischen Gesellschaften verteilt sind und inwiefern sie auch handlungsrelevant sind. Letzteres bezieht sich vor allem auf Fragen der Wahlentscheidung. Dabei werden populistische Einstellungen als ein graduelles Phänomen verstanden und es wird kein Grenzwert festgelegt, da sich ein solcher theoretisch nicht bestimmen lässt. Diese Ansätze messen also, ob eine Person mehr oder weniger starke populistische Einstellungen hat.

Auf diesen Arbeiten aufbauend beantwortet dieser Beitrag im Kontext der Bundestagswahl 2017 zwei Fragen: (1) Ergeben sich Muster bezüglich der individuellen Ausprägung populistischer Einstellungen? Hier untersuchen wir sowohl soziodemographische Faktoren als auch Ideologien und Sachfragenpräferenzen. (2) Sind populistische Einstellungen bei der Wählerschaft bestimmter Parteien stärker ausgeprägt als bei anderen und sind diese Einstellungen tatsächlich relevant für die Wahlentscheidung bei der Bundestagswahl 2017 gewesen?

Der deutsche Kontext stellt dabei einen sehr interessanten Fall dar. Deutschland wurde vergleichsweise spät mit einer erfolgreichen rechtspopulistischen Partei konfrontiert. Zusätzlich ist es der AfD aber vor allem gelungen, in nur sehr kurzer Zeit seit der Gründung und trotz – oder vielleicht wegen – massiver personeller und programmatischer Veränderungen, in alle Landtage und auch in den Bundestag einzuziehen. Gleichsam existiert neben der AfD mit der Partei Die Linke auch eine zumindest moderat populistische Partei im linken Spektrum (Lewandowsky et al. 2016). Insbesondere bei der Beantwortung der zweiten Fragestellung geht es entsprechend also auch um die Frage, inwiefern populistische Einstellungen tatsächlich zur Erklärung links- und rechtspopulistische Wahlentscheidungen beitragen können.

Im nächsten Kapitel präsentieren wir das zur Messung populistischer Einstellungen verwendete Instrument sowie erste Befunde zur Verteilung dieser Einstellungen in Deutschland. Danach widmen wir uns den Zusammenhängen zwischen diesen Einstellungen und soziodemographischen Faktoren, bevor wir uns dann dem Verhältnis zu Ideologie und Sachfragenpositionen zuwenden. Nach einem Blick auf die Wahlentscheidungsrelevanz populistischer Einstellungen schließen wir den Beitrag mit einem Fazit.

6.9.2 Messung populistischer Einstellungen in der Deutschen Wahlstudie 2017

In den Vor- und Nachwahlbefragungen der GLES zur Bundestagswahl 2017 wurden die befragten Personen gebeten, ihre Zustimmung zu oder Ablehnung von bestimmten Aussagen aus dem Bereich „Populismus" anzugeben. Dabei handelt es sich um eine Adaption der von Akkerman et al. (2013) entwickelten und getesteten Messung populistischer Einstellungen. Eng angebunden an das Populismuskonzept von Mudde (u.a. 2004) fokussieren die Aussagen (Items) auf Aspekte wie Volkssouveränität, Anti-Elitismus und den Antagonismus zwischen Volk und Elite (Akkerman et al. 2013: 1332f). Die Messung beruht auf insgesamt sechs Items , abgebildet auf einer fünfstufigen Likert-Skala. Die Formulierung der Aussagen sowie die Verteilung der Antworten werden in Tabelle 1 präsentiert. In allen Fällen ist eine Antwort als populistisch zu werten, wenn einer Aussage zugestimmt wird.

Tabelle 1: Indikatoren zur Messung populistischer Einstellungen

	stimme voll und ganz zu	stimme eher zu	teils/ teils	lehne eher ab	lehne voll und ganz ab
	in Prozent der befragten Personen				
(A) Was in der Politik Kompromiss genannt wird, ist in Wirklichkeit nur ein Verrat von Prinzipien.	12,5	20,4	33,0	24,9	9,2
(B) Das Volk, und nicht die Politiker, sollte die wichtigsten politischen Entscheidungen treffen.	17,6	20,2	26,3	25,8	10,1
(C) Die Abgeordneten des Deutschen Bundestags müssen dem Willen des Volkes Folge leisten.	38,9	34,5	18,2	6,4	2,0
(D) Die politischen Unterschiede zwischen Eliten und dem Volk sind größer als die Unterschiede innerhalb des Volkes.	26,1	37,3	24,3	10,0	2,3
(E) Ein Bürger würde besser meine Interessen vertreten als ein Berufspolitiker.	10,1	17,1	27,4	31,6	13,9
(F) Die Politiker reden zu viel und machen zu wenig.	33,0	31,7	24,6	9,1	1,7

Quelle: GLES-Vor- und Nachwahl-Querschnittsbefragung 2017 [Kumulation] (ZA6802).

Anmerkungen: N=3375. Berücksichtigt wurden nur befragte Personen, welche für alle verwendeten Variablen valide Werte aufweisen. Des Weiteren wurden hier und in allen weiteren Darstellungen der Daten Anpassungsgewichte zur Verbesserung der Repräsentativität verwendet.

Mit Blick auf die Tabelle wird deutlich, dass substantielle Teile der Bevölkerung bezüglich der einzelnen Items durchaus populistische Tendenzen aufweisen, dass sich aber auch Unterschiede zwischen den Aussagen ergeben. So sind weniger als ein Drittel der Meinung, dass Bürger besser die eigenen Interessen vertreten würden als ein Berufspolitiker (Item E). Auf der anderen Seite stimmen fast zwei Drittel oder sogar mehr der Aussage zu, dass Politiker zu viel reden und zu wenig machen (Item F) oder lehnen das freie Mandat von Bundestagsabgeordneten ab (Item C). Auffällig ist zudem, dass nur wenige befragte Personen die populistischen Aussagen vollständig ablehnen.

Der Fokus dieses Kapitels liegt auf populistischen Einstellungen und nicht auf einzelnen Aspekten des Populismus. Entsprechend verwenden wir im weiteren Verlauf nicht die einzelnen Items, sondern deren gemeinsamen Kern. Zur Bestimmung dieses Kerns, in der Fachsprache dem hinter den einzelnen Aussagen liegenden gemeinsamen latenten Konstrukt, verwenden wir eine konfirmatorische Faktorenanalyse. Mithilfe eines statistischen Verfahrens wird hierbei die Gemeinsamkeit der Items ermittelt und in einen einzelnen Wert für jede befragte Person überführt. Dieses Vorgehen hat gegenüber z.B. einem Summenindex aller Antworten den Vorteil, dass nicht notwendigerweise alle Items als gleich wichtig für den Index angesehen werden müssen, sondern die Gewichtung und damit Relevanz der einzelnen Items erst im Prozess ermittelt wird. Die resultierenden Werte wurden zwischen 0 und 1 normiert, wobei hohe Werte auf diesem Index eine stärkere populistische Einstellung repräsentieren.

Abbildung 1: Verteilung des Populismus-Index

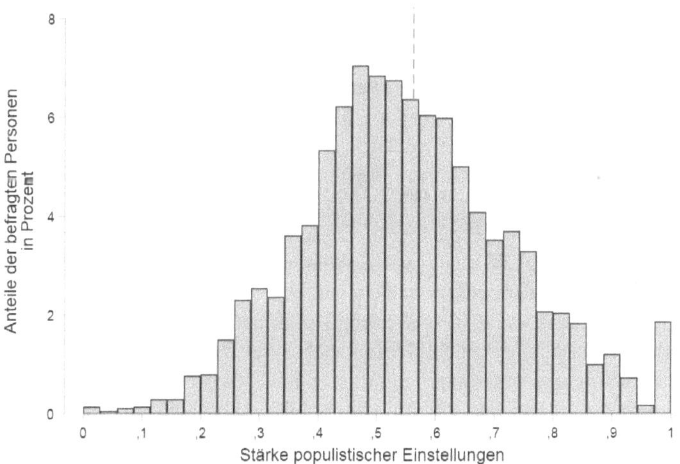

Quelle: GLES-Vor- und Nachwahl-Querschnittsbefragung 2017 [Kumulation] (ZA6802)

Anmerkungen: N=3375. Die gestrichelte Linie entspricht dem Bevölkerungsmittelwert.

Die Verteilung des so erstellten Index ist in Abbildung 1 dargestellt. Es zeigt sich, dass der überwiegende Teil der Befragten gemäßigt populistische Einstellungen zeigt und nur wenige vollständig populistisch oder unpopulistisch orientiert sind. Der Mittelwert (gestrichelte Linie) liegt bei einem Populismuswert von 0,56 – annähernd identisch mit dem Median (0,55). Fast 10 Prozent der befragten Personen weisen einen Wert von über 0,8 auf. Blickt man auf das untere Ende der Skala, so liegen 10 Prozent unterhalb eines Werts von 0,34. In jedem Fall wird deutlich, dass wir eine große Varianz populistischer Einstellungen rund um die Bundestagswahl 2017 beobachten konnten.

6.9.3 Populistische Einstellungen und soziodemographische Faktoren

Wenden wir uns nun der ersten Fragestellung zu: Lassen sich Muster bzgl. der Verteilung populistischer Einstellungen ausmachen? Tatsächlich ist die Verteilung nicht unabhängig von soziodemographischen Faktoren. Darüber gibt Tabelle 2 Auskunft. So sind Personen mit höherer Bildung, d.h. mit mindestens Fachhochschulreife, deutlich weniger populistisch als Personen mit niedriger Bildung. Der Unterschied liegt bei statistisch überzufälligen 0,14 Punkten. Hinsichtlich des Geschlechts einer Person ist kein Unterschied im Grad populistischer Einstellungen festzustellen – Frauen sind genauso (wenig) populistisch wie Männer. Allerdings unterscheiden sich wiederum Ost- und Westdeutsche. Personen aus den neuen Bundesländern haben belastbar höhere Populismuswerte als Personen aus den alten Bundesländern.

Darüber hinaus ist auch ein Zusammenhang mit der subjektiven Schichtzugehörigkeit nachweisbar. Während Personen, die sich selbst der oberen Mittel- oder der Oberschicht zurechnen, im Durchschnitt nur einen Populismuswert von 0,46 aufweisen, liegt er bei Personen der Unter- oder Arbeiterschicht um fast 50 Prozent höher bei 0,65. Die Trennung zwischen über- und unterdurchschnittlich populistisch Eingestellten verläuft zwischen mittlerer und unterer Mittelschicht. Alle Schichten unterscheiden sich überzufällig stark voneinander. Es findet sich auch ein deutlicher und statistisch verlässlicher Zusammenhang zwischen populistischen Einstellungen und dem Alter. Generell gilt, dass Ältere populistischer sind als Jüngere. Die mittlere Altersgruppe von 40 bis unter 65 weist ein durchschnittliches Populismusniveau auf, die unter 40-Jährigen liegen darunter, die über 65-Jährigen darüber. Insgesamt kann damit festgehalten werden, dass niedriger Gebildete, Personen mit geringerer subjektiver Schichteinstufung, Ältere und Ostdeutsche populistischer sind als ihre jeweiligen Pendants. Das Geschlecht spielt hingegen keine Rolle.

Tabelle 2: Soziodemographische Faktoren und populistische Einstellungen

	Gruppenmittelwert
Bildung[c]	
Hoch	0,47
Niedrig	0,61
Geschlecht	
Weiblich	0,56
Männlich	0,56
Region[c]	
Ostdeutschland	0,61
Westdeutschland	0,55
Subjektive Schichtzugehörigkeit[c]	
Unter- und Arbeiterschicht	0,65
Untere Mittelschicht	0,59
Mittlere Mittelschicht	0,54
Obere Mittel- und Oberschicht	0,46
Alter[c]	
18- bis 39-Jährige	0,53
40- bis 64-Jährige	0,56
Über 65-Jährige	0,60
Bevölkerungsmittelwert	0,56

Quelle: GLES-Vor- und Nachwahl-Querschnittsbefragung 2017 [Kumulation] (ZA6802).

Anmerkungen: N = 3375. a: $p < 0,05$; b: $p < 0,01$; c: $p < 0,001$ (siehe Anhang 4).

6.9.4 Populistische Einstellungen, Ideologie und Sachfragenorientierungen

Auch im Hinblick auf ihre ideologische Selbstverortung weisen die Bürger unterschiedliche Populismuswerte auf. Abbildung 2 verdeutlicht diesen Zusammenhang mit Blick auf die Links-Rechts-Selbsteinstufung. Die niedrigsten Indexwerte finden sich bei Bürgern der Mitte, insbesondere der linken Mitte (Skalenpunkte 3 bis 5). Personen, die sich selbst als deutlich links einstufen (Skalenpunkte 1 und 2), sind hingegen populistischer.

Noch deutlicher fällt der Befund auf der anderen Seite der Links-Rechts-Achse aus: Personen mit einem deutlich rechten Selbstbild haben die höchsten Populismuswerte. Insgesamt zeigt sich ein statistisch signifikanter u-förmiger Zusammenhang mit weniger ausgeprägten populistischen Einstellungen in der Mitte und stärkeren populistischen Einstellungen an den Rändern des politischen Spektrums. Ein solcher u-förmiger Zusammenhang besteht ebenfalls zwischen populistischen Einstellungen und Präferenzen für bzw. gegen Umverteilung (hier nicht gesondert dargestellt): Sowohl Personen, die eher dafür sind, Steuern und Abgaben zu erhöhen, um mehr Sozialleistungen zu ermöglichen, als auch Personen, die dafür sind, Steuern und Abgaben zu senken, auch wenn dies mit einer Kürzung von Sozialleistungen einhergeht, sind populistischer als diejenigen, die sich in der Mitte, nahe dem Status quo, verorten.

Abbildung 2: Links-Rechts-Selbsteinschätzung und populistische Einstellungen

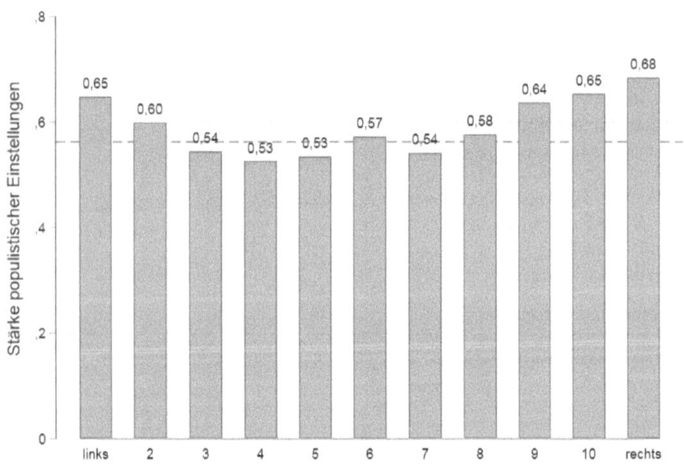

Quelle: GLES-Vor- und Nachwahl-Querschnittsbefragung 2017 [Kumulation] (ZA6802)

Anmerkungen: N = 3375. Die gestrichelte Linie entspricht dem Bevölkerungsmittelwert.

Anders dagegen ist die Verteilung hinsichtlich der Frage der Zuzugsregelung nach Deutschland (ebenfalls nicht dargestellt). Hier sind Personen mit Präferenzen für strengere Zuzugsregeln populistischer als Personen, die für erleichterte Einreisebedingungen plädieren und auch als solche in der Mitte zwischen diesen beiden Polen. Ähnliches gilt für die Angst vor der sog. Flüchtlingskrise. Auch hier gilt: Je größer die Angst, desto populistischer die Einstellung (siehe Abbildung 3). Während wir also bei der generellen Links-Rechts-Position und bei sozioökonomischen Fragen näher an den Extrempositionen populistische Einstellungen vorfinden, sind es vor allem Personen mit sozio-kulturell rechten Positionen, die auch populistische Einstellungen aufweisen.

Abbildung 3: Angst vor der Flüchtlingskrise und populistische Einstellungen

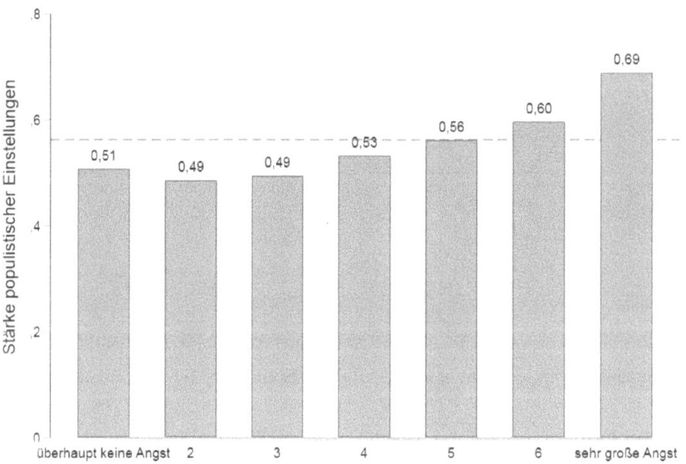

Quelle: GLES-Vor- und Nachwahl-Querschnittsbefragung 2017 [Kumulation] (ZA6802)

Anmerkungen: N = 3375. Die gestrichelte Linie entspricht dem Bevölkerungsmittelwert.

Dies deckt sich mit einem Befund aus dem Bereich der ökonomischen Erwartungen (siehe Abbildung 4). Menschen, die sorgenvoll auf ihre wirtschaftliche Entwicklung in der nächsten Zeit blicken, sind deutlich und signifikant populistischer als jene, die von einer gleichbleibenden individuellen wirtschaftlichen Lage ausgehen. Diese wiederum sind signifikant populistischer als Optimisten, die meinen, dass die Zukunft sich für sie ökonomisch positiv gestalten wird. Dieses Muster gilt in ganz ähnlicher Struktur auch für die Einschätzung der allgemeinen wirtschaftlichen Lage des Landes: Pessimisten sind populistischer als Optimisten und als Personen mit der Erwartung einer konstanten wirtschaftlichen Lage.

Abbildung 4: Wirtschaftliche Erwartungen und populistische Einstellungen

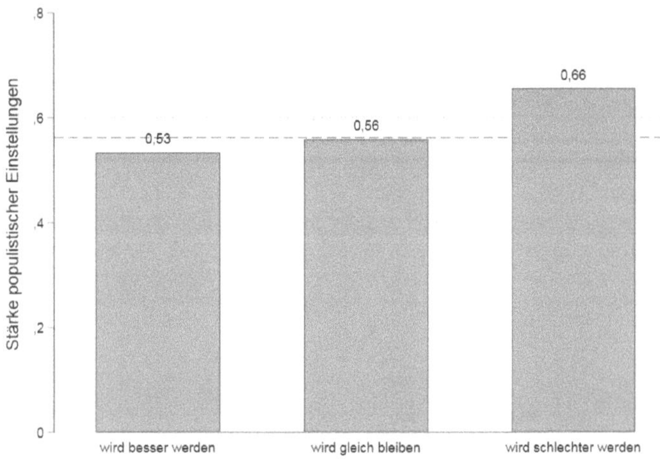

Quelle: GLES-Vor- und Nachwahl-Querschnittsbefragung 2017 [Kumulation] (ZA6802)

Anmerkungen: N = 3375. Die gestrichelte Linie entspricht dem Bevölkerungsmittelwert.

6.9.5 Populistische Einstellungen und Wahlbeteiligung und Wahlentscheidung

Nachdem wir die soziodemographischen sowie Einstellungshintergründe von populistischen Einstellungen in den Blick genommen haben, fragen wir abschließend, welche Auswirkungen letztgenannte auf das Wählen haben. Abbildung 5 weist die mittleren Niveaus populistischer Einstellungen entsprechend der individuellen Wahlentscheidungen bei der Bundestagswahl 2017 aus. Die populistischsten Wähler hatte die AfD, gefolgt von der Linken (Unterschied von 0,11; Irrtumswahrscheinlichkeit <0,001). Die SPD-Wähler haben das gleiche Populismusniveau wie die Gesamtbevölkerung (gestrichelte Linie), etwas weniger populistisch sind die Wähler der FDP (beide Parteien unterscheiden sich nicht statistisch signifikant voneinander) und jene der Union. Die am wenigsten populistischen Wähler fanden sich bei den Grünen (Unterschied zur Union 0,04; Irrtumswahrscheinlichkeit <0,001). Interessanterweise sind Nichtwähler zwar populistischer eingestellt als viele Wähler (Irrtumswahrscheinlichkeit <0,001 außer für Linke-Wähler), aber weniger populistisch als die Wähler der AfD (Irrtumswahrscheinlichkeit <0,001). Damit bleibt festzuhalten, dass die AfD als populistischste Partei im gegenwärtigen Parteiensystem (Lewandowsky et al. 2016) die populistischsten Wähler anzieht, während die Wähler der Grünen die am wenigsten populistischen sind. Für die Linke ergibt sich hingegen ein weniger starker Unterschied zu den anderen Parteien; ihre Wähler sind zwar populistischer als die der meisten anderen Parteien, aber die Differenz ist weitaus geringer als bei der AfD.

Abbildung 5: Wahlentscheidung und populistische Einstellungen

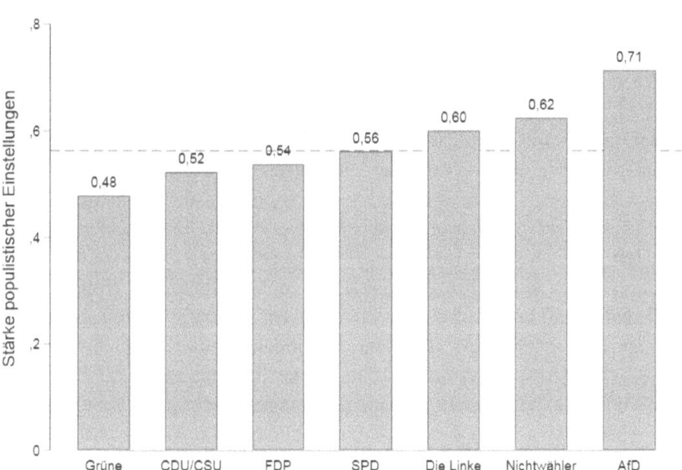

Quelle: GLES-Vor- und Nachwahl-Querschnittsbefragung 2017 [Kumulation] (ZA6802).

Anmerkungen: N = 3375. Die gestrichelte Linie entspricht dem Bevölkerungsmittelwert.

Im letzten Schritt wenden wir uns einem Wahlmodell zu, welches die Wahlentscheidung zugunsten einer der schließlich im Bundestag vertretenen Parteien auf populistische Einstellungen zurückführt. Dabei wird für den Einfluss der Parteiidentifikation kontrolliert (siehe Tabelle 3).

Tabelle 3: Einfluss von populistischen Einstellungen auf Wahlverhalten

	CDU/ CSU	SPD	AfD	FDP	Die Linke	Grüne
Populistische Einstellungen	-24[c]	+7	+25[c]	-1	+7[b]	-15[b]
Parteiidentifikation	+65[c]	+66[c]	+78[c]	+73[c]	+74[c]	+61[c]
Nagelkerke R^2	0,50	0,46	0,44	0,28	0,44	0,40
N	3131	3131	3131	3131	3131	3131

Quelle: GLES-Vor- und Nachwahl-Querschnittsbefragung 2017 [Kumulation] (ZA6802).

Anmerkungen: N = 3131. a: $p < 0,05$; b: $p < 0,01$; c: $p < 0,001$ (siehe Anhang 4).

Populistische Einstellungen wirken, wie Abbildung 5 bereits andeutete, sehr unterschiedlich auf die Wahrscheinlichkeit der Wahl der einzelnen Parteien. Die Stimmabgabe insbesondere für die Union, aber auch für die Grünen, hängt auch unter Kontrolle der Identifikation für die jeweilige Partei negativ mit populistischen Einstellungen zusammen. Damit gilt: Je populistischer eine Person, desto unwahrscheinlicher ist es, dass sie für CDU/CSU oder Grüne votiert. Der Unterschied in der Wahlwahrscheinlichkeit für die Unionsparteien zwischen Personen mit minimalen und maximalen populistischen Einstellungen liegt bei hohen 24 Prozentpunkten, für die Grünen bei 15 Prozentpunkten. Positive Effekte lassen sich für die AfD und, wenn auch auf deutlich geringerem Niveau, für die Linke nachweisen. Hier erhöhen populistische Einstellungen die Wahrscheinlichkeit um 25 (AfD) respektive sieben (Die Linke) Prozentpunkte. Für die SPD und die FDP haben populistische Einstellungen weder positive noch negative Auswirkungen auf die Wahlwahrscheinlichkeit. Wie zu erwarten, hat die Parteiidentifikation für alle Parteien einen darüber hinausgehenden positiven Einfluss auf die Wahrscheinlichkeit der Wahl.

6.9.6 Fazit

Vor dem Hintergrund eines sowohl in der politikwissenschaftlichen Forschung als auch der öffentlichen Debatte gewachsenen Interesses am Phänomen des Populismus standen zwei Fragen im Zentrum dieses Kapitels. Erstens fragten wir nach dem Zusammenhang von soziodemographischen Faktoren sowie politischen Einstellungen und Bewertungen einerseits und populistischen Einstellungen andererseits. Dazu wurden populistische Einstellungen definiert und die Messung des Konzepts über individuelle Zustimmungen zu sechs Aussagen aus den Bereichen Volkssouveränität, Anti-Elitismus und Volk-Elite-Antagonismus dargestellt. Festhalten lässt sich, dass gering Gebildete populistischer eingestellt sind als höher Gebildete. Zudem sind unter Ostdeutschen und Älteren populistische Orientierungen stärker ausgeprägt als unter Westdeutschen und Jüngeren. Während das Geschlecht keinen Unterschied macht, gilt, dass wer sich in der mittleren oder oberen Mittel- bzw. Oberschicht verortet, im Durchschnitt weniger populistisch eingestellt ist. Darüber hinaus wurde gezeigt, dass Personen mit stärker polarer Selbsteinschätzung auf der Links-Rechts-Skala stärker populistisch eingestellt sind als Personen in der politischen Mitte, wobei Personen mit einem sehr rechten Selbstbild nochmals populistischer sind als Personen mit sehr linkem Selbstbild. Ähnliches gilt für die Präferenz in Fragen von Steuern, Abgaben und Sozialleistungen. Zudem wurde gezeigt, dass Immigration ablehnende Haltungen und Ängste vor der Flüchtlingskrise klar mit populistischen Einstellungen zusammenhängen. Darüber hinaus sind negative Einschätzungen der zukünftigen wirtschaftlichen Entwicklung mit stärkeren populistischen Einstellungen verbunden. Die im Mittel populistischsten Personen wären somit, etwas zugespitzt, ostdeutsche Rentner mit geringer Bildung aus der Unterschicht, mit klar rechtem Selbstbild, starken Präferenzen in Umverteilungsfragen, großer Angst vor der Flüchtlingskrise, Präferenzen für weniger Zuzug und pessimistischem Blick auf die wirtschaftliche Entwicklung.

Zweitens fragten wir, ob populistische Einstellungen in den Wählerschaften bestimmter Parteien stärker ausgeprägt sind als bei anderen und ob diese Einstellungen für die Wahlentscheidung bei der Bundestagswahl 2017 relevant waren. Dabei zeigte sich, dass Nichtwähler im Mittel populistischer eingestellt sind als Wähler. Eine Ausnahme bildet die Wählerschaft der AfD, in der populistische Einstellungen nochmals deutlich stärker vertreten sind als unter Nichtwählern. In den Wahlentscheidungsmodellen zeigte sich, dass populistische Einstellungen die Wahrscheinlichkeit der Stimmabgabe für die AfD stark und für die Linke leicht erhöhen, für die Union und die Grünen dagegen verringern. Für die Wahrscheinlichkeit der Stimmabgabe für die SPD oder die FPD haben populistische Einstellungen keine belastbaren Effekte.

Auch unter Kontrolle auf Parteiidentifikation finden wir für einige Parteien bei der Bundestagswahl 2017 einen erwartungstreuen Effekt von populistischen Einstellungen. Es scheint damit plausibel anzunehmen, dass diese Einstellungen ebenfalls relevant für das Wahlergebnis waren. Wie für die Wahl populistischer Parteien gilt auch für populistische Einstellungen, dass eine Reduzierung auf einige wenige Ursachen nicht zielführend ist. Vielmehr unterstreicht dieser Beitrag die Notwendigkeit, die Bestimmungsgründe von populistischen Einstellungen tiefergehend zu untersuchen, um damit nicht nur Wahlverhalten, sondern auch das Phänomen „Populismus“ an sich besser verstehen zu können.

Literatur

Akkerman, Agnes/Mudde, Cas/Zaslove, Andrej 2013: How Populist Are the People?: Measuring Populist Attitudes in Voters, in: Comparative Political Studies 47, 1324-1353.

Canovan, Margaret 1999: Trust the People!: Populism and the Two Faces of Democracy, in: Political Studies 47, 2-16.

Gidron, Noam/Bonikowski, Bart 2013: Varieties of Populism: Literature Review and Research Agenda, in: Weatherhead Working Paper Series No. 13-0004.

Hawkins, Kirk A./Riding, Scott,/Mudde, Cas 2012: Measuring Populist Attitudes, in: Political Concepts: Committee on Concepts and Methods Working Paper Series 55, 1–35.

Laclau, Ernesto 2005: Populism: What's in a Name?, in: Panizza, Francisco, Hg., Populism and the Mirror of Democracy, London: Verso, 32-49.

Lewandowsky, Marcel/Giebler, Heiko/Wagner, Aiko 2016: Rechtspopulismus in Deutschland: Eine empirische Einordnung der Parteien zur Bundestagswahl 2013 unter besonderer Berücksichtigung der AfD, in: Politische Vierteljahresschrift 57, 247-275.

Mudde, Cas 2004: The Populist Zeitgeist, in: Government and Opposition 39, 541-563.

Mudde, Cas/Rovira Kaltwasser, Cristobal 2017: Populism: A Very Short Introduction, Oxford: Oxford University Press.

Schulz, Anne/Müller, Philipp/Schemer, Christian/Wirz, Dominique S./Wettstein, Martin/Wirth, Werner 2018: Measuring Populist Attitudes on Three Dimensions, in: International Journal of Public Opinion Research 30, 316-326.

Taggart, Paul 2004: Populism and Representative Politics in Contemporary Europe, in: Journal of Political Ideology 9, 269-288.

6.10 TV-Duelle

Simon Richter, Berend Barkela, Thorsten Faas, Jürgen Maier und Michaela Maier

6.10.1 Einleitung

Der Bundestagswahlkampf 2017 war durchaus ein besonderer. Er war phasenweise durch fulminante Dynamik geprägt, dann wieder durch lähmende Lethargie. Symbolhaft repräsentierte der „Schulz-Zug" diese Wechsel, der zunächst mit rasender Geschwindigkeit durchs Land brauste, dem dann aber am Ende die Luft ausging. Doch selbst in eher trägen Phasen des Wahlkampfs war die Wahlkampfkommunikation durch eine intensive, häufig polarisierte Auseinandersetzung zwischen den Parteien und ihren Anhängern geprägt (siehe Kapitel 2). Überraschend kam das nicht, ähnliche Muster hatten sich bereits im US-amerikanischen Wahlkampf zwischen Trump und Clinton oder im französischen Showdown zwischen Macron und Le Pen abgezeichnet. In Deutschland hatte diese Zuspitzung und Polarisierung zuvorderst mit dem Erstarken der rechtspopulistischen AfD zu tun. Gerade in sozialen Netzwerken wie Facebook „ging es zur Sache" wie vielleicht niemals zuvor.

So entsteht ein zwiespältiger Eindruck von Wahlkampf und Wahlkampfkommunikation. Offenkundig scheinen Wahlkämpfe wichtiger zu werden, davon zeugen nicht zuletzt Beschleunigung und Stillstand des „Schulz-Zugs". Und doch bleibt die Frage offen, was dort eigentlich genau passiert. Sprechen die Parteien und ihre Anhänger im Wahlkampf überhaupt miteinander oder doch eher aneinander vorbei? Die zumindest häufig herangezogenen Metaphern von den „Echokammern" und „Filterblasen" suggerieren, dass Anhänger von Parteien nur mit ihresgleichen sprechen und damit implizit wichtiger ist, von wem etwas gesagt wird, als was gesagt wird. Wenn dem so wäre, würde über Parteigrenzen hinweg kaum mehr zugehört; Parteien und Kandidaten könnten – abseits der eigenen Lager – mit ihren Inhalten nicht durchdringen.

Solche postulierten Muster politischer Kommunikation zu erforschen, scheint drängend, aber schwierig. In der Kakophonie moderner Wahlkämpfe die Muster von Wahrnehmung und Verarbeitung politischer Informationen sichtbar zu machen, stellt eine große Herausforderung dar. Allerdings kann man sich einem Wahlkampf nicht nur als Ganzes nähern, sondern auch in einer auf einzelne Ereignisse fokussierten Logik. Hierfür bieten sich gerade Fernsehduelle in Wahlkämpfen an. Diese haben sich in Bundes- und Landtagswahlkämpfen etabliert (Maier et al. 2014). Vor der Bundestagswahl 2017 trafen am 3. September Bundeskanzlerin Angela Merkel (CDU/CSU) und ihr sozialdemokratischer Herausforderer Martin Schulz aufeinander. Die Debatte, ausgestrahlt zur besten Sendezeit auf gleich fünf Sendern, erreichte 16,3 Millionen Zuschauer. Damit schauten 2017 etwas weniger Personen zu als 2013 (17,5 Millionen) und mehr als 2009 (14,2 Millionen). Wie in den Bundestagswahlen zuvor, zog auch 2017 das TV-Duell deutlich mehr Menschen vor den Fernseher als jede andere Wahlsendung (Gscheidle et al. 2017). Die Forderung der kleineren Parteien, ebenfalls mit der Kanzlerin im Fernsehen debattieren zu können, wurde auch 2017 nicht erfüllt. Stattdessen traf deren Spitzenpersonal in mehreren separaten Debattensendungen aufeinander. Die mit 4,5 Millionen Zuschauern reichweitenstärkste Sendung dieser Art war der TV-Fünfkampf (Gscheidle et al. 2017), der am 4. September 2017, am Tag nach dem TV-Duell, ausgestrahlt wurde. In der Sendung diskutierten Joachim Herrmann (CSU), Alice Weidel (AfD), Christian Lindner (FDP), Sahra Wagenknecht (Die Linke) und Cem Özdemir (Bündnis 90/Die Grünen).

Solche Fernsehdebatten bieten besondere Chancen für die Grundlagenforschung zu Wahlkämpfen. Im Vergleich zu anderen Wahlkampfereignissen, wie beispielsweise dem Straßenwahlkampf, sind sie eindeutig abgrenz- und isolierbare Ereignisse. Betrachtet man diese Sendungen, so lässt sich gezielt in den Blick nehmen, wie der Wahlkampf von den Wählern wahrgenommen wird, welche Muster selektiver Wahrnehmung es dort gibt und wie groß letztlich die Bereitschaft ist, sich mit den Kandidaten – auch über Parteigrenzen hinweg – auseinanderzusetzen. Aus diesem Grund widmet sich eine Teilstudie der German Longitudinal Election Study (GLES) den TV-Duellen vor den Bundestagswahlen. Für den Bundestagswahlkampf 2017 ist neu, dass in diesem Rahmen nicht nur das TV-Duell Teil der Studie war, sondern auch eine Debatte der kleineren Parteien – in diesem Fall der TV-Fünfkampf.

Diese besondere Perspektive auf Duell und Fünfkampf soll dieser Beitrag in den vorliegenden Band einbringen. Wir wollen uns durch einen sehr spezifischen Blick auf die beiden Debatten Wahrnehmungs- und Verarbeitungsprozessen auf Seiten der Wähler widmen. Wir konzentrieren uns dabei auf eine bestimmte Frage: Wie kommt eine Bewertung des Abschneidens der Kandidaten in solchen Debattensendungen schlussendlich zustande? Dieser Fokus mag kleinteilig wirken. Allerdings braucht es eine solch kleinteilige Perspektive, um Wahrnehmungs- und Verarbeitungsprozesse betrachten zu können. Noch dazu hat die Debattenforschung zeigen können, dass genau diese Frage (Wie schneiden Kandidaten in Debatten aus Zuschauersicht ab? Wer hat am Ende „gewonnen"?) darüber entscheidet, ob von Duellen ein weiterreichender Effekt auf die Bewertung von Kandidaten und letztlich das Wahlverhalten ausgeht (Schrott 1993).

Wir gehen dazu in drei Schritten vor: In einem ersten, einleitenden Schritt stellen wir unsere Studie zum TV-Duell und TV-Fünfkampf 2017 vor. Darauf aufbauend betrachten wir, wie die Kontrahenten summarisch bewertet wurden: Wer hat in den Augen der Betrachter wie gut abgeschnitten? Im dritten Teil prüfen wir, wie solche abschließenden Gesamtbewertungen der Kandidatenleistungen zustande kommen. Lassen sich diese Urteile tatsächlich auf Inhalte des Duells zurückführen? Oder ist es bloß eine reflexhafte Bewertung, die zuvor bestehende Voreinstellungen der Zuschauer reflektiert? Anders formuliert könnte man fragen: Sind es die Debatteninhalte oder ist es die „parteipolitische Brille" (Maurer/Reinemann 2007: 232) der Zuschauer, die zur letztlichen Bewertung der Debattenleistung führt?

6.10.2 Daten

Für die folgenden Analysen verwenden wir Daten eines Moduls der GLES, in dessen Rahmen 98 Personen das TV-Duell live und unter kontrollierten Bedingungen an der Universität Mainz verfolgten. Ein Teil dieser Gruppe (68 dieser 98 Personen) schaute auch den TV-Fünfkampf in analoger Art. Die Studienteilnehmer wurden über einen Quotenplan nach Geschlecht, Alter und Bildung ausgewählt. Außerdem erfolgte die Auswahl unter der Maßgabe, parteipolitische Vielfalt abzubilden. Sowohl Anhänger aller nach der Bundestagswahl 2017 im Parlament vertretenen Parteien (also CDU/CSU, SPD, AfD, FDP, Linke und Grüne) als auch parteipolitisch ungebundene Personen sind in der Stichprobe vertreten. Der angestrebten Gleichverteilung unter den Parteianhängern kommen sowohl die Duell- als auch die Fünfkampf-Stichprobe recht nah. Einschränkend ist jedoch anzumerken, dass CDU/CSU-Anhänger (TV-Duell 19% der Probanden bzw. TV-Fünfkampf 19%) und Grünen-Anhänger (18% bzw. 22%) leicht überproportional, während insbesondere Anhänger der AfD (10% bzw. 7%) sowie der FDP (10% bzw. 14%) unterproportional in den Stichproben vertreten waren. Insgesamt sind unsere Daten nicht repräsentativ für die deutsche Wahlbevölkerung. Da das Hauptaugenmerk der Studie aber weniger auf bevölkerungsrepräsentativen Befunden, sondern eher auf der Frage liegt, wie Wahrnehmungs- und Verarbeitungsprozesse solcher Debattensendungen verlaufen, ist dies unproblematisch. Mehrere Untersuchungen haben bereits zeigen können, dass Teilnehmer an einem solchen Experiment die Inhalte einer Debatte nicht anders verarbeiten als andere Zuschauer (Maier et al. 2016; Maurer/Reinemann 2003).

Am Abend der Debatten füllten die Probanden unmittelbar vor und nach den Sendungen einen Fragebogen aus. Vorab wurden unter anderem grundsätzliche politische Einstellungen sowie spezifische Einstellungen zu den an den Debatten teilnehmenden Politikern und ihren Parteien erhoben. Nach den Sendungen lag der Fokus auf der Bewertung der gesehenen Debatten und den Auftritten der Kontrahenten. Durch die kontrollierte Versuchsumgebung sowie die Befragungen unmittelbar vor und nach den Sendungen konnte die Wahrnehmung der Debatte zeitnah erhoben, mögliche Effekte der Debatten zuverlässig gemessen und potentielle Einflüsse anderer Ereignisse (etwa Gespräche mit anderen Personen oder die debattenbezogene Berichterstattung der Medien) isoliert werden.

Um allerdings nicht nur Effekte der Debatte, sondern auch Wahrnehmungs- und Verarbeitungsprozesse während der Debatte beobachten zu können, konnten die Probanden während der Debatten jederzeit positive und negative Bewertungen zu den Kandidaten abgeben. Diese Zuschauerreaktionen erfassten wir sekundengenau mit zwei Systemen zur Real-Time-Response-Messung (RTR). Ein Teil der Probanden konnte über Drehregler, ein anderer Teil über markierte Tasten an einem Computer positive oder negative Eindrücke sekundengenau dokumentieren. Die Messungen beider Systeme haben wir anschließend standardisiert und in eine gemeinsame Datenbasis überführt, die für jede Sekunde positive und negative Ausschläge bezogen auf die Inhalte der Sendungen dokumentiert. Um eine unverzerrte Messung der Echtzeitreaktionen der Probanden zu ermöglichen, wurden diese vor Beginn der Debatten dazu wie folgt instruiert:

> *„Sie können [...] die Art bewerten, wie die Kandidaten auftreten, das, was sie sagen, oder das, was über sie gesagt wird. Kurz gesagt: Sie befinden darüber, wann Sie einen guten oder schlechten Eindruck von den Kandidaten haben. Und nur Sie wissen, warum das so ist!"*

Die RTR-Messung erfasst dabei nicht nur die Richtung des Eindrucks, sondern auch die Intensität: je extremer die Bewertung (Drehregler) oder je häufiger eine Taste pro Sekunde gedrückt wurde, desto stärker der Eindruck.

Diese in Echtzeit erfassten Daten lassen sich prinzipiell auf verschiedene Weise nutzen. Beispielsweise können wir damit jene Aussagen der Kandidaten identifizieren, die bei unseren Studienteilnehmern besonders markante Reaktionen ausgelöst haben. Dies haben wir an anderer Stelle bereits sowohl für das TV-Duell als auch den TV-Fünfkampf getan (Faas et al. 2017).

6.10.3 Wahrnehmung der Debattenleistung in TV-Duell und TV-Fünfkampf

Mit dem vorliegenden Kapitel wollen wir allerdings nicht diese *Echtzeitbewertungen*, sondern vielmehr die Gesamtbewertung der Leistung der Kandidaten in den Debatten erklären. Um diesen subjektiven Gesamteindruck, den die Kandidaten bei den Probanden hinterlassen haben, zu erheben, wurden die Probanden direkt nach den Debatten zur wahrgenommenen *Debattenleistung* der einzelnen Kandidaten befragt. Im Falle des Duells lautete die Frage: „Einmal ganz allgemein gesprochen, wie haben Ihrer Meinung nach Angela Merkel bzw. Martin Schulz in der Debatte abgeschnitten?“. Für dieses abschließende Urteil stand den Befragten eine Skala von -2 („sehr schlecht“) bis +2 („sehr gut“) zur Verfügung.

Für das TV-Duell stellen wir fest, dass Angela Merkel wie Martin Schulz einen leicht positiven Gesamteindruck bei unseren Probanden hinterlassen haben (Abbildung 1). Die *Debattenleistung* von Martin Schulz wurde dabei systematisch positiver bewertet als die *Debattenleistung* von Angela Merkel (+0,7 vs. +0,4 Skalenpunkte; $p < 0{,}05$).

Während der Vorsprung von Martin Schulz im TV-Duell nicht besonders groß ist, ergeben sich bei der Bewertung der *Debattenleistungen* im TV-Fünfkampf deutlichere Unterschiede. Die besten *Debattenleistungen* sehen unsere Probanden bei Cem Özdemir (+1,1) und Sahra Wagenknecht (+0,9). Dicht dahinter liegt die wahrgenommene *Debattenleistung* von Christian Lindner (+0,7). Mit deutlichem Abstand und mit im Mittel negativen Bewertungen folgen Joachim Herrmann (-0,3) und nochmals deutlich dahinter Alice Weidel (-1,1). Mit Blick auf die Bewertungen von Joachim Herrmann ist dabei allerdings auf eine wichtige Einschränkung hinzuweisen: Zwar befinden sich in unserer Stichprobe Anhänger der Union aus CDU/CSU, bei denen es sich aber letztlich – schließlich fand die Studie in Mainz statt – um Anhänger der CDU, nicht der CSU handelt. Joachim Herrmann ist damit der einzige hier betrachtete Kandidat, der keine eigenen Parteiunterstützer im Auditorium hatte.

Abbildung 1: Subjektiv wahrgenommene Debattenleistung nach der Debatte

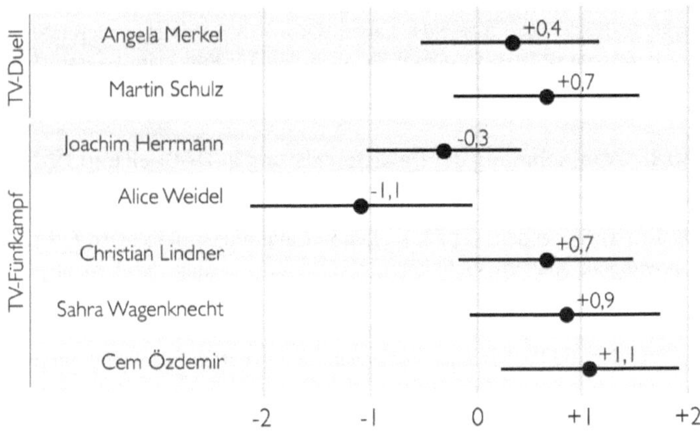

Quelle: TV-Duell Studie 2017 (ZA6810).

Anmerkungen: Angegeben sind Mittelwerte +/- eine Standardabweichung.

Abbildung 1 zeigt allerdings nicht nur die Mittelwerte, sondern mit den Standardabweichungen auch ein Streuungsmaß. Je länger die Balken um einen Mittelwert, desto uneiniger waren sich unsere Teilnehmer in ihrer Bewertung der *Debattenleistung* eines Kandidaten. Und auch diesbezüglich gibt es deutliche Unterschiede: Uneinigkeit scheint es insbesondere bezogen auf Alice Weidels Auftritt gegeben zu haben. Im Vergleich zu den anderen Kandidaten ist die Streuung der Bewertungen ihrer Debattenperformanz am größten. Demgegenüber zeigt sich die größte Einigkeit bei der wahrgenommenen *Debattenleistung* von Joachim Herrmann, auch wenn sich selbst in seinem Fall noch Bewertungsunterschiede ergeben. Diese Unterschiede in den Bewertungen der einzelnen Kandidaten werfen die Frage auf, welche Faktoren für die unterschiedlichen Wahrnehmungen und Beurteilungen der einzelnen Kandidaten verantwortlich sind. Dieser Frage gehen wir im Folgenden nach.

6.10.4 Determinanten der wahrgenommenen Debattenleistung

Es lässt sich mutmaßen, dass sowohl langfristige Faktoren, wie die Parteibindung eines Zuschauers, als auch kurzfristige situative Faktoren, wie die Bewertung des konkreten Auftritts eines Kandidaten, einen Einfluss auf die letztlich wahrgenommene *Debattenleistung* dieses Kandidaten haben können. Um uns der Frage zu nähern, wie stark diese beiden möglichen Einflussfaktoren wirken und ob sich dies möglicherweise zwischen den Kandidaten unterscheidet, untersuchen wir zunächst einmal dem Einfluss einer parteipolitisch gefärbten Brille. Dazu prüfen wir, inwiefern sich das Gesamturteil zur *Debattenleistung* eines Kandidaten unterscheidet zwischen Personen, die der Partei dieses Kandidaten zuneigen oder aber genau dies nicht tun.

Aus Abbildung 2 wird deutlich, dass Probanden, die eine entsprechend passende Parteibindung haben, die *Debattenleistung* des Kandidaten ihrer Partei im Mittel besser bewerten als Probanden mit anderer oder ohne Parteibindung. So wird Angela Merkel von Unions-Anhängern im Mittel um 0,6 Punkte besser bewertet als von Probanden, die sich mit keiner oder einer anderen Partei identifizieren. Auch Martin Schulz wird von SPD-Anhängern deutlich besser bewertet als von den restlichen Probanden. In beiden Fällen sind dies systematische Zusammenhänge ($p < 0,05$). Dies steht im Einklang mit früheren Studien, denen zufolge langfristige politische Vorprägungen zu einer verzerrten Wahrnehmung von TV-Debatten führen (Maier et al. 2014; Maurer/Reinemann 2007; Jarman 2005).

Für die Kandidaten aus dem TV-Fünfkampf sind die Ergebnisse ähnlich. Alle Kandidaten werden von den Anhängern ihrer Partei besser bewertet. Allerdings kann man bei Joachim Herrmann, Christian Lindner und Sahra Wagenknecht nicht von einem systematischen Bewertungsvorteil sprechen. Am größten fallen die Unterschiede bei Alice Weidel aus (was zum Teil auch erklärt, warum sich – wie oben gesehen – die Befragten insgesamt am wenigsten einig in der Bewertung ihres Debattenauftritts sind): Die Probanden in unserer Studie, die angaben, sich mit der AfD zu identifizieren, bewerteten Weidels Leistung im TV-Fünfkampf mit +0,8 Skalenpunkten und damit ähnlich gut wie beispielsweise die Anhänger der FDP Christian Lindner bewerten. Allerdings bewerten Personen, die sich *nicht* mit der AfD identifizieren, Alice Weidel mit -1,2 im Mittel ganze zwei Skalenpunkte schlechter. Bei keinem anderen Kandidaten finden wir ein solches Maß an Polarisierung über die Parteibindung.

Abbildung 2: Subjektiv wahrgenommene Debattenleistungen der Kandidaten nach Parteiidentifikation der Befragten

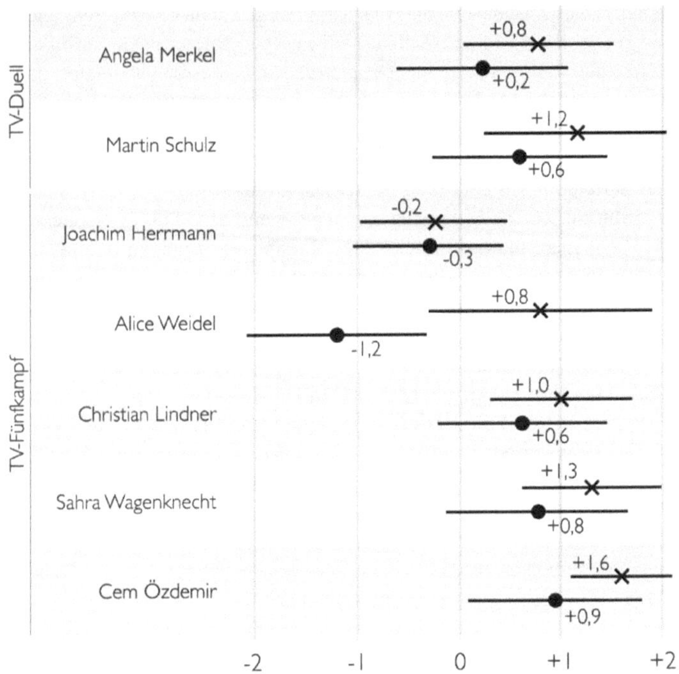

Quelle: TV-Duell Studie 2017 (ZA6810).

Anmerkungen: Angegeben sind Mittelwerte +/- eine Standardabweichung.

Die parteipolitische Brille der Zuschauer übt also einen Einfluss aus – im Falle Weidels ganz besonders, aber auch bei anderen Kandidaten. Allerdings erklärt diese Brille bei weitem nicht alle Unterschiede hinsichtlich der wahrgenommenen *Debattenleistungen.* Davon zeugen die in Abbildung 2 erneut abgetragenen Standardabweichungen als Maß der Uneinigkeit, die offenkundig – davon zeugt die Länge der Balken – auch innerhalb der Gruppen der jeweils eigenen Anhänger immer noch erheblich ist.

Anders ausgedrückt: Zwar bewerten AfD-Anhänger Weidel besser als andere Probanden; das bedeutet aber nicht, dass es nicht trotzdem Unterschiede zwischen einzelnen AfD-Anhängern gibt, wie sie den Auftritt Weidels bewerten. Auch bezogen auf Bewertungen anderer Kandidaten, die nicht zur eigenen Parteibindung passen, finden wir weiterhin erhebliche Unterschiede.

In einem weiteren Schritt untersuchen wir daher, welche Rolle der konkrete Auftritt der Kandidaten in der Debatte für die Zuschauer und ihre Wahrnehmung der jeweiligen Debattenperformanz spielt. Um dieser Frage nachzugehen, verdichten wir in der oben skizzierten Weise die sekundengenau erfassten *Echtzeitbewertungen* zu einem Gesamtmaß der unmittelbaren Wahrnehmung eines Kandidaten während seines Auftritts. Hierzu ermitteln wir über eine Inhaltsanalyse in welchen Zeiträumen die jeweiligen Kandidaten in den beiden Sendungen sprachen. Die *Echtzeitbewertungen* wurden für diese Zeiträume isoliert und dem jeweils sprechenden Kandidaten zugeordnet. Anschließend wurde für jeden Studienteilnehmer ermittelt, welche *Echtzeitbewertungen* er den jeweiligen Kandidaten in deren jeweiligen Sprechpassagen im Mittel gab. So ergibt sich für alle Probanden jeweils ein Wert für die Zustimmung zum Auftreten jedes Kandidaten im Verlauf der gesehenen Debatte.

Vergleichen wir auf Ebene der einzelnen Probanden, wie die verdichteten *Echtzeitbewertungen* mit der wahrgenommenen *Debattenleistung* der jeweiligen Kandidaten, die per Fragebogen nach den Debatten dokumentiert wurden, zusammenhängen, so ergibt sich ein eindeutiges Bild: Je positiver ein Proband einen Kandidaten während der Debatte wahrnimmt, desto positiver wird im Anschluss an die Debatte die *Debattenleistung* des Kandidaten beurteilt. Es scheint also sehr wohl eine Rolle zu spielen, wie Kandidaten in einer Debatte auftreten und agieren. Die Ergebnisse weisen für alle Kandidaten einen positiven Zusammenhang aus – allerdings mit variierender Stärke. Im TV-Duell liegen die Korrelationen der *Echtzeitbewertungen* und der wahrgenommenen *Debattenleistungen* von Angela Merkel ($r = 0{,}47$) und Martin Schulz ($r = 0{,}52$) auf einem vergleichbaren Niveau. Im Fünfkampf liegen diese Zusammenhänge in einem breiteren Wertebereich: Der Zusammenhang zwischen *Echtzeitbewertung* und wahrgenommener *Debattenleistung* ist bei Cem Özdemir am stärksten ausgeprägt ($r = 0{,}65$), bei Christian Lindner dagegen am schwächsten ($r = 0{,}37$). Bei Sahra Wagenknecht ($r = 0{,}61$) und Alice Weidel ($r = 0{,}60$) liegen ebenfalls eher hohe Korrelationen vor. Die Korrelation für Joachim Herrmann liegt bei $r = 0{,}44$. Alle genannten Korrelationskoeffizienten stellen systematische Zusammenhänge zwischen den beiden Variablen dar ($p < 0,01$). Sowohl für das TV-Duell als auch für den TV-Fünfkampf können wir feststellen, dass die wahrgenommene *Debattenleistung* positiver war, je besser die Aussagen der jeweiligen Kandidaten im Mittel bewertet wurden. Dieser aufgezeigte Zusammenhang spricht – analog zu den Ergebnissen früherer Studien (Maier 2007; Maier et al. 2007) – dafür, dass ein starker Auftritt während der Debatte das abschließende Urteil über die *Debattenleistung* der Kontrahenten prägt.

Damit können wir als Zwischenfazit festhalten: Sowohl die Parteibindung der Probanden als auch die Bewertung der Kandidaten während der Debatte können für sich genommen Unterschiede in der Gesamtbewertung der wahrgenommenen *Debattenleistung* erklären. Offen ist noch, wie stark die beiden Einflüsse im Vergleich sind. Zudem müssen wir bedenken, dass die Parteibindung auch die *Echtzeitbewertungen* beeinflussen und somit auch im Kleinen als parteipolitische Brille wirken könnte.

Im letzten Analyseschritt wollen wir daher sowohl einen möglichen indirekten Effekt der Parteibindung als auch die Einflussgrößen von Parteibindung und *Echtzeitbewertung* auf die wahrgenommene *Debattenleistung* berücksichtigen und miteinander vergleichen. Ein sogenanntes Pfadmodell erlaubt es uns, die Einflüsse in der skizzierten Weise zu betrachten. Die für unsere Analyse relevanten Pfade werden in Abbildung 3 dargestellt. Die Bedeutung der einzelnen Pfade lässt sich errechnen, die Stärke ihres Einflusses wird mit dem β-Koeffizienten angegeben. Für den Effekt der *Echtzeitbewertungen* auf die wahrgenommene *Debattenleistung* betrachten wir lediglich den Koeffizienten des Pfads a. Für den Effekt der Parteiidentifikation betrachten wir den kombinierten Effekt aus dem direkten Pfad b und dem indirekten, weil über verzerrte *Echtzeitbewertungen* wirkenden Pfad c. Während der Pfad b also tatsächlich unabhängig von Inhalten der Debatten widerspiegelt, inwieweit Anhänger einer Partei ihren Kandidaten pauschal besser bewerten, wirkt der Pfad c subtiler: Die Parteibindung führt dazu, dass auch einzelne Aussagen der Kandidaten besser bewertet werden, was sich dann auf die wahrgenommene Debattenleistung auswirkt. Beide Pfade zeigen uns in der Summe wie stark die Parteibindung wirkt. Umgekehrt heißt das: Der Pfad a zwischen *Echtzeitbewertungen* und der finalen Gesamtbewertung zeigt uns den um verzerrte Wahrnehmungsmuster bereinigten Effekt der Rezeption der Debatteninhalte.

Diese beide Perspektiven – reine Inhalte (Pfad a) vs. Parteibrille (Pfade b und c) – wollen wir kontrastieren.

Abbildung 3: Pfadmodell mit unterstellten Analysepfaden

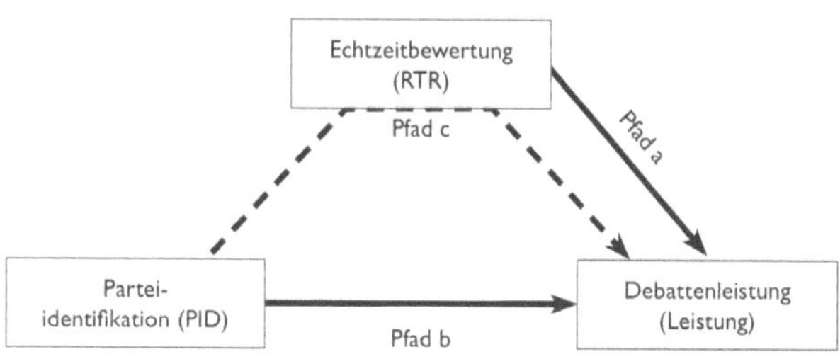

In Tabelle 1 haben wir die entsprechenden Koeffizienten für die Kandidaten in den jeweiligen Debatten angegeben. Zuerst fällt auf, dass die Parteiidentifikation sowohl über den direkten Weg (Pfad b), als auch über den indirekten Weg (Pfad c) die wahrgenommene *Debattenleistung* beeinflusst. Um die Komplexität unserer Analyse zu reduzieren, betrachten wir nachfolgend nur den kombinierten Effekt der Parteiidentifikation, also die Summe des direkten und des indirekten Wegs (Pfad b+c). Demnach hat das Auftreten der Kandidaten, sowohl im TV-Duell als auch im TV-Fünfkampf, weitaus größere Bedeutung für die wahrgenommene *Debattenleistung* als die Parteibindung. Mit einer Ausnahme gilt für alle Kandidaten: Der Koeffizient für den Zusammenhang zwischen *Echtzeitbewertung* und *Debattenleistung* (Pfad a) ist größer als der für den Zusammenhang zwischen Parteiidentifikation und wahrgenommener *Debattenleistung* (Pfade b + c).

Tabelle 1: Pfadmodelle zur Erklärung der wahrgenommenen Debattenleistungen

		Merkel	Schulz	Herrmann	Weidel	Lindner	Wagenknecht	Özdemir
Pfad		β	β	β	β	β	β	β
a	RTR→ Leistung	0,44[c]	0,51[c]	0,49[c]	0,49[c]	0,35[b]	0,67[c]	0,61[c]
b	PID→ Leistung	0,21[a]	0,07	-0,13	0,36[b]	0,04	-0,13	0,13
c	PID → RTR → Leistung	0,05	0,15[a]	0,16[c]	0,15[c]	0,12[b]	0,34[b]	0,19[a]
b+c	PID → Leistung	0,26[b]	0,22[a]	0,03	0,51[c]	0,16	0,21[a]	0,33[c]
R^2 Leistung		0,26	0,29	0,21	0,47	0,14	0,38	0,44
N		97	96	68	68	67	68	68

Quelle: TV-Duell Studie 2017 (ZA6810; ZA6812; ZA6813).

Anmerkungen: Tabelle enthält standardisierte partielle Regressionskoeffizienten eines Pfadmodells. a: p <0,05; b: p <0,01, c: p <0,001 (siehe Anhang 4).

Für das TV-Duell und die Kandidaten Merkel und Schulz erklären sowohl *Echtzeitbewertung* als auch Parteiidentifikation die wahrgenommene *Debattenleistung*. Allerdings scheinen die *Echtzeitbewertungen* für beide Kandidaten in etwa doppelt so wichtig für das abschließende Urteil über die *Debattenleistung* zu sein wie die Parteiidentifikation der Probanden. Im TV-Fünfkampf zeigt sich kein entsprechend einheitliches Muster. Im Falle von Joachim Herrmann etwa wirken ausschließlich die *Echtzeitbewertung* seines Auftretens auf die wahrgenommene *Debattenleistung*, nicht aber die Parteibrille. Dabei ist weiterhin zu berücksichtigen, dass wir nur CDU-, aber keine CSU-Anhänger unter den Probanden hatten. Sie sahen Herrmann vermutlich nicht als Vertreter der eigenen Partei, entsprechend bekam dieser auch keinen Bewertungsbonus. Dagegen zeigen sich bei Cem Özdemir, Christian Lindner und Sahra Wagenknecht Muster, die wir aus dem TV-Duell kennen: Im Vergleich sind es vor allem die *Echtzeitbewertungen*, die das abschließende Urteil über die *Debattenleistung* erklären. Die Parteiidentifikation spielt für diese Kandidaten zwar eine Rolle, allerdings ist diese im Vergleich eher untergeordnet.

Deutlich anders sieht das Muster bei Alice Weidel von der AfD aus. *Echtzeitbewertung* und Parteiidentifikation tragen etwa gleich viel zur Erklärung der Unterschiede in der wahrgenommenen *Debattenleistung* bei. Voreinstellungen spielen damit im Vergleich zu den anderen Kandidaten eine deutlich stärkere Rolle. Zwar prägt auch ihr Auftreten die Gesamtwahrnehmung der *Debattenleistung* – aber in gleichem Maße scheint auch die Parteibindung der Probanden Einfluss zu nehmen. Unabhängig von ihrem Auftreten während der Debatte gilt für Weidel also in besonderem Maße: Ihre Anhänger finden sie gut, andere finden sie eher schlecht. Blickt man noch detaillierter auf das Weidel'sche Modell, so stellt man weiterhin fest: Es ist bei ihr tatsächlich der direkte, ohne jeden Bezug auf Inhalte funktionierende Pfad b, der besonders stark wirkt: Die Bewertung ihrer *Debattenleistung* wird viel stärker als die anderer Kandidaten durch Voreinstellungen geprägt.

6.10.5 Fazit

Das Ziel des Beitrages war es zu untersuchen, ob es den Kandidaten im TV-Duell und TV-Fünfkampf 2017 gelungen ist, die Zuschauer durch ihr Auftreten während der Sendung von sich zu überzeugen oder ob vielmehr die langfristige Parteibindung maßgeblich darüber bestimmt, wie die Zuschauer die Leistung der Kandidaten bewerten. Die von uns vorgestellten Ergebnisse zeigen, dass beide Effekte nachweisbar sind. Wir konnten zeigen, dass der im Vergleich größere Effekt von der Wahrnehmung des Agierens und Auftretens der Kandidaten in der Debattensituation abhängt. Demnach entscheidet vor allem der Auftritt der Kandidaten darüber, wie deren *Debattenleistung* abschließend bewertet wird. Dies bedeutet allerdings nicht, dass die Parteiidentifikation der Zuschauer gänzlich ohne Einfluss bliebe. Allerdings spielt die parteipolitische Brille für die Bewertung der Kandidatenleistung eine eher untergeordnete Rolle. Eine bemerkenswerte Ausnahme gibt es: Bei Alice Weidel ist die Parteibindung der Zuschauer genauso wirkmächtig wie die Echtzeitreaktion auf ihr Auftreten im Verlauf der Debatte. Ihr Auftritt wird demnach also systematisch nach einer anderen Gewichtung der entscheidenden Kriterien bewertet. Unsere Analyse gibt Grund zur Annahme, dass Nicht-AfD-Anhänger Frau Weidel – unabhängig von der Bewertung ihres Auftretens – pauschal schlechter bewerten.

Richtig ist also durchaus: Mit dem Erstarken der AfD geht einher, dass gerade diese Partei polarisierter und pauschaler (d.h. losgelöster von konkreten Inhalten) wahrgenommen wird. Daraus allerdings zu schließen, dass Inhalte keine Rolle spielen, wäre völlig falsch. Unsere Ergebnisse zeigen, dass das konkrete Auftreten und Agieren von Politikern im Verlauf von Debattensendungen sehr wohl zur Kenntnis genommen wird – auch im Falle von Alice Weidel – und darüber hinaus die summarische Bewertung eines Auftritts im Nachgang prägt.

Solche Debattensendungen mit ihren großen Publika sind demnach mehr als reines Schaulaufen. Insbesondere für Kandidaten steht in TV-Debatten einiges auf dem Spiel. Durch einen gelungenen Auftritt können sie bei den Zuschauern punkten – und das nicht nur im Lager der eigenen Parteianhänger, sondern auch darüber hinaus. Ein misslungener Auftritt wiederum kann dazu führen, dass auch Anhänger der eigenen Partei „ihren" Kandidaten am Ende schlechter bewerten als andere Kandidaten. Die Zuschauer wiederum scheinen Debattensendungen nicht als reine Show-Veranstaltungen wahrzunehmen, an deren Ende sie unabhängig vom Debattenverlauf zu den Kandidaten „ihrer" jeweiligen Partei stehen. Sie setzen sich durchaus aktiv mit dem Auftritt aller Kandidaten auseinander.

Über das Format von Debattensendungen hinaus deuten unsere Ergebnisse an, dass Kandidaten im Wahlkampf – sofern sie denn Wähler außerhalb ihres Lagers erreichen – nicht per se damit rechnen müssen auf taube Ohren zu stoßen. Trotz deutlicher Effekte einer Parteibrille kann davon ausgegangen werden, dass sich Wähler auch mit den Positionen anderer Kandidaten aktiv auseinandersetzen. Die Frage, inwieweit sich diese Abwägungen dann auch in eine angepasste Wahlentscheidung übersetzen, muss an dieser Stelle aber offenbleiben.

Literatur

Faas, Thorsten/Maier, Jürgen/Maier, Michaela/Richter, Simon 2017: Populismus in Echtzeit: Analyse des TV-Duells und des TV-Fünfkampfs im Vorfeld der Bundestagswahl 2017, in: Aus Politik und Zeitgeschichte B-44-45, 17-24.

Gscheidle, Claudia/Geese, Stefan/Gerhard, Heinz 2017: Berichterstattung zur Bundestagswahl 2017 aus Sicht der Zuschauer, in: Media Perspektiven 2017, 594-606.

Jarman, Jeffrey W. 2005: Political Affiliation and Presidential Debates, in: American Behavioral Scientist 49, 229-242.

Maier, Jürgen/Maurer, Marcus/Reinemann, Carsten/Faas, Thorsten 2007: Reliability and Validity of Real-Time Response Measurement: A Comparison of Two Studies of a Televised Debate in Germany, in: International Journal of Public Opinion Research 19, 53-73.

Maier, Jürgen 2007: Erfolgreiche Überzeugungsarbeit Urteile über den Debattensieger und die Veränderung der Kanzlerpräferenz, in: Maurer, Marcus/Reinemann, Carsten/Maier, Jürgen/Maier, Michaela, Hg., Schröder gegen Merkel: Wahrnehmung und Wirkung des TV-Duells 2005 im Ost-West-Vergleich, Wiesbaden: VS Verlag für Sozialwissenschaften, 91-109.

Maier, Jürgen/Faas, Thorsten/Maier, Michaela 2014: Aufgeholt, aber nicht aufgeschlossen: Wahrnehmungen und Wirkungen von TV-Duellen am Beispiel von Angela Merkel und Peer Steinbrück 2013, in: Zeitschrift für Parlamentsfragen 45, 38-54.

Maier, Jürgen/Hampe, J. Felix/Jahn, Nico 2016: Breaking Out of the Lab: Measuring Real-Time Responses to Televised Political Content in Real-World Settings, in: Public Opinion Quarterly 80, 542-553.

Maurer, Marcus/Reinemann, Carsten 2007: Warum TV-Duelle Wahlen entscheiden können, in: Maurer, Marcus/Reinemann, Carsten/Maier, Jürgen/Maier, Michaela, Hg., Schröder gegen Merkel: Wahrnehmung und Wirkung des TV-Duells 2005 im Ost-West-Vergleich, Wiesbaden: VS Verlag für Sozialwissenschaften, 229-246.

Maurer, Marcus/Reinemann, Carsten 2003: Schröder gegen Stoiber: Nutzung, Wahrnehmung und Wirkung der TV-Duelle, 1. Auflage, Wiesbaden: Westdeutscher Verlag.

Schrott, Peter 1993: Gewinnen ist nicht alles, aber es hilft: Die Effekte von Fernsehdebatten auf die Wahlentscheidung, in: Gabriel, Oscar W./Troitzsch, Klaus G., Hg., Wahlen in Zeiten des Umbruchs, Frankfurt am Main: Lang, 51-72.

6.11 Koalitions- und strategisches Wählen

Sascha Huber

6.11.1 Einleitung

Wahlentscheidungen sind von vielen Faktoren abhängig. Das wurde in den vergangenen Kapiteln deutlich. In Verhältniswahlsystemen wie Deutschland mit vielen Parteien und Koalitionsregierungen, kann es zudem eine Rolle spielen, welche Koalitionen sich die Wähler wünschen und welche Erwartungen sie bezüglich der Koalitionsbildung nach der Wahl haben. Koalitionsregierungen sind in der Bundesrepublik seit Jahrzehnten die Regel. In Wahlen stimmen die Bürger zwar für bestimmte Parteien bzw. Wahlkreiskandidaten ab, regiert wird dann aber meist von mehreren Parteien und auch nicht unbedingt von der Partei mit den meisten Stimmen. Wenn Wähler daran interessiert sind, von wem das Land regiert wird und welche Politik nach den Wahlen umgesetzt wird, werden sie möglicherweise auch ihre Koalitionsüberlegungen berücksichtigen und nicht nur ihre Präferenzen zu Parteien und Kandidaten. Einige Wähler werden deshalb nicht nur aufgrund ihrer langfristigen Parteibindungen (siehe Kapitel 6.3), politischer Sachfragen (siehe Kapitel 6.5), der wahrgenommenen wirtschaftlichen Entwicklung (siehe Kapitel 6.7) oder der Spitzenkandidaten (siehe Kapitel 6.6) ihre Entscheidungen treffen, sondern sich am Ende auch mit Koalitionen befassen. Möglich ist dann, dass diese Koalitionsbewertungen und die Erwartungen der Wähler über ihr Zustandekommen einen eigenständigen Einfluss auf die Wahlentscheidung ausüben oder sich Wähler gegebenenfalls aus taktischen Überlegungen auch für eine andere als ihre eigentlich bevorzugte Partei entscheiden.

Koalitionswählen bzw. strategisches Wählen konnte in Deutschland für verschiedene Wahlen nachgewiesen werden (z.B. in Pappi/Thurner 2002; Gschwend 2007; Huber et al. 2009, Huber 2014b). Beim deutschen Zweistimmensystem ist dabei zunächst zwischen verschiedenen strategischen Anreizen bei Erst- und Zweitstimme zu unterschieden. Bei der Erststimme für den Wahlkreiskandidaten steht vor allem dessen Chance im Vordergrund, den Wahlkreis auch tatsächlich zu gewinnen. Wer bei der relativen Mehrheitswahl mit der Erststimme seine Stimme nicht vergeuden möchte, wird deshalb gegebenenfalls nicht für den eigentlich bevorzugten Kandidaten stimmen, wenn dieser im Rennen um das Direktmandat aussichtslos ist. Stattdessen erscheint es dann für ihn sinnvoll, den aus eigener Sicht vergleichsweise „besseren" der tatsächlich aussichtsreichen Kandidaten zu wählen. In Deutschland waren und sind fast ausschließlich die Direktkandidaten der CDU/CSU und der SPD aussichtsreich beim Erringen des Direktmandats, in Ostdeutschland zum Teil auch Kandidaten der Linken (Herrmann/Pappi 2008). Daraus ergibt sich ein systematischer Unterschied zum abweichenden, strategischen Wählen mit der Erststimme zwischen Anhängern von großen und kleinen Parteien. Während es für Anhänger der großen Parteien meist Sinn macht, mit der Erststimme für den Kandidaten der eigenen Partei zu stimmen, macht das für Anhänger der kleinen Parteien meist wenig Sinn. Auf das strategische Erststimmenwählen wird im Folgenden nicht gesondert eingegangen, vielmehr wird sich dieses Unterkapitel wie auch die vorherigen auf das Wahlverhalten mit der in Deutschland wichtigeren Zweitstimme konzentrieren.

Die taktischen Anreize bei der Zweitstimme, mit der Wähler letztendlich über die Sitzverteilung im Bundestag und mögliche Regierungskoalitionen bestimmen, sind durch das Verhältniswahlrecht nicht ganz so eindeutig. Will eine Wählerin ihre Zweitstimme so einsetzen, dass sie den größten Einfluss auf die zukünftige Regierungsbildung hat, genügt es auch hier nicht, nur zu berücksichtigen, welche Partei am besten bewertet wird. Sie muss zusätzlich antizipieren, welche Koalitionen sie bevorzugen würde, welche Erfolgsaussichten Parteien bei einer Wahl haben, welche Signale die Parteien für mögliche Koalitionen aussenden und was dies für den Regierungsbildungsprozess bedeutet. Wähler können sich beispielsweise dagegen entscheiden, für eine Kleinstpartei zu stimmen, die keinerlei Chance hat, die Fünf-Prozent-Hürde und damit den Einzug in den Bundestag zu erreichen. Daneben können sie versuchen, ihre Stimme möglichst so einzusetzen, dass sie den größtmöglichen Einfluss auf die Bildung einer bestimmten Koalition hat. Das erfolgt beispielsweise beim sogenannten „Leihstimmen"-Wählen (siehe z.B. Pappi/Thurner 2002; Gschwend 2007). Ein Wähler vergibt hierbei seine Stimme nicht an die von ihm bevorzugte Partei, sondern an deren potentiellen – kleineren – Partner in der gewünschten Koalition, dessen Einzug ins Parlament gefährdet ist. Wählt der Bürger seine eigentlich bevorzugte Partei, so läuft er eventuell Gefahr, dass der mögliche Koalitionspartner an der Fünf-Prozent-Hürde scheitert und das gegnerische Lager eine Mehrheit der Sitze erhält. Mit einer Stimme für den kleineren Partner kann versucht werden, dessen Einzug ins Parlament zu ermöglichen und so die Wunschkoalition zu erreichen. Nach der Leihstimmen-These sollten also vor allem Anhänger der großen Parteien mit der Zweitstimme strategisch wählen. Das gilt besonders dann, wenn klare Koalitionssignale vor der Wahl vorliegen und die erwarteten Mehrheitsverhältnisse zu einer klaren Lagerbildung nach der Wahl führen (Linhart/Huber 2009). Bei unklaren Koalitionsstrukturen sollten sich deshalb die Anreize zur Vergabe einer Leihstimme reduzieren (Golder 2005). Die Vergabe von Leihstimmen an potentielle Koalitionspartner konnte für Deutschland bei unterschiedlichen Wahlen in unterschiedlichem Ausmaß nachgewiesen werden. Danach profitierte vor allem die FDP von Leihstimmen von CDU/CSU-Anhängern (z.B. Shikano et al. 2009; Gschwend 2007).

Unabhängig von der strikten Logik der Leihstimmen und der Bedeutung der Fünf-Prozent-Hürde dafür, besteht auch die Möglichkeit, dass Wähler mit ihrer Zweitstimme einfach ihre Koalitionspräferenz ausdrücken wollen (z.B. Blais et al. 2006; Huber 2014a). Koalitionspräferenzen hätten dann einen direkten Einfluss auf das Wahlverhalten – völlig unabhängig von den Erwartungen der Wähler und möglichen strategischen Überlegungen. Das deutsche Zweistimmensystem gibt Wählern, die ihre Koalitionspräferenzen ausdrücken wollen, die scheinbar einfache Möglichkeit, ihre beiden Stimmen zwischen den bevorzugten Koalitionspartnern aufzuteilen. So könnte ein Anhänger der Union, der sich eine schwarz-gelbe Koalition wünscht, versucht sein, einfach seine beiden Stimmen auf Union und FDP aufzuteilen. Da die Wahl des FDP-Kandidaten mit der Erststimme wenig Sinn ergibt, könnte er dann entsprechend mit der Erststimme die Union und mit der Zweitstimme die FDP wählen. Klar ist aber auch, dass die Stimmen natürlich getrennt voneinander ausgezählt werden und der Wähler mit der Zweitstimme für die FDP seiner eigentlich bevorzugten Partei schadet. Nichtsdestotrotz könnten viele Wähler das Wahlsystem rein expressiv nutzen und aufgrund von Koalitionspräferenzen abstimmen.

Die Ausgangslage bezüglich potentieller Koalitionen war bei der Bundestagswahl 2017 vergleichsweise kompliziert. Die Koalitionsparteien CDU/CSU und SPD der amtierenden Großen Koalition gaben kein klares Signal, ob sie gerne miteinander weiterregieren würden. Gleichzeitig war keine der beiden großen Parteien bereit, irgendwelche klaren Koalitionsaussagen zugunsten einer bestimmten Koalition zu treffen. So erschien die CDU/CSU sowohl bereit für eine Koalition mit der FDP als auch für eine Koalition mit den Grünen. Die SPD deutete zwar eine Präferenz für die Grünen an, aufgrund der Umfragen erschien es aber unmöglich, dass eine Zweierkoalition aus SPD und Grünen eine Mehrheit bekommen würde.

Gleichzeitig schloss die SPD bei dieser Wahl auch keine Koalition mit der FDP aus und erschien nicht mehr ganz so kategorisch in ihrer Ablehnung einer Zusammenarbeit mit der Linken. Sowohl Union als auch die SPD warben zwar nicht offen für eine Fortsetzung der Großen Koalition, keiner der beiden schloss aber vor der Wahl eine Fortsetzung aus. Auch die kleinen Parteien hielten sich vor der Bundestagswahl 2017 verschiedene Optionen offen. Anders als bei vorherigen Wahlen band sich die FDP nicht mehr strikt an die Union als potentiellem Koalitionspartner und auch die Grünen schlossen eine Koalition mit der Union explizit nicht aus. Die Linke sendete unterschiedliche Signale, erschien aber offen für eine rot-rot-grüne Koalition. Die AfD war die einzige der aussichtsreichen Parteien, für die sich keinerlei Koalitionsoption auftat. Alle anderen Parteien schlossen eine Zusammenarbeit mit der AfD aus (siehe Kapitel 2).

Insgesamt ergab sich damit für die Wähler eine extrem unübersichtliche Situation, in der nur wenige Koalitionen ganz ausgeschlossen werden konnten und sich die Parteien möglichst viele Optionen offenhalten wollten. Die Umfragen vor der Wahl suggerierten zudem mögliche Mehrheiten für eine Reihe von Koalitionen: bei den Zweierkoalitionen erschien die Große Koalition möglich, aber auch eine schwarz-gelbe Koalition und eine schwarz-grüne Koalition. Bei den Dreier-Koalitionen erschien Jamaika aus CDU/CSU, FDP und Grünen relativ sicher eine Mehrheit zu erhalten, zudem waren Mehrheiten für eine Ampelkoalition aus SPD, FDP und Grünen und eine Linkskoalition aus SPD, Grünen und Linke zwar unwahrscheinlich, aber zumindest nicht gänzlich unmöglich.

Damit blieben für die Wähler sehr verschiedene Koalitionsszenarien übrig und sie konnten sich nicht unbedingt sicher sein, mit welcher Stimmabgabe sie welche Koalition am ehesten unterstützen würden. Ein Beispiel soll das verdeutlichen: Ein Unions-Anhänger hat eine starke Präferenz für eine schwarz-gelbe Koalition. Wenn dieser Wähler nun – im Sinne einer „Leihstimme" – für die FDP stimmt, um diese Koalition zu unterstützen, konnte der Wähler nicht sicher sein, dass seine Stimme auch die zukünftige Koalition stärkt, da sowohl Union also auch FDP keine klaren Signale ausgesendet hatten. Möglich wäre gewesen, dass die Union – bei entsprechender Mehrheit – eine Koalition mit den Grünen vorgezogen hätte. In diesem Szenario, hätte der Wähler dann seine Stimme einer Partei gegeben, die später der eigentlich präferierten Union in der Opposition gegenübersteht. Das Gleiche gilt bei der tatsächlich eingetretenen Situation der Großen Koalition. Der Unions-Anhänger, der die FDP gewählt hat, muss sich nach dem Ablehnen einer Jamaika-Koalition durch die FDP fragen, ob er seine Stimme sinnvoll eingesetzt hat, schließlich hätte seine Stimme für die Union diese in der dann eingetretenen Großen Koalition zusätzlich stärken können. Das Beispiel veranschaulicht: Wenn vor einer Wahl keine klaren Koalitionssignale gesendet werden, wie es bei der Bundestagswahl 2017 der Fall war, dann sind instrumentelle Koalitionsmotive nur schwer umzusetzen. Gleichzeitig bietet sich eine solch unübersichtliche Situation aber möglicherweise besonders für Wähler an, denen es daran gelegen ist, einfach eine bestimmte Koalitionspräferenz auszudrücken und damit gegebenenfalls auch ein Signal an die politischen Parteien zu senden.

Vor diesem Hintergrund einer sehr unübersichtlichen Koalitionssituation wird in diesem Unterkapitel untersucht, wie die Bürger über mögliche Koalitionen im Vorfeld der Bundestagswahl 2017 dachten und wie sich diese Überlegungen möglicherweise dennoch auf das Wahlverhalten auswirkten. Im Folgenden wird zunächst analysiert, welche Koalitionsoptionen in der Wählerschaft insgesamt und bei bestimmten Anhängergruppen vor der Wahl besonders beliebt oder unbeliebt waren. Danach wird in einem zweiten Schritt beschrieben, welche Regierungskoalition die Wähler vor der Wahl erwarteten. Abschließend wird dann der Einfluss der Koalitionspräferenzen und Erwartungen auf die Wahlentscheidung untersucht.

6.11.2 Koalitionsbewertungen und Koalitionserwartungen

Wie bewerteten die Bürger die verschiedenen möglichen Koalitionen vor der Wahl 2017? In der GLES-Querschnittsbefragung wurden die Befragten gebeten, sieben mögliche Koalitionen auf einer Skala von -5 bis +5 zu bewerten. -5 bedeutete, dass die Befragten die Koalition überhaupt nicht wünschenswert fanden, während +5 bedeutete, dass sie die Koalition sehr wünschenswert fanden. Aus diesen Angaben lässt sich nun einfach berechnen, welche Koalition den höchsten Wert aufwies und damit den anderen Koalitionen vorgezogen wurde. Außer Acht gelassen werden dabei diejenigen Befragten, die gleichzeitig unterschiedlichen Koalitionen den höchsten Wert zuwiesen. Wie hoch der Anteil an Befragten war, der sich vor der Bundestagswahl eindeutig für eine bestimmte Koalition ausgesprochen hat, ist aus Tabelle 1 ersichtlich.

Tabelle 1: Koalitionspräferenzen für alle Befragten und nach Anhängergruppen

		Anhänger von					
	Alle	CDU/ CSU	SPD	FDP	Grüne	Die Linke	AfD
Schwarz-Gelb	31,2	50,8	5,2	80,7	3,9	6,4	27,7
Rot-Grün	14,6	1,7	37,0	0,6	43,3	2,5	9,5
Große Koalition	26,7	33,3	35,1	5,4	5,1	11,5	21,5
Schwarz-Grün	7,3	9,8	1,9	2,9	21,1	3,4	3,6
Ampelkoalition	3,6	0,5	7,8	3,7	3,9	0,9	10,5
Jamaika-Koalition	3,6	3,2	3,0	2,4	4,3	0,0	8,0
Rot-Rot-Grün	13,2	0,6	9,9	4,4	18,5	75,5	19,3
N	1500	595	283	105	140	154	81

Quelle: GLES-Vor- und Nachwahl-Querschnittsbefragung 2017 [Kumulation] (ZA 6802), nur Vorwahlbefragte.

Anmerkungen: Angaben in Prozent.

Am beliebtesten war die schwarz-gelbe Koalition (bestehend aus CDU/CSU und FDP) Koalition mit 31,2 Prozent. Darauf folgte die bestehende Große Koalition (CDU/CSU und SPD) mit 26,7 Prozent. An dritter Stelle mit 14,6 Prozent lag eine rot-grüne Koalition aus SPD und Bündnis 90/Die Grünen, gefolgt von einer rot-rot-grünen Koalition (bestehend aus SPD, Bündnis 90/Die Grünen und Linke). Vergleichsweise gering war die Präferenz für eine schwarz-grüne Koalition aus CDU/CSU und Bündnis 90/Die Grünen. Abgeschlagen waren die Dreier-Koalitionen der Ampel aus SPD, FDP und Grünen bzw. Jamaika aus CDU/CSU, FDP und Grünen. Jeweils nur 3,6 Prozent aller Befragten hatten eine solche Kombination als Erstpräferenz. Das zeigt, dass die traditionellen Koalitionen am beliebtesten waren. Wenn politische Lagergrenzen überschritten werden, wie im Fall von Schwarz-Grün waren die Wähler deutlich skeptischer. Das gilt auch für die Dreier-Koalitionen der Ampel und Jamaika.

Aufschlussreich ist auch die Betrachtung nach Anhängergruppen. Als Anhänger einer Partei wurde dabei gewertet, wer entweder angab, sich mit der jeweiligen Partei zu identifizieren oder ihr die relativ höchste Bewertung aller Parteien gab, egal wie hoch dabei der absolute Wert war. Das Maß der relativen Bewertungen der Parteien, wurde dabei allerdings nur für diejenigen Befragten genutzt, die keine Parteiidentifikation angaben. Wie erwartet, war die schwarz-gelbe Koalition äußerst beliebt bei den CDU/CSU- und FDP-Anhängern, die rot-grüne Koalition dagegen bei

SPD- und Grünen-Anhängern. Die Große Koalition wiederum war bei Anhängern der Union und der SPD verhältnismäßig beliebter als bei den Anhängern anderer Parteien. Der Blick auf diese Ergebnisse zeigt zunächst, dass Partei- und Koalitionspräferenzen eng miteinander zusammenhingen. Die meisten Wähler fanden naturgemäß eine Koalition eher wünschenswert, wenn sie die präferierte Partei enthielt. Das ist zunächst wenig verwunderlich. Interessanter sind deshalb die Unterschiede zwischen den Koalitionen, bei denen die präferierte Partei enthalten war. Unter den Anhängern der Union wünschten sich 50 Prozent eine schwarz-gelben Koalition und immerhin 33 Prozent eine Fortsetzung der Großen Koalition. Schwarz-Grün wünschten sich 9,8 Prozent der Unions-Anhänger und Jamaika 3,2 Prozent. Bei den SPD-Anhängern fällt auf, dass sich viele Anhänger eine Fortsetzung der Großen Koalition wünschten (35 Prozent). Sie lag damit nur knapp hinter der beliebtesten Koalition unter SPD-Anhängern, der rot-grünen Koalition (37 Prozent).

Bei den Anhängern der FDP war die schwarz-gelbe Koalition die mit großem Abstand beliebteste Option, Ampel- und Jamaika-Koalitionen waren sehr unbeliebt. Die Grünen-Anhänger bevorzugten überwiegend eine rot-grüne Koalition, immerhin sprachen sich jedoch 21,1 Prozent für Schwarz-Grün aus. 18,5 Prozent wünschten sich Rot-Rot-Grün. Bei den Anhängern der Linken wünschte sich der Großteil eine rot-rot-grüne Regierung. Auffällig ist aber auch, dass sich 11,5 Prozent eine Fortsetzung der Großen Koalition wünschten. Unter den AfD-Anhängern schließlich waren die Bewertungen der erfragten Koalitionen durchgängig nicht besonders hoch. Dennoch ist interessant, dass die AfD-Anhänger unter den abgefragten Optionen noch am häufigsten Schwarz-Gelb bevorzugten, dicht gefolgt von einer Großen Koalition und – etwas überraschend – einer rot-rot-grünen Koalition.

Abbildung 1 zeigt die Entwicklung der Koalitionspräferenzen über die vergangenen Jahre hinweg. Darin ist der Anteil der Wähler mit einer Präferenz für Schwarz-Gelb, Rot-Grün und die Große Koalition vor den jeweiligen Wahlen in 2009, 2013 und 2017 dargestellt. Dabei zeigt sich, dass Schwarz-Gelb kontinuierlich Anhänger verloren hat. Während es im Jahr 2009 noch 37,7 Prozent waren, verringerte sich der Anteil auf 31,2 Prozent im Jahr 2017. Gleichzeitig wurde die Große Koalition vergleichsweise beliebter. Während sich 2009 nur 13,1 Prozent der Wähler eine Große Koalition wünschten, waren es 2017 bereits 26,7 Prozent. Die Anhängerschaft einer Großen Koalition hat sich im Laufe der vergangenen acht Jahre also ungefähr verdoppelt. Das mag zum einen an der Regierungsarbeit der schwarz-gelben Regierung von 2009 bis 2013 und der der Großen Koalition von 2013 bis 2017 gelegen haben, zum anderen mag es auch an den fehlenden Regierungsalternativen insbesondere bei der Wahl 2017 gelegen haben.

Abbildung 1: Entwicklung Koalitionspräferenzen 2009-2017

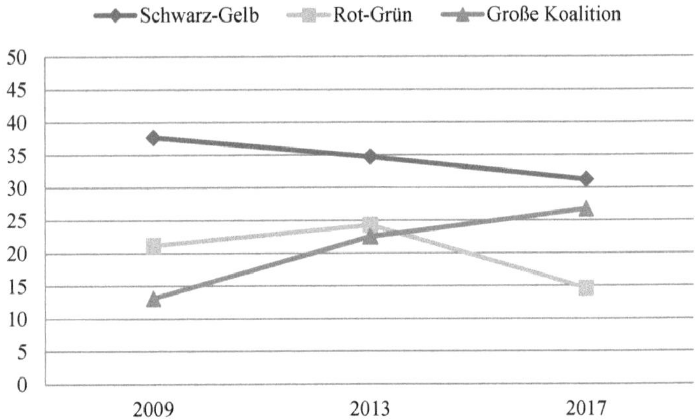

Quelle: GLES-Vor- und Nachwahl-Querschnittsbefragung 2017 [Kumulation] (ZA 6802), nur Vorwahlbefragte, Huber (2014b: 297), Bytzek/Huber (2011:252).

Anmerkungen: Angaben in Prozent.

Interessant ist deshalb auch ein Blick auf die verschiedenen Parteianhängergruppen, die der Übersichtlichkeit halber in der Abbildung nicht getrennt dargestellt wurden. Die Große Koalition ist sowohl bei Unions-Anhängern als auch bei SPD-Anhängern vergleichsweise beliebter geworden. Bei den Unions-Anhängern erhöhte sich der Anteil derjenigen, die sich eine Große Koalition wünschten von 17,4 Prozent im Jahr 2009 auf 21,1 Prozent im Jahr 2013 und schließlich 33,3 Prozent im Jahr 2017. Bei den SPD-Anhängern erhöhte sich der Anteil derjenigen, die sich eine Große Koalition wünschten, von 19,4 Prozent im Jahr 2009 auf 26,7 Prozent im Jahr 2013 und schließlich auf 35,1 Prozent im Jahr 2017. Die Unterschiede zwischen den Parteianhängern sind also nicht sonderlich hoch. Das spricht dafür, dass zumindest ein beträchtlicher Teil der Anhänger beider Parteien mit den Leistungen der Großen Koalition zufrieden waren. Gleichzeitig ist interessant, dass zu jedem der untersuchten Zeitpunkte die

Große Koalition unter SPD-Anhängern noch etwas beliebter war als bei Unions-Anhängern. Zum Teil lag das sicherlich auch an der fehlenden Realisierungschance einer alternativen SPD-geführten Regierungskoalition.

Eine rot-grüne Koalition war bei allen untersuchten Wahlen sehr weit entfernt von einer möglichen parlamentarischen Mehrheit. Das hatte sich jeweils auch vor den Wahlen in Umfragen abgezeichnet. Während bei der Wahl 2009 nichtsdestotrotz von Seiten der SPD und den Grünen von einer rot-grünen Wunschkoalition gesprochen wurde, wurden die entsprechenden Signale zu dieser – unwahrscheinlichen – Regierungskoalition bei den darauffolgenden Wahlen immer schwächer. Wie oben ausgeführt, traf das vor allem auf die Bundestagswahl 2017 zu, bei der es weder von Seiten der SPD noch von Seiten der Grünen eindeutige Signale in Richtung von Rot-Grün gab. Entsprechend ist es auch nicht verwunderlich, wenn die Anhängerschaft einer rot-grünen Koalition unter den Wählern insbesondere vor der Bundestagswahl 2017 stark schrumpfte: Während 2013 noch 24,3 Prozent der Wähler eine rot-grüne Koalition bevorzugten, waren es 2017 nur noch 14,6 Prozent.

Im nächsten Schritt wird nun untersucht, welche Koalitionen die Wähler im Vorfeld der Bundestagswahl erwarteten. Tabelle 2 gibt den Anteil der Wähler an, welche die jeweilige Koalitionsoption als die wahrscheinlichste einschätzte. Genutzt wurde dafür eine Frage, bei der angegeben werden sollte, welche Parteien die Befragten nach der Wahl als Teil der Regierung erwarteten. Die Befragten konnten bei dieser Frage jegliche Kombination aus Parteien angeben. Der Übersichtlichkeit halber werden in Tabelle 2 aber nur die Kombinationen einbezogen, für die auch die Koalitionspräferenzen abgefragt wurden.

Die Wähler hatten vor der Wahl vergleichsweise eindeutige Erwartungen über die zukünftige Regierung: der Großteil der Befragten (63,4 Prozent) erwartete die Fortsetzung der Großen Koalition, was am Ende ja auch zutraf. Knapp 25 Prozent erwarteten die Bildung einer schwarz-gelben Koalition. Rot-Grün wurde, obwohl von vielen als Wunschkoalition genannt, nur von den wenigsten erwartet (1,8 Prozent). Schwarz-Grün, bzw. die Bildung einer Jamaika-Koalition wurden von deutlich mehr Bürgern erwartet. Die Wähler reagierten also offensichtlich auf die Umfragewerte der Parteien vor der Bundestagswahl und hatten vergleichsweise informierte Erwartungen über wahrscheinliche und weniger wahrscheinliche Regierungsoptionen.

Schaut man sich die verschiedenen Anhängergruppen getrennt an, zeigen sich insgesamt nicht allzu große Unterschiede. Die Große Koalition wurde von allen Anhängergruppen als die wahrscheinlichste Option eingestuft. Nichtsdestotrotz zeigen sich auch Unterschiede, die auf ein gewisses Wunschdenken der Wähler hindeuten. Zum Beispiel erwarteten 41,5 Prozent der FDP-Anhänger Schwarz-Gelb, aber nur 12,5 Prozent der Grünen-Anhänger erwarteten diese Regierung. Umgekehrt erwarteten 13,9 Prozent der Grünen-Anhänger eine schwarz-grüne Regierung, aber nur ein Prozent der FDP-Anhänger erwartete diesen Ausgang. Auch zwischen SPD- und Unions-Anhängern gab es Unterschiede in den Erwartungen. Die Große Koalition wurde von 58 Prozent der Unions-Anhängern erwartet, unter den SPD-Anhängern waren es noch einmal zehn Prozentpunkte mehr.

Tabelle 2: Erwartete Koalitionen für alle Befragten und nach Anhängergruppen

		Anhänger von					
	Alle	CDU/ CSU	SPD	FDP	Grüne	Die Linke	AfD
Schwarz-Gelb	24,6	32,7	19,1	41,5	12,5	9,7	20,1
Rot-Grün	1,8	0,0	4,7	1,4	2,6	0,9	3,3
Große Koalition	63,4	58,2	68,1	46,8	66,0	74,4	72,4
Schwarz-Grün	4,7	4,3	2,3	1,0	13,9	5,5	0,0
Ampelkoalition	0,5	0,1	1,4	0,0	0,0	1,9	0,0
Jamaika-Koalition	5,5	4,7	3,2	9,3	3,8	5,0	3,4
Rot-Rot-Grün	0,7	0,0	1,3	0,0	1,2	2,6	0,0
N	1609	634	298	100	151	170	76

Quelle: GLES-Vor- und Nachwahl-Querschnittsbefragung 2017 [Kumulation] (ZA 6802), nur Vorwahlbefragte.

Anmerkungen: Angaben in Prozent.

6.11.3 Koalitionen und Wahlverhalten

Wie groß war nun der Einfluss der Koalitionsbewertungen auf das Wahlverhalten der Bürger und welche Rolle spielten dabei die Erwartungen der Wähler? Das wird in diesem Abschnitt untersucht. In Tabelle 3 ist zunächst der direkte Einfluss der Koalitionsbewertungen auf die Wahlentscheidungen mit der Zweitstimme dargestellt. Bei allen Modellen wird, wie in den vorherigen Kapiteln, für die Identifikation mit der jeweiligen Partei kontrolliert.

Tabelle 3: Der Einfluss von Koalitionspräferenzen auf die Vergabe der Zweitstimme

	CDU/ CSU	SPD	FDP	Grüne	Die Linke	AfD
Schwarz-Gelb	+14[b]	-10[a]	+18[c]	-10[b]	0	-1
Rot-Grün	-20[a]	+27[c]	-3	+7[a]	-4[a]	-10[c]
Große Koalition	+30[c]	+16[c]	-3	-5[a]	-2	-4[a]
Schwarz-Grün	+30[c]	-17[b]	-4[a]	+20[c]	-2	-4[a]
Ampelkoalition	-25[b]	+21[b]	+4	0	-2	+4[a]
Jamaika-Koalition	+12	-11[a]	+3	0	0	+1
Rot-Rot-Grün	-7	-5	-1	+2	+31[c]	0
Parteiidentifikation	+49[c]	+44[c]	+39[c]	+19[c]	+37[c]	+53[c]
Nagelkerke R^2	0,55	0,53	0,45	0,38	0,61	0,44
N	1786	1786	1786	1786	1786	1786

Quelle: GLES-Vor- und Nachwahl-Querschnittsbefragung 2017 [Kumulation] (ZA 6802), nur Vorwahlbefragte

Anmerkungen: a: $p < 0{,}05$; b: $p < 0{,}01$; c: $p < 0{,}001$ (siehe Anhang 4).

Die Identifikation mit der jeweiligen Partei erhöhte – wenig verwunderlich – jeweils die Wahrscheinlichkeit, diese auch zu wählen. Darüber hinaus zeigten sich aber zum Teil beträchtliche Effekte der Koalitionspräferenzen. Für die Wahl der Unionsparteien hatte sowohl eine positive Bewertung der schwarz-gelben Koalition und eine positive Bewertung der Großen Koalition als auch eine positive Bewertung der schwarz-grünen Koalition einen positiven Einfluss. So erhöhte sich beispielsweise die Wahrscheinlichkeit, dass ein Wähler die Unionsparteien wählte, um 30 Prozentpunkte, wenn dieser die Große Koalition maximal positiv statt maximal negativ bewertete. Interessant ist dabei insbesondere, dass der Einfluss der Bewertung einer Großen Koalition und die Bewertung einer schwarz-grünen Koalition einen deutlich stärkeren Effekt auf die Wahl der Unionsparteien ausübte als die Bewertung einer schwarz-gelben Koalition. Aufschlussreich ist dabei auch der Vergleich zur vorherigen Wahl 2013. Damals war der Einfluss einer positiven schwarz-gelben Bewertung auf die Unionswahl noch fast dreimal so hoch gewesen (Huber 2014b: 304)

Die Wahl der SPD wurde positiv sowohl von einer Präferenz für Rot-Grün als auch von einer Präferenz für eine Große Koalition beeinflusst. Negativ beeinflusst wurde sie von positiven Bewertungen für Schwarz-

Gelb und – noch etwas stärker – Schwarz-Grün. Bei den Dreier-Koalitionen zeigt sich ein vergleichsweise starker positiver Effekt für die Ampelkoalition, ein schwach negativer Effekt für die Jamaika-Koalition und kein statistisch bedeutsamer Effekt für Rot-Rot-Grün. Obwohl die SPD eine rot-rot-grüne Koalition angeführt hätte, übersetzten sich positive Einschätzungen dieser Koalitionen nicht in eine höhere Wahrscheinlichkeit, für die SPD zu stimmen.

Für die Wahl der Linken hatten nur zwei Koalitionsbewertungen einen bedeutsamen Effekt. Wer die rot-grüne Koalition positiv bewertete, wählte mit etwa geringerer Wahrscheinlichkeit die Linke. Wer dagegen eine rot-rot-grüne Koalition positiv bewertete, wählte mit höherer Wahrscheinlichkeit die Linke. Dieses Muster zeigte sich bereits für Bundestagswahl 2013 und ist durchaus bemerkenswert. Der starke Kontrast zwischen zwei nicht unähnlichen linken Koalitionsoptionen ist ein deutlicher Indikator dafür, dass die Befürworter von Rot-Grün klar von den Befürwortern von Rot-Rot-Grün zu unterscheiden waren und bei ihren Wahlentscheidungen die Signale der Parteien zu Koalitionen berücksichtigten.

Die Wahrscheinlichkeit einer Wahl der Grünen erhöhte sich bei einer positiven Bewertung von Rot-Grün und bei einer positiven Bewertung von Schwarz-Grün. Der Effekt von Schwarz-Grün ist fast dreimal so hoch wie der von Rot-Grün. Das mag auch daran liegen, dass die Chancen der Realisierung einer rot-grünen Koalition extrem niedrig waren. Deshalb erscheint es plausibel, dass sich diese Koalitionspräferenz schwächer auf das Wahlverhalten auswirkt. Interessant ist dabei auch der Vergleich mit den Effekten auf den jeweils großen Koalitionspartner. Die SPD profitierte deutlich stärker von einer Präferenz für Rot-Grün als die Grünen. Umgekehrt profitierten die Grünen stärker von einer Präferenz für Schwarz-Grün als die Unionsparteien.

Die Wahl der FDP wurde nur durch zwei Koalitionsbewertungen beeinflusst: Positive Bewertungen von Schwarz-Gelb erhöhten die Wahrscheinlichkeit, die FDP zu wählen und positive Bewertungen von Schwarz-Grün verringerten die Wahrscheinlichkeit. Insbesondere der starke Effekt von Schwarz-Gelb ist dabei interessant – auch im Vergleich zu dem Einfluss von Schwarz-Gelb auf die Wahl der Unionsparteien. Die FDP profitierte nach diesen Analysen stärker von den Bewertungen einer schwarz-gelben Koalition als die Union. Im Jahr 2013 war das noch umgekehrt: Damals profierte die Union noch deutlich mehr von Anhängern einer schwarz-gelben Koalition (Huber 2014b: 304). Während Schwarz-Grün einen negativen Einfluss hatte auf die Wahl der FDP, gab es überraschenderweise keinen Einfluss der Bewertungen zur bestehenden Großen Koalition. Wenn jemand die Große Koalition schlecht bewertete, erhöhte das nicht zusätzlich die Chancen die FDP zu wählen.

Bei der AfD ergaben sich – wenig überraschend – insgesamt etwas geringere Effekte der Koalitionsbewertungen als bei den anderen Parteien. Es zeigt sich vor allem Abstoßungseffekte für die Bewertungen von Rot-Grün und von der Großen Koalition. Wer eine rot-grüne Koalition besonders schlecht bewertete, wählte mit einer größeren Wahrscheinlichkeit die AfD. Das gleiche galt – wenn auch etwas schwächer – für die Bewertung der Großen Koalition.

Insgesamt zeigen sich also deutliche und starke Effekte der Koalitionsbewertungen der Wähler. Koalitionspräferenzen haben bei der Bundestagswahl 2017 – trotz einer vergleichsweise unübersichtlichen Situation und ausbleibenden klaren Signalen der Parteien – einen bedeutsamen direkten Einfluss auf das Wahlverhalten der Bürger gehabt. Im Folgenden wird nun noch abschließend untersucht, inwieweit der Einfluss der Koalitionspräferenzen auch von den Erwartungen der Bürger abhing. Wenn Wähler neben ihren Präferenzen auch ihre Erwartungen über den Wahlausgang mit in ihre Wahlentscheidung einbeziehen, sollten die Koalitionspräferenzen je nach erwartetem Wahlausgang einen unterschiedlich starken Effekt ausüben. Als ein Beispiel für einen solches Wahlkalkül wird im Folgenden die Wahlentscheidung der Unions- und FDP-Anhänger etwas genauer betrachtet: In der Vergangenheit hat die FDP besonders häufig von Koalitionswählern profitieren können und dabei insbesondere auch sogenannte „Leihstimmen" von Unions-Anhängern erhalten. Wie oben ausgeführt, kann es für Anhänger der Union, die sich eine schwarz-gelbe Koalition wünschen, durchaus eine rationale Strategie sein, der FDP ihre Stimme zu leihen. Das gilt aber nur, wenn die FDP Gefahr läuft, die 5-Prozent-Hürde nicht zu schaffen und somit das Zustandekommen einer schwarz-gelben Koalition mit einer FDP-Wahl eher geholfen werden kann. In Umfragen im Vorfeld der Bundestagswahl 2017 stand die FDP zwischen 9 und 11 Prozent, also deutlich über der 5-Prozent-Hürde. Ein strategisches „Leihstimmen"-Kalkül sollte also eigentlich entfallen. Nichtsdestotrotz könnte es für manche Wähler ein Anliegen gewesen sein, ihre Koalitionspräferenz für Schwarz-Gelb mit einer Wahl der FDP mit der Zweitstimme zu bekräftigen.

Fraglich, ist nun inwieweit eine solche „Koalitionswahl" zusätzlich von den Erwartungen der Wähler über den Wahlausgang abhängt. Einerseits könnten die Wähler versucht sein, völlig unabhängig von ihren Erwartungen ihre Koalitionspräferenzen auszudrücken. Andererseits könnten sie auch einbeziehen, welche Regierungskoalition sie nach der Wahl erwarten: wenn Wähler eine schwarz-gelbe Koalition erwarten, dann sollte die Bewertung einer schwarz-gelben Koalition einen stärkeren Effekt haben als bei Wählern, die eine Große Koalition erwarten. Schließlich würde eine Stimme für die FDP eine Schwächung der Union in einer Großen Koalition bedeuten und die Stärkung der Opposition zu einer Unions-geführten Regierung. In Tabelle 4 wird das Koalitionswählen der Anhänger von Union und FDP gesondert nach Erwartungen der Wähler untersucht. Berechnet wird jeweils die Veränderung der Wahrscheinlichkeit, die Union im Vergleich zur FDP zu wählen.

Blickt man zunächst auf die Wähler mit der Erwartung einer schwarz-gelben Koalition, zeigt sich ein deutlicher Effekt der Koalitionspräferenz. Unter Kontrolle der Parteiidentifikation mit der Union bzw. der FDP, hat die Bewertung von Schwarz-Gelb einen unabhängigen, starken Einfluss auf die Wahlentscheidung: Im Vergleich zur Wahl der FDP verringert sich die Wahrscheinlichkeit der Wahl der Union um 34 Prozentpunkte, wenn Schwarz-Gelb maximal positiv bewertet wird. Die FDP kann in dieser Gruppe der Wähler also massiv von den Koalitionspräferenzen profitieren. Die Stärke des Koalitions-Effekts ist beachtlich, er ist sogar stärker als der Effekt der Parteiidentifikation mit der FDP.

Tabelle 4: Koalitionswählen: Anhänger von Union und FDP

	Wahl der CDU/CSU im Vergleich zur Wahl von FDP	
	Erwartung: Schwarz-Gelb	Erwartung: Große Koalition
P.Ident. CDU/CSU	+42[a]	+30[c]
P.Ident. FDP	-22	-70[c]
Bewertung Schwarz-Gelb	-34[a]	-18
Nagelkerke R^2	0,36	0,53
N	186	287

Quelle: GLES-Vor- und Nachwahl-Querschnittsbefragung 2017 [Kumulation] (ZA 6802), nur Vorwahlbefragte, berücksichtigt werden nur Anhänger von CDU/CSU und FDP.

Anmerkungen: a: p <0,05; b: p <0,01; c: p <0,001 (siehe Anhang 4).

Blickt man auf die Wähler mit der Erwartung einer Großen Koalition, ist der Effekt deutlich geringer. Hier verringert sich die Wahrscheinlichkeit eine Unions-Wahl im Vergleich zu einer FDP-Wahl um 18 Prozentpunkte, wenn die Wähler Schwarz-Gelb maximal positiv bewerten. Der Effekt ist also nur noch halb so groß und unterschreitet auch knapp die Schwelle statistischer Signifikanz. Die Wahlentscheidung verläuft in dieser Gruppe der Wähler deutlich stärker entlang der Parteilinien, was sich insbesondere am großen Effekt der FDP-Parteiidentifikation zeigt. Die Koalitionspräferenz verliert unter Unions- und FDP-Anhängern aber an Bedeutung.

Falls alle Wähler rein expressiv motiviert wären, wenn sie ihre Koalitionspräferenzen in ihre Wahlentscheidung einbeziehen, hätte sich kein Unterschied zwischen den beiden Gruppen finden lassen sollen. Der Einfluss der Bewertung von Schwarz-Gelb hätte jeweils gleich groß sein sollen, egal ob die Befragten eine schwarz-gelbe Koalition erwarten oder eine Große Koalition. Das war offensichtlich nicht der Fall. Zumindest ein Teil der Wähler gewichtete also die Koalitionspräferenzen unterschiedlich stark, je nachdem welche Erwartungen sie über den Wahlausgang hatten. Gleichzeitig verschwindet der Effekt der Koalitionsbewertung von Schwarz-Gelb auch nicht vollständig bei den Wählern die eine Große Koalition erwarten. Das deutet darauf hin, dass es sehr wohl auch Wähler gibt, die völlig unabhängig von (vermeintlich) strategischen Überlegungen ihre Koalitionspräferenzen ausdrücken.

6.11.4 Fazit

Anders als bei den vergangenen Wahlen in den Jahren 2009 und 2013, vermieden die Parteien vor der Bundestagswahl 2017 klare Koalitionsaussagen. Gleichzeitig ließen die veröffentlichten Umfrageergebnisse vor der Wahl stark vermuten, dass neben den großen Parteien sowohl die Grünen und die Linke als auch die FDP und die AfD den Einzug in den Bundestag schaffen würden. Damit ergab sich für die Wähler eine vergleichsweise komplizierte Situation mit einer Reihe von möglichen Zweier- und Dreierkoalitionen. Die Koalitionspräferenzen der Wähler vor der Wahl waren entsprechend vielfältig. Ein substantieller Teil der Wähler sprach sich jeweils für Schwarz-Gelb, Schwarz-Grün, Rot-Grün, Rot-Rot-Grün oder eine Große Koalition aus. Am beliebtesten war dabei die schwarz-gelbe Koalition gefolgt von der Großen Koalition. Zweier-Koalitionen waren dabei insgesamt deutlich populärer als Dreier-Koalitionen.

Die Erwartungen der Bürger über die Bildung von Koalitionen waren eindeutiger als deren Präferenzen. So erwarteten mehr als 60 Prozent der Wähler eine Fortsetzung der Großen Koalition und 25 Prozent eine schwarz-gelbe Koalition. Die restlichen möglichen Koalitionen wurden von nur wenigen Bürgern erwartet. Trotz der unübersichtlichen Koalitionssituation vor der Wahl, hatten die Wähler relativ klare Vorstellungen darüber, welche Koalition für sie am wahrscheinlichsten war: nämlich die Große Koalition.

Möglich wäre nun gewesen, dass die Wähler sich in einer solchen Situation ausschließlich auf die Parteien oder die Kandidaten fokussierten und keine Koalitionsüberlegungen in ihrem Entscheidungskalkül aufnehmen. Andererseits bot die unübersichtliche Situation ohne klare Koalitionssignale der Parteien für manche stärker expressiv orientierten Wähler vielleicht auch eine besonders gute Gelegenheit, ihren Wunsch nach einer bestimmten Koalition mit ihrer Stimmabgabe auszudrücken. Wenn sich die Parteien nicht für eine bestimmte Koalition aussprechen, werden das manche Wähler auch als Aufforderung verstehen, ihre eigenen Koalitionspräferenzen zu offenbaren. Möglich wird das durch das deutsche Zweistimmensystem: durch Stimmensplitting können sie ganz bewusst eine Kombination von Parteien wählen und so ihre Koalitionspräferenzen ausdrücken. Dass am Ende nur die Zweitstimme über die Sitzverteilung im Bundestag bestimmt, wissen manche Wähler nicht und anderen könnte es nicht so wichtig sein.

Die Analysen des Wahlverhaltens bei der Bundestagswahl 2017 haben gezeigt, dass Bürger auch bei dieser Wahl Koalitionsüberlegungen in ihr Entscheidungskalkül einbezogen haben. Die zum Teil sehr starken Effekte der Koalitionsbewertungen in Tabelle 3 machen deutlich, dass Koalitionspräferenzen auch bei Kontrolle der Parteibindungen einen bedeutsamen Einfluss auf das Wahlverhalten ausüben konnten. Offensichtlich wollen viele Wähler mit ihrer Stimmabgabe auch eine Präferenz für eine bestimmte Koalition ausdrücken. Gleichzeitig hat die detaillierte Analyse der Unions- und FDP-Anhänger in Tabelle 4 gezeigt, dass der Einfluss der Koalitionsbewertungen zumindest teilweise von den Erwartungen der Bürger über zukünftige Koalitionen abhängt und Wähler auch strategische Überlegungen einbeziehen, wenn sie ihre Wahlentscheidung treffen.

Fehlende Koalitionsaussagen von Seiten der Parteien haben ganz offensichtlich nicht dazu geführt, dass Koalitionsüberlegungen keine Rolle mehr gespielt haben. Vor diesem Hintergrund ist fraglich, ob die Strategie der Parteien keine klaren Koalitionsoptionen anzubieten und so zu versuchen, dass Wähler stärker nach Partei- und Kandidatenlogik abstimmen, wirklich die erfolgversprechendste war. Viele Wähler haben in ihre Wahlentscheidung Koalitionsüberlegungen einbezogen, ohne dass sie klare Informationen über die unterschiedliche Bereitschaft der Parteien hatten, miteinander zu koalieren. Aus Wählersicht ist das durchaus ein Problem, wenn man seine Stimme möglichst sinnvoll einsetzen möchte. Nach der Wahl wurde das gleich zweimal deutlich: Zunächst schloss der SPD-Spitzenkandidat Schulz noch am Wahlabend eine Fortsetzung der Große Koalition aus, obwohl die SPD das vor der Wahl nicht angedeutet hatte. Wie die Analysen in diesem Kapitel gezeigt haben, wünschten sich aber tatsächlich viele Wähler die Fortsetzung der Großen Koalition und sie war auch vom Großteil der Wähler erwartet worden. Gleichzeitig zeigen die Analysen in Tabelle 3, dass die Wahl der SPD positiv von Präferenzen für eine Große Koalition beeinflusst war. Wenn die SPD also tatsächlich keine Große Koalition eingegangen wäre, hätten sich viele Wähler möglicherweise getäuscht gefühlt und ihre Wahlentscheidung vielleicht auch bereut. Das zweite Mal wurde das Problem deutlich, als die FDP die Sondierungen zur Jamaika-Koalition abgebrochen hat. Wie die Analysen gezeigt haben, waren viele Wähler von einer schwarz-gelben Koalition ausgegangen und hatten sich diese auch gewünscht. Die Jamaika-Koalition selbst war weniger beliebt, die Analyse der Koalitionspräferenzen und ihrem Einfluss auf das Wahlverhalten macht aber klar: Viele Unions- und FDP-Anhänger gingen davon aus und wünschten sich, dass Union und FDP nach der Wahl zusammenarbeiten und sich nicht in Regierung und Opposition gegenüberstehen. Insgesamt wird also das Fehlen klarer Koalitionssignale *vor* der Wahl dazu geführt haben, dass manche Wähler einer Partei ihre Stimme gegeben haben, die der eigentlich präferierten Partei im Anschluss an die Wahl in Opposition gegenübersteht. Aus Wählersicht erscheint das nicht optimal. Eine deutlichere Positionierung der Parteien zu verschiedenen Koalitionsaussichten würde wahrscheinlich zu sinnvolleren Wahlentscheidungen derjenigen Bürger führen, die Koalitionsüberlegungen in ihr Wahlkalkül einbeziehen möchten, und damit möglicherweise auch die Zufriedenheit nach der Wahl erhöhen.

Literatur

Blais, André/Aldrich, John H./Indridason, Indridi H./Levine, Renan 2006: Do Voters Vote for Government Coalitions?: Testing Downs' Pessimistic Conclusion, in: Party Politics 12, 691-705.

Bytzek, Evelyn/Huber, Sascha 2011: Koalitionen und strategisches Wählen, in: Rattinger, Hans/Roßteutscher, Sigrid/Schmitt-Beck, Rüdiger/Weßels, Bernhard/Bieber, Ina/Blumenstiel, Jan E./Bytzek, Evelyn/Faas, Thorsten/Huber, Sascha/Krewel, Mona/Maier, Jürgen/Rudi, Tatjana/Scherer, Philipp/Steinbrecher, Markus/Wagner, Aiko/Wolsing, Ansgar, Hg., Zwischen Langeweile und Extremen: Die Bundestagswahl 2009, Baden-Baden: Nomos, 247-264.

Golder, Sona N. 2005: Pre-electoral Coalitions in Comparative Perspective: A Test of Existing Hypotheses, in: Electoral Studies 24, 643-663.

Gschwend, Thomas 2007: Ticket-Splitting and Strategic Voting under Mixed Electoral Rules: Evidence from Germany, in: European Journal of Political Research 46, 1-23.

Herrmann, Michael/Pappi, Franz U. 2008: Strategic Voting in German Constituencies, in: Electoral Studies 27, 228-244.

Huber, Sascha 2014a: Coalitions and Voting Behavior in a Differentiating Party System, in: Weßels, Bernhard/Rattinger, Hans/Roßteutscher, Sigrid/Schmitt-Beck, Rüdiger, Hg., Voters on the Move or on the Run?, Oxford: Oxford University Press: 65-87.

Huber, Sascha 2014b: Koalitions- und strategisches Wählen, in: Schmitt-Beck, Rüdiger/Rattinger, Hans/Roßteutscher, Sigrid/Weßels, Bernhard/Wolf, Christof/Bieber, Ina/Blumenberg Manuela S./Blumenstiel, Jan E./Faas, Thorsten/Förster, André/Giebler, Heiko/Glogger, Isabella/Gummer, Tobias/Huber, Sascha/Krewel, Mona/Lamers, Patrick/Maier, Jürgen/Partheymüller, Julia/Plischke, Thomas/Roßmann, Joss/Schäfer, Anne/Scherer, Philipp/Steinbrecher, Markus/Wagner, Aiko/Wiegand, Elena, Hg., Zwischen Fragmentierung und Konzentration: Die Bundestagswahl 2013, Baden-Baden: Nomos: 293-311.

Huber, Sascha/Gschwend, Thomas/Meffert, Michael/Pappi, Franz U. 2009: Erwartungsbildung über den Wahlausgang und ihr Einfluss auf die Wahlentscheidung, in: Gabriel, Oscar W./Falter, Jürgen W./Weßels, Bernhard, Hg., Wahlen und Wähler: Analysen aus Anlass der Bundestagswahl 2005, Wiesbaden: VS Verlag, 562-584.

Linhart, Eric/Huber, Sascha 2009: Der rationale Wähler in Mehrparteiensystemen: Theorie und experimentelle Befunde, in: Henning, Christian/Linhart, Eric/Shikano, Susumu, Hg., Parteienwettbewerb: Wählerverhalten und Koalitionsbildung: Festschrift zum 70. Geburtstag von Franz Urban Pappi, Baden-Baden: Nomos, 133-160.

Pappi, Franz U./Thurner, Paul W. 2002: Electoral Behaviour in a Two-Vote System: Incentives for Ticket Splitting in German Bundestag Elections, in: European Journal of Political Research 41, 207-232.

Shikano, Susumu/Herrmann, Michael/Thurner, Paul W. 2009: Strategic Voting under Proportional Representation: Threshold Insurance in German Elections, in: West European Politics 32, 634-656.

6.12 Die Wahlentscheidung in der Gesamtschau

Philipp Scherer

6.12.1 Einleitung

In den vorangegangenen Kapiteln wurden verschiedene Faktoren zur Erklärung des individuellen Wahlverhaltens vorgestellt. Die Auswahl der Faktoren, die Darstellungen und der Kapitelaufbau orientierten sich dabei an einem klassischen Erklärungsmodell der empirischen Wahlforschung: dem sozial-psychologischen Ansatz. In Kapitel 6.1 wurden zunächst die theoretischen Grundlagen des Modells dargelegt. Das Herzstück des auch als Michigan-Modell bezeichneten Ansatzes stellt die Idee des *„Trichters der Kausalität"* dar. Der Kausalitätstrichter dient als Hilfsmittel um verschiedene Erklärungsfaktoren des Wahlverhaltens zu sortieren (Campbell et al. 1960: 24-32; Miller/Shanks 1996: 189-211). Es wird etwa zwischen langfristig stabilen Prädispositionen, wie der sozialen Herkunft eines Menschen und mittel- und kurzfristig wandelbaren politischen Einstellungen gegenüber Themen, Kandidaten und Parteien unterschieden, die durch den konkreten gesellschaftlichen Kontext der jeweiligen Wahl deutlich stärker beeinflusst werden (siehe Kapitel 6.1).

Basierend auf dieser Unterscheidung wurden in den folgenden Kapiteln zunächst langfristig wirkende Erklärungsfaktoren diskutiert: In Kapitel 6.2 sozialstrukturelle Merkmale, in Kapitel 6.3 die langfristige Bindung an Parteien und in Kapitel 6.4 ideologische Einstellungsmuster. Dabei wurde deutlich, dass jede dieser drei Faktorengruppen einen eigenständigen Beitrag zur Erklärung des Wahlverhaltens bei der Bundestagswahl 2017 liefert. Es zeigten sich sowohl Muster im Wahlverhalten von Menschen aus verschiedenen sozialen Lagen als auch von Menschen mit unterschiedlichen ideologischen Grundüberzeugungen. Zudem ging von der emotionalen Bindung eines Wählers an eine Partei ein sehr starker Effekt auf dessen Stimmabgabe aus und zwar unabhängig davon, welche der im neuen Bundestag vertretenen Parteien gewählt wurde.

Nachdem die Wirkung langfristiger Einflussgrößen auf die Wahlentscheidung analysiert wurde, lag das Augenmerk in den Kapiteln 6.5 bis 6.11 auf der Darstellung verschiedener Kurzfristfaktoren. Diese sind der Wahlentscheidung innerhalb des Kausalitätstrichters unmittelbarer vorgelagert als die Langfristfaktoren. Während der Einfluss der ökonomischen Lage (Kapitel 6.7) auf die Stimmabgabe bei der Bundestagswahl 2017 vergleichsweise moderat ausfiel, hatten die Bewertung einzelner Kandidaten (Kapitel 6.6), die Einschätzung von Regierungs- und Parteileistungen (Kapitel 6.8) und die Koalitionspräferenzen (Kapitel 6.11) deutlich stärkere Effekte auf das Wahlverhalten. Ferner wurde die Wahlentscheidung der Bürger auch durch Einstellungen zu politischen Streitfragen beeinflusst. Im Vergleich zu den Bundestagswahlen 2009 und 2013 bei denen Kompetenzurteile (Valenzissues) einen größeren Einfluss auf die Wahlentscheidung entfalteten als politische Richtungsfragen (Positionsissues), gingen bei der Bundestagswahl 2017 von beiden Typen politischer Sachfragen ähnlich starke Effekte aus (Kapitel 6.5). In der steigenden Relevanz von Richtungsfragen spiegelt sich möglicherweise eine zunehmende Polarisierung innerhalb der bundesdeutschen Gesellschaft wider, die es den Wählern einfacher macht zwischen den Positionen verschiedener Parteien zu unterscheiden. Da diese Polarisierung häufig im Zusammenhang mit dem Aufkommen der rechtspopulistischen AfD diskutiert wird, wurde in Kapitel 6.9 der Einfluss populistischer Einstellungen auf die Wahlentscheidung noch eingehender betrachtet. Die Analysen zeigten, dass insbesondere unter den Wählern der AfD populistische Einstellungsmuster weit verbreitet waren. Dagegen wiesen Menschen, die den Grünen ihre Stimme gaben, deutlich geringere Ausprägungen populistischer Orientierungen auf. Neben den genannten Faktoren wurden in Kapitel 6.10 noch zwei spezifischere Ereignisse innerhalb des Wahlkampfes untersucht: das TV-Duell zwischen Angela Merkel und ihrem Herausforderer Martin Schulz sowie der TV-Fünfkampf zwischen den Spitzenkandidaten von AfD, FDP, der Linken, den Grünen und der CSU.

Die dargelegten Ergebnisse zeigen, dass die Stimmabgabe bei der Bundestagswahl 2017 durch eine Reihe verschiedener Faktorenbündel erklärt werden kann. Allerdings wurden diese Erklärungsfaktoren in den vorgenommenen Analysen zunächst ausschließlich separat betrachtet und in den jeweiligen Wahlentscheidungsmodellen nur auf den Einfluss der Parteiidentifikation kontrolliert. Somit ist bislang offen, ob die einzelnen Faktoren auch in einem Gesamtmodell ihren Beitrag zur Erklärung der Wahlentscheidung liefern können, oder durch die stärkere Wirkung andere Faktoren ihre Erklärungskraft verlieren. In diesem Fall wäre ihr Einfluss auf die Stimmabgabe bei der Bundestagswahl 2017 deutlich geringer als nach einer Analyse der separaten Modelle angenommen. Um dies herauszufinden, wird in diesem Kapitel ein Modell präsentiert, in das alle Erklärungsfaktoren gleichzeitig aufgenommen wurden.

6.12.2 Ein integriertes Modell zur Erklärung des Wahlverhaltens bei der Bundestagswahl 2017

Im Gesamtmodell sind weitgehend alle Erklärungsfaktoren enthalten, die in den vorangegangenen Kapiteln vorgestellt wurden. Aus den Berechnungen wurden allerdings Valenzissues ausgeschlossen, um das Modell nicht zu überlasten. Stattdessen wurden zur Messung der Einstellungen gegenüber politischen Sachfragen ausschließlich die Distanzen zwischen Wähler und Partei auf den drei Positionsissues (Sozioökonomie, Zuwanderung und Klimaschutz) in das Modell integriert. Eine grundlegende Ausnahme stellt Kapitel 6.10 dar, in dem die beiden zentralen TV-Duelle des Wahlkampfs (Merkel gegen Schulz und TV-Fünfkampf der Spitzenkandidaten von AfD, FDP, der Linken, den Grünen und der CSU) auf die Stimmabgabe bei der Bundestagswahl 2017 analysiert wurden. Auf diesen Erklärungsfaktor musste im Zuge der Berechnungen des Gesamtmodells vollständig verzichtet werden, da im Vor- und Nachwahlquerschnitt der GLES die entsprechenden Variablen nicht erhoben wurden. Bei den in Tabelle 1 zusammengefassten Erklärungsfaktoren finden sich auch keine Variablen zur Koalitionspräferenz der Wähler. Diese konnten nicht aufgenommen werden, da sie nur im Rahmen der Vorwahl-Querschnittsbefragung erhoben wurden. Um dennoch den Einfluss der Koalitionspräferenzen der Wähler auf ihre Stimmabgabe unter kontrollierten Bedingungen zu testen, wurde ein separates Modell gerechnet, das ausschließlich auf Vorwahldaten basiert. Auf die Ergebnisse dieser Berechnungen wird im Verlauf des Kapitels Bezug genommen. Doch zunächst zu den Ergebnissen des auf der Kumulation von Vor- und Nachwahl-Querschnittsbefragung basierenden Gesamtmodells.

Entsprechend der theoretischen Vorüberlegungen (siehe Kapitel 6.1) ging der stärkste Einfluss auf die Wahlentscheidung bei der Bundestagswahl 2017 von der Identifikation eines Wählers mit einer Partei aus. Die emotionale Bindung eines Wählers an eine Partei entfaltet in allen Teilmodellen aus Tabelle 1 einen nachhaltigen Einfluss. Die stärksten Effekte sind in den Modellen der beiden Volksparteien zu erkennen. Die Wahrscheinlichkeit für Union und SPD zu stimmen, lag bei einem Wähler, der sich mit der jeweiligen Partei identifizierte um 40 Prozentpunkte höher als bei einem Wähler der keine oder die Identifikation mit einer anderen Partei aufwies. Ähnlich hohe Effekte waren unter der Wählerschaft von FDP und Grünen zu beobachten. Demgegenüber war der Einfluss der „psychologischen Parteimitgliedschaft" auf die Wahl der Linken und der AfD eher gering. Dies überrascht nicht, da beide Parteien im Vergleich zu ihren Konkurrentinnen deutlich jünger sind und anzunehmen ist, dass sich eine Identifikation mit einer Partei erst im Laufe der Zeit herausbildet.

Tabelle 1: Gesamtmodell zur Erklärung der Wahlentscheidung bei der Bundestagswahl 2017

	CDU/ CSU	SPD	AfD	FDP	Die Linke	Grüne
Parteiidentifikation	+43[c]	+49[c]	+7[c]	+38[c]	+10[c]	+29[c]
Links-Rechts-Nähe	+26[c]	+7	+17[c]	+6[b]	+3	+7[b]
Distanz sozioökonomisch	-1	0	-1	-4	-2	0
Distanz Zuwanderung	-1	-6	-1	-1	-1	-2
Distanz Klimaschutz	-2	-5	0	-4	-1	-3
Präferenz Merkel	+18[c]	-11[c]	-1[a]	-1	-1	+2
Präferenz Schulz	-10	+5[a]	-1	-3[b]	0	-1
Skalometer Petry	-1	-4	+6[b]	-1	-1	-1
Skalometer Lindner	-7	-13[c]	0	+21[c]	0	-8[c]
Skalometer Wagenknecht	-3	-3	-1	-2	+10[c]	0
Skalometer Özdemir	-9	+1	-1	+1	-1	+14[c]
EWL gegenwärtig	+2	0	-1	0	+1	+3
EWL retrospektiv	+1	-3	0	-3	+1	-1
EWL prospektiv	-9	-12	0	+3	-1	+1
AWL gegenwärtig	-6	-4	+1	+4	0	+2
AWL retrospektiv	+10	-5	0	-2	+1	-3
AWL prospektiv	+6	-3	0	-2	+1	-1
Leistung Bundesregierung	+22[b]	+1	-5[c]	-3	-3[a]	-7[a]
Leistung Partei	+14	+22[c]	.	.	+17[c]	3
Populismus-Index	+3	+7	+1	+3	+2	-7[a]
Nagelkerke R^2	0,64	0,56	0,76	0,46	0,59	0,49
N	2214	2240	1211	2034	1846	2101

Quelle: GLES-Vor- und Nachwahl-Querschnittsbefragung 2017 [Kumulation] (ZA6802).

Anmerkungen: a: p <0,05; b: p <0,01; c: p <0,001 (siehe Anhang 4).

Im Gegensatz zur Stimmabgabe zugunsten einer etablierten Partei, ging der größte Effekt auf die Wahl der AfD von der ideologischen Nähe eines Wählers zur Position der noch jungen Partei aus. Die Wahrscheinlichkeit für die AfD zu stimmen, lag bei einem Wähler, der die ideologische Position der Partei komplett teilte, um 17 Prozentpunkte höher als bei einem Wähler, der die Position der AfD auf dem Links-Rechts-Kontinuum völlig konträr zu seiner eigenen einstufte. Dieses Ergebnis deutet darauf hin, dass die AfD-Wahl bei der Bundestagswahl 2017 nicht ausschließlich mit diffusem Protest zu erklären ist, sondern offensichtlich bei vielen Wählern ideologisch motiviert war. Auch die Wahl der Union kann durch die ideologische Nähe der Wählerschaft zu CDU oder CSU vergleichsweise gut erklärt werden. Ebenso lässt sich die Wahl der FDP und der Grünen zum Teil auf ideologische Übereinstimmungen zurückführen. Wohingegen die Nähe zwischen Wählern und Partei auf dem Links-Rechts-Kontinuum keinen Einfluss auf die Wahl von SPD und der Linken hatte.

Diese Ergebnisse zeigen, dass von den beiden langfristig wirkenden Faktoren Parteiidentifikation und ideologische Orientierung auch im Gesamtmodell starke Effekte auf die Wahlentscheidung ausgehen. Doch entfalten auch Kurzfristfaktoren unter kontrollierten Bedingungen eine Wirkung auf die Stimmabgabe? Zur Beantwortung dieser Frage richtet sich der Blick zuerst auf die Wirkung politischer Sachfragen im Gesamtmodell. Tabelle 1 zeigt, dass Richtungsfragen unter kontrollierten Bedingungen keinen erwähnenswerten Einfluss auf die Stimmabgabe der Wahlberechtigten bei der Bundestagswahl 2017 hatten. Weder hinsichtlich der Themen Steuern und Zuwanderung noch hinsichtlich der Streifrage Klimaschutz oder Wirtschaftswachstum waren Effekte auf die Wahl einer der betrachteten Parteien festzustellen. Offensichtlich ist es keiner Partei in ausreichendem Maße gelungen, mit einem spezifischen Thema die Aufmerksamkeit der Wähler zu gewinnen. Sogar Parteien, deren Kernkompetenz in einem der drei Themenfelder zu sehen ist, haben die Wähler inhaltlich offenbar nicht binden können. Dies gilt sowohl für die Grünen mit Blick auf das Thema Klimaschutz als auch für die FDP und das Steuerthema, für die Linke und die Erhöhung der Sozialausgaben sowie für die AfD und die Zuwanderungspolitik. Im Vergleich zur Bundestagswahl 2013 hat der damals schon relativ geringe Einfluss politischer Streitfragen auf die Wahlentscheidung noch weiter abgenommen (Huber 2014: 314-320). Möglicherweise lässt sich dies darauf zurückführen, dass die Positionen zu politischen Streitfragen von den ideologischen Grundpositionen der

Wähler überlagert wurden und die Links-Rechts-Unterscheidung als Super-Thema fungierte (siehe Kapitel 6.4).

Ein ähnliches Bild zeigt sich bezüglich der wirtschaftlichen Lage. Die in das Gesamtmodell aufgenommenen Variablen zur Einschätzung der allgemeinen und eigenen wirtschaftlichen Situation hatten keinen erwähnenswerten Effekt auf die Stimmabgabe der Bundesbürger. Dieses Ergebnis entspricht den Analysen zur Bundestagswahl 2013. Auch damals ging von der Einschätzung der ökonomischen Lage kaum ein Einfluss auf die Wahlentscheidung aus.

Eine weitere Parallele zur Bundestagswahl 2013 besteht darin, dass unter den betrachteten Kurzfristfaktoren die umfassendsten Effekte auf die Stimmabgabe aus den Beurteilungen der Regierungs-, Partei- und Politikerleistungen resultierten. Dementsprechend gingen von der positiven Beurteilung der (Spitzen-)Kandidaten positive Einflüsse auf die Stimmabgabe zugunsten der Partei des jeweiligen Politikers aus. Bei Menschen, die weiterhin eine Bundesregierung unter Angela Merkel bevorzugten, lag die Wahrscheinlichkeit eine der beiden Unionsparteien zu wählen knapp 20 Prozentpunkte höher als bei den übrigen Wählern. Der gleiche Zusammenhang war zwischen der Präferenz für Martin Schulz als Bundeskanzler und der SPD-Wahl auszumachen, allerdings auf deutlich niedrigerem Niveau. Ein entsprechender Bezug zeigte sich auch hinsichtlich der Beurteilung von Frauke Petry (AfD), Christian Lindner (FDP), Sahra Wagenknecht (Die Linke) und Cem Özdemir (Die Grünen): Eine positive Leistungsbeurteilung der aufgeführten Spitzenkandidaten von AfD, FDP, der Linken und den Grünen auf einem Skalometer von -5 (überhaupt nicht zufrieden) bis +5 (voll und ganz zufrieden) ließ die Wahlchancen der Partei des jeweiligen Kandidaten deutlich steigen. Neben diesen positiven Einflüssen der Kandidatenbewertung auf die Wahlentscheidung war bei der Bundestagswahl auch der gegenteilige Zusammenhang zu beobachten: Die Ablehnung Angela Merkels als Bundeskanzlerin hatte einen positiven Einfluss auf die Wahl von SPD und AfD. Die Ablehnung von Martin Schulz beförderte die Wahl der FDP. Umgekehrt zeigten sich zudem starke positive Effekte auf die Wahl von SPD und Grünen, wenn der FDP-Spitzenkandidat Christian Lindner negativ beurteilt wurde. Christian Lindner hat innerhalb der Wählerschaft offenbar sehr stark polarisiert. Überspitzt formuliert, war er ein wirksames Zugpferd für SPD und Grüne.

Neben den Leistungsbewertungen der Politiker entfaltete bei der Bundestagswahl 2017 insbesondere die Beurteilung der Arbeit der Bundesregierung Effekte auf die Wahlentscheidung. Eine positive Leistungsbewertung der Koalitionsarbeit von CDU/CSU und SPD wirkte sich positiv auf die Wahlentscheidung zu Gunsten der Union aus. Dagegen konnte die SPD unter den mit der Koalitionsarbeit zufriedenen Wählern nicht nennenswert punkten. Hierin zeigt sich, dass es der SPD überhaupt nicht gelungen ist, zentrale Projekte der Regierung, wie etwa die Einführung eines Mindestlohns, als den Erfolg der eigenen Arbeit zu verkaufen. Ein positiv wahrgenommenes Regierungshandeln wurde ausschließlich der Union zugeschrieben. Bei der Bundestagswahl 2013 ergaben die Analysen ein nahezu identisches Ergebnis, nur dass es damals statt der SPD die FDP nicht verstand, von einer positiv wahrgenommenen Regierungsarbeit zu profitieren. Wurde die Arbeit der Regierung dagegen negativ beurteilt, stieg die Wahrscheinlichkeit, eine der beiden parlamentarischen Oppositionsparteien Linke und Grüne oder die bei der Bundestagswahl 2013 noch knapp an der Fünfprozenthürde gescheiterte AfD zu wählen. Die einzige Oppositionspartei, die nicht nennenswert von einer negativen Regierungsbeurteilung profitierte, war die FDP. Werden statt der Regierungsleistung die Einschätzungen der Parteileistungen während der vergangenen Legislaturperiode betrachtet, so zeigt sich ein anderes Bild: Die Wahrscheinlichkeit, sozialdemokratisch zu wählen, erhöhte sich, wenn die Leistungen der SPD in der vergangenen Legislaturperiode positiv bewertet wurden. Demgegenüber wirkte sich eine gute Leistungsbewertung der Unionsparteien nicht positiv auf die Wahrscheinlichkeit aus, CDU oder CSU die Stimme zu geben. Mit Blick auf die Leistungsbewertungen der Oppositionsparteien ist hervorzuheben, dass nur die Linke von einer positiven Bewertung der eigenen Parlamentsarbeit profitieren konnte. Wähler, die der Linken eine sehr gute Arbeit in der vergangenen Legislaturperiode bescheinigten, wählten die Partei mit einer deutlich höheren Wahrscheinlichkeit, als diejenigen deren Bewertung äußerst schlecht ausfiel. Ein solcher Zusammenhang ist bei einer Stimmabgabe zugunsten der Grünen nicht zu beobachten. Die Bewertung der Parlamentsarbeit der Grünen hatte keinen Einfluss darauf, ob die Partei gewählt wurde. Die Leistungsbewertungen von AfD und FDP wurden nicht abgefragt und konnten somit auch nicht in das Modell aufgenommen werden.

Die bislang betrachteten Variablen stellen klassische Faktoren zur Erklärung des Wahlverhaltens dar. Aufgrund der gesellschaftspolitischen Entwicklungen wurde zudem noch ein spezifischerer Erklärungsfaktor in das Modell integriert: ein Index zur Messung populistischer Einstellungen. Aus Tabelle 1 ist zu erkennen, dass von populistischen Einstellungsmustern entgegen der theoretischen Erwartungen und deskriptiven Befunde aus Kapitel 6.9 nur für die Stimmabgabe zugunsten der Grünen ein nennenswerter Effekt ausging. Die Grünen profitierten von antipopulistisch eingestellten Wählern. Demgegenüber beeinflussten (anti)populistische Einstellungen die Wahl der übrigen Parteien nicht. Dies gilt auch für die AfD. Die Wahl der AfD wurde nicht nennenswert durch populistische Überzeugungen getrieben, sondern ist vielmehr durch ideologische Faktoren (Links-Rechts-Nähe), einer Unzufriedenheit mit der Regierung und negativen Einstellungen gegenüber der Bundeskanzlerin Angela Merkel erklärbar.

Abschließend wird nun noch betrachtet, wie sich die Koalitionspräferenzen der Wähler auf die Stimmabgabe ausgewirkt haben. Dazu wurde ein separates Modell berechnet. Da Koalitionspräferenzen sich nach einer Wahl nicht mehr sinnvoll erheben lassen, wurden nur vor der Bundestagswahl 2017 befragte Teilnehmer der Querschnittserhebung in den Berechnungen berücksichtigt (Huber 2014: 319-320). In das Modell wurden neben den Erklärungsfaktoren aus Tabelle 1 die Bewertungen möglicher Koalitionen aufgenommen: Große Koalition (CDU/CSU und SPD), Schwarz-Gelb (CDU/CSU und FDP), Rot-Grün (SPD und Grüne) sowie Rot-Rot-Grün (SPD, Die Linke und Grüne) und Jamaika (CDU, FDP und Grüne).

Tabelle 2: Einfluss der Koalitionspräferenzen auf die Wahlentscheidung im Gesamtmodell

	CDU/ CSU	SPD	AfD	FDP	Die Linke	Grüne
Große Koalition	+14	+11[b]	0	-1	0	-1
Schwarz-Gelb	+4	-8	0	+15[c]	0	-5
Rot-Grün	-6	+15[b]	0	-1	-2[b]	+3
Rot-Rot-Grün	0	0	0	-2	+5[c]	+1
Jamaika	+5	-7	0	+1	0	+5
Nagelkerke R^2	0,64	0,59	0,59	0,55	0,78	0,46
N	1113	1136	640	1014	941	1070

Quelle: GLES-Vor- und Nachwahl-Querschnittsbefragung 2017 [Kumulation] (ZA6802).

Anmerkungen: In den Analysen wurden nur Befragte des Vorwahlquerschnittes berücksichtigt. In dem Modell wurden neben den in der Tabelle ausgewiesenen Variablen zur Koalitionspräferenz auch die Erklärungsfaktoren aus Tabelle 1 aufgenommen.

a: p <0,05; b: p <0,01; c: p <0,001 (siehe Anhang 4).

Die in Tabelle 2 abgetragenen Ergebnisse des um Koalitionspräferenzen erweiterten Gesamtmodells zeigen, dass die Bewertungen ausgewählter Koalitionen entgegen der Ergebnisse des unkontrollierten Modells (siehe Kapitel 6.11) vergleichsweise geringe Effekte auf die Wahlentscheidung hatten. Nennenswerte Einflüsse der Koalitionspräferenzen waren nur unter den Wählern von SPD, FDP und der Linken zu beobachten. Eine Stimmabgabe zugunsten der SPD war deutlich wahrscheinlicher, wenn die Große Koalition und Rot-Grün positiv bewertet wurden. Auf die Wahl der FDP hatte eine positive Bewertung einer möglichen Koalition zwischen CDU/CSU und FDP einen deutlich positiven Effekt. Wähler, die eine schwarz-gelbe Regierung sehr positiv bewerteten, gaben der FDP mit einer 15 Prozentpunkte höheren Wahrscheinlichkeit ihre Stimme als Wähler, die diese Koalition vollständig ablehnten. Die Wahlchancen der Linken stiegen bei einer positiven Bewertung einer rot-rot-grünen Koalition deutlich an und sanken, wenn die Wähler eine Koalition zwischen SPD und Grünen positiv einschätzten. Auf die Wahl von CDU/CSU, den Grünen und der AfD sind hingegen keine statistisch eindeutigen Effekte der betrachteten Koalitionspräferenzen auszumachen. Im Vergleich zur Bundestagswahl 2013 sind die Einflüsse der Koalitionspräferenzen auf die Wahlentscheidung 2017 überraschend spärlich ausgefallen (Huber 2014: 320). Dies könnte damit zusammenhängen, dass von den Parteien keine klaren Koalitionssignale an die Wählerschaft gesendet wurden und eine Vielzahl von Koalitionspräferenzen innerhalb des Elektorates existierten.

6.12.3 Fazit

Im Rahmen von Kapitel 6 wurden verschiedene Faktoren diskutiert, die das Stimmverhalten der Wähler bei der Bundestagswahl 2017 erklären können. Zunächst wurden die verschiedenen Faktorenbündel separat vorgestellt und ihr tatsächlicher Einfluss auf die Stimmabgabe bei der Bundestagswahl 2017 analysiert. Schließlich wurde in diesem Kapitel ein integriertes Modell der Wahlentscheidung berechnet, in das die vorgestellten Erklärungsfaktoren gemeinsam aufgenommen wurden. Innerhalb eines solchen kontrollierten Modells lässt sich der tatsächliche Einfluss eines Faktorbündels auf das Wahlverhalten angemessener als in separaten Modellen einschätzen, da mitberücksichtigt wird, ob der Einfluss eines Prädiktors auf das Wahlverhalten durch stärkere Effekte anderer Prädiktoren überdeckt wird.

Die Schätzung des Gesamtmodells hat die theoretischen Vorüberlegungen und Ergebnisse der separaten Wahlentscheidungsmodelle weitgehend bestätigt: Die stärksten Effekte auf die Wahlentscheidung gingen von der Identifikation mit einer Partei aus. Auch der zweite langfristig wirkende Faktor, die ideologische Orientierung, lieferte in fast allen Modellen einen nennenswerten Beitrag zur Erklärung des Wahlverhaltens. Trotz des starken Einfluss von Parteiidentifikation und der Links-Rechts-Nähe ist es keineswegs so, dass nicht auch von Kurzfristfaktoren Wirkungen auf die Stimmabgabe bei der Bundestagswahl 2017 ausgegangen sind. Deren Wirkungen müssen allerdings differenziert betrachtet werden: Während von der Einschätzung der ökonomischen Lage, politischen Streitfragen und populistischen Orientierungen das Wahlverhalten bei der Bundestagswahl kaum beeinflusst wurde, wirkten sich Koalitionspräferenzen, die Beurteilungen der Partei- und Regierungsleistung sowie die Bewertungen der Kandidaten sehr deutlich auf die Wahlentscheidung aus. Allerdings hing die Stärke eines jeden Faktors und dessen Erklärungskraft auch immer damit zusammen, welche Partei gewählt wurde. Die Effektstärke der Parteiidentifikation fiel etwa bei den beiden gegenwärtigen Regierungsparteien CDU/CSU und SPD stärker aus als bei den Oppositionsparteien. Bei der Erklärung der Stimmabgabe zugunsten der AfD übernimmt beispielsweise die ideologische Nähe zur gewählten Partei die zentrale Rolle und bei den Wählern der Linken die Beurteilung der Leistung ihrer präferierten Partei. Insgesamt betrachtet, kann die Stimmabgabe bei der Bundestagswahl 2017 mit Blick auf die insgesamt geringe Relevanz ökonomischer Faktoren, des großen Erklärungspotentials von Kandidatenbewertungen, einer zunehmenden Polarisierung innerhalb des politischen Raumes und der Relevanz ideologischer Orientierungen (siehe Kapitel 6.4) als polarisiert und akteurszentriert beschrieben werden.

Literatur

Campbell, Angus/Converse, Philipp E./Miller, Warren E./Stokes, Donald E. 1960: The American Voter, New York, London: John Wiley.

Miller, Warren E./Shanks, J. Merrill 1996: The New American Voter, Cambridge/Mass.: Harvard University Press.

Huber, Sascha 2014: Wahlentscheidungen in der Gesamtschau, in: Schmitt-Beck, Rüdiger/Rattinger, Hans/Roßteutscher, Sigrid/Weßels, Bernhard/Wolf, Christof/Bieber, Ina/Blumenberg, Manuela S./Blumenstiel, Jan E./Faas, Thorsten/Förster, André/Giebler, Heiko/Glogger, Isabella/Gummer, Tobias/Huber, Sascha/Krewel, Mona/Lamers, Patrick/Maier, Jürgen/Partheymüller, Julia/Plischke, Thomas/Roßmann, Joss/Schäfer, Anne/Scherer, Philipp/Steinbrecher, Markus/Wagner, Aiko/Wiegand, Elena, Hg., Zwischen Fragmentierung und Konzentration: Die Bundestagswahl 2013, Baden-Baden: Nomos, 313-324.

7. Die Regierungsbildung

Katharina Blinzler, Manuela S. Blumenberg und Hannah Bucher

7.1 Einleitung

Das Ergebnis der Bundestagswahl 2017 war, wenn man im Vorfeld die Meinungsumfragen verfolgte, nicht unbedingt überraschend, aber dennoch für viele schockierend. Die SPD erhielt mit 20,5 Prozent ihr bisher schlechtestes Ergebnis bei einer Bundestagswahl und auch die Union verlor deutlich (8,6 Prozentpunkte im Vergleich zur Bundestagswahl 2013) und kam nur noch auf 32,9 Prozent der Stimmen. Während die Union aber dennoch ihren Wahlsieg als stärkste Fraktion feierte, verkündete Martin Schulz noch am Wahlabend, dass die SPD mit diesem Ergebnis in die Opposition gehen wolle und für keine Neuauflage der Großen Koalition zur Verfügung stünde.

Damit stand die Union vor einem nicht unerheblichen Problem: Mit wem regieren? Die SPD wollte nicht mehr und eine Koalition aus einer „großen" und einer „kleinen" Partei würde nicht zu einer Mehrheit reichen. Während im vorherigen Parlament nur vier Fraktionen (Union, SPD, Grüne, Linke) vertreten waren, waren es nach der Wahl 2017 sechs Fraktionen (zusätzlich FDP und AfD), wobei die „kleineren" Parteien Stimmenanteile um die 10 Prozent erhielten.

In Deutschland war lange der Typ der kleinen Koalition vorherrschend. Dies bedeutet, an einer Koalition sind nur so viele Parteien beteiligt, wie für die absolute Mehrheit im Parlament notwendig ist. Wobei die Koalitionspartner normalerweise dem gleichen politischen Lager zuzurechnen sind. (Schüttemeyer 2001: 234). Nach der Bundestagswahl 2017 war aber die Option für eine kleine Koalition nicht gegeben, so dass die Parteien vor einer für sie neuen Situation standen. Es gab keine linke Mehrheit aus SPD und Grünen (sie erreichten zusammen nur 29,4 Prozent der Stimmen). Eine rot-rot-grüne Koalition aus SPD, Grüne und Linke wurde von den maßgeblichen Personen bei der SPD und den Grünen ausgeschlossen, auch diese erreichte allerdings keine rechnerische Mehrheit. Es reichte aber auch nicht für eine bürgerliche Mehrheit aus Union und FDP (zusammen 43,6 Prozent). In der Vergangenheit wurden Koalitionen (mit Ausnahme der Großen Koalitionen 1969, 2005 und 2013) vorzugsweise in diesen Lagern gebildet (Bäck et al. 2016). Eine Koalition mit der AfD schlossen alle etablierten Parteien aus.

Zu Beginn des Wahlkampfs hatten sich Vertreter sowohl der Union als auch der SPD gegen die Fortführung einer neuen Großen Koalition ausgesprochen. Die Umfragewerte zeigten bereits im Vorfeld, was sich im Wahlergebnis noch deutlicher niederschlug: die beiden bisherigen Regierungsparteien mussten deutliche Stimmverluste hinnehmen. Dies ist nicht untypisch nach einer Großen Koalition, wie sich schon bei der 1969 gebildeten Großen Koalition zeigte, aber auch für die 2009 gebildete Koalition (dort insbesondere für die SPD) gilt. Das Wahlergebnis 2017 bestätigt dies.

Während sich aber sowohl Vertreter der Union als auch der SPD vor der Wahl gegen eine Weiterführung der Großen Koalition aussprachen, wurde dieses Koalitionsmodell von den Wählern lange Zeit positiv bewertet (siehe Kapitel 2 und Kapitel 6.11).

Nach Bekanntwerden des Wahlergebnisses lehnte nur die SPD eine Große Koalition vehement ab. Somit blieb, unter der Voraussetzung, dass man keine Minderheitsregierung oder Neuwahlen anstrebte, nur eine Möglichkeit: die Bildung einer Jamaika-Koalition, bestehend aus Union, FDP und Grünen. Die Sondierungsgespräche dauerten insgesamt vier Wochen an, scheiterten dann allerdings am für viele überraschenden Ausstieg der FDP.

Anschließend wurden in den Medien in der Hauptsache drei mögliche Optionen diskutiert: Eine Große Koalition (die SPD war zwischenzeitlich von ihrem vehementen „Nein zur GroKo“ abgerückt), eine Minderheitsregierung unter der Führung der Union oder schließlich Neuwahlen. Allerdings stand bei möglichen Neuwahlen auch immer die Frage im Raum, ob sich das Wahlergebnis grundlegend ändern würde und eine der gewünschten Koalitionen anschließend möglich wäre. Angesichts der politischen Lage erschien dies wenig wahrscheinlich.

Nach langen Sondierungsgesprächen und Koalitionsverhandlungen sowie einem Mitgliedervotum der SPD (wie bereits zur Großen Koalition 2013) übernahm schließlich am 14.3.2018 die neue Große Koalition unter Bundeskanzlerin Merkel die Regierungsgeschäfte. Damit dauerte die Regierungsbildung fünf Monate, solang wie nie zuvor seit Gründung der Bundesrepublik.

Dieses Kapitel zeichnet den langen Weg der Regierungsbildung nach; über die Sondierungsgespräche zur Jamaika-Koalition, gefolgt von den Sondierungsgesprächen und Koalitionsverhandlungen mit der SPD und gibt schließlich einen Überblick über die Verteilung der Ressorts. Es schließt mit einem Ausblick auf die ersten Regierungsmonate der dritten Großen Koalition unter Angela Merkel.

7.2 Sondierungsgespräche über eine Jamaika-Koalition

Nachdem die SPD eine Neuauflage der Großen Koalition schon am Wahlabend ausgeschlossen hatte und auch im Nachgang erst einmal nicht davon abwich, waren Merkel und die Union gezwungen, sich nach anderen potenziellen Regierungspartnern umzuschauen. Schnell wurde die Möglichkeit einer Jamaika-Koalition diskutiert, bestehend aus CDU, CSU, FDP und Grünen. Alle vier beteiligten Parteien signalisierten grundsätzlich Gesprächsbereitschaft.

Bedingt durch die Landtagswahl in Niedersachsen begannen die Sondierungsgespräche erst circa vier Wochen nach der Bundestagswahl. Im Vorfeld hatten die Parteien aber bereits bilaterale Gespräche geführt. Insgesamt nahmen an den Sondierungsgesprächen gut 50 Delegierte der vier beteiligten Parteien teil. Diese sollten insgesamt 12 Themenblöcke bearbeiten. Zwar gab es Überschneidungen zwischen einzelnen Parteien und Themen, aber auch sehr große Unterschiede in etlichen Politikfeldern, wodurch eine Einigung von vornherein sehr schwierig war (Bardt et al. 2017:6).

Mit insgesamt 28 Vertretern unter der Leitung von Angela Merkel und Horst Seehofer startete die Union in die Sondierungsgespräche. Die Grünen entsendeten eine 14-köpfige Sondierungsgruppe unter der Leitung von Katrin Göring-Eckardt und Cem Özdemir, wobei Politiker aus beiden Flügeln der Grünen an den Gesprächen teilnahmen, womit eine breite Akzeptanz innerhalb der eigenen Wählerschaft geschaffen werden sollte. Die FDP dagegen kritisierte von Beginn an eine Verhandlungsgruppe von solcher Größe und schickte nur ein Kernteam aus vier Politikern.

Während Sondierungsgespräche in der Vergangenheit häufig schnell abgeschlossen waren und die beteiligten Parteien bei Erfolg anschließend in die Koalitionsverhandlungen starteten, war dieses Mal vorauszusehen, dass es länger dauern würde. So waren sich die Parteien doch in vielen Punkten uneins. In den Medien viel diskutiert wurde dabei vor allem die Flüchtlingspolitik. Die Union hatte sich intern bereits im Vorfeld auf 200.000 Flüchtlinge pro Jahr geeinigt, dies war aber sowohl für die Grünen als auch die FDP ein kritischer Punkt. Dazu kamen noch sehr unterschiedliche Positionen zum Familiennachzug. Aber nicht nur beim Thema

Flüchtlinge, sondern auch bei Klima, Kohle und dem Solidaritätszuschlag lagen die Positionen der vier Parteien sehr weit auseinander.

Die Bevölkerung sah trotz aller Schwierigkeiten eine Jamaika-Koalition zu Beginn der Verhandlung durchaus positiv, auch wenn diese kurz vor der Bundestagswahl eher negativ bewertet worden war (Kapitel 2 und Kapitel 6.11). Befragte des Politbarometers befürworteten zu 55 Prozent eine Jamaika-Koalition, wobei die Zustimmung unter Anhängern der Grünen (80 Prozent) und FDP (75 Prozent) am höchsten war. Anhänger der Union befürworteten die Jamaika-Koalition zu 68 Prozent. Unabhängig davon erwarteten aber drei Viertel aller Befragten, dass es schließlich zu einer Koalition aus CDU, CSU, FDP und Grünen kommen würde (Forschungsgruppe Wahlen 2017b).

Nachdem das Ende der Sondierungsgespräche mehrfach verschoben worden war und immer noch eine gemeinsame Lösung, insbesondere zum Familiennachzug fehlte, beendete Christian Lindner (FDP) die Sondierungsgespräche am 19. November kurz vor Mitternacht für alle Beteiligten und auch die Medien und Bürger überraschend mit den Worten „Es ist besser, nicht zu regieren, als falsch zu regieren."

7.3 Die SPD auf dem beschwerlichen Weg zur Großen Koalition

Nach dem plötzlichen und unerwarteten Scheitern der Sondierungsgespräche zur Jamaika-Koalition blieben demnach drei Optionen: Eine Fortsetzung der Großen Koalition, eine unionsgeführte Minderheitsregierung sowie Neuwahlen.

Auch wenn zu diesem Zeitpunkt weder Neuwahlen, noch eine Große Koalition bei den Wahlberechtigten auf mehrheitliche Zustimmung stießen, lehnten doch rund zwei Drittel eine Minderheitsregierung ab (Forschungsgruppe Wahlen 2017a). Auch die Spitzen der Union bezogen bereits rund eine Woche nach den geplatzten Jamaika-Sondierungen eindeutig gegen eine solche Regierungsform Stellung und machten ihre Präferenz für eine Fortsetzung der bisherigen Koalition deutlich. Wenn auch theoretisch möglich, so erschien eine Minderheitsregierung somit als das unwahrscheinlichste Ergebnis. Doch auch für ein schwarz-rotes Bündnis sah es zunächst schlecht aus, denn der damalige SPD-Parteichef Martin Schulz hielt vorerst am kategorischen „Nein" zur Regierungsbeteiligung der Sozialdemokraten vom Wahlabend fest. Aus Sicht der SPD ist diese Reaktion durchaus nachvollziehbar, schließlich fuhr die Partei nach beiden Großen Koalitionen 2005-2009 sowie 2013-2017 unter Führung Angela

Merkels historische Wahlniederlagen ein. Eine Fortsetzung der bisherigen Regierungsarbeit, so die Befürchtung, werde die Partei nicht verkraften.

Allerdings wuchs nicht nur von Seiten der Unionsparteien der Druck auf die SPD. Auch aus den anderen Parteien und den eigenen Reihen wurden kritische Töne laut. Eine ausschlaggebende Rolle spielte darüber hinaus Bundespräsident Frank-Walter Steinmeier, der alle Parteien an den durch die Wähler erteilten Auftrag zur Regierungsbildung erinnerte und sie dazu aufforderte, der daraus resultierenden politischen Verantwortung nachzukommen. Hierbei übernahm er die Initiative, indem er die Parteivorsitzenden zunächst einzeln zu Gesprächen einbestellte, um programmatische Schnittmengen auszuloten. Und dies mit einem ersten Erfolg: Nach langen Beratungen der SPD-Parteiführung im Anschluss an Steinmeiers Treffen mit Schulz signalisierte die Partei grundsätzliche Gesprächsbereitschaft und rückte somit von ihrer strikten bisherigen Position ab. Gleichzeitig stellte Martin Schulz einen Mitgliederentscheid im Falle einer Regierungsbeteiligung der SPD in Aussicht, betonte aber erneut, es gebe keinen „Automatismus“ in diese oder eine andere Richtung.

Nach einem ersten gemeinsamen Gespräch von Steinmeier mit den Spitzen von CDU, CSU und SPD am 30. November und dem Beschluss des SPD-Parteivorstandes vom 4. Dezember, offene Gespräche mit der Union über eine mögliche Regierungsbildung zu führen, stand der SPD-Parteitag an. Dieser sollte den Beschluss der Parteispitze absegnen und somit nachträglich legitimieren. Parteitage bilden das formal höchste Beschlussgremium der SPD und sind ein wichtiges Forum für die innerparteiliche demokratische Willensbildung. Alle zwei Jahre kommen planmäßig rund 600 Delegierte aus den Landesverbänden und unteren Parteiebenen zusammen, um über zentrale personelle und inhaltliche Fragen zu diskutieren und zu entscheiden. Gerade bei einer so kontroversen Entscheidung wie der über das Verhalten der SPD in puncto Regierungsbildung kommt dem Parteitag somit auch eine wichtige integrative Funktion zu.

Zwar stimmte tatsächlich eine deutliche Mehrheit der Delegierten für Gespräche mit der Union, allerdings trat in der vorangegangenen Diskussion auch die Spaltung der SPD zu diesem Thema offen zu Tage. Selbsternanntes Sprachrohr des parteiinternen Widerstandes gegen eine Neuauflage der Großen Koalition war die Jugendorganisation der SPD, die Arbeitsgemeinschaft der Jungsozialistinnen und Jungsozialisten in der SPD (Jusos) mit ihrem Bundesvorsitzenden Kevin Kühnert. In ihrem Gegenantrag, der jedoch abgelehnt wurde, forderten sie eine endgültige Absage an eine Große Koalition. Stattdessen setzte sich der traditionell starke Landesverband NRW mit seinem Vorschlag durch, im Falle von erfolgreich verlaufenden Sondierungsgesprächen mit der Union einen Sonderparteitag über den Eintritt der SPD in Koalitionsverhandlungen abstimmen zu lassen. Hierfür hatte die Parteispitze ursprünglich nur einen Parteikonvent vorgesehen. Dieser ist deutlich kleiner und findet im Gegensatz zum Parteitag häufig unter Ausschluss der Öffentlichkeit statt – ein Umstand, den die Parteiführung gerne als Möglichkeit nutzt, strittige Themen abseits der Medien abzuhandeln (Salandi 2017: 71). So aber stellte der beschlossene Sonderparteitag neben dem Mitgliedervotum eine zusätzliche Hürde für eine Regierungsbeteiligung der SPD dar. Gleichzeitig brachte er das Misstrauen von Teilen der Partei gegenüber ihrer Führung zum Ausdruck.

Im Gegensatz hierzu war die Position der Unionsparteien eindeutig: Nach einem ersten gemeinsamen Treffen der Spitzen aus CDU, CSU und SPD nach dem SPD-Parteitag war es erneut die Union, die sich als erstes und geschlossen für Sondierungsgespräche aussprach. Zwei Tage später folgte der entsprechende Beschluss des SPD-Parteivorstands. Somit konnten die offiziellen Sondierungsgespräche beginnen, welche für den 7. bis 11. Januar 2018 angesetzt wurden.

In 15 themenbezogenen Arbeitsgruppen kamen die insgesamt 39 Mitglieder der Sondierungsteams (13 je Partei) zusammen, um das Potential für eine gemeinsame Koalition auszuloten. Damit waren die Sondierungsgespräche sowohl bezüglich der Anzahl der Teilnehmer, als auch bezüglich der angesetzten Verhandlungszeit deutlich umfangreicher als noch 2013 (Blumenberg und Förster, 2014). Auch die Vereinbarung der Teilnehmer untereinander, bis zum Abschluss der Gespräche auf Interviews mit Medienvertretern zu verzichten, stellte ein Novum dar.

Der Verlauf der Sondierungen wurde von den Verhandlungspartnern weitestgehend positiv bewertet. Am letzten Verhandlungstag spitzte sich die Situation jedoch zu, als die bis dahin ausgesparten strittigen Themen behandelt wurden. Zu diesen gehörten insbesondere die Migrationspolitik und die von der SPD geforderte Erhöhung des Spitzensteuersatzes, sowie Renten, Gesundheit und Pflege. Insgesamt rund 24 Stunden saßen die Verhandlungspartner in einer letzten gemeinsamen Anstrengung zusammen, wechselten zwischen Arbeitsgruppen, Sechserrunden der Partei- und Fraktionschefs, Einzelberatungen mit Parteigenossen und Diskussionen mit allen Mitgliedern der Sondierungsteams. Am Ende stand ein 28-seitiges Sondierungspapier, welches nicht nur die Ergebnisse festhielt, sondern dem Sonderparteitag der SPD als Entscheidungsgrundlage für eine Abstimmung über Koalitionsverhandlungen mit der Union vorgelegt werden sollte.

Wie zu erwarten, lautete die einstimme Empfehlung der Parteiführung nach diesem mühsam erzielten Kompromiss, Koalitionsverhandlungen aufzunehmen. Der Parteivorstand schloss sich dieser Empfehlung an. Damit waren die parteiinternen Vorbehalte gegenüber einer Großen Koalition jedoch keineswegs überwunden. Wie schon auf dem Parteitag im Dezember waren es die Jusos, welche sich am vehementesten gegen eine Große Koalition aussprachen. So wurde die Rede von Kevin Kühnert auf dem Landesparteitag in Sachsen-Anhalt als wegweisend für den Beschluss des Landesverbandes gegen Koalitionsverhandlungen gesehen. Zwar stellte dieser Landesverband auf dem Bundesparteitag nur sechs der über 600 Delegierten – allerdings wurde der Beschluss von den Gegnern der Großen Koalition als symbolischer Erfolg wahrgenommen. Dies mag einerseits damit zusammenhängen, dass der deutlich prominentere damalige Außenminister Sigmar Gabriel auf derselben Veranstaltung für eine Große Koalition geworben hatte. Andererseits stellen die Landesverbände wichtige Interessengruppen in der SPD dar, da sie in Form der von der SPD geführten Landesregierungen über eine von der Bundespolitik unabhängige Machtbasis verfügen und den ihnen zugehörigen Delegierten Stimmempfehlungen aussprechen können (Salandi 2017). Daher richtete sich das Augenmerk der SPD-Spitze vor allem auf die großen Landesverbände Nordrhein-Westfalen (144 Delegierte), Niedersachsen (81 Delegierte), Bayern (78 Delegierte) und Hessen (72 Delegierte). Obwohl Parteichef Martin Schulz persönlich um die Gunst der Delegierten in NRW warb, zeigte sich der größte sozialdemokratische Landesverband tief gespalten. Zusammen mit dem hessischen Landesverband knüpfte er seine Zustimmung zu Koalitionsverhandlungen mit der Union an die Bedingung, bei den strittigen Punkten der Aussetzung des Familiennachzuges, der Bürgerversicherung und der Einschränkung der sachgrundlosen Befristung nachzuverhandeln.

Das Abstimmungsergebnis auf dem SPD-Sonderparteitag am 21. Januar 2018 in Bonn spiegelte diese Stimmung wider: Lediglich eine knappe Mehrheit von 362 der 642 Delegierten (56 Prozent) stimmte für Koalitionsverhandlungen – und dies auch nur in Kombination mit den von NRW und Hessen eingebrachten Auflagen. Der Druck auf die Bundes-SPD, bei den Koalitionsverhandlungen noch mehr als bisher herauszuholen, war somit denkbar groß – schließlich stand auch das Votum der Basis noch aus.

Doch zunächst standen die Verhandlungen mit der Union an. Nahmen an den Sondierungsgesprächen mit 39 Verhandlungspartnern bereits verhältnismäßig viele Personen teil, so wurde diese Zahl nun noch einmal deutlich übertroffen: Bis zu 91 Unterhändler trafen in verschiedenen Konstellationen aufeinander. Am Ende brauchte es noch einmal zweiwöchige Verhandlungen und zwei als Reserve vorgesehene zusätzliche Verhandlungstage, bis es zu einer Einigung kam. Dann endlich stand der Koalitionsvertrag. Aber konnte dieses Ergebnis auch die SPD-Basis überzeugen?

Ein letztes Mal noch wurde es spannend: Vom 20. Februar bis zum 2. März 2018 waren die rund 463.000 Parteimitglieder aufgerufen, über die Annahme des Koalitionsvertrages abzustimmen. Wie schon 2013 sollte das Ergebnis für die Parteispitze bindend sein. Dabei musste die Parteispitze viel Überzeugungsarbeit bei den Mitgliedern leisten, denn wie das Ergebnis des Entscheids ausfallen würde, war nicht sicher. Während die Fraktionschefin Andrea Nahles auf zahlreichen Regionalkonferenzen um die Zustimmung ihrer Parteigenossen zum Koalitionsvertrag warb, ließen im gegnerischen Lager insbesondere die Jusos nicht locker: Deren Vorsitzender Kevin Kühnert reiste auf einer „NoGroKo-Tour“ medienwirksam durch die Bundesrepublik und versuchte in rund 25 Terminen, die Parteibasis von einem „Nein“ zur Koalition zu überzeugen. Zuvor hatte er dazu aufgerufen, in die SPD einzutreten, um ein Bündnis mit der Union zu verhindern. Dieser Eintritts-Aufforderung kamen immerhin rund 24.300 Personen nach, was einem Mitgliederzuwachs von etwa 5,5 Prozent entspricht.

Am Ende fiel das Ergebnis des Mitgliedervotums doch eindeutiger aus, als von vielen erwartet: Bei einer Beteiligung von rund 78 Prozent stimmten 66 Prozent der Teilnehmer für den Koalitionsvertrag. Damit war die Neuauflage der Großen Koalition beschlossen – 151 Tage nach der Wahl ging die bisher längste Regierungsbildungsphase in der Geschichte der Bundesrepublik zu Ende. Trotz alledem zeigt ein Vergleich mit dem Mitgliedervotum 2013, dass die Große Koalition unter SPD-Mitgliedern an Beliebtheit verloren hat: Damals hatten sich noch rund 75 Prozent der Teilnehmer für ein schwarz-rotes Bündnis ausgesprochen.

7.4 Der Koalitionsvertrag

Damit konnte endlich der Koalitionsvertrag unterzeichnet werden. Er trägt den Titel „Ein neuer Aufbruch für Europa. Eine neue Dynamik für Deutschland. Ein neuer Zusammenhalt für unser Land.“ und ist mit einem

Umfang von 175 Seiten deutlich länger als sein Vorgänger. Die Vorteile ausführlicher Koalitionsverträge liegen für die Parteien auf der Hand: Inhalte zukünftiger Politik werden festgelegt, Planungssicherheit wird geschaffen, die Regierung stabilisiert. Unter Berücksichtigung der schwierigen Ausgangslage und Regierungsbildung, ist ein umfassender Vertrag sinnvoll. Obwohl ein Koalitionsvertrag rechtlich nicht verbindlich ist und seine Inhalte nicht einklagbar sind (Kropp/Sturm 1998), hat er aufgrund der gesellschaftlichen Wahrnehmung einen hohen Stellenwert. So können Parteien den Koalitionspartner öffentlichkeitswirksam kritisieren, wenn sich dieser nicht an getroffene Vereinbarungen hält. Die Folge der großen Bedeutung des Koalitionsvertrages ist, dass die beteiligten Parteien möglichst viele ihrer Ideen und Vorstellungen im Vertrag unterbringen wollen.

Um die Frage zu beantworten, bei welchen Themen sich in den Verhandlungen eher die CDU, die CSU oder die SPD durchsetzen konnte und bei welchen Themen Kompromisslösungen gefunden wurden, werden die Vereinbarungen aus dem Koalitionsvertrag im Folgenden mit den Forderungen in den jeweiligen Wahlprogrammen verglichen. Berücksichtigt werden hierbei das gemeinsame Wahlprogramm von CDU und CSU, das Wahlprogramm der SPD sowie der „Bayernplan“ der CSU. Von besonderem Interesse sind die zwischen den Parteien strittigen Politikfelder. Entsprechend wird hier nicht auf das Thema Europa eingegangen, auch wenn dieses im Koalitionsvertrag selbst einen hohen Stellenwert eingenommen hat. Im Vergleich zu den behandelten Themen waren sich die Koalitionspartner bei diesem aber relativ einig. Als besonders strittige Themen kristallisierten sich während der Verhandlungen Gesundheit und Pflege, Asyl- und Zuwanderungspolitik und sachgrundlose Befristung heraus, wie in den Koalitionsverhandlungen 2013, als über Mindestlohn, Rente, Staatsbürgerschaft und Pkw-Maut gestritten wurde. Die Interessenskonflikte der Koalitionspartner lagen auch in den Verhandlungen 2017 in den Bereichen Arbeitsmarkt, Migration und Soziales.

Im Hinblick auf das Themenfeld *Gesundheit und Pflege* betonte die SPD in ihrem Wahlprogramm die Einführung einer paritätischen Bürgerversicherung als oberste Prämisse. Diese soll das Zwei-Klassen-Kassensystem ablösen und setzt sowohl auf Seite der Patienten, als auch bezüglich der Honorierung der Ärzte an: So fordert die SPD die Einführung einer am Einkommen bemessenen Beitragszahlung, die gleichermaßen auf Arbeitgeber und Versicherte aufgeteilt werden, sowie eine einheitliche Honorierung der Ärzte, unabhängig von der Kassenzugehörigkeit der Patienten (SPD Parteivorstand 2017). Die Union hingegen lehnt die Einführung einer solchen Bürgerversicherung grundsätzlich ab und betont in diesem Zusammenhang die Bedeutung des Wettbewerbs zwischen den Krankenhäusern und -kassen als Faktor, der die qualitative Versorgung von Patienten gewährleiste und sieht die Aufgabe der Politik lediglich darin, faire Wettbewerbsbedingungen zu schaffen. Diese Forderung findet sich auch im „Bayernplan“ der CSU, in dem es heißt: „Mit uns wird es keine Bürgerversicherung und keine Kopfpauschale geben“ (CSU-Landesleitung 2017: 22).

Bei einem Blick auf die im Koalitionsvertrag getroffenen Vereinbarungen fällt auf, dass sich die Union mit ihrer Forderung durchsetzen konnte – die Bürgerversicherung findet hier keinerlei Erwähnung. Lediglich ihre Forderung, die Beitragszahlungen in gleichem Maße auf Arbeitgeber und Versicherte aufzuteilen, konnte die SPD im Koalitionsvertrag unterbringen. Hier heißt es: „Wir werden die Parität bei den Beiträgen zur Gesetzlichen Krankenversicherung wiederherstellen. Ab 1. Januar 2019 werden die Beiträge zur Krankenversicherung wieder in gleichem Maße von Arbeitgebern und Beschäftigten geleistet. Der bisherige Zusatzbeitrag wird paritätisch finanziert.“ (CDU Deutschlands/CSU-Landesleitung/SPD 2017: 102). Statt der Einführung einer paritätischen Bürgerversicherung sieht der Koalitionsvertrag lediglich die Einsetzung einer wissenschaftlichen Kommission vor, die die Honorar-und Gebührenordnung der Gesetzlichen, als auch der Privaten Krankenversicherungen hingehend einer möglichen Reform prüft und Vorschläge unterbreitet. Dies soll bis Ende 2019 umgesetzt, anschließend soll über die Vorschläge abgestimmt werden.

Auch in der *Asyl-und Zuwanderungspolitik* konnte sich die Union durchsetzen: Mit der Formulierung im Koalitionsvertrag, dass Zuwanderer in ihrer Anzahl „die Spanne von jährlich 180.000 bis 220.000 nicht übersteigen werden“, konnte die CSU eine grundsätzliche Forderung des Bayernplans, die Einführung einer jährlichen Obergrenze für Flüchtlinge, auf der Agenda der Großen Koalition platzieren.

Während die SPD im Wahlprogramm eher den humanitären Aspekt der Aufnahme von Flüchtlingen betonte und für den Schutz der Geflüchteten plädierte, ist im Koalitionsvertrag doch primär eine restriktive Zuwanderungspolitik zu vermerken: Hier wird, ähnlich dem Wahlprogramm der Union, eher der Aspekt der Begrenzung der Zuwanderung, als der Schutz geflüchteter Menschen in den Fokus gestellt.

Zudem konnte die SPD ihre Forderung nach einer Beendigung der temporären Aussetzung des Familiennachzugs nicht durchsetzen. Auch hier wurde eine zentrale Forderung des Bayernplans, nämlich die der Begrenzung des Familiennachzugs durch eine Verlängerung der Aussetzung, im Koalitionsvertrag umgesetzt. Diese soll noch bis 01. August 2018 bestehen bleiben, anschließend ist im Koalitionsvertrag eine Begrenzung des Zuzugs von 1000 Personen im Monat vorgesehen. Diese Begrenzung wird durch Härtefallregelungen ergänzt, deren gesetzliche Grundlage noch durch die Koalitionsparteien ausgestaltet werden wird. Die Stärkung der EU Außengrenzen, sowie eine gesteuerte Einwanderungspolitik um dem Fachkräftemangel der Bundesrepublik vorzubeugen, findet sich sowohl im Wahlprogramm der Union als auch der SPD und wurde auch so im Koalitionsvertrag umgesetzt. Bezüglich der Asyl- und Zuwanderungspolitik lässt sich zusammenfassend festhalten, dass diese durch eine eindeutige Abkehr von einer noch 2013 vorherrschenden Willkommenskultur, hin zu einer restriktiven Aufnahme von Geflüchteten gekennzeichnet ist. Zwar bekennt sich die Große Koalition 2018 auch eindeutig zu dem Recht auf Asyl sowie zur Genfer Flüchtlingskonvention, jedoch ist gleichzeitig die Rede von einer „Begrenzung von Migrationsbewegungen" (CDU Deutschlands/CSU-Landesleitung/SPD 2017: 15).

Beim Thema *sachgrundlose Befristung* konnte die SPD einen Kompromiss aushandeln, von ihrer ursprünglichen Forderung im Wahlprogramm musste sie jedoch abrücken. Hier heißt es: „Die sachgrundlose Befristung werden wir abschaffen" (SPD Parteivorstand 2017: 12). Dieser Anspruch wird primär mit der Schaffung von Perspektiven für junge Menschen auf dem Arbeitsmarkt begründet, denen durch eine sachgrundlose Befristung die Planungssicherheit genommen werde. Die Union hingegen betont in ihrem Programm stark das Leistungsprinzip des Arbeitsmarktes und die aus ihrer Sicht bewährten bisherigen Regelungen. Mit dem Hinweis auf die von ihr in der letzten Regierungsperiode durchgesetzten „Neuregelung von Zeit-, Leiharbeit und Werkverträgen" (CDU Deutschlands/CSU-Landesleitung 2017: 13) sei die Lage der Arbeitnehmer bereits nachhaltig verbessert worden. Auch im Bayernplan ist keine Rede von der Abschaffung der sachgrundlosen Befristung. Zwar wird auch hier die Wichtigkeit der Schaffung von Perspektiven für junge Menschen auf dem Arbeitsmarkt betont und es wird darauf verwiesen, dass befristete Arbeitsverträge unbefristete keineswegs ersetzen dürften, jedoch wird auch hier der Fokus auf Leistung als Wirkungsmechanismus am Arbeitsmarkt gesetzt.

Im Koalitionsvertrag wird die sachgrundlose Befristung zwar nicht komplett abgeschafft, die Möglichkeiten der Befristung von Arbeitsverträgen für Arbeitgeber werden jedoch stark eingeschränkt: So dürfen Arbeitgeber mit mehr als 75 Beschäftigten lediglich 2,5% der Belegschaft sachgrundlos befristen, auch die Dauer der Befristung wird von 24 auf 18 Monate herabgesetzt. Des Weiteren sind sogenannte Kettenbefristungen, also die Abschließung mehrerer befristeter Arbeitsverträge nacheinander, ab einer Dauer des Arbeitsverhältnisses von fünf Jahren in Zukunft nicht mehr zulässig (mit Ausnahme spezieller Berufsgruppen, beispielsweise Fußballer). Als zusammenfassendes Fazit betont der Koalitionsvertrag, dass unbefristete Arbeitsverträge wieder zur Regel werden sollen. Somit konnte die SPD ihre ursprüngliche Forderung zwar nicht vollständig durchsetzen, erzielte jedoch ein zufriedenstellendes Ergebnis.

Zusammenfassend lässt sich festhalten, dass die Einigung bei den strittigen Themen maßgeblich auf dem Rücken der SPD ausgetragen wurde. So konnte sie im Themenbereich Pflege-und Gesundheit ihre Forderung nach einer paritätischen Bürgerversicherung nicht im Koalitionsvertrag unterbringen; und auch im Bereich der Asyl-und Zuwanderungspolitik konnte die SPD sich nicht durchsetzen. Hier finden sich in erster Linie Forderungen aus dem Bayernplan, wie die zahlenmäßige Begrenzung der Aufnahme Geflüchteter, sowie eine Festhaltung an der Aussetzung des Familiennachzugs im Koalitionsvertrag. Hinsichtlich der sachgrundlosen Befristung konnte die SPD jedoch einen Kompromiss erzielen.

Vergleicht man die erzielten Einigungen 2017 mit dem Ergebnis der Koalitionsverhandlungen 2013, so zeigt sich, dass die SPD deutlich weniger ihrer Forderungen im Koalitionsvertrag unterbringen konnte. So wurde 2013, vor allem im Hinblick auf die strittigen Punkte Mindestlohn, Staatsbürgerschaft und Rente zwar generell auf die Forderungen der SPD eingegangen, auch wenn teilweise Anpassungen im Sinne der Union vorgenommen wurden. Im Jahre 2017 konnte sich insbesondere bei den strittigen Punkten vor allem die Union durchsetzen. Ähnlich der Verhandlungen nach der Bundestagswahl 2013 konnte sich jedoch die kleinste der Koalitionsparteien, nämlich die CSU, in einem Punkt durchsetzen: Während dies 2013 die Einführung der Pkw-Maut betraf, finden sich 2017 mit der Umgestaltung der Asyl- und Zuwanderungspolitik restriktive Forderungen des Bayernplans im Koalitionsvertrags wieder.

7.5 Kabinett

In dem vierten von Angela Merkel gebildeten Kabinett befinden sich inklusive ihr als Bundeskanzlerin 16 Mitglieder. Die gleiche Anzahl hatte es bereits in der Vorgängerregierung gegeben. Die Verteilung der Ministerposten auf die unterschiedlichen Parteien war Teil der Koalitionsverhandlungen und stellt somit auch ein Abbild der Machtverhältnisse innerhalb der Regierung dar.

Gemäß der sogenannten Gamson-Regel, die nach einem US-amerikanischen Politikwissenschaftler benannt wurde, findet die Verteilung der Ministerposten in der Regel proportional zur Sitzverteilung innerhalb einer Koalition statt (Gamson 1961). Für die Große Koalition, die nach der Bundestagswahl 2017 gebildet wurde, ließe sich erwarten, dass 50,1 Prozent der Posten auf die CDU entfallen würden, 11,5 Prozent auf die CSU und 38,3 Prozent auf die SPD. Umgerechnet wären das bei 16 zu vergebenden Posten acht für die CDU, zwei für die CSU und sechs für die SPD. Sieht man sich die tatsächliche Verteilung an (siehe Tabelle 1), so lässt sich erkennen, dass die Gamson-Regel bei der aktuellen Bundesregierung nahezu erfüllt ist. Lediglich die CSU hat mit drei Bundesministerien im Vergleich zur CDU einen Posten mehr als es auf Grundlage der Gamson-Regel zu erwarten wäre.

Eine weitere Handlung der Regierungskoalition ist neben der Verteilung der Ministerposten auch die Festlegung der Struktur der Ministerien. So können die Aufgaben eines Ministeriums neu zugeschnitten, neue Ministerien geschaffen und bislang bestehende abgeschafft werden. Da sich die neue Koalition aus denselben Parteien wie die Vorgängerregierung zusammensetzt, blieb die bisherige Struktur der Ministerien weitestgehend erhalten. Lediglich dem Bundesministerium des Innern wurden nun die Ressorts Bau und Heimat neu zugeordnet und damit der Tätigkeitsbereich des Ministeriums erweitert. Dem bisherigen Ministerium für Umwelt, Naturschutz, Bau und Reaktorsicherheit wurde somit das Ressort Bau entzogen, so dass es in Ministerium für Umwelt, Naturschutz und nukleare Sicherheit umbenannt wurde.

Zudem lässt sich wie schon bei der Vorgängerregierung im Hinblick auf die Verteilung der Ministerien erkennen, dass Ministerien, die einem bestimmten Politikfeld angehören, auf unterschiedliche Parteien verteilt wurden. Dies ist beispielsweise bei der Wirtschaftspolitik (mit den Ministerien für Finanzen sowie Wirtschaft und Energie) und bei der Sozialpolitik (mit den Ministerien für Arbeit und Soziales, Gesundheit sowie Familie, Senioren, Frauen und Jugend) der Fall. Ein solches Verfahren ist ein Mechanismus zur gegenseitigen Kontrolle der Regierungspartner, da bei Gesetzesvorhaben in einem Politikbereich mehrere Ministerien und folglich auch die Parteien zusammenarbeiten müssen.

Umso bemerkenswerter ist es, dass die Ministerien der Finanzen und der Justiz beide den Sozialdemokraten zugeteilt wurden. Diesen Ministerien kommt eine besondere Bedeutung zu, da sie die einzigen Ministerien sind, die bei jedem Gesetzentwurf ein Vetorecht besitzen. Sie können die Entwürfe ablehnen, sofern Vorhaben nicht finanzierbar oder mit geltendem Recht unvereinbar sind. Aufgrund dieser hohen Bedeutung beider Ministerien wurde die SPD in Bezug auf die Ressortverteilung als Gewinnerin der Koalitionsverhandlungen wahrgenommen. In weiten Teilen der Union wurde hingegen Unmut über den Verlust des Finanzministeriums laut.

Tabelle 1: Verteilung der Bundesministerien

Partei	Bundeskanzlerin und Ministerien
CDU	– Bundeskanzlerin – Bundesministerium für Wirtschaft und Energie – Bundesministerium der Verteidigung – Bundesministerium für Ernährung und Landwirtschaft – Bundesministerium für Gesundheit – Bundesministerium für Bildung und Forschung – Chef des Bundeskanzleramts und Bundesminister für besondere Aufgaben
CSU	– Bundesministerium des Innern, für Bau und Heimat – Bundesministerium für Verkehr und digitale Infrastruktur – Bundesministerium für wirtschaftliche Zusammenarbeit und Entwicklung
SPD	– Bundesministerium der Finanzen – Auswärtiges Amt – Bundesministerium der Justiz und für Verbraucherschutz – Bundesministerium für Arbeit und Soziales – Bundesministerium für Familie, Senioren, Frauen und Jugend – Bundesministerium für Umwelt, Naturschutz, und nukleare Sicherheit

7.6 Fazit

Zog sich die Regierungsbildung bereits 2013 überdurchschnittlich lange hin, so lässt sich festhalten, dass der Regierungsbildungsprozess noch nie mit solchen Anstrengungen verbunden war wie nach der Bundestagswahl 2017. Dies hängt unter anderem mit der steigenden Anzahl der im Bundestag vertretenen Parteien zusammen. Mit dem Wiedereinzug der FDP und dem Neueinzug der AfD sind nun sechs verschiedene Fraktionen im Bundestag vertreten, was eine Koalitionsbildung innerhalb der bisherigen Lager erschwerte. Machte die Linke dem rot-grünen Lager schon länger Konkurrenz, sehen sich nun auch die bürgerlichen Parteien Union und FPD durch das Erstarken der AfD einem verschärften Wettbewerb um Wählerstimmen ausgesetzt. Bleibt es bei einem Sechsparteien-System, wird die Bildung lagerübergreifender Koalitionen wahrscheinlicher, um somit die notwendige parlamentarische Mehrheit für eine stabile Regierung beschaffen zu können (Decker 2017).

In der Bundesrepublik ist man dieser Herausforderung bisher stets mit der Bildung einer Großen Koalition begegnet. Dass ein solches Bündnis jedoch keine dauerhafte Lösung, sondern eher eine „Zweckehe" ist, macht bereits die langatmige Regierungsbildung nach der Bundestagswahl 2017 deutlich. Nach den gescheiterten Jamaika-Sondierungen war eine Große Koalition die einzig verbleibende Möglichkeit für die Union, eine mehrheitsfähige Regierung zustande zu bringen. Und wie die parteiinternen Diskussionen und das Mitgliedervotum zeigen, war auf Seiten der SPD-Parteiführung viel Überzeugungsarbeit nötig, um die Funktionäre und die Parteibasis zu einer erneuten Großen Koalition zu bewegen. Ob dies in Zukunft noch einmal gelingen kann, wird neben dem Wahlergebnis auch davon abhängen, wie viele der eigenen Positionen die SPD in der jetzigen Regierung durchsetzen kann.

Da die neue Regierung erst Mitte März ihr Amt aufnahm, ist es zu diesem Zeitpunkt noch zu früh für eine erste Regierungsbilanz. Dass die Koalitionspartner jedoch darauf bedacht sind, sich trotz des gemeinsamen Bündnisses eigene Positionen zu bewahren, macht bereits der Koalitionsvertrag deutlich. Dort heißt es, die neue Koalition strebe einen politischen Stil an, der „die öffentliche Debatte belebt, Unterschiede sichtbar lässt und damit die Demokratie stärkt" (CDU Deutschlands/CSU-Landesleitung/SPD 2017: 5). Auch der Auftakt der Regierungsarbeit war von Meinungsverschiedenheiten zwischen der Union und der SPD geprägt. Aussagen wie die des neuen Gesundheitsministers Jens Spahn (CDU), der Bezug von Arbeitslosengeld II bedeute keine Armut oder von Horst Seehofer (CSU), der Islam gehöre nicht zu Deutschland, zeigen das Bestreben mancher Unionspolitiker, Alleinstellungsmerkmale der konservativen Parteien nach außen zu kommunizieren.

Eine erste Regierungskrise zeigte sich schon Ende Juni/Anfang Juli 2018. Dabei kam es jedoch nicht zu einem Streit zwischen Union und der

SPD, sondern vielmehr zu einem Zerwürfnis zwischen den Schwesterparteien CDU und CSU, in dessen Rahmen Horst Seehofer (Innenminister) zeitweilig sogar mit seinem Rücktritt drohte und auch über das Ende des Bündnisses zwischen CDU und CSU spekuliert wurde. Der Streit entbrannte an der Flüchtlingsfrage und einem angedrohten Alleingang Seehofers, Flüchtlinge an der deutschen Grenze zurückzuweisen, wenn sie bereits in einem anderen EU-Land registriert sind. Unabhängig von der Problematik, dass andere EU-Länder (besonders betroffen wäre Italien und damit auch Österreich), schnell klar machten, dass sie nicht bereit sind, Flüchtlinge „zurückzunehmen", konnte sich auch die CDU für diesen nationalen Alleingang nicht erwärmen. Vielmehr strebte Merkel eine europäische Lösung an. Nach den Krisenwochen konnte schließlich Anfang Juli 2018 eine Einigung zwischen den Schwesterparteien erzielt werden. Die CSU konnte Transitzentren an der Grenze zu Österreich durchsetzen, aus denen Flüchtlinge, für die rechtlich ein anderes Land zuständig ist, schnell in dieses zurückgebracht werden können. Ein Hauptanliegen der CDU war eine europäische Lösung zu finden und die Zurückweisung von Flüchtlingen nicht zulasten Dritter oder unilateral stattfinden zu lassen. Entsprechend sollen Rücknahmeabkommen mit möglichst vielen Staaten geschlossen werden. Es ist allerdings fraglich in wie weit insbesondere Italien oder Österreich zu solchen Abkommen bereit sind. Diese darf nun Innenminister Seehofer verhandeln. Daneben besteht die Große Koalition nicht nur aus CDU und CSU, auch die SPD muss die Politik mittragen. Zwar ist man dort durchaus erleichtert, dass ein Kompromiss gefunden wurde, ob sich die SPD mit diesem aber anfreunden kann, ist noch nicht geklärt. Insbesondere die Transitzentren werden von vielen in der SPD abgelehnt.

Unabhängig vom Ausgang dieses aktuellen Streits, stellt sich die Frage, wie gut die drei Parteien in den nächsten Monaten und eventuell Jahren zusammenarbeiten werden. Generell wurde der Großen Koalition ein holpriger Auftakt bescheinigt. Rund einen Monat nach der offiziellen Amtsübergabe fanden lediglich 17 Prozent, die neue Bundesregierung sei gut gestartet, 77 Prozent verneinten dies (Forschungsgruppe Wahlen 2018a). Und auch der Koalitionsstreit hat dieser nicht gut getan. Während Anfang Juni noch 64 Prozent der Deutschen mit der Arbeit der Großen Koalition zufrieden waren, sind es Ende Juni nur noch 44 Prozent. Dagegen konnte die Opposition in den Umfragen zulegen (Forschungsgruppe Wahlen 2018b).

Literatur

Bäck, Hanna/Marc Debus/Heike Klüver 2016: Bicameralism, Intra-party Bargaining, and the Formation of Party Policy Positions: Evidence from the German Federal System, in: Party Politics 22, 3: 405-417.

Bardt, Hubertus/Beznoska, Martin/Engles, Barbara/Geis, Wido/Henger, Ralph/Hentze, Tobias/Klös, Hans-Peter/Kocjskämper, Susanna/Matthes, Jürgen/Pimpertz, Jochen/Plünnecke, Axel/Puls, Thomas/Röhl, Klaus-Heiner/Rusche, Christian/Schäfer, Holger/Schneider, Helena/Stettes, Oliver/Tischler, Benjamin/Voigtländer, Michael 2017: „Jamaika": Analyse und Bewertung der programmatischen Schnittmengen der möglichen neuen Bundesregierung, in: IW policy paper, No. 20/1017. [http://hdl.handle.net/10419/171343] <3.4.2018>.

Blumenberg, Manuela S./Förster, André 2014: Die Regierungsbildung, in: Schmitt-Beck, Rüdiger/Rattinger, Hans/Roßteutscher, Sigrid/Weßels, Bernhard/Wolf, Christof/Bieber, Ina/Blumenberg Manuela S./Blumenstiel, Jan E./Faas, Thorsten/Förster, André/Giebler, Heiko/Glogger, Isabella/Gummer, Tobias/Huber, Sascha/Krewel, Mona/Lamers, Patrick/Maier, Jürgen/Partheymüller, Julia/Plischke, Thomas/Roßmann, Joss/Schäfer, Anne/Scherer, Philipp /Steinbrecher, Markus/Wagner, Aiko/Wiegand, Elena, Hg., Zwischen Fragmentierung und Konzentration: Die Bundestagswahl 2013, Baden-Baden: Nomos, 341-354.

CDU Deutschlands/CSU-Landesleitung 2017: Für ein Deutschland, in dem wir gut und gerne leben: Regierungsprogramm 2017-2021.[https://www.cdu.de/system/tdf/media/dokumente/170703regierungsprogramm2017.pdf?file=1&type=field_collection_item&id=9932] <5.7.2018>.

CDU Deutschlands/CSU-Landesleitung/SPD 2017: Ein neuer Aufbruch für Europa: Eine neue Dynamik für Deutschland: Ein neuer Zusammenhalt für unser Land: Koalitionsvertrag zwischen CDU, CSU und SPD [https://www.bundesregierung.de/Content/DE/_Anlagen/2018/03/2018-03-14-koalitionsvertrag.pdf] <6.5.2018>.

CSU-Landesleitung 2017: Der Bayernplan: Klar für unser Land. [https://www.csu.de/common/download/Beschluss_Bayernplan.pdf] <5.7.2018>.

Decker, Frank 2017: Aktuelle Entwicklungen in der Parteienlandschaft, in: Bürger & Staat 67, 98-106.

Forschungsgruppe Wahlen 2017a: Politbarometer-Extra zum Scheitern von Jamaika. [http://www.forschungsgruppe.de/Umfragen/Politbarometer/Archiv/Politbarometer-Extra/PB-Extra_Scheitern_von_Jamaika/] <3.4.2018>.

Forschungsgruppe Wahlen 2017b: Politbarometer Oktober I. [http://www.forschungsgruppe.de/Umfragen/Politbarometer/Archiv/Politbarometer_2017/Oktober_I_2017/] <29.4.2018>.

Forschungsgruppe Wahlen 2018a: Politbarometer April I. [http://www.forschungsgruppe.de/Umfragen/Politbarometer/Archiv/Politbarometer_2018/April_I_2018/] <5.5.2018>.

Forschungsgruppe Wahlen 2018b: Politbarometer Juni II.

[http://www.forschungsgruppe.de/Aktuelles/Politbarometer/] <4.7.2018>.

Gamson, William A. 1961: A Theory of Coalition Formation, in: American Sociological Review 26, 373-382.

Kropp, Sabine/Sturm, Roland 1998: Koalitionen und Koalitionsvereinbarungen, Wiesbaden: Springer VS.

Salandi, Julian 2017: Organisationsstruktur und innerparteiliche Willensbildung, in: Korte, Kai-Rudolf, Hg., Die SPD: Anamnese einer Partei, Baden-Baden: Nomos, 64-137.

Schüttemeyer, Suzanne S. 2001: Koalition/Koalitionsbildung, in: Nohlen, Dieter, Hg., Kleines Lexikon der Politik, München: C.H. Beck, 234-235.

SPD Parteivorstand 2017: Zeit für mehr Gerechtigkeit: Unser Regierungsprogramm für Deutschland. [https://www.spd.de/fileadmin/Dokumente/Regierungsprogramm/SPD_Regierungsprogramm_BTW_2017_A5_RZ_WEB.pdf] <5.7.2018>.

8. Fazit und Ausblick

Sigrid Roßteutscher, Rüdiger Schmitt-Beck, Harald Schoen, Bernhard Weßels und Christof Wolf

Das Ergebnis der Bundestagswahl war wenig überraschend – auch wenn die Verluste der Unionsparteien deutlich stärker ausfielen als vorhergesagt. Dass Angela Merkel die nächste Kanzlerin sein würde, zeichnete sich nach dem Kollaps des Martin Schulz-Hypes im Frühsommer 2017 ab und stand nach den für die SPD verlorenen Wahlen in Nordrhein-Westfalen so gut wie fest. Auch die Wahlberechtigten erwarteten keine große Überraschung: über 60 Prozent glaubten, dass es zu einer Neuauflage der Großen Koalition kommen würde. Bei vielen, auch vielen SPD-Wählern, galt dies sogar als die Wunschkoalition (siehe Kapitel 6.11). So spitzte sich der Wahlkampf in den letzten Wochen vor der Wahl auf die Frage zu, welche der kleinen Parteien als drittgrößte Fraktion in den Bundestag einziehen würde. Alle vier – AfD, FDP, die Linke und die Grünen – lagen in den Prognosen stabil über der 5-Prozent-Marke und sehr eng beieinander (siehe Kapitel 2). Also nur Langeweile und Altbekanntes? Ganz im Gegenteil, das Wahlergebnis kann auch als Zäsur im deutschen Parteiensystem betrachtet werden. Die ehemals stolzen Volksparteien sind so klein wie nie zuvor. Zudem gelang erstmalig einer rechtspopulistischen Partei der Einzug in den Bundestag – und dies mit einem deutlich zweistelligen Ergebnis. Bisherige Erfolge von Rechtsparteien wie NPD, Republikanern oder DVU verpufften nach Achtungserfolgen bei Landtagswahlen recht schnell. Bei Bundestagswahlen waren sie bisher immer klar gescheitert. Der durch die Wahlerfolge der AfD bei vorangegangenen Landtagswahlen angetriebenen Polarisierung des Parteiensystems ist schließlich erstmals seit langem ein signifikanter Anstieg der Wahlbeteiligung bei einer Bundestagswahl zu verdanken (siehe Kapitel 5.1). Diesen Ausrufezeichen zum Trotz, kam es dann hinsichtlich Regierungsbildung zu einem eher wenig überraschenden Ergebnis: Da nach dem Ausscheiden der FDP die Sondierungsgespräche zu einer Jamaika-Koalition (schwarz-gelb-grün) gescheitert waren, kam es nach langen Verhandlungen schlussendlich zu der von dem meisten Wahlberechtigten erwarteten Wiederauflage der Großen Koalition. Daher haben wir für diesen Band das Begriffspaar Polarisierung und Beharrung als Titel gewählt.

Im aktuellen Bundestag sind sechs Fraktionen und sieben Parteien (rechnet man CDU und CSU getrennt) vertreten. Auch das ist ein Rekord seit Einführung der Sperrklausel im Jahr 1953. Da keine Einigung erzielt werden konnte, wie die Ausgleichsmandate, die aufgrund der Wahlrechtsreform zwingend notwendig wurden, einzuschränken seien, war eine Aufblähung des aktuellen Bundestags nicht zu vermeiden: Statt der 598 gesetzlich vorgesehenen Vertreter, sitzen nun 709 Abgeordnete im 19. Bundestag. Auch hinsichtlich der Qualität des Parteienwettbewerbs ist der Ausgang der Bundestagswahl 2017 mehr als außergewöhnlich. Nie zuvor waren die „Großen" so klein. Nur 53,5 Prozent der Wählerstimmen konnten CDU/CSU und SPD auf sich vereinigen. Dies reichte zwar für eine knappe absolute Mehrheit, kann aber kaum als eine Große Koalition im traditionellen Sinne bezeichnet werden. Die Volatilität des Wählerverhaltens hat zudem einen neuen Höhepunkt erreicht. Nie zuvor waren Schwankungen von einer Wahl zur nächsten so groß wie zwischen 2013 und 2017, nachdem bereits die beiden Wahlen zuvor von außergewöhnlich hoher Volatilität gekennzeichnet waren (siehe Kapitel 4). Nicht nur die Wiederauflage der Großen Koalition kann als Beharrung der alten Kräfte gedeutet werden. Auch unsere Analysen zur Wahrnehmung des Wahlkampfes und der Wählermotivationen kennzeichnen – trotz aller Volatilität – eine gewisse Beharrlichkeit oder Kontinuität im Vergleich zu den Wahlen 2009 und 2013.

8.1 Der Wahlkampf

So gab es auch im Wahlkampf 2017 keine Rückkehr zu den konfliktreichen und spannungsgeladenen Auseinandersetzungen früherer Jahrzehnte. Vielmehr war dieser Wahlkampf in weiten Teilen durch die politische Gedämpftheit gekennzeichnet, die schon 2009 und 2013 bei Beobachtern das Wort „Langeweile" als Charakterisierung hervorrief. Konkrete Koalitionsaussagen wurden allgemein vermieden. Es zeigten sich in diesem Wahlkampf allerdings auch deutliche Anzeichen wachsender parteipolitischer Polarisierung. Die rechtspopulistische AfD mobilisierte gegen die etablierten Parteien und insbesondere gegen Kanzlerin Angela Merkel und ihre Flüchtlingspolitik (siehe Kapitel 3.1). Zu beobachten war daher eine etwas größere Personalisierung und auch eine stärkere Einbindung negativer Kampagnenmittel, also einer Kampagnenstrategie, die auf Profilierung durch Angriff auf andere Parteien statt Hervorhebung eigener Stärken setzt (siehe Kapitel 3.2). Zugleich dominierten noch immer traditionelle

Nachrichtenanbieter wie das Fernsehen und die Tagespresse das Informationsverhalten der Bürger. Gleichwohl stellten Online-Medien ebenfalls eine vielfach genutzte Informationsquelle dar. Sie wurden zwar nach wie vor von vergleichsweise wenigen Wählern genutzt, aber ihre Bedeutung ist gegenüber der Bundestagswahl 2013 deutlich gewachsen. Dennoch kann in keiner Weise davon gesprochen werden, dass Online-Dienste oder soziale Medien den Wahlkampf dominiert hätten (siehe Kapitel 3.3).

Der Bundestagswahlkampf 2017 traf anfänglich – vergleichbar mit den Wahlkämpfen 2009 und 2013 – auf nur wenig Resonanz bei den Bürgern. Erst vier Wochen vor der Wahl, als die Parteien ihre Kampagnen mit Wahlwerbespots und Haustürwahlkampf intensivierten, und die Massenmedien ihr politisches Informationsangebot ausweiteten, zeigten sich deutlichere Dynamiken. Wie auch schon in vorangegangenen Wahljahren entfaltete der Endspurt des Bundestagswahlkampfes 2017 eine mobilisierende Wirkung, die sich in der deutlichen Verringerung der Unentschlossenheit der Wähler hinsichtlich ihrer Erst- und Zweitstimmen zeigte (siehe Kapitel 3.4). Aber nahmen Wähler überhaupt die Stimmen aller Parteien wahr? Filter Bubbles sind derzeit ein großes Thema. Da jüngere Forschungsergebnisse zeigen, dass Filter Bubbles online weniger verbreitet sind als zunächst erwartet, rücken zunehmend die persönlichen Kommunikationsnetzwerke der Wähler in den Fokus. Wenn während des Wahlkampfs das Gespräch auf Politik kam, dann meistens im engeren sozialen Kreis, also mit dem Ehepartner oder mit Freunden. Dabei sprachen Wähler auffällig häufig mit Gleichgesinnten. Die Neigung zu gleichgesinnten Gesprächsnetzwerken betraf Wähler aller Parteien, war jedoch bei Anhängern der AfD besonders stark ausgeprägt. An zweiter Stelle folgten die Anhänger der Grünen – allerdings mit deutlichem Abstand (siehe Kapitel 3.5).

Konnte der Wahlkampf daher wirklich Wähler davon überzeugen, zu einer anderen Partei zu wechseln? Rund ein Drittel des Elektorats machten stabile Parteiwähler aus – Wähler die sich bereits mindestens ein Jahr vor der Wahl auf eine Partei festgelegt hatten und diese Wahlabsicht im Laufe des Wahlkampfes nicht verändert haben. Erstaunlich ist, dass überdurchschnittlich viele AfD-Wähler sich bereits ein Jahr vor der Stimmabgabe auf die AfD festgelegt hatten, während dies nur auf unterdurchschnittlich viele FDP-, Grünen- und Linken-Wähler zutraf (siehe Kapitel 3.6). Damit konnte die AfD unabhängig vom Wahlkampf auf ein entschlossenes Wählerreservoir setzen, während ihre Konkurrenten um Platz 3 (nach

CDU/CSU und SPD) sehr viel stärker darauf angewiesen waren, potentielle Wähler zu halten und im Wahlkampf neue Wähler zu gewinnen.

2009 hatte die Wahlbeteiligung einen Tiefpunkt erreicht und diese verharrte auch 2013 auf einem signifikant niedrigen Niveau. Aufgrund der Polarisierung stieg bei der Bundestagswahl 2017 die Beteiligung dagegen wieder deutlich an. Von den mobilisierten Nichtwählern wählten 73 Prozent eine etablierte Partei und 20 Prozent die AfD, sodass letztere nicht als einzige Gewinnerin der gestiegenen Wahlbeteiligung gelten kann. Gleichwohl schnitt die AfD bei den vormaligen Nichtwählern deutlich besser ab als bei Gewohnheitswählern. Trotz der gestiegenen Wahlbeteiligung blieb der Nichtwähleranteil weiterhin größer als bei jeder Bundestagswahl vor 2009. Besorgniserregend ist, dass die Wahlbeteiligung gerade unter jungen Menschen mit geringer Bildungsqualifikation nicht länger eine Selbstverständlichkeit darstellt, während die Wahlbeteiligung junger Menschen mit höherer Bildung weiterhin unverändert hoch ist (siehe Kapitel 5.1).

8.2. Motive der Parteiwahl

Allianzen zwischen bestimmten sozialstrukturellen Gruppen und politischen Parteien haben die Wahlausgänge in der Bundesrepublik über Jahrzehnte geprägt (siehe Kapitel 6.2). Zwar waren bei der Bundestagswahl 2017 solche sozialstrukturellen Effekte auf das Wahlverhalten sehr viel schwächer als noch in den 1970er und 1980er Jahren, dennoch fanden sich auch dieses Mal noch klare Befunde für die Bedeutung von Sozialstruktur für das Wahlverhalten. Für die Unionsparteien lassen sich immer noch konfessionell-religiöse Faktoren als stabile und starke Determinanten ausmachen. Es handelt sich hier – auch vor dem Hintergrund früherer Ergebnisse – um das wohl am stärksten und am dauerhaftesten das Wahlverhalten prägende Faktorenbündel. An zweiter Stelle sind insbesondere die Effekte gewerkschaftlich organisierter Arbeitnehmerschaft auf das Wahlverhalten zugunsten der SPD zu nennen. Allerdings schreitet der soziale Wandel fort. Soziale Gruppen mit relativ stabilen Bindungen an politische Parteien, wie z.B. die katholischen Kirchgänger oder gewerkschaftlich organisierte Arbeiter, werden weiter schrumpfen. Selbst wenn die daraus folgende überproportionale Stimmabgabe zugunsten der entsprechenden Parteien Bestand haben sollte, können weder CDU/CSU noch SPD auf tradierte Kernwählerschaften setzen, um Wahlen zu gewinnen. Zudem kann anders als bei der Abkehr von den Parteien durch Nichtwahl (siehe Kapitel 5.1) für die Abwendung von den etablierten Parteien (CDU/CSU,

SPD, FDP, Die Linke, die Grünen) und der Zuwendung zur AfD keine spezifische soziodemographische Erklärung angeboten werden. Noch ist das sozialstrukturelle Profil der AfD-Wählerschaft zu diffus (siehe Kapitel 6.2).

Obwohl der Umfang von Parteibindungen in Deutschland in den letzten Jahrzehnten nachgelassen hat, lag er noch immer auf hohem Niveau. So gaben auch bei der Bundestagswahl 2017 etwa drei von vier Wählern an, sich mit einer politischen Partei verbunden zu fühlen. In Bezug auf den Umfang der Bindungen hatten die Unionsparteien wie auch schon 2009 und 2013 einen deutlichen Vorsprung gegenüber der SPD. Die AfD konnte die Zahl ihrer Anhänger ausweiten und die FDP sich nach dem Absturz 2013 wieder etwas erholen. Trotz dieser Unterschiede im Hinblick auf die Zahl der Parteianhänger war die Stärke der Bindungen bei allen Parteien sehr ähnlich. Die Verbundenheit mit einer der Parteien übersetzte sich durchgehend auch in ein entsprechendes Wahlverhalten. Bei der SPD, den Grünen und auch bei der Linkspartei war dieser Einfluss etwas geringer als bei CDU/CSU und FDP. Bemerkenswert war die große Bedeutung der Parteiidentifikation für die AfD. Damit konnte die noch sehr junge Partei bereits auf einen überraschend großen Anteil einer loyalen Wählerschaft vertrauen (siehe Kapitel 6.3).

Die deutsche Bevölkerung ist – entgegen mancher Spekulation – nicht nach rechts gerückt. So verorteten sich die meisten Personen noch immer in der ideologischen Mitte und auf den Mitte-Links-Positionen. Enorme Veränderungen ereigneten sich hingegen bei den wahrgenommenen Parteipositionen. Während die wahrgenommenen Parteipositionen bei der Bundestagwahl 2013 sich kaum von 2009 unterschieden und sich die AfD aus Sicht der Bürger in das bürgerliche Lager einreihte, zeigen die Ergebnisse für 2017 ein deutliches Ausscheren der AfD nach Rechtsaußen und eine Verschiebung von FDP und Unionsparteien in die Mitte des ideologischen Spektrums (siehe Kapitel 6.4). Der Erfolg der AfD beruhte somit eindeutig nicht auf einer zunehmend rechten Positionierung der Wählerschaft, sondern eher auf der Tatsache, dass für Wähler, die sich rechts im ideologischen Spektrum verorteten, ein attraktives Angebot vorlag. Die Bundestagswahl 2017 war von der Frage der Migration überschattet, die im Wahlkampf als das mit Abstand dringendste Problem betrachtet wurde. Allerdings haben sich auch hier die Positionen der Bürger kaum verschoben, d.h. die Wahlberechtigten waren 2017 insgesamt nicht migrationskritischer als 2013 oder 2009 (siehe Kapitel 6.5). Wie im Fall politischer Ideologie war es der AfD gelungen, Menschen zu mobilisieren, die

Flüchtlingen und Einwanderung besonders skeptisch gegenüberstanden. Wirtschaftliche Fragen waren hingegen weniger bedeutend. Die Wahlberechtigten empfanden ihre persönliche und insbesondere die allgemeine Wirtschaftslage in Deutschland im Jahre 2017 als vergleichsweise gut, was sich mit der tatsächlichen wirtschaftlichen Entwicklung in den letzten Jahren deckte. Der Rückblick auf die Jahre 2009 und 2013 zeigt, dass sich die Einschätzungen der Wirtschaftslage über die drei vergangenen Bundestagswahlen deutlich verbessert haben (siehe Kapitel 6.7). Aufgrund der Dominanz des Migrationsthemas konnte die ehemalige Große Koalition allerdings nur wenig von den guten ökonomischen Kennziffern zehren. Wenn Wähler ökonomische Motive zu Grund legten, profitierten ausschließlich die Unionsparteien CDU und CSU, aber nicht die SPD. Dies bedeutet allerdings nicht, dass alle Bürger an ein Anhalten des wirtschaftlichen Booms glaubten. Wähler, die eine eher negative Sicht auf die zukünftige Wirtschaftsentwicklung hatten, gaben mit einer höheren Wahrscheinlichkeit der AfD ihre Stimme. Diese Partei konnte, wie bereits bei der Bundestagswahl 2013, Unsicherheiten der Wähler hinsichtlich der allgemeinen wirtschaftlichen Entwicklung Deutschlands in Wählerstimmen umsetzen. Die SPD konnte dagegen auch schon bei vorherigen Wahlen keinen Nutzen aus wirtschaftlichen Wahrnehmungen der Wähler ziehen. Dennoch ist es bemerkenswert, dass die Sozialdemokraten als Regierungspartei angesichts der boomenden Wirtschaft und niedrigen Arbeitslosenzahlen nicht bei den Wählern punkten konnten. Wie auch bei den vorherigen Großen Koalitionen konnte die SPD generell nicht von Bürgern profitieren, die mit der Leistung der Regierung zufrieden waren. Auch hier profitierte allein die Union (siehe Kapitel 6.8).

Wie schon bei den Bundestagswahlen 2009 und 2013 spielten Kandidateneffekte auch 2017 eine bedeutende, wenn auch im Vergleich zu den zurückliegenden Jahren geringere Rolle für die Erklärung des Wahlverhaltens. Die amtierende Bundeskanzlerin Angela Merkel profitierte auch diesmal von ihrem Amtsbonus, während ihr Herausforderer Martin Schulz von der SPD in allen Belangen unterlegen war. Er wurde nicht nur als einziger Spitzenkandidat aller Parteien negativer bewertet als die eigene Partei, sondern vermochte auch nicht die Wahlwahrscheinlichkeit der SPD entscheidend zu steigern. Zudem wurde Merkel auch auf allen Imagedimensionen besser eingeschätzt als Schulz (siehe Kapitel 6.6).

Ein letztes Wort zur Rolle des Populismus. Tatsächlich waren Personen mit extremerer Selbsteinschätzung auf der Links-Rechts-Skala stärker populistisch eingestellt als Personen aus der politischen Mitte. Dies gilt im

Besonderen für Personen mit einem sehr rechten Selbstbild, die nochmals populistischere Orientierungen aufwiesen als Personen mit sehr linkem Selbstbild. Dementsprechend waren unter der Wählerschaft der AfD populistische Einstellungen deutlich stärker vertreten als unter den Wählern aller anderen Parteien. In den Wahlentscheidungsmodellen zeigte sich, dass populistische Einstellungen die Wahrscheinlichkeit der Stimmabgabe für die AfD deutlich und für die Linke leicht erhöhten, für die Union und die Grünen dagegen verringerten (siehe Kapitel 6.9). Aufgrund unserer empirischen Ergebnisse, die den Einfluss langfristiger Parteibindungen, sozialstruktureller Bindungen, der Bedeutung aktueller Probleme oder der Regierungsleistung nachweisen, kann allerdings kaum davon gesprochen werden, dass der „Populismus" die Bundestagswahl 2017 entschieden hätte.

8.3. Ausblick

Im Koalitionsvertrag heißt es, die neue Koalition strebe einen politischen Stil an, der „die öffentliche Debatte belebt, Unterschiede sichtbar lässt und damit die Demokratie stärkt" (CDU Deutschlands/CSU_Landesleitung/SPD 2017: 5). Dies ist der neuen Regierung – vermutlich gegen ihren Willen – besser gelungen als zu erwarten war. Eine erste Regierungskrise zeigte sich schon Ende Juni/Anfang Juli 2018. Dabei kam es jedoch nicht zu einem Streit zwischen Union und der SPD, sondern vielmehr zu einem Zerwürfnis zwischen den Schwesterparteien CDU und CSU, in dessen Rahmen Horst Seehofer (Innenminister) zeitweilig sogar mit seinem Rücktritt drohte und auch über das Ende des Bündnisses zwischen CDU und CSU spekuliert wurde. Der Streit entbrannte an der Flüchtlingsfrage und einem angedrohten Alleingang Seehofers, Flüchtlinge an der deutschen Grenze zurückzuweisen, wenn sie bereits in einem anderen EU-Land registriert sind. Unabhängig von der Problematik, dass andere EU-Länder (besonders betroffen wären Italien und Österreich) schnell klar machten, dass sie nicht bereit sind, Flüchtlinge „zurückzunehmen", konnte sich auch die CDU für diesen nationalen Alleingang nicht erwärmen. Vielmehr strebte Merkel eine europäische Lösung an (siehe Kapitel 7). Das Migrationsthema schwebt derzeit wie ein Damoklesschwert über der Großen Koalition und vor allem den Schwesterparteien der Union – „die Mutter aller Probleme" wie CSU-Innenminister Horst Seehofer in einem Interview Anfang September 2018 formulierte. Dies wurde von vielen in der CDU bis hin zu links-grünen Kreisen als eine gezielte Kritik an Kanzlerin

Angela Merkel („Mutti“) interpretiert. Dieses Zitat entstand im Kontext des Konflikts um den Präsidenten des Bundesverfassungsschutzes Hans-Georg Maaßen im Zusammenhang mit den Vorfällen in Chemnitz Anfang September 2018, die sich nach dem Tod eines Deutsch-Kubaners in Folge einer gewalttätigen Auseinandersetzung mit Flüchtlingen ereigneten. Maaßen formulierte gezielt oder aber auch unglücklich, dass Bilder vermutlicher rechtsradikaler „Hetzjagden“ auf Ausländer von linken Aktivisten „gefälscht“ sein könnten. Seehofer und die CSU stellten sich demonstrativ vor Maaßen und damit nicht nur gegen die SPD, die lautstark Maaßens Entlassung forderte, sondern auch die Kanzlerin und viele in der CDU. Ob dieser Koalitions- und Schwesternstreit nach dem schwachen Ergebnis der CSU bei der Landtagswahl in Bayern am 14. Oktober 2018 enden wird, ist eine offene Frage. Kann die regierende Koalition demnächst in ruhigeres Fahrwasser geraten? Immerhin stehen im Mai 2019 Wahlen zum Europäischen Parlament an. Hier fordert der französische Präsident Emmanuel Macron eine Allianz der pro-europäischen Kräfte – ein Appell, der sich nicht zuletzt an die Mitglieder der Europäischen Volkspartei (EVP) richtet, in der nicht nur CDU und CSU, sondern auch die Partei des ungarischen Ministerpräsidenten Victor Orban organisiert sind. Gegen Ungarn hat aber das Europäische Parlament Mitte September mit einer Zwei-Drittel-Mehrheit für die Einleitung eines Artikel-7 Verfahrens (zur Überprüfung der Rechtstaatlichkeit) gestimmt. Die CDU-Abgeordneten stimmten dem Antrag mit großer Mehrheit zu, die CSU-Abgeordneten mit Ausnahme des EVP-Fraktionschefs, Manfred Weber, lehnten ihn ab.

Konfliktpotentiale zwischen den Koalitionsparteien und vor allem den Schwesterparteien der Union werden sich daher in naher Zukunft wohl nicht in Luft auflösen. Es ist zu erwarten, dass die Koalition auch in Zukunft ihre selbst gesteckten Ziele erreicht und sie „die öffentliche Debatte stärkt“ und „Unterschiede sichtbar lässt“. Wie diese andauernde Inszenierung von Unterschieden bei den Wahlberechtigten ankommt, ist eine andere Frage. Aber auch die AfD, die bisher die „etablierten“ Parteien verunsichern konnte und zur Polarisierung der Gesellschaft beigetragen hat, steht vor einem Scheideweg: Will sie tatsächlich, wie ihr Vorsitzender Alexander Gauland in einem Interview mit der Frankfurter Allgemeinen Zeitung im September 2018 äußerte, mit einer „friedlichen Revolution“ das System beseitigen oder aber gelingt ihr die Transformation zu einer „normalen“ demokratischen Rechtspartei ohne Berührungspunkte zu rechtsradikalen, rassistischen oder anti-semitischen Gruppierungen? Die gemeinsamen Auftritte von AfD-Funktionären und Mandatsträgern mit Rechtsradikalen bei den Septemberdemonstrationen in Chemnitz und Köthen sprechen derzeit eher für eine weitere Radikalisierung der Partei. Diesbezüglich bleibt die spannende Frage, wie AfD-Protestwähler, die ihrer eigentlich bevorzugten Partei einen Denkzettel verpassen wollten, auf diese Entwicklung reagieren.

9. Anhänge

Jan Eric Blumenstiel, Sascha Huber, Lilith Heiber und Philipp Scherer

Anmerkung: Der überwiegende Teil der Anhänge stellt eine aktualisierte Version der entsprechenden Textpassagen aus den beiden Vorgängerbänden zu den Bundestagswahlen 2009 (Rattinger et al. 2011) und 2013 (Schmitt-Beck et al. 2014) dar.

Anhang 1: Wahlverfahren

Bei der Wahl des Deutschen Bundestages sind Personen wahlberechtigt, welche die deutsche Staatsangehörigkeit besitzen und das 18. Lebensjahr vollendet haben. Jeder Wähler verfügt über zwei Stimmen. Die Erststimme wird für einen Direktkandidaten im Wahlkreis abgegeben. In jedem der 299 Wahlkreise der Bundesrepublik wird ein Direktmandat nach der einfachen Mehrheit der Erststimmen vergeben. Mit der Zweitstimme kann der Wähler für die Landesliste einer Partei stimmen. Die Zweistimmen sind letztlich ausschlaggebend für die Sitzverteilung der einzelnen Parteien im deutschen Bundestag.

Zur Bundestagswahl 2013 wurde das Bundestagswahlrecht grundlegend reformiert. Kritiker des bis dahin geltenden Wahlrechts bemängelten vor allem zwei Phänomene: Überhangmandate und das sogenannte negative Stimmengewicht. Überhangmandate entstanden im alten Wahlrecht immer dann, wenn eine Partei in einem Bundesland mehr Direktmandate gewann, als ihrer Landesliste auf Grundlage der Zweitstimmen eigentlich zustanden, denn diese Direktmandate wurden den betreffenden Parteien zusätzlich zugesprochen. Dadurch hätte es passieren können, dass eine Partei oder eine Koalition keine Mehrheit der eigentlich maßgeblichen Zweitstimmen erzielt aber durch die Überhangmandate eine Mehrheit der Sitze erreicht. Ein noch gravierenderes Problem war, dass es in Verbindung mit den Überhangmandaten zu der paradoxen Situation kommen konnte, dass eine Partei durch zusätzliche Stimmen einen Sitz verliert („negatives Stimmengewicht"). Dies wurde besonders bei der Bundestagswahl 2005 zum Politikum, als in Dresden aufgrund des Todes einer Direktkandidatin eine Nachwahl stattfinden musste. Den Wählern war damals bekannt, dass ein hohes Zweitstimmenergebnis für die CDU dazu geführt hätte, dass die

Christdemokraten aufgrund der damaligen Verrechnung der Überhangmandate zwischen den Landeslisten einen Sitz im Bundestag verloren hätten, welcher ihrer Landesliste in einem anderen Bundesland zugeteilt worden war, im Falle eines Wahlerfolges in Dresden jedoch paradoxerweise aberkannt worden wäre. Dieses Wissen ermöglichte den Dresdner Wählern taktische Stimmabgaben und verschaffte ihnen somit einen Vorteil gegenüber allen anderen Wählern, die am regulären Wahltag in Unkenntnis des Ergebnisses und damit ohne die Möglichkeit, sich in ihrem Wahlverhalten darauf einzustellen, abstimmten (Behnke 2008). Nach einer Klage entschied das Bundesverfassungsgericht im Jahr 2008, dass die Möglichkeit eines „negativen Stimmgewichts" die Grundsätze der Gleichheit und Unmittelbarkeit der Wahl verletze. Deshalb wurde dem Gesetzgeber aufgetragen, das Wahlrecht zu überarbeiten und dabei die Möglichkeit des negativen Stimmengewichts zu beseitigen. Eine im Jahr 2011 von der damaligen Regierung aus CDU/CSU und FDP verabschiedete Reform des Wahlrechts wurde nach Verfassungsklagen der SPD und der Grünen sowie zahlreicher Bürger wieder am Bundesverfassungsgericht verhandelt. Das Gericht lehnte die Reform ab und beauftragte den Gesetzgeber erneut, das Wahlrecht zu ändern. Im Dezember 2012 einigten sich schließlich die Fraktionen der CDU/CSU, FDP, SPD und der Grünen auf ein neues Wahlsystem, das im Februar 2013 gegen die Stimmen der Linken im Bundestag verabschiedet wurde. Die Grundidee zur Lösung der beschriebenen Probleme im neuen Sitzverteilungsverfahren besteht darin, Überhangmandate nicht abzuschaffen, sondern sie durch zusätzliche Ausgleichsmandate für andere Parteien zu kompensieren. Dadurch steigt zwar die Zahl der Abgeordneten im Bundestag, aber die Sitzverteilung liegt näher am tatsächlichen Verhältnis der Zweitstimmen und wird nicht mehr durch Überhangmandate verzerrt (zur Entwicklung der Wahlrechtsreform siehe Grotz 2014; zur ersten Anwendung des reformierten Wahlrechts bei der Bundestagswahl 2013 siehe Behnke 2014).

Die Verteilung der Sitze im Deutschen Bundestag erfolgt in mehreren Schritten (für eine ausführlichere Darstellung siehe Fehndrich et al. 2017). Zunächst werden die regulären 598 Bundestagssitze rechnerisch gemäß der jeweiligen Einwohnerzahl auf die Bundesländer verteilt, es wird also für jedes Land ein Sitzkontingent berechnet. Anschließend werden die Sitze in jedem Land nach dem Verhältnis ihrer Zweitstimmen vorläufig auf die Parteien verteilt. Dabei werden allerdings nur diejenigen Parteien berücksichtigt, die bundesweit mindestens fünf Prozent der Zweitstimmen erzielt oder mindestens drei Direktmandate gewonnen haben („Grundmandatsklausel"). Als mathematisches Verrechnungsverfahren für die Umwandlung von Stimmen in Sitze gilt seit der Bundestagswahl 2009 das Divisorverfahren mit Standardrundung (Sainte-Laguë; für eine detaillierte Erläuterung siehe Bundeswahlleiter 2018a). Sofern eine Partei in einem Land mehr Direktmandate gewonnen hat, als ihr nach dieser Rechnung zustehen, werden ihr diese Sitze als Überhangmandate zusätzlich zugeteilt. Bei der Wahl 2017 fielen insgesamt 46 Überhangmandate an: Die CDU erlangte 36 Mandate, eins im Saarland, zwei in Mecklenburg-Vorpommern, drei jeweils in Brandenburg, Schleswig-Holstein, Sachsen, Hessen, Thüringen und Rheinland-Pfalz, vier in Sachsen-Anhalt und 11 in Baden-Württemberg. Die CSU kam in Bayern auf sieben Überhangmandate und die SPD auf zwei in Hamburg und eins in Bremen. Die anderen Parteien erlangten keine Überhangmandate (Bundeswahlleiter 2018b: 9-11). Die so ermittelten Sitze werden für jede Partei über alle Bundesländer zusammengezählt. Daraus ergibt sich für jede Partei eine sog. „Mindestsitzzahl", die sie beanspruchen darf. Durch die Addition der garantierten Mindestsitzzahl aller Parteien ergibt sich zudem die Mindestgröße des Bundestags in einer Legislaturperiode. 2017 lag diese bei 644 Sitzen (Bundeswahlleiter 2018b: 12).

Bei der endgültigen Verteilung wird die im Bundestag regulär vorgesehenen Mindestzahl gemäß des bundesweiten Zweitstimmenergebnisses auf die im Bundestag vertretenen Parteien verteilt. Dabei kann es passieren, dass eine Partei nach dieser bundesweiten Verhältnisrechnung weniger Sitze bekommen würde, als ihr nach der zuvor durch Summierung der Länderkontingente der Parteien ermittelten Mindestsitzzahl zustehen. In diesem Fall muss die Gesamtsitzzahl erhöht werden bis jede Partei ihre Mindestsitzzahl erreicht. Damit gewährleistet ist, dass die Sitzverteilung von Rundungsfehlern abgesehen dem Verhältnis der Zweitstimmen entspricht, werden Ausgleichsmandate vergeben. Diese orientieren sich an der Partei, bei der das größte Missverhältnis aus Verhältnisrechnung und Mindestsitzzahl besteht. Dies war 2017 die CDU, für die eine Mindestzahl von 200 Sitzen errechnet wurde, obwohl sie nach ihrem Zweitstimmenanteil nur 164 Sitze erwarten durfte. Deshalb erhielten die anderen im Bundestag vertreten Parteien mit Ausnahme der CSU zusätzliche Ausgleichsmandate (die SPD 19, die FDP 15, die AfD 11 und die Linke und die Grünen je 10). Dadurch vergrößerte sich der Bundestag auf 709 Sitze (Bundeswahlleiter 2018b: 12).

Anhang 2: Wahlergebnis, repräsentative Wahlstatistik, Stimmensplitting

Tabelle 1: Wahlergebnis der Bundestagswahl 2017 – Erst- und Zweistimmen

	Erststimmen			Zweitstimmen		
	2017		2013	2017		2013
	Anzahl	%	%	Anzahl	%	%
Wahlberechtigte	61.688.485	-	-	61.688.845	-	-
Wähler	46.976.341	76,2	71,6	46.976.341	76,2	71,6
Gültige Stimmen	46.389.615	98,8	98,5	46.515.492	99	98,7
CDU	14.030.751	30,2	37,2	12.447.656	26,8	34,1
CSU	3.255.487	7,0	8,1	2.869.688	6,2	7,4
SPD	11.429.231	24,6	29,4	9.539381	20,5	25,7
FDP	3.249.238	4,6	2,4	4.999.449	10,7	4,8
Grüne	3.717.922	8,0	7,3	4.158.400	8,9	8,4
Die Linke	3.966.637	8,6	8,2	4.297.270	9,2	8,6
AfD	5.317.499	11,5	1,9	5.878.115	12,6	4,7
Sonstige	1.422.850	3,1	5,5	2.325.533	5,0	6,2

Quelle: Bundeswahlleiter 2018d

Tabelle 2: Wahlbeteiligung der Männer und Frauen nach Altersgruppen und Ost/West bei der Bundestagswahl 2017

Alter	Gesamt	Ost	West	Frauen	Männer
18-20 Jahre	69,9	66,8	70,3	70,8	69,0
21-24 Jahre	67,0	62,9	67,5	68,2	65,8
25-29 Jahre	68,6	66,1	69,0	70,2	67,0
30-34 Jahre	72,0	70,0	72,5	73,3	70,8
35-39 Jahre	74,4	72,8	74,8	75,6	73,3
40-44 Jahre	76,3	75,2	76,5	77,3	75,2
45-49 Jahre	78,8	77,6	79,1	79,7	78,0
50-59 Jahre	79,4	76,5	80,1	79,9	79,0
60-69 Jahre	81,0	78,1	81,8	80,9	81,2
Ab 70 Jahre	75,8	69,6	77,3	72,5	80,3
Insgesamt	76,2	73,2	76,8	76,0	76,3

Quelle: Bundeswahlleiter 2018c: 12-13; Angaben in Prozent.

Anmerkungen: Ost: Neue Länder und Berlin-Ost. West: Früheres Bundesgebiet und Berlin-West.

Tabelle 3: Zweitstimmen der Männer und Frauen nach dem Alter bei der Bundestagswahl 2017

	CDU/ CSU		SPD		FDP		Grüne		Die Linke		AfD	
Alter	F	M	F	M	F	M	F	M	F	M	F	M
18-24	27,5	22,6	18,6	18,2	9,7	16,7	17,8	11,4	10,4	10,5	6,0	10,0
25-34	30,0	23,5	17,7	16,4	9,3	13,4	13,3	8,8	10,4	11,5	9,6	16,1
35-44	33,7	27,1	16,4	14,9	10,2	12,6	12,7	9,2	8,8	9,4	11,2	19,7
45-59	33,1	27,7	19,7	20,0	9,7	10,9	12,1	8,8	9,2	9,3	11,1	19,2
Ab 60	43,6	34,8	23,7	25,2	9,8	10,7	5,6	4,5	7,7	9,3	7,6	13,8
Gesamt	36,4	29,2	20,5	20,5	9,7	11,8	10,2	7,6	8,8	9,7	9,2	16,3

Quelle: Bundeswahlleiter 2018c: 20-22; Angaben in Prozent.

Anmerkungen: F: Frauen, M: Männer.

Tabelle 4: Kombination der Erst- und Zweitstimmen bei der Bundestagswahl 2017

	Erststimme						
Zweitstimme	CDU	CSU	SPD	FDP	Grüne	Die Linke	AfD
CDU	85,2	-----	5,6	3,3	3,1	1,1	0,7
CSU	-----	87,3	3,5	2,6	2,6	0,4	0,7
SPD	5,3	1,1	82,4	1,4	4,4	2,9	1,2
FDP	33,8	6,1	8,4	43,6	2,7	1,3	2,1
Grüne	11,1	2,4	26,1	1,8	51,7	4,3	0,4
Die Linke	4,2	0,6	15,8	1,3	6,7	66,5	1,9
AfD	5,7	1,8	4,7	3,0	0,5	2,6	78,5

Quelle: Bundeswahlleiter 2018c: 26

Angaben in Zeilenprozenten. Lesehilfe: Von 100 Wählern, die mit der Zweitstimme CDU/CSU gewählt haben, entschieden sich 85,2 Prozent mit der Erststimme ebenfalls für den Wahlkreiskandidaten der CDU und 5,6 Prozent für den der SPD. Abweichungen der Zeilensummen von 100: Sonstige Parteien.

Anhang 3: Datensätze

Die Grundlage der in diesem Buch präsentierten Analysen bilden Datensätze unterschiedlicher Komponenten der German Longitudinal Election Study (GLES), die anlässlich der Bundestagswahl 2017 erhoben wurden. Darüber hinaus wurden in einzelnen Kapiteln auch Daten zu den Bundestagswahlen 2009 und 2013 verwendet. Alle genutzten Datensätze sind über GESIS – Leibniz-Institut für Sozialwissenschaften frei verfügbar (http://www.gesis.org/wahlen/gles/).

GLES-Vor- und Nachwahl-Querschnittsbefragung 2017 [Kumulation] (ZA6802)

Insgesamt wurden 4.291 zufällig ausgewählte wahlberechtigte Bürger befragt, davon 2.179 Personen für die Vorwahlbefragung in der Zeit vom 31. Juli bis 23. September 2017 und 2.112 Personen für die Nachwahlbefragung in der Zeit vom 26. September bis 30. November 2017. Die Befragungen wurden von ausgebildeten Interviewern in den Wohnungen der Befragten in Form computergestützter persönlich-mündlicher („face-to-face") Interviews durchgeführt. Um eine ausreichend hohe Zahl ostdeutscher Befragter z.B. für getrennte Ost-West-Analysen zu gewährleisten, wurden überproportional viele Ostdeutsche interviewt. Von den 4.291 Befragten stammen rund 66,5% (2.854) aus West- und rund 33,5 % (1.437) aus Ostdeutschland. Für die Analysen wurde ein gemeinsamer Datensatz mit allen Befragten aus den Vor- und Nachwahl-Erhebungen erstellt. Die meisten Analysen in diesem Buch (insbesondere in Kapitel 6) verwenden diese Kumulation aus Vorwahl- und Nachwahldaten. Einige Analysen beschränken sich auch auf die Daten aus der Vorwahlbefragung (ZA6800) oder der Nachwahlbefragung (ZA6801). Bei den Analysen wurden die Daten mit einem Repräsentativgewicht gewichtet, das die disproportionale Stichprobenziehung bezüglich Ost- und Westdeutschland ausgleicht und zufällige Abweichungen zwischen Stichprobe und Grundgesamtheit hinsichtlich Alter, Geschlecht und Bildungsabschluss korrigiert (für eine umfassende Übersicht zum Thema Gewichtung von Umfragedaten siehe Gabler et al. 1994).

GLES-Vor- und Nachwahl-Querschnittsbefragung 2013 [Kumulation] (ZA5702)

Insgesamt wurden 3.911 zufällig ausgewählte wahlberechtigte Bürger befragt, davon 2.003 Personen für die Vorwahlbefragung in der Zeit vom 29. Juli bis 21. September 2013 und 1.908 Personen für die Nachwahlbefragung in der Zeit vom 23. September bis 23. Dezember 2013. Die Befragungen wurden von ausgebildeten Interviewern in den Wohnungen der Befragten in Form computergestützter persönlich-mündlicher („face-to-face") Interviews durchgeführt. Um eine ausreichend hohe Zahl ostdeutscher Befragter z.B. für getrennte Ost-West-Analysen zu gewährleisten, wurden überproportional viele Ostdeutsche interviewt. Von den 3.911 Befragten stammen rund 56% (2.199) aus West- und rund 44 % (1.712) aus Ostdeutschland. Bei den Analysen wurden die Daten mit einem Repräsentativgewicht gewichtet (siehe GLES-Vor und Nachwahl-Querschnittsbefragung 2017 [Kumulation] (ZA6802)).

GLES-Vor- und Nachwahl-Querschnittsbefragung 2009 [Kumulation] (ZA5302)

Insgesamt wurden 4.288 zufällig ausgewählte wahlberechtigte Bürger befragt, davon 2.173 für die Vorwahlbefragung in der Zeit vom 10. August bis 26. September 2009 und 2.115 Bürger für die Nachwahlbefragung in der Zeit vom 28. September bis 23. November 2009. Die Befragungen wurden von ausgebildeten Interviewern in den Wohnungen der Befragten in Form computergestützter persönliche mündlicher („face-to-face") Interviews durchgeführt. Um eine ausreichend hohe Zahl ostdeutscher Befragter z.B. für getrennte Ost-West-Analysen zu gewährleisten, wurden überproportional viele Ostdeutsche interviewt. Von den 4.288 Befragten stammen rund zwei Drittel (2.835) aus West- und rund ein Drittel (1.435) aus Ostdeutschland. Bei den Analysen wurden die Daten mit einem Repräsentativgewicht gewichtet (siehe GLES-Vor- und Nachwahl-Querschnittsbefragung 2017 [Kumulation] (ZA6802)).

GLES-Rolling Cross Section-Wahlkampfstudie 2017 (ZA6803)

In dieser Komponente wurden in der Zeit vom 24. Juli bis zum 23. September 2017 insgesamt 7.650 zufällig ausgewählte Personen in telefonischen Interviews befragt, von denen 4.244 nach der Wahl noch ein zweites Mal interviewt wurden (vom 25. September bis zum 12. November).

Während der 62-tägige Feldzeit der Vorwahlbefragung wurde angestrebt jeden Tag zwischen 120 (dem 24. Juli und 11. September) und 130 Interviews (12. bis zum 23. September) durchzuführen. Dabei wurde gewährleistet, dass nicht nur die gesamte Stichprobe, sondern auch die Sub-Stichproben, die für jeden Tag des Wahlkampfs zur Verfügung stehen, Zufallsstichproben aus der Grundgesamtheit der wahlberechtigten Bürger darstellen. Dieses Design erlaubt die Analyse von Veränderungen der Einstellungen und Meinungen der Wählerschaft während des Wahlkampfs. Für die in diesem Band dargestellten Analysen wurden Repräsentativgewichte verwendet.

GLES-Wahlkampfpanel 2017 *(ZA6804)*

Das Wahlkampfpanel 2017 war eine Wiederholungsbefragung mit insgesamt neun Wellen und wurde während des Wahlkampfes zur Bundestagswahl und danach durchgeführt. Dabei handelte es sich um eine Online-Befragung, die auf Teilnehmer eines Online-Access-Panels zurückgriff. Die Befragten wurden also nicht mit Hilfe einer Zufallsstichprobe aller Wahlberechtigten ausgewählt und sind für diese deswegen nicht repräsentativ. Aus dem Pool des Online-Access-Panels wurden die Befragten stattdessen mit Hilfe vorgegebenen Quoten bezüglich Alter, Geschlecht und Bildung ausgewählt. Insgesamt nahmen 24.370 Personen an der Studie teil, von denen 19.762 neu rekrutiert wurden und 4.608 bereits am Wahlkampfpanel 2013 teilgenommen hatten und wieder eingeladen wurden. In der Zeit vom 6.10.2016 bis zum 15.3.2018 wurden die Teilnehmer in 7 Vor- und zwei Nachwahlwellen befragt. 14.736 Befragte haben an mindestens vier Panelwellen teilgenommen und 6.778 Befragte an allen neun Wellen. Mit den Daten des Wahlkampfpanels lassen sich insbesondere Veränderungen politischer Einstellungen und politischen Verhaltens auf der Ebene einzelner Wähler untersuchen. Auch bei Analysen mit diesem Datensatz wurden entsprechende Repräsentativgewichte verwendet.

GLES-Wahlkampfpanel 2013 *(ZA5704)*

Das Wahlkampfpanel 2013 war eine Wiederholungsbefragung mit insgesamt sieben Wellen und wurde während des Wahlkampfes zur Bundestagswahl und danach durchgeführt. Dabei handelte es sich um eine Online-Befragung, die auf Teilnehmer eines Online-Access-Panels zurückgriff. Die Befragten wurden also nicht mit Hilfe einer Zufallsstichprobe aller Wahlberechtigten ausgewählt und sind für diese deswegen nicht repräsentativ. Aus dem Pool des Online-Access-Panels wurden die Befragten stattdessen mit Hilfe vorgegebenen Quoten bezüglich Alter, Geschlecht und Bildung gezogen. Insgesamt nahmen 5.256 Personen an der Studie teil, von denen 4.226 neu rekrutiert wurden und 1.030 bereits am Wahlkampfpanel 2009 teilgenommen hatten und wieder eingeladen wurden. In der Zeit vom 20. Juni bis zum 4. Oktober wurden die Teilnehmer in sechs Vor- und einer Nachwahlwelle befragt. 4.423 Befragte haben an mindestens vier Panelwellen teilgenommen und 3.487 Befragte an allen sieben Wellen.

GLES-Kandidaten-Studie 2017 (ZA6814)

Bei der Kandidatenstudie 2017 wurden die Wahlkreis- und Listenkandidaten von CDU, CSU, SPD, Die Grünen, FDP, Die Linke und AfD postalisch bzw. mit Hilfe eines personalisierten Online-Fragebogens befragt. Die Erhebung fand nach der Bundestagswahl von Oktober 2017 bis Februar 2018 statt. Von den insgesamt 2.516 kontaktierten Kandidaten haben 803 Personen den Fragebogen ausreichend detailliert beantwortet, um in den Datensatz aufgenommen zu werden (Ausschöpfungsquote 32 Prozent). Von diesen 803 Kandidaten haben 168 ein Mandat bei der Bundestagswahl 2017 errungen. Bei den Analysen dieser Studie in Kapitel 3.2 wurden Gewichte verwendet, um die realisierte Stichprobe möglichst gut an die Grundgesamtheit aller Kandidaten bei der Bundestagswahl anzupassen.

GLES-Langfrist-Online-Trackings (ZA5723 – ZA5734; ZA6515-6817)

In dieser Komponente der GLES wurden zwischen 2009 und 2017 in der Regel vierteljährlich die politischen Einstellungen der Wähler erfasst. Dabei handelt es sich um einzelne Querschnittsbefragungen mit jeweils circa 1.000 Befragten. Die Tracking-Studien wurden online erhoben. Dabei wurden die Befragten entweder aus einem auf Selbstrekrutierung basierenden Online-Access-Panel oder aus einem offline rekrutierten Online-Panel gezogen. Die Studien basieren nicht auf Zufallsstichproben aller Wahlberechtigten in Deutschland und sind für diese deswegen nicht repräsentativ. Stattdessen wurde versucht, durch Quotierungen der Befragten und Verwendung von Gewichtungen bei Analysen eine möglichst große Bandbreite der Bevölkerung entsprechend der realen Anteile abzudecken. Ziel des Langfrist-Online-Trackings ist die Darstellung von Veränderungen der politischen Einstellungen zwischen einzelnen Bundestagswahlen.

GLES-TV-Duell-Studie (ZA 6810; ZA6812; ZA6813)

Die Studie untersucht die Wahrnehmungs- und Verarbeitungsprozesse der Zuschauer des TV-Duells zwischen Bundeskanzlerin Angela Merkel (CDU) und ihrem Herausforderer Martin Schulz (SPD). Erstmals wurde analog die Wahrnehmung des Aufeinandertreffens der Spitzenkandidaten der kleineren Parteien (CSU, Die Linke, Grüne, FDP und AfD), der sogenannten TV-Fünfkampf, als Teil der GLES-Studie untersucht. Dazu verfolgten 195 Personen das TV-Duell live und unter kontrollierten Bedingungen. 68 Personen dieser Gruppe schauten zudem auch den TV-Fünfkampf. Die Studienteilnehmer wurden über einen Quotenplan nach Geschlecht, Alter und Bildung ausgewählt. Außerdem wurde darauf geachtet, dass in der Stichprobe sowohl Anhänger aller nach der Bundestagswahl 2017 im Parlament vertretenen Parteien (also CDU/CSU, SPD, AfD, FDP, Linke und Grüne) als auch parteipolitisch ungebundene Personen vertreten waren. Am Abend der Debatten wurden die Probanden unmittelbar vor den Sendungen über ihre politischen Orientierungen und Einstellungen, unter anderem zu den teilnehmenden Spitzenkandidaten, befragt. Unmittelbar im Anschluss der Sendungen wurden sie gebeten, TV-Duell und TV-Fünfkampf zu bewerten.

Zudem sollten die Zuschauer während der Debatten jederzeit positive und negative Bewertungen zu den Kandidaten abgeben. Um die Zuschauerreaktionen in Echtzeit zu erfassen (Real-Time-Response-Messung (RTR)) konnte ein Teil der Probanden über Drehregler, ein anderer Teil über markierte Tasten an einem Computer positive oder negative Eindrücke sekundengenau dokumentieren. Die Messungen beider Systeme wurden anschließend in eine gemeinsame Datenbasis überführt, die für jede Sekunde positive und negative Ausschläge bezogen auf die Inhalte der Sendungen dokumentiert. Die RTR-Messung erfasst dabei nicht nur die Richtung des Eindrucks, sondern auch die Intensität: je extremer die Bewertung (Drehregler) oder je häufiger eine Taste pro Sekunde gedrückt wurde, desto stärker der Eindruck.

Anhang 4: Methodische Hinweise

1. Statistische Signifikanz

Bei den in diesem Buch präsentierten Analysen wird häufig der Begriff der „statistischen Signifikanz“ verwendet (siehe dazu z.B. Bortz 2005: Kapitel 4). Dieser Begriff hat in der empirischen Sozialforschung eine zentrale Bedeutung, weil er Aufschluss darüber gibt, ob ein in der analysierten Stichprobe gefundenes Ergebnis auf die Grundgesamtheit (im vorliegenden Buch die wahlberechtigte Bevölkerung) übertragen werden kann oder ob dieses auf die zufällige Stichprobenzusammensetzung zurückzuführen ist.

Ausgangspunkt jeder empirischen Analyse ist eine Vermutung über einen Zusammenhang oder einen Unterschied, die sogenannte Alternativhypothese. Diese wird anhand der Daten aus der Stichprobe gegen die Nullhypothese getestet, welche immer die Existenz des in der Alternativhypothese unterstellten Zusammenhangs oder Unterschieds verneint. Theoretisch können bei der anschließenden Interpretation des Ergebnisses vier Situationen eintreten, von denen zwei problematisch sind (Tabelle 5).

Tabelle 5: Mögliche Entscheidungen bei der Ergebnisinterpretation

Entscheidung aufgrund der Stichprobe für die	Richtig in der Grundgesamtheit ist die	
	Nullhypothese	Alternativhypothese
Nullhypothese	Richtige Entscheidung	β-Fehler
Alternativhypothese	α-Fehler	Richtige Entscheidung

Signifikanzaussagen bezeichnen die Wahrscheinlichkeit eines α-Fehlers (auch Irrtumswahrscheinlichkeit genannt), d.h. einen in der Stichprobe gefundenen Zusammenhang oder Unterschied fälschlicherweise auch für die Grundgesamtheit anzunehmen. Das Risiko eines β-Fehlers wird dagegen meist ohne weitere Spezifikation in Kauf genommen, u.a. weil die Berechnung der entsprechenden Wahrscheinlichkeit nicht immer möglich ist und weil dieser Fehler „statistisch konservativ“ dazu führt, die Alternativhypothese aufgrund der Stichprobenergebnisse zu verwerfen. Gängige Konvention ist es, bei einer Irrtumswahrscheinlichkeit von höchstens fünf Prozent von einem signifikanten Ergebnis zu sprechen. In vielen Fällen, so auch in diesem Buch, werden noch zwei weitere Signifikanzniveaus unterschieden, nämlich für Irrtumswahrscheinlichkeiten von höchstens einem und höchstens 0,1 Prozent. Diese Signifikanzniveaus sind in den Tabellen und Abbildungen zu den Kapiteln dieses Buches durch hochgestellte Buchstaben hinter der entsprechenden Zahl wie folgt ausgewiesen: a: $p < 0{,}05$; b: $p < 0{,}01$; c: $p < 0{,}001$.

2. Logistische Regressionen und die Darstellung der Effekte und Modellgüte

Der Großteil der in diesem Buch präsentierten statistischen Modelle befasst sich mit den Wahlentscheidungen der Bürger. In diesen Modellen wird die Wahl vereinfacht als Entscheidung für oder gegen eine bestimmte Partei konzipiert. Das Ziel der Analysen besteht darin, zu ermitteln, welche Faktoren sich in welcher Weise (mit welcher Stärke und in welcher Richtung) darauf auswirken, ob Wähler für diese Partei oder aber für eine der konkurrierenden Parteien stimmen. Entsprechend wurden für jede Partei ein Einzelmodelle berechnet, in denen die Wahl dieser Partei als Ereignis aufgefasst werden kann, das entweder eintritt oder nicht. Numerisch kann dieses Ereignis zwei Werte annehmen: 0, wenn ein Wähler eine Partei nicht wählt, und 1, wenn er sie wählt.

Für eine solche zweistufige abhängige Variable bietet sich das Verfahren der logistischen Regression an (siehe z.B. Backhaus et al. 2006: 425ff.). Die S-förmige logistische Funktion bildet – anders als eine Gerade, wie sie etwa bei einer linearen Regression berechnet würde – ein zweistufiges 0/1-Merkmal gut ab und nähert sich, abgesehen von einem schmalen Zwischenbereich, immer einem der beiden wahren Werte null oder eins an. Auch bei sehr kleinen oder sehr großen Werten der erklärenden Variablen nimmt die logistische Funktion nie Werte kleiner als null oder größer als eins an. Der Verlauf der logistischen Funktion kann als Wahrscheinlichkeit für das Eintreten des interessierenden Ereignisses interpretiert werden.

Ziel der logistischen Regression ist aber nicht nur, die Wahrscheinlichkeit zu schätzen, mit der das interessierende Ereignis eintritt. Zusätzlich wird ermittelt, wie stark und in welcher Richtung (positiv oder negativ) die erklärenden Merkmale (z.B. die Einstellungen zu den Kandidaten oder die Parteiidentifikation) diese Wahrscheinlichkeit beeinflussen. Dazu könnten verschiedene Maße verwendet werden. In den Analysen dieses Buches ist für jede einzelne Erklärungsgröße angegeben, wie stark sie die Wahrscheinlichkeit für die Wahlentscheidung zugunsten einer bestimmten Partei verändert, wenn alle anderen erklärenden Merkmale konstant gehalten werden (siehe z.B. Long/Freese 2006).

Am Beispiel einer nochmals abgedruckten Tabelle aus Kapitel 6.8 (siehe Tabelle 6) kann dieses Vorgehen einfach erläutert werden. Um den Einfluss der Leistungsbeurteilung der CDU/CSU auf die Wahlabsicht für die Union zu schätzen, wird zunächst die Kontrollvariable Parteiidentifikation auf den Mittelwert über alle Befragten gesetzt (dieser entspricht dem mit 100 multiplizierten Anteil der Befragten mit einer Identifikation für die Union). Anschließend werden anhand der Regressionsgleichung die Wahrscheinlichkeit der Wahl der CDU/CSU berechnet, und zwar einerseits für die mit der Leistung der Union *vollständig unzufriedenen* Wähler und andererseits für die mit der Leistung der Union *voll und ganz zufriedenen* Wähler. Das entspricht der höchsten und der niedrigsten Ausprägung, welche die Variable „Leistung der Partei" annehmen kann.

Tabelle 6: Einflüsse der Bewertung der Leistung der Parteien auf das Wahlverhalten

	CDU/ CSU	SPD	Die Linke	Die Grünen
Leistung der jeweiligen Partei	+54[c]	+19[c]	+42[c]	+14[c]
Parteiidentifikation	+53[c]	+66[c]	+40[c]	+51[c]
Nagelkerke R^2	0,54	0,47	0,5	0,37
N	2973	2973	2973	2973

Quelle: GLES-Vor- und Nachwahl-Querschnittsbefragung 2017 [Kumulation] (ZA6802).

Anmerkungen: a: $p < 0{,}05$; b: $p < 0{,}01$; c: $p < 0{,}001$

Die Differenz dieser beiden Wahrscheinlichkeiten ist in den Tabellen als Wahrscheinlichkeitsänderung ausgewiesen. Im hier ausgewählten Beispiel erhöht also die maximal mögliche Veränderung der Leistungseinstufung der Union von der negativsten zur positivsten Einschätzung die Wahrscheinlichkeit, diese Partei zu wählen, um 54 Prozentpunkte. Ein Befragter, der mit den Leistungen der Linken voll und ganz zufrieden ist, hat eine um 42 Prozentpunkte höhere Wahrscheinlichkeit, diese Partei zu wählen, als ein mit den Leistungen der Linken vollständig unzufriedener Befragter. Durch die multivariate Modellierung, bei der stets mehrere Erklärungsfaktoren gleichzeitig betrachtet werden (im Regelfall ist zumindest die Parteiidentifikation als sogenannte Kontrollvariable in den Modellen enthalten), können diese Effekte eindeutig als eigenständige, um überlappende Effekte der anderen Erklärungsfaktoren im jeweiligen Modell bereinigte Wirkungen interpretiert werden. So sind beispielsweise die in der oben abgebildeten Tabelle ausgewiesenen Effekte der Leistungsbeurteilungen der Parteien auf das Wahlverhalten um den Zusammenhang dieser Leistungsbewertungen mit den Parteibindungen der Wähler (aufgrund derer diese dazu neigen, ihrer eigenen Partei eine größere Leistungsfähigkeit als den anderen Parteien zuzuschreiben) bereinigt.

Zu bedenken ist dabei immer, dass die Sockelwahrscheinlichkeit, die verschiedenen Parteien zu wählen, natürlich variiert – sie reflektiert die unterschiedliche Größe der Parteien. So lag bei der Bundestagswahl 2017 die Grundwahrscheinlichkeit von Wählern, für die CDU/CSU zu stimmen, deutlich höher als jene, für die Linke zu votieren. Gleichzeitig variieren natürlich auch die Werte der erklärenden Variablen. Die Wähler waren etwa mit der Leistung der Union zufriedener als mit der Leistung der Linken (siehe Kapitel 6.8). Es ist also sehr vorteilhaft für eine Partei, wenn ein Faktor, dessen Werte in der Wählerschaft für sie sehr günstig ausfallen (z.B. eine mehrheitlich positive Leistungsbeurteilung wie im Fall der CDU/CSU), auch einen großen Einfluss auf Wahlentscheidungen ausübt. Sie wird dann viele Stimmen gewinnen. Erweist sich hingegen ein Faktor als einflussstark, dessen Werte für die betreffende Partei insgesamt negativ ausfallen (z.B. mehrheitlich schlechte Leistungsbeurteilungen wie bei der Linken), so ist das für diese ungünstig, denn viele Wähler werden ihr dann ihre Stimme gerade nicht geben (siehe hierzu auch Tabelle 1 in Kapitel 6.8). Möglich ist aber auch, dass mehrheitlich positive oder negative Urteile der Wählerschaft über bestimmte, mit einer Partei zusammenhängende Aspekte für deren Abschneiden bedeutungslos bleiben, weil sie von den Wählern nicht in Betracht gezogen werden, wenn sie ihre Entscheidungen treffen. Das drückt sich in schwachen oder gar statistisch insignifikanten Effekten in den Tabellen aus.

Um vergleichen zu können, wie gut die einzelnen Modelle und damit die in ihnen enthaltenen Erklärungsfaktoren die Wahlentscheidung erklären können, ist in den Tabellen jeweils auch der Wert für das statistische Gütemaß Nagelkerke R^2 angegeben. Dieses Maß kann theoretisch Werte zwischen null und eins annehmen, wobei null eine sehr schlechte und eins eine sehr gute Erklärungskraft bedeutet. Nagelkerke R^2 ist in etwa vergleichbar mit dem Bestimmtheitsmaß R^2 der linearen Regressionsanalyse, welches angibt, wie viel Prozent der Unterschiede zwischen den Befragten hinsichtlich des zu erklärenden Merkmals auf Unterschiede in den erklärenden Merkmalen zurückzuführen sind.

3. Moving Averages bei Analysen mit Daten der Rolling Cross Section-Wahlkampfstudie

Die in Kapitel 3.3, 3.4 und 6.3 dargestellten Zeitverläufe basieren auf Daten der *Rolling-Cross-Section-Wahlkampfstudie 2017*. Wie beschrieben wurden im Rahmen dieser Studie an jedem einzelnen Tag während des Wahlkampfs etwa 120 bis 130 Wahlberechtigte zufällig ausgewählt und befragt. Wegen der geringen täglichen Fallzahlen sind die Daten allerdings mit einem relativ großen Zufallsfehler behaftet, so dass die Mittelwerte von Tag zu Tag stark schwanken können. Um diesen zufallsbedingten Schwankungen entgegenzuwirken, wurden bei den präsentierten Analysen zur Datenglättung gleitende Durchschnitte („moving averages") über mehrere Erhebungstage hinweg gebildet. Dazu wurde jeweils der Durchschnittswert der zurückliegenden sieben Tage errechnet und graphisch dargestellt. Die ersten drei Erhebungstage wurden stets aus der Analyse ausgeschlossen, weil die in der Anlaufphase gewonnenen Interviews noch nicht das richtige Mischungsverhältnis aus leicht und schwer erreichbaren Befragungspersonen aufweisen, um als repräsentativ für die Wählerschaft gelten zu können.

Literatur

Backhaus, Klaus/Erichson, Bernd/Plinke, Wulff/Weber, Rolf 2006: Multivariate Analysemethoden: Eine anwendungsorientierte Einführung, 11. Auflage, Berlin/Heidelberg: Springer.

Behnke, Joachim 2008: Strategisches Wählen bei der Nachwahl in Dresden zur Bundestagswahl 2005, in: Politische Vierteljahresschrift 49, 695-720.

Behnke, Joachim 2014: Das neue Wahlgesetz im Test der Bundestagswahl 2013, in: Zeitschrift für Parlamentsfragen 45, 17-37.

Bortz, Jürgen 2005: Statistik für Human- und Sozialwissenschaftler, 6. Auflage, Heidelberg: Springer Medizin Verlag.

Bundeswahlleiter 2018a: Sainte-Lague/Schepers. [https://www.bundeswahlleiter.de/service/glossar/s/sainte-lague-schepers.html] <6.9.2018>.

Bundeswahlleiter 2018b: Sitzberechnung und Verteilung der Mandate bei der Bundestagswahl 2017. [https://www.bundeswahlleiter.de/dam/jcr/dd81856b-7711-4d9f-98dd-91631ddbc37f/btw17_sitzberechnung.pdf] <6.9.2018>.

Bundeswahlleiter 2018c: Wahl zum 19. deutschen Bundestag am 24. September 2017: Wahlbeteiligung und Stimmabgabe der Frauen und Männer nach Altersgruppen. [https://www.bundeswahlleiter.de/dam/jcr/e0d2b01f-32ff-40f0-ba9f-50b5f761bb22/btw17_heft4.pdf] <24.8.2018>.

Bundeswahlleiter 2018d: Bundestagswahl 2017. [https://www.bundeswahlleiter.de/bundestagswahlen/2017/ergebnisse/bund-99.html] <24.8.2018>.

Fehndrich, Martin/Zicht, Wilko/Cantow, Matthias 2017: Wahlsystem der Bundestagswahl 2017. [http://www.wahlrecht.de/bundestag/index.htm#wahlsystem-aktuell] <6.9.2018>

Gabler, Siegfried/Hoffmeyer-Zlotnik, Jürgen H.P./Krebs, Dagmar, Hg. 1994: Gewichtung in der Umfragepraxis, Wiesbaden: Westdeutscher Verlag.

Grotz, Florian 2014: Happy End oder endloses Drama?: Die Reform des Bundestagswahlsystems, in: Jesse, Eckhard/Sturm, Roland, Hg., Bilanz der Bundestagswahl 2013, Baden-Baden: Nomos, 113-140.

Long, J. Scott/Freese, Jeremy 2014: Regression Models for Categorical Dependent Variables Using Stata, 3. Auflage, College Station: Stata Press.

Rattinger, Hans/Roßteutscher, Sigrid/Schmitt-Beck, Rüdiger/Weßels, Bernhard/Bieber, Ina, Blumenstiel, Jan E./Bytzek, Evelyn/Faas, Thorsten/Huber, Sascha/Krewel, Mona/Maier, Jürgen/ Rudi, Tatjana/Scherer, Philipp/Steinbrecher, Markus/Wagner, Aiko/Wolsing, Ansgar, Hg. 2011: Zwischen Langeweile und Extremen: Die Bundestagswahl 2009, Baden-Baden: Nomos.

Schmitt-Beck, Rüdiger/Rattinger, Hans/Roßteutscher, Sigrid/Weßels, Bernhard/Wolf, Christof/ Bieber, Ina/Blumenberg Manuela S./Blumenstiel, Jan E./Faas, Thorsten/Förster, André/Giebler, Heiko/Glogger, Isabella/Gummer, Tobias/Huber, Sascha/Krewel, Mona/Lamers, Patrick/Maier, Jürgen/Partheymüller, Julia/Plischke, Thomas/Roßmann, Joss/Schäfer, Anne/Scherer, Philipp /Steinbrecher, Markus/Wagner, Aiko/Wiegand, Elena., Hg. 2014: Zwischen Fragmentierung und Konzentration: Die Bundestagswahl 2013, Baden-Baden: Nomos.

10. Die Autoren

Dipl.-Sozialwiss. Berend Barkela ist wissenschaftlicher Mitarbeiter am Lehrstuhl für Angewandte Kommunikationspsychologie der Universität Koblenz-Landau.

Irina Bauer ist Mitarbeiterin der Abteilung "Dauerbeobachtung der Gesellschaft" bei GESIS – Leibniz-Institut für Sozialwissenschaften Mannheim.

Dr. Ina Bieber ist wissenschaftliche Mitarbeiterin der Abteilung "Dauerbeobachtung der Gesellschaft" bei GESIS – Leibniz-Institut für Sozialwissenschaften Mannheim.

Katharina Blinzler ist Mitarbeiterin der Abteilung "Datenarchiv für Sozialwissenschaften" bei GESIS – Leibniz-Institut für Sozialwissenschaften Köln.

Dr. Manuela Blumenberg ist wissenschaftliche Mitarbeiterin der Abteilung "Dauerbeobachtung der Gesellschaft" bei GESIS – Leibniz-Institut für Sozialwissenschaften Mannheim.

Dr. Jan Eric Blumenstiel ist Mitarbeiter des Präsidialstabs der Technischen Universität München.

Hannah Bucher ist wissenschaftliche Mitarbeiterin der Abteilung "Dauerbeobachtung der Gesellschaft" bei GESIS – Leibniz-Institut für Sozialwissenschaften Mannheim.

Melanie Dietz, M.A., ist Projektmitarbeiterin der „German Longitudinal Election Study – GLES“ an der Johann Wolfgang Goethe-Universität Frankfurt am Main.

Prof. Dr. Thorsten Faas ist Professor für Politikwissenschaft am Otto-Suhr-Institut für Politikwissenschaft der Freien Universität Berlin und leitet die Arbeitsstelle "Politische Soziologie der Bundesrepublik Deutschland".

Lea Gärtner ist Projektmitarbeiterin der „German Longitudinal Election Study – GLES“ am Mannheimer Zentrum für Europäische Sozialforschung der Universität Mannheim.

Dr. Heiko Giebler ist wissenschaftlicher Mitarbeiter der Abteilung „Demokratie und Demokratisierung“ und Projektleiter am Wissenschaftszentrum Berlin für Sozialforschung (WZB).

Dr. Konstantin Glinitzer ist wissenschaftlicher Mitarbeiter der Abteilung "Dauerbeobachtung der Gesellschaft" bei GESIS – Leibniz-Institut für Sozialwissenschaften Mannheim.

Dr. Tobias Gummer ist wissenschaftlicher Mitarbeiter der Abteilung "Dauerbeobachtung der Gesellschaft" bei GESIS – Leibniz-Institut für Sozialwissenschaften Mannheim.

Lilith Heiber ist studentische Hilfskraft am Fachbereich Gesellschaftswissenschaften der Johann Wolfgang Goethe-Universität Frankfurt am Main.

Dr. Sascha Huber ist akademischer Rat am Lehrstuhl für Politische Wissenschaft I – Politische Soziologie der Universität Mannheim.

Nils Jungmann ist wissenschaftlicher Mitarbeiter der Abteilung "Datenarchiv für Sozialwissenschaften" bei GESIS – Leibniz-Institut für Sozialwissenschaften Köln.

Agatha Kratz ist wissenschaftliche Mitarbeiterin der Abteilung "Dauerbeobachtung der Gesellschaft" bei GESIS – Leibniz-Institut für Sozialwissenschaften Mannheim.

Josephine Lichteblau, M.A., ist wissenschaftliche Mitarbeiterin der Abteilung „Demokratie und Demokratisierung“ am Wissenschaftszentrum Berlin für Sozialforschung (WZB).

Prof. Dr. Michaela Maier ist Inhaberin des Lehrstuhls für Angewandte Kommunikationspsychologie der Universität Koblenz-Landau.

Prof. Dr. Jürgen Maier ist Inhaber des Lehrstuhls für Politische Kommunikation der Universität Koblenz-Landau.

Reinhold Melcher, M.A., ist wissenschaftlicher Mitarbeiter der Abteilung „Demokratie und Demokratisierung“ im Projekt „German Longitudinal Election Study – GLES“ am Wissenschaftszentrum Berlin für Sozialforschung (WZB).

Maria Preißinger ist Projektmitarbeiterin der „German Longitudinal Election Study – GLES“ am Mannheimer Zentrum für Europäische Sozialforschung der Universität Mannheim.

Simon Richter, M.A., ist wissenschaftlicher Mitarbeiter an der Arbeitsstelle "Politische Soziologie der Bundesrepublik Deutschland" des Otto-Suhr-Instituts für Politikwissenschaft der Freien Universität Berlin.

Dr. Joss Roßmann ist wissenschaftlicher Mitarbeiter der Abteilung "Dauerbeobachtung der Gesellschaft" bei GESIS – Leibniz-Institut für Sozialwissenschaften Mannheim.

Prof. Sigrid Roßteutscher PhD ist Professorin für Soziologie und Politikwissenschaft am Fachbereich Gesellschaftswissenschaften der Johann Wolfgang Goethe-Universität Frankfurt am Main.

Lena Schackmann, M.A., ist Projektmitarbeiterin der „German Longitudinal Election Study“ – GLES am Mannheimer Zentrum für Europäische Sozialforschung der Universität Mannheim.

Anne Schäfer, M.A., ist wissenschaftliche Mitarbeiterin am Lehrstuhl für Politische Wissenschaft I – Politische Soziologie der Universität Mannheim.

Dipl.-Soz.wiss. Philipp Scherer ist Projektmitarbeiter der „German Longitudinal Election Study – GLES“ an der Johann Wolfgang Goethe-Universität Frankfurt am Main.

Prof. Dr. Rüdiger Schmitt-Beck ist Inhaber des Lehrstuhls für Politische Wissenschaft I – Politische Soziologie der Universität Mannheim.

Prof. Dr. Harald Schoen ist Inhaber des Lehrstuhls für Politische Wissenschaft, Politische Psychologie der Universität Mannheim.

Alexander Staudt, M.A., ist Projektmitarbeiter der „German Longitudinal Election Study“ – GLES am Mannheimer Zentrum für Europäische Sozialforschung der Universität Mannheim.

Lars-Christopher Stövsand, M.A., ist Projektmitarbeiter der „German Longitudinal Election Study – GLES“ an der Johann Wolfgang Goethe-Universität Frankfurt am Main.

Anne-Kathrin Stroppe ist wissenschaftliche Mitarbeiterin der Abteilung "Datenarchiv für Sozialwissenschaften" bei GESIS – Leibniz-Institut für Sozialwissenschaften Köln.

Dr. Aiko Wagner ist wissenschaftlicher Mitarbeiter der Abteilung „Demokratie und Demokratisierung“ im Projekt „German Longitudinal Election Study – GLES“ am Wissenschaftszentrum Berlin für Sozialforschung (WZB).

Prof. Dr. Bernhard Weßels ist Senior Research Fellow und stellvertretender Direktor der Abteilung „Demokratie und Demokratisierung“ am Wissenschaftszentrum Berlin für Sozialforschung (WZB) und Professor am Institut für Sozialwissenschaften der Humboldt-Universität zu Berlin.

Prof. Dr. Christof Wolf ist Präsident von GESIS – Leibniz-Institut für Sozialwissenschaften und Professor für Soziologie an der Universität Mannheim.

Alexander Wuttke ist Projektmitarbeiter der „German Longitudinal Election Study – GLES“ am Mannheimer Zentrum für Europäische Sozialforschung der Universität Mannheim.

Zeitfracht Medien GmbH
Ferdinand-Jühlke-Straße 7
99095 Erfurt, Deutschland
produktsicherheit@kolibri360.de